爱因斯坦书系

恋爱中的爱因斯坦

科学罗曼史

[美] 丹尼斯·奥弗比 著
冯承天 涂泓 译

上海科技教育出版社

大多数为一般读者编写的科学书籍都比较注重给读者留下深刻印象，而较少注重清楚地解释基本的目标和方法。一些聪慧而非专业的读者见到这类书时，顿生沮丧之感而自馁：“这超过了我的智力，我没法理解。”更有甚者，这些描述往往是耸人听闻的，这就使明智的读者愈加反感。简言之，责任不在读者，而在作者和出版者。我的忠告是：大凡这类书，只有在确定了其内容能够被聪慧而苛刻的一般读者理解和赏识之后，才宜出版。

——阿尔伯特·爱因斯坦

内容提要

20世纪初是一个科学发现的时代，伟大的爱因斯坦则是其中最响亮的名字。他在那个激动人心的年代里作出了一系列影响深远的科学发现，先后创立狭义相对论和广义相对论，从根本上改变了物质、空间和时间的概念，解释了引力的本质，并首先窥见了原子中心的量子混沌。正是这些知识巨变的柱石成就了爱因斯坦，使他成为一代科学明星。与此对照的是，年轻时的爱因斯坦风流倜傥，先后与玛丽、米列娃、埃尔莎发生恋爱关系。她们相继走入爱因斯坦的情感世界，并对爱因斯坦的科学生活产生了重要影响，最终促成了一部科学罗曼史。本书在新近发现的大量史料基础上写成，力图对青年时代的爱因斯坦进行完整的阐述，不但探索他神圣的一面，同时也描述他凡俗的一面，是一部融科学思想和个人情感于一体的独特作品。

作 者 简 介

丹尼斯·奥弗比(Dennis Overbye),美国知名科普作家,《纽约时报》科学编辑,《时代》、《纽约时代杂志》科学作家,毕业于美国麻省理工学院物理系。他的第一本书《环宇孤心》曾入围“美国国家书评人奖”和“《洛杉矶时报》科学图书奖”,并获得“美国物理科学学会作品奖”。

献给南希(Nacy)

目 录

引言　圣人和俗人

通往施普吕根山口的路，从古老的意大利城市基亚文纳出发，经过一连串之字形的曲折道路和从岩石上开凿出来的只能单向行走的隧道，经历种种艰难险阻，沿着阿尔卑斯山的峭壁而上。它从森林的绿色浓荫中到了遍布石头、刮着风的明亮的山峰和瑞士的边界。而这一连串剧烈的起伏其实只有几英里长。这条路最初是由罗马人建造的，而且感觉自那以后几乎没有什么改善，只是添了几根看上去极为单薄的木桩，用作偏离了方向的旅客和深渊之间的护栏。

1901年的春天，22岁的阿尔伯特·爱因斯坦（Albert Einstein）最后一次离开了家，他带着他的爱人，也是他以前学物理的同学，26岁的米列娃·马里奇（Mileva Maric），一起沿着那些崎岖的道路出发了。他们这一对一定很漂亮：他有着闪亮的黑色眼睛，上唇长了一排胡须，还有显示出倔强性格的粗壮体格，骄傲地大步向前走着；而米列娃则有着大大的脸蛋和圆圆的眼睛，在他身边步履不稳地前进，犹如一只坚定的小鸟。他们俩一路闲聊着原子和热传导、电、光波，以及看不见却无所不在的以太。

这是每一对自命狂放不羁的年轻人都会经历的任性的一刻：阿尔伯特和米列娃终于从他们家庭的反对和心胸狭窄的老师们的专横压迫下挣脱了出来，前去寻找新的机遇所能带给他们的春光明媚的前景。对于阿尔伯特来说，在山的那一边有着他大学毕业以后的第一份工作，尽管那是个普通的教师职位，但却给了他一点点独立的希望；而对于米列娃来说，她可以在那儿学习，为她的第二次大学毕业考努力，这样才能为她赢得作为一名物理学家的资格。在经过几个月迫不得已的分离以后，越过这些山峰，就能与她的爱人生活在一起了。

但是，没有为心而设的护栏。施普吕根山口一路上的危险贴切地暗示了阿尔伯特和米列娃共同生活中将会经历的一段过程。对他们俩来说，这次旅途会标明一个转折点，它将会把他们引向意料不到的路途，使他们的生命永远缠绕在一起。在某种意义上，本书是一种尝试，叙述他们的故事——阿尔伯特和米列娃，或者如他们自己充满深情地用以彼此称呼的昵称那样，是“约翰尼”(Johnnie)和“多利”(Dollie)的故事——一个转而和科学史及20世纪缠绕在一起的传说，纵然阿尔伯特最终成了耀眼的名人，这个传说仍然不为人们所熟知或理解。

写作本书时，阿尔伯特·爱因斯坦已经去世45年了，尽管他已不在人世，他似乎比在世时更引人瞩目。由于现代科学再一次证明了他在很久以前发表的一条听似古怪的假设，他仍是最有可能成为报纸头版头条的科学家。在最近的两年里，天文学家们发现了一种称之为宇宙常量的奇怪的排斥力。爱因斯坦在尝试解释为什么引力没有导致宇宙向自身坍缩时，曾在绝境中虚构过这个常量，看来正是这个排斥力将各个星系彼此推开，越来越远离对方。这些日子以来，在物理实验中最热的热点是爱因斯坦—玻色凝聚，这是物质的一种奇异的新形态，是爱因斯坦在1932年首先预言了它的存在，而这种物质本身则到1995年才刚刚被制造出来。甚至爱因斯坦的大脑，在被保存了40年以后，也在1999年的夏天爆出了新闻，当时加拿大安大略省的麦克马斯特大学的神经科学家们宣称，他的大脑顶叶(即跟数学与空间关系相联系的那个区域)比普通人大15%。在千禧年来临之际，美国的《时代》杂志评选爱因斯坦为世纪伟人。

从表面看来，爱因斯坦的生活轨迹是神秘的。他曾经是一个卑微的专

利局职员，顶着一头白发，有一双烦忧的眼睛，他颠覆了宇宙，给了我们上帝之火的公式，他受战争和普罗米修斯似的罪行的迫使，如同一个神圣的傻瓜那样彷徨地走过普林斯顿的街头，发表着关于上帝和自然的神谕一般的看法，面对未知的世界，他成了一个偶像，不仅是科学上的，同时也是人性上的。他的容貌在咖啡杯上、海报上、日历上和T恤衫上慈祥地凝视着我们，这已经在世界上的每一个角落为人们所熟悉。然而，在这张偶像式的脸的后面是一个人，一个能够——如同所有的人那样——以无疑是非偶像的方式来行动的人。

我在1990年初次了解了爱因斯坦鲜为人知的另一面，那是在新奥尔良一次“美国科学促进会”(以下简称AAAS)的会议上。AAAS每年吸引数千名科学家来辩论和商讨许多问题，从探索火星的更好方法到人类基因组计划的道德问题。当时是近期关于爱因斯坦的学术成就的研究中出现的一些比较奇特的插曲之一，一小派修正主义的历史学家提出了这样的观点，他们认为爱因斯坦欺骗了后来成为他第一任妻子的米列娃，骗取了她在相对论中应得的那份荣誉。会议中一个沉闷的下午，我偶然碰到了关于这个主题的一场热烈的辩论，当时就被迷住了。这并不表示我断然认为这个论断是正确的，而让我感到惊讶的是，爱因斯坦早在1955年已经去世，竟还会出现这样的一场争论。有证据表明他是这个世界上最有名的人，也正是我们现代性的真正谱写者。我对于历史的修养不够，我总是在推测，关于爱因斯坦的这样一些关键的问题——他是如何发明他的理论的，他和他的情人们及所爱的人的关系的情况——很久以前就已经有答案了。

事实上，在此以前我从未对爱因斯坦本人产生过特别的兴趣。同其他任何人一样，这位宇宙圣人的形象伴随着我的成长，而唯一可以与这位圣人相提并论的只有上帝。很难想象他也曾经年轻，但那天下午当我坐在新奥尔良的大礼堂里，从台下听到年轻的爱因斯坦被描述成一个喜好追求女性的人、一个逃避兵役的人、一个爱调情的人、一个情夫、一个有进取心的人、一个艺术家、一个步入歧途的儿子、一个异乎寻常的诗人以及一位混战中的物理学家,而他的女友则是一位女权主义者、一位数学家时,我突然感到一种奇特的解脱,我猜想爱因斯坦的一些当代同僚(他们不得不在他的巨大阴影下工作)也是如此。在某种时光倒流的奇迹下,在我眼前出现的是,爱因斯坦被减去了50岁。**这样看来,这个"魔鬼"毕竟也是有血有肉的**,我这样想。

认为米列娃在相对论的创立中占有一席之地的说法,很大程度上来自于阿尔伯特在他们的求学岁月中写给她的信件中的一些段落,这些信件最近首次公开发表了。在他们的通信中,阿尔伯特除了给出他们恋爱时期的种种细节、他跟母亲的斗争,以及最为吸引人的,也即1902年他们的私生女丽莎尔(Lieserl)的出生,也曾谈到过由相对论最终得以解决的那些科学问题。(米列娃写的另一半信件,在很大程度上看来都没有被保存下来。)当我开始进一步探究所谓的相对论所有权的争论时,我发现这些信件(总共有51封)只不过是新近发现的大量关于爱因斯坦的资料中最为耸人听闻的那一部分,这些突然涌现出来的资料也许能改变我们对于他这个人、他的生活及他的科学的整个看法。

早在20世纪80年代初,在经过多年的法律争端以后,普林斯顿大学出版社和耶路撒冷的希伯来大学(爱因斯坦把他的论文遗赠给了这所大学)之间的合作开始平缓地进行了。由波士顿大学的一位好争论又固执的物理学教授约翰·施塔赫尔(John Stachel)* 来领导出版爱因斯坦文稿的项目。** 施塔赫尔和他的同事们的工作量是惊人的,他们要在爱因斯坦去世后留在普林斯顿的堆积如山的大约43000份文件中探索。与此同时,他们还要在全世界搜寻其他可能还不为人知的、不曾发表过的或是散落在积满灰尘的档案中的关于爱因斯坦的文献。1987年,此项目中计划出版的约30卷中的第1卷面世了,其中涵盖了爱因斯坦的青年时代和大学岁月,还包括他写给米列

---

* 参见《爱因斯坦奇迹年——改变物理学面貌的五篇论文》,约翰·施塔赫尔主编,范岱年等译,上海科技教育出版社,2016年。——译者

** *The Collected Papers of Albert Einstein* 在本书脚注中缩写为 *CP*。——作者

娃的情书。在这些书页中，我们看到年轻的爱因斯坦阔步前行，第一次不加掩饰地展现了自己。

我很乐意这么想：假如在20世纪初的一二十年中我已经见过世面，我就会露宿在爱因斯坦家的门阶上，或者是跟着他和他的朋友们去听演讲或去咖啡馆，这样我就可以描写他以及他在物理学界所引起的骚动。但当时科学新闻业还没有作为一种艺术形式而存在。这些由“爱因斯坦文稿计划”(Einstein Papers Project)和别的独立学者们所发现的信件及其他的资料看来是提供了除此以外的另一种最好的方法，能够窥探到阿尔伯特、米列娃和他们的朋友们，并提出他们同时代的人出于礼貌而没有问的问题。这些信件提供了一个机会，来抓住这一个世纪以来所创造的气味、声音和景象，来聆听和报告这轻划过宇宙之门的第一个声音。我将这些信件预想为撰写这本书的营地，我意识到我自己将会很愿意通过阅读来了解爱因斯坦——这是对物理学领域中一个年轻耕耘者的描述。

严格来讲，这并不是一部爱因斯坦的传记——在书店的书架上这种书已经够多了。事实上，我的目的是要使青年时期的爱因斯坦活过来，使他光彩夺目——是他的业绩使得这位老人、这位偶像得到世人的崇敬。在过去的7年中，我换配了5次眼镜，阅读了无数出版过或从未出版过的信件，与我的研究助手泰卡韦茨(Val Tekavec)一起眯着眼睛看爱因斯坦难以辨认的字迹。从他讨论时空尺度的细节直至他的孩子们应该怎样刷牙的每一件事，我都跟随着他。我追踪到阿尔伯特和米列娃共同居住、分别居住过的每一个地方，漫步在它们附近的街道上，在学生区的咖啡馆里吃便宜的德国式香肠，就像他们必定做过的那样。我看过爱因斯坦的高中成绩报告单和他的离婚文件。我曾爬上刀锋般的森蒂斯峰，在那里，十几岁的爱因斯坦几乎丧命；我曾走在阿尔卑斯山脉的恩加丁，在那里，他和玛丽·居里(Marie Curie)于1913年有过一次著名的徒步旅行；我也曾沿着曲折危险的之字形坡道蜿蜒而上，追逐阿尔伯特和米列娃的旅程直到科莫湖以及越过施普吕根山口，1901年她在那里怀上了他们后来死去的女儿丽莎尔。我找到了爱因斯坦和他的朋友们的后代，目的是要用关于他们长辈的行为的难以对付的问题来折磨他们。

没有一种历史，尤其是叙事性的历史，能够逃脱下列指控：它在某种程度上就是一部小说，是一种由作者的主观选择、兴趣及偏见与文件纪录的资料一起组成的不精确的混合物。而这本书对阿尔伯特·爱因斯坦的描写，也必定在一定程度上是出自我自己对阿尔伯特和米列娃的创造、思索或感觉，而这些都是从信件和他们的其他著述中得到的。当我思考某个人的思维过程可能是怎样的时候，我都煞费苦心地在文中留下清楚的信号，说明我孤孤单单地在此处如履历史的薄冰。

毫无疑问，本书的读者中必定有一些物理学家，他们会对书中对于爱因斯坦的罗曼史和家庭事务的详细描写感到不快，但同时也会有一些不是学科学的读者，他们会对讨论爱因斯坦的物理学毫无兴趣。但是，只有在探索他存在的神圣的一面的同时也描述他凡俗的一面，才有可能自称对爱因斯坦的阐述是完整的。物理学是爱因斯坦的音乐，是他在最初想与米列娃共同演奏的曲调，没有它，我们将不可能洞察他的生活，这类似于不听莫扎特的伟大歌剧就无法理解莫扎特一样。因此，怀着让读者至少能了解这个柔和弯曲着的宇宙一些萦绕的旋律的希望，我尽了最大的努力，来演奏一点爱因斯坦的音乐。

然而，爱因斯坦有时可能会希望一切是另一种样子，物理并不是他生命的全部。他生活在这个地球上，有血有肉。正如他有一次在给他的朋友、年轻的布基(Peter Bucky)所写的一首诗中所说的："上半身作出思考和计划，但下半身决定我们的命运。"历史将会表明，除了别的方面以外，阿尔伯特还是一位对人类处境及他自己的状态机敏的甚至是有诗意的观察者。

阿尔伯特·爱因斯坦去世后，他的所有文件及他的版权都留在了耶路撒冷的希伯来大学。他的论文和信件都保存在那儿，而其中大部分则在普林斯顿大学和波士顿大学的档案馆中保留了复本。我想要对耶路撒冷希伯来大学爱因斯坦档案馆的馆长罗森克兰茨(Ze'ev Rosenkranz)及普林斯顿大学出版社的利平科特(Walter Lippincott)表示感谢,他们让我接触这些文件,并允许我从中引用。如果没有他们与他们的同事们在发掘、注释和出版爱因斯坦的文件上所付出的巨大努力,本书是不可能成形的。因此我也十分感激"爱因斯坦文稿计划"的编辑们,尤其是舒尔曼(Robert Schulmann)和詹森(Michel Janssen),前者在这项计划的漫长岁月中提出了宝贵的意见和鼓励,同时也是一位友善的听众,而后者花费了大量的时间耐心地解释相对论在哲学上的精妙之处。

许多档案保管员都帮助我照亮了通向往事的道路。我尤其要感谢波士顿大学穆加图书馆(那里保存了爱因斯坦档案的一套复本)的博尔顿(Liz Bolton)和古斯特雷(Margaret Goostray),在一年夏天我前去拜访时他们帮助和款待了我。慕尼黑当代史学会的埃默(Brigitte Emmer)帮助我在尼古拉(Nicolai)档案中找到了伊尔塞·爱因斯坦(Ilse Einstein)的信件。同样,我也非常感激苏黎世联邦工业大学(ETH)图书馆科学史陈列馆的格劳斯(Beat Glaus)、伯尔尼瑞士文献档案馆的加斯特帕(Huldrych Gastpar)和苏黎世州档案馆的希尔特(Traute Hirt)。他们帮助我找到了阿尔伯特和米列娃的离婚文件。怀俄明大学美国历史遗产中心的奥尔森(Lori Olson),在朱尔泽(Wolfgang Zuelzer)尚未编入目录的文件中找到了他访问玛戈·爱因斯坦(Margot Einstein)的记录,以及与爱因斯坦的财产相关的其他至关重要的信件。普斯塔(Zdenek Pousta)让我即兴游览了布拉格的查尔斯大学,并为我指引了去爱因斯坦办公室的路。施陶特(Jürgen Staudte)在一个下雨天花费了一个下午的时间陪我参观了波茨坦的爱因斯坦塔。

奥德·爱因斯坦(Aude Einstein)和伊夫琳·爱因斯坦(Evelyn Einstein)都分享到了爱因斯坦家族的学识,他们允许我使用信件和其他的资料,否则的话我不可能获得这些资料。在巴登,我边吃蛋糕边与谢雷尔(Charles Schärer)分享他对于安内利·迈耶施密德(Anneli MeyerSchmid)的回忆。哈佛大学的霍尔顿(Gerald Holton)在多次谈话中慷慨地与我分享了他的想法。

同样，我也获益于跟派斯(Abraham Pais)、约翰·施塔赫尔、梅迪卡斯(Heinrich Medicus)、惠勒(John Wheeler)、伊利(Jozsef Illy)、雷恩(Jürgen Renn)、巴伯(Julian Barbour)、卡斯塔涅蒂(Giuseppe Castagnetti)、厄尔曼(John Earmann)、布基、保罗·爱因斯坦(Paul Einstein)、加利森(Peter Galison)、卡拉普莱斯(Alice Calaprice)、斯基夫(Peter Skiff)、克莱门尼希(Katie Klemenich)、舍默尔(Margit Schermer)、马顿(Ruth Marton)及波波维奇(Milan Popovic)的讨论中得到的意见。

我特别要感谢泰卡韦茨，他是我的德语老师，后来成为我的翻译和研究助手，并在整个世界似乎都要消失在无数的德文信件堆中时，他又成了我的救命稻草。他机敏地阅读爱因斯坦写给米列娃和他的孩子们的信，以及他写给他最好的朋友米凯莱·贝索(Michele Besso)的信，从而把爱因斯坦作为一个人以及一位丰富多采的、机智的作者重现于生活。埃文斯(Karin Evans)也翻译了大批爱因斯坦的信件。

古尔(Trudi Guhl)和布赫尔(Ernst Bucher)为我在瑞士提供了一个远离家的住所，那里有足够的爵士乐和美食，能够帮助我忘记关于爱因斯坦的学术研究过程中的成败得失。我在剑桥档案馆的那个夏天，奥沙利文(Beth O'Sullivan)和马伊曼(Al Mailman)把他们的房子借给了我。现已过世的罗森菲尔德(Clair Rosenfield)也总是为我留着一个房间，至今我仍怀念她。东七街的瓦特(Mary Jo Vath)和埃舍尔(Fred Escher)把我当作家庭的一员来欢迎。其他朋友们的鼓励和意见也是至关重要的。其中包括：布朗(Susan Brown)，她提供的参考书籍可以说是一座金矿；爱因斯坦生日蛋糕的烘烤师斯塔格(Lisa Starger)；弗兰策尔(Tom Franzel)；波尔克(Jim Polk)；卡普兰(Laura Kaplan)；瓦克斯(Valerie Wacks)；简·布朗伯格(Jane Bromberg)和曼努埃尔·布朗伯格(Manuel Bromberg)；斯莫林(Lee Smolin)；特纳(Michael Turner)；已经去世的施拉姆(David Schramm)；桑德奇(Allan Sandage)；以及费里斯(Timothy Ferris)。在追踪爱因斯坦的那些年中，阿拉(Catherine Arra)是一位坚定的同伴和教练。由于我的家人所给予的信任和支持，我一直感到幸福,我的家人是:戈登·奥弗比(Gordon Overbye);奥利芙·奥弗比(Olive Overbye);我过世的父亲米兰·奥弗比(Milan Overbye);以及我的继父施奈德(Jack Schneider)。

我在《纽约时报》的同事们是一个巨大的灵感源泉,他们的奉献和才干给人树立了一个令人敬畏的榜样。我特别要感谢迪安(Cornelia Dean)、张(Laura Chang)和威尔逊(John Wilson),在我偶尔缺席的时候,他们也毫无怨言。

詹森、莱特曼(Alan Lightman)、诺顿(John Norton)、舒尔曼、斯莫林和特纳慷慨地花费时间来阅读了所有的或是部分的手稿,并提出了许多建议和校正意见。书中无疑还存在着许多错误之处,这些则都是我的过失了。

我的编辑——东奔西走的科特(Rick Kot)和我的代理人达尔(Kris Dahl)出色的工作再次远远超出了他们的职责范围。像过去一样,我要感谢安吉尔(Natalie Angier)所给予我的友谊和支持。

最后,我要感谢南希·瓦蒂克(Nancy Wartik)的鼓舞和意见,她是我自己宇宙中心的恒星。

第一篇

逃亡者

第一章　在路上

如果每个人都如同我这样生活，

小说就没必要存在了。

——阿尔伯特·爱因斯坦致妹妹马亚(Maja)的信，1899年

1897年，苏黎世。18岁的阿尔伯特·爱因斯坦(Albert Einstein)为他自己感到沮丧，忧愁地坐在房间里。他矮小结实的身体包裹在一件绒毛已经磨光了的浴衣里。深色的鬈发下是一张敏感的脸，脸上有着一双棕色大眼睛、一只肥大鼻子和一张小而柔软的嘴。上唇留着一撮小胡子，因为连硬着头皮出去哪怕是刮一下胡子的心情都没有，所以在他十几岁的脸颊上留下了胡子茬。6月的光线透过窗户照进来，向外看去是散布在苏黎世的所谓学生角中心的联邦大街。在老城中心的下坡处，学生们群集在尼德多夫大街的小巷中。嘈杂声和抽烟产生的烟雾充斥在利马特河两岸的那些咖啡馆中。太阳灿烂地照耀着世界上的每一个人，但不包括他。

庆祝五旬节礼拜日的圣灵降临节春假快要到了，阿尔伯特将要去苏黎世湖旁边的卡普罗蒂(Selina Caprotti)家，跟他的新朋友——富有才华而又优柔寡断的米凯莱·安杰洛·贝索(Michele Angelo Besso)一起弹奏莫扎特、胡思乱想、抽烟以及谈论物理学和哲学。但是这种期望看来要落空了。对圣灵降临节的往事的回忆沉重地压着他，由于他的不当行为，他有负于别人。现在他需要为此付出一种苦乐参半的代价。

“亲爱的妈妈，”他提起笔来，不很准确地说，他是在很讨巧地给保利娜·温特勒(Pauline Winteler)写信，断然拒绝了她要他与她的家人在阿劳乡下小镇共度圣灵降临节的邀请，“我实在是不值得以陷入新的痛苦为代价来换取几天的幸福，由于我的过错而给我那亲爱的孩子带来的痛苦已经太多了。”这个让他必须不惜一切代价避开的亲爱的孩子，就是保利娜最小、最漂亮的女儿玛丽(Marie)，由于他大男子主义的疏忽，他已经粉碎了她纤弱的灵魂。从现在起，他发誓要管好自己的事，不再冒险涉足什么罗曼史。“不屈不挠的脑力劳动和观察上帝所创造的宇宙，是和解、坚定而又坚韧严格的天使，她们会引导我捱过生命中所有的苦恼。要是我能把这其中的一些给那个好孩子该有多好！然而，这又是经受生命中的暴风雨的多么奇怪的一种方式——在许多有理智的时刻中，我清楚地觉得自己是一只鸵鸟，为了不察觉到危险，把自己的头埋进沙漠的沙子里去。”*

在阿尔伯特·爱因斯坦的一生中，他总是给女人添麻烦。

当阿尔伯特把他畸形的大脑袋伸出保利娜·科赫·爱因斯坦(Pauline Koch Einstein)的身体时，差点要了她半条命，当时她的21岁生日才刚过了3个星期。他是她的第一个孩子。她嫁给赫尔曼·爱因斯坦(Hermann Einstein)时只有18岁，从此脱离了一个谷商女儿的安逸生活，成为一个失败的数学家、四处奔走的企业家的左膀右臂。自那以后，生活就不再轻松，而且再也没有好转过。

当然，在最近变成了德国南部的那个地区，艰难的时势对于犹太人来说已是世代相传。例如在海尔布隆小镇上，300年以来一直都不允许犹太人在天黑以后进入城门。但在19世纪的后半叶，普鲁士的天才俾斯麦(Otto von Bismarck)挥舞着反法的旗帜，如同一个焊接器那样，将德意志联邦的各州联

* Albert Einstein to Pauline Winteler, June 7, 1897, *CP*, vol. 1.

合了起来，成为一个新的国家，德国南部的犹太人开始由几个世纪以来被迫害、被屠杀的命运攀升为一个中产阶级。在他们努力与他们那些相信罗马天主教的邻居保持一致的同时，他们也丢弃了传统。

保利娜的父亲尤利乌斯·科赫(Julius Koch)是一个暴躁而又狡猾的人，他工作努力，他原来只是一个家境一般的面包师，后来跟他的兄弟一起做谷物生意而积蓄了一小笔财富。*但是成功和舒适并没有给他带来谦和，也没有缩小他的欲望。当科赫决定像他这样的有钱人应该是一个艺术收藏家时，他就搜寻出他所能找到的最便宜的画和最便宜的画家，常常买到一些赝品而不是真迹。他跟一个低劣的画家达成协议，画家给他画家庭肖像，作为交换他给画家提供房间和食物。保利娜和她的兄弟姐妹们是与尤利乌斯的兄弟的家庭一起在一个共同的大家庭里长大的，在那里，妻子们轮流做饭和干其他家庭杂务。阿尔伯特的妹妹马亚在一本没有出版的回忆录中把这种安排的成功归功于尤利乌斯的妻子耶特·伯恩海姆(Jette Bernheim)出色的幽默感和母性，并把她称为大家庭的灵魂。

保利娜生命中的第二个男人赫尔曼·爱因斯坦完全不同于尤利乌斯——也许可以说尤利乌斯完全不同于他。赫尔曼长着海象般的胡须，戴着夹鼻眼镜，看上去像一个令人生畏的普鲁士人。但事实上，他即使有点优柔寡断，仍是一个让人高兴的人，他总是倾向于不断地弄乱所有的可能性和观点。**他是家里的七个孩子之一，喜欢数学，但他们家庭有限的财力使他们都不能接受高等教育。结婚的时候，他是一个胸怀大志的羽绒床商人，但事实一再地证明他没有经商头脑。

阿尔伯特1879年出生于乌尔姆，如今，这是一个以高耸的大教堂和古老的渔夫角而闻名的小城——多瑙河上的威尼斯。乌尔姆坐落在德国西南部一个叫施瓦本的山峦起伏的地方，在那里莱茵河与多瑙河相隔不过几英里，它们向着截然相反的方向流着。在德国的格局中，施瓦本是一个中间地带，

* Maja Winteler-Einstein, excerpted in *CP*, vol. 1.

** 出处同上。

是一个居住着说一种有声有色的方言的友好的农民和少数自由民的悠闲的地方。阿尔伯特的降生没有预示着与施瓦本人有任何不同。他出生时，他的祖母耶特惊叫他太胖了，他的后脑勺如此巨大，以致保利娜害怕他是畸形，当他迟迟学不会说话时，这种害怕更甚一层。他在两岁多以前都没有开口说过一句话。他最令人难忘的发声是在他妹妹马亚出生的时候，当时他已经有两岁半了。显然，他想要知道，为什么她不像他期望的某种玩具那样长着轮子。直到7周岁，他都一直有一种奇怪的习惯，要把他说过的每一句话都对自己轻声地再复述一遍。

他是一个长着深色头发的漂亮小家伙。在保存下来的最早的一张照片里，他穿着黑色的长袍，戴着蝴蝶结领结，穿着黑色鞋子，半垂着眼睑，胖嘟嘟的脸上带着一副心不在焉的表情，斜靠在一把椅子上，看上去就像一个小大人。但在他平静的举止下，藏匿着如他外祖父一般的暴躁。他生气的时候，整个脸都发黄，鼻尖变白。有一次他把一只保龄球朝马亚扔过去。还有一次他用一把锄头痛打她的头。

阿尔伯特出生一年后，他们全家搬到慕尼黑，去同赫尔曼的弟弟雅各布(Jakob)一起经营刚刚起步的电力工业。雅各布十分幸运地在斯图加特联邦工业学院学习了电气工程。1867年，西门子(Werner von Siemens)发明了发电机，带来了电力工业的革命。这种发电机用燃煤或水力驱动的涡轮的能量来产生强大的电流和高电压。到了19世纪80年代，电力已成为未来的浪潮，而雅各布当时在慕尼黑经营着一家煤气安装和管道公司，很想加入这股浪潮。* 爱因斯坦兄弟的公司要将雅各布的专业技术和赫尔曼亲家的钱结合在一起。尽管赫尔曼缺乏管辖的性情，他还是照看了生意的经营管理。科赫一家在乌尔姆生活安排的一个奇怪的表现是，雅各布叔叔和他的妻子伊达(Ida)都同赫尔曼家一起住在郊区的一座大别墅里，在这幢别墅和马路之间有一个绿树成荫的院子。

保利娜·爱因斯坦有着灰色的眼睛，她具有在城市底层生活的能力，为

* Lewis Pyenson, *The Young Einstein: The Advent of Relativity.*

人严格，是一个不溺爱孩子的典范，她要求她的孩子们自己照顾自己。阿尔伯特在慕尼黑热闹的马路上游历了一次以后，保利娜就放手让他自己找路回家，而她则暗中注视着他的行动。有一份报纸在她晚年采访她时，她将她的持家有道归功于行为准则。她对于精巧的刺绣耐心、坚持不懈、热心而又实干，她的一幅作品是一块桌布，上面绣了一句箴言“Sich regen bringt Segen”，大概的意思是：“保持忙碌会带来幸福。”这是另一句古老的谚语“恶魔会给闲着的手找事干”的比较正面的说法。* 音乐是保利娜的另一项爱好。她弹钢琴，并努力想把她的这一项爱好传给她的孩子们。阿尔伯特从5岁起就带着一种典型的愉快心情开始上小提琴课。他朝他的老师扔椅子，还在屋子里追逐她。

爱因斯坦家的别墅成了散居在德国及意大利北部的爱因斯坦和科赫家族的亲属们常常聚会的地方，其中最重要的有阿尔伯特的表姐妹——他姨母即保利娜的妹妹范妮(Fanny)的女儿埃尔莎(Elsa)、波拉(Paula)和赫米内(Hermine)。[从这里可以看出，在世界的那一部分中，犹太人的家庭结构是如何的复杂和彼此关联，范妮转而嫁给了爱因斯坦家族的另一位成员，即赫尔曼的叔叔拉斐尔(Rafael)的儿子鲁道夫(Rudolf)，他是黑兴根的一位纺织品制造商。]

在这些聚会中，阿尔伯特都喜欢自己独处。这个多变的孩子正在成长为一个严肃执着的年轻人，他的追求是用纸牌堆出14层的楼房。他更独特的玩伴是鸡和鸽子，或者是他放在一桶水里航行的小船。**

按照当时的一般趋向，爱因斯坦家保持着一个世俗的家庭，并不遵守任何犹太人的传统节日和礼节。然而，慕尼黑市要求所有公立学校的学生都要接受宗教教育。那时阿尔伯特去了一个天主教的公立学校，但爱因斯坦家的世俗主义还没有达到要把他们的孩子培养成天主教徒的那种程度，于是就请来了一位远亲做阿尔伯特的犹太教训导。

---

* 奥德·爱因斯坦，是阿尔伯特的孙子伯恩哈德·爱因斯坦的前妻，她仍然保存着这块桌布。

** Albert Einstein to Hans Albert Einstein, Jan. 8, 1917.

阿尔伯特对此的反应比所有人梦想的都要热切。令他的家人感到困惑的是，他开始自觉地遵从他的宗族为了追求现代而已经丢弃了的传统宗教习惯。有好几年，他都拒绝吃猪肉，还创作了几首赞美上帝的小曲，每天早晨在上学的路上自己哼唱。

这个"年轻人的宗教天堂"（阿尔伯特后来这样称呼它），在他约莫12岁时在一次与科学的冲突中彻底地粉碎了。* 由于他的父母是在最为革命的发展年代中努力过活的世俗之人，因此这种冲突是不可避免的。阿尔伯特是一个对工业技术充满乐观主义的孩子，他自出生起便处在电力革命神秘的嗡嗡声中。在通向科学的道路上，他为雅各布叔叔、凯撒（Caesar）舅舅和塔尔梅（Max Talmey）所推动。凯撒舅舅经常从布鲁塞尔来，塔尔梅则是在慕尼黑的大学里学医的一个波兰人，他是由他的一位兄长介绍给爱因斯坦家的，后来就成了每周都来吃饭的常客。** 塔尔梅对阿尔伯特很有好感，当他们初次见面时阿尔伯特只有10岁，但却已经聪明老练，足以在和一个大学生谈话时坚持己见。塔尔梅给他看大量的书，尤其是伯恩斯坦（Aaron Bernstein）的畅销作品。伯恩斯坦是他那个时代的卡尔·萨根（Carl Sagan），他的作品强调了构成自然现象基础的统一性。在其中一部作品中，作者想象跟着一个电信号在一根电报线中旅行。***

阿尔伯特12岁时达到了阅读这些书的高潮，他后来把它描述成是一种纵欲："狂热的自由思想，混合着年轻人故意被政府的谎言所欺骗的印象，这是一种压倒性的印象。"****

代替上帝而来的是数学。塔尔梅给了阿尔伯特一本几何书，在他的后半生，他都把它当作"圣"书。这在他的头脑中点燃了一把数学之火。阿尔伯特在这门学科中已经成了内行，他向他的妹妹吹嘘说，他已找到了毕达哥

---

* "Autobiographical Notes."

** Max Talmey, *New York Post*, Feb. 25, 1931.

*** Jürgen Renn, personal communication.

**** "Autobiographical Notes."

拉斯定理的原始证明。* 在接下来的暑假里，他设法学完了高中的全部数学课程，包括微积分学，他可以连续地独自坐几天，证明赫尔曼带回家给他的那些书中的定理，解书中的题目。

这对于塔尔梅已经足够了。在数学上输得一败涂地以后，他转而研究哲学。他们一起设法排除困难，尤其是阅读了康德(Kant)的《纯粹理性批判》。虽然那在当时同现在一样难懂，康德仍然是大学生们热衷的谈资。而结果是，他的哲学思想对于科学产生了巨大的影响。阅读康德的理论可以使它包含在感官的外部世界以及精神的内部世界之间的一种外部空间—内部空间的联系，那就是数学。理解宇宙的钥匙是否有可能就在我们自己的心灵结构中呢？

阿尔伯特早期的另一种兴趣是叔本华(Arthur Schopenhauer)，叔本华对于个人地位的颂扬以及执意对不加思考的公众的敌意，对一个孤独的青年也许是一种安慰。

结果证明，阿尔伯特有足够的机会去实践叔本华的美德。他只间或对那些指责他正规教育的人展示他的早熟。他的数学成绩优秀，但据说他9岁时进入的慕尼黑卢伊特波尔德(Luitpold)高级中学的希腊语教授当着全班告诉他，他绝对不会成什么大器。在公立学校时，据马亚说，他被认为反应迟钝；在卢伊特波尔德高级中学时，他被认为是放肆的。他的同学们叫他“Biedermeier”(庸才)，大致可以意译为“死读书的人”或“讨厌鬼”。而这种反感是相互的。

虽然卢伊特波尔德高级中学是德国最为现代化的学校之一，拥有由一家电气公司捐助的现代化实验设备，而且它的教育方法是按照伟大的物理学家和哲学家马赫(Ernst Mach)的路线而设定的(马赫是经验主义“白板”学校教育的热衷者)，但是阿尔伯特却还抱怨它是一所靠死记硬背学习的工厂。

---

* Maja Winteler-Einstein.

老实的"庸才"不屈不挠地坚持下去，他把成绩带回家。他回到了别墅就看书，在花园里解数学难题，同妈妈或妹妹一起演奏莫扎特和贝多芬(Beethoven)的奏鸣曲，甚至自己坐在钢琴旁，用一种默想的方法挑出琶音，或者和雅各布叔叔进行智力竞赛。

后来，当爱因斯坦老了，名声和原子弹以及量子方面的疏忽都卡住了他的脖子时，他总是声称，这个宇宙的神秘最初是在他6岁时展现在他面前的。当时他的父亲给他看了一个罗盘，它颤动着的指针万无一失地指向磁北极。这是一个圣像似的故事，小男孩突然领悟了在杂乱无章的现实背后不可见的秩序。这是一个一再被复述的故事，最近一次是在一部名叫《智商》的电影里，马陶(Walter Matthau)和爱因斯坦一样，在脖子上挂了一个指南针，并把它给了罗宾斯(Timothy Robbins)，而他正在追求他的(虚构的)外甥女。

不管是不是完全属实，这个罗盘故事作为隐喻来说是贴切的。磁力毕竟是推动电在发电机的线圈中运动和将电沿着电线送出去点亮电灯且使电车颠簸起来的动力。爱因斯坦兄弟就是把他们对于未来的希望押在了看不见的太空法则这一神秘的推动力之上。

起先他们很兴旺。在搬到慕尼黑后不久的1882年，爱因斯坦家在该市的国际电力展览会上展示台灯、发电机和一个电话系统。其中的很多装置都是由雅各布自己设计的，他跟其他员工在发电机和电表方面共获得了6项专利。阿尔伯特对他父亲的工作十分了解，有时还能帮一下忙以及向他的同学们解释电话的工作原理。* 这个公司在1885年重新命名为"J·爱因斯坦电气技术制造公司"，它已经拥有200名员工，涉及的方向从建筑机械到安装动力和照明网络。1885年，它被授权为著名的巴伐利亚庆典十月节首次提供电力照明。3年后，爱因斯坦家为施瓦本全镇铺设了电线，那时它是慕尼黑山谷有1万人口的一个村庄，而现在是一个学生区。

* *CP*, vol. 1, footnote, p. 62, and Pyenson, *The Young Einstein*.

1891年，雅各布的8台发电机在法兰克福的国际电气展览会上轰轰烈烈地展出了。其中的3台发电机在主机械大厅轰鸣着，将高达100马力——75 000瓦特——的电力送往包括酒店在内的其他建筑物。超过一百万的人，包括德国皇帝本人，参观了这次展览会，这是一个闪亮着人工灯光的未来陈列馆。这些工业技术的观光者们对由于电的神秘流动而注入活力的瀑布和电车感到惊讶不已，他们也观看了扮演普罗米修斯（Prometheus）、伏打（Alessandro Volta）和伽伐尼（Luigi Galvani）的舞蹈演员跳的特别的电子芭蕾舞。

在法兰克福展览会的同时，慕尼黑工厂在制造弧光灯、各种电表和发电机，这些将在巴伐利亚、意大利北部出售和安装。赫尔曼、雅各布俨然想要成为德国南部的一股工业和技术力量。他俩与妻子及家人经考虑分析之后，认为自己的头脑好使，又有财力，能够在19世纪90年代的淘金潮中获得成功，但是资本主义制度很快使他们的梦想破灭了。

1890年左右，他俩获得了在意大利北部的瓦雷泽镇和苏萨镇安装电力的合同。然而，当爱因斯坦兄弟不断寻求扩大他们的买卖，安装完整的电网时，开始碰到了难以负担的资金需求。需要超过一百万马克的运转资金才能在用水力或煤气驱动的大规模电力工厂的市场上竞争，才能生产出可以远距离传输的交流电流。（当时德国的人均收入大约是600马克。）在投标照明慕尼黑的合同时，爱因斯坦一家发现他们自己遇到了德国爱迪生公司、通用电气和西门子这样的大公司，其中西门子公司是由发电机的发明者本人创建的，拥有几千员工。爱因斯坦一家不得不抵押掉他们的房子来筹集必要的资金，但这也无济于事。1893年，另一家大公司许克特（Schuekert）将他们从慕尼黑的合约中挤出了局。第二年爱因斯坦公司就完蛋了。

然而，一个曾经同他们一起工作的意大利工程师加罗内（Lorenzo Garrone）说服了爱因斯坦一家，也许像他们这样的小公司可以在意大利北部找到机会，而他们在那儿已经做过一些生意了。兄弟俩卖掉了自家的别墅（花园和其他的一切立即被夷平了，以建造一套公寓），由于受到了去米兰市外的帕维亚镇建立一个有利可图的水力发电系统的前景的诱惑，他们去了意大利。爱因斯坦全家搬进了帕维亚一所一度属于著名诗人福斯科洛(Ugo Foscolo)的豪华房子。

爱因斯坦全家都去了意大利,只有阿尔伯特除外,他虽然脾气很坏,但正在世界上最好的教育系统中取得可喜的进步。因为他离念完高中还有3年的时间——这将保证他进入一所好大学——赫尔曼和保利娜决定把他寄放在慕尼黑的亲戚家。这次搬迁是雅各布的主意,当保利娜决定不仅要离开这个她出生的地方还要离开她的儿子时,伴随她的那种心碎是难以想象的。

根据马亚所说,起初阿尔伯特表现出一副勇敢的样子,他写了几封简短的信到米兰,隐瞒了他其实很孤单很沮丧的真相。没有家人在他身边,来自学校和德国社会的种种压抑,只会变得更厉害。而当国家机器堕落到在他脆弱、没有设防的心灵上深深地打上烙印时,这种文化的一个方面突然间比其他方面都更加突出了。孩提时,阿尔伯特曾有一次因为看到军队行军经过他的窗口而感到惊恐万分,他后来回忆这事时说,对他来说,他们看上去就像鬼魂一般的机器人,被猛推向前,而丝毫没有自己的意愿。* 他要求他的父母向他承诺,他永远也不必成为一个士兵。

不幸的是,德意志政府可不这么想。根据法律的要求,每一个男子都要服兵役。对于一个年轻的男子来说,逃避兵役的唯一办法就是在17岁生日之前离开这个国家,并放弃他的公民权。任何人如果在那以后离开而随后又没有汇报,就会被宣布为逃避兵役者。

接下来发生的事情有几种不同的说法。那年冬季的一天,阿尔伯特的希腊语教授,一位叫德根哈特(Degenhart)先生的人,叫来了这个男孩,请他离开该高中。当时阿尔伯特提出抗议,认为他自己并没有犯什么错,而德根哈特回答说,只要阿尔伯特在教室里出现,就会引起混乱。** 有一些传记作者,特别是弗兰克(Philipp Frank),坚持在这次事件以前阿尔伯特早有要逃

---

* Anton Reiser (Rudolf Kayser), *Albert Einstein:A Biographical Portrait.*

** Maja Winteler-Einstein, and *CP*, vol. 1.

离该高中的打算。但是，正如马亚所说，德根哈特先生挖苦性的提议是最后一根稻草。阿尔伯特实在是渴望离开。这正中他的下怀。

从某种程度上来说，这是一种决定性的因素，是他年少时独处和寻找回家的路那些活动的最终延伸。阿尔伯特去找了爱因斯坦家的老家庭医生，说服他写了一张假条，说明阿尔伯特有神经紊乱，需要长期的家庭休养。1894年12月29日，卢伊特波尔德的校长把他从束缚中解放了。他把他的数学书、他的康德、他的罗盘和他的小提琴打包，前往火车站，就像一只飞翔中的“庸才”一样，翘起鸟喙往南飞向瑞士，在那儿，隐约可见的阿尔卑斯山似一扇破裂的监狱的门，从外面透射进来自意大利的自由光芒。

阿尔伯特来到了帕维亚，使他的父母吃惊不已。他发誓再也不会回到慕尼黑或德国去。他宣称他要声明放弃他的德国国籍。既成事实摆在眼前，爱因斯坦家也别无选择，只好同意了。他们的儿子已经表明，他能够安全地从欧洲的小路上通过，就像他通过慕尼黑的街道那样。

这既是阿尔伯特真正的春天，也是隐喻意义上的春天。据他自己后来的回忆，对于意大利，几乎没有他不喜欢的东西，在看惯了慕尼黑的那种阴暗沉重的巴罗克式建筑以后，那是一片光与色的冲击。传奇故事和轶事勾画出一幅图画：一个自由自在的16岁少年漫游在音乐般的风景中，寻找米开朗琪罗（Michelangelo），沉醉在灯光、空气、音乐、食物、歌剧般的人们和他自己家人的陪伴之中。唯一能说的最坏的事就是帕维亚和别的几个镇都比慕尼黑要显得稍微脏一点儿。

接下来的几个月里，阿尔伯特帮他父亲和叔叔工作——据说曾一度帮他们解决了一个复杂的设计问题——此外还有阅读和到意大利乡下各处去拜访朋友、家人。他向南徒步旅行，翻过了利古里亚的阿尔卑斯山，到热那亚去同他的舅舅雅各布·科赫（Jacob Koch）住在一起——1895年的夏天他都待在阿尔卑斯山的艾罗洛山村里，后来成为总理的拉扎提（Luigi Lazzatti）待之如友。* 他读莱布尼兹（Leibniz）的书，从中受到启发，撰写了一些科学小

* *CP*, vol. 1.

品和短的哲学笔记:“从我们思想的不完美来推测出事物的不完美是不对的。”这是他当时写下的至理名言中的逗人范例之一。*

赫尔曼不知道这种轻如鸿毛的生活将会导致什么结果,于是让他的儿子坐下来,催促他学习一种实用的行业,比如说电气工程,这样他有朝一日就可以自食其力,说不定还可以接管家族的生意。** 阿尔伯特提出了他自己的计划:他要在秋天参加苏黎世的瑞士联邦工学院的入学考试,那不需要高中文凭。为了向全世界证明他不是彻底疯了,阿尔伯特从他的高中数学老师那儿拿到了一张凭证,证明他的才华和智力上的成熟。***

瑞士联邦工学院(通常称为“工学院”)是一种新型的大学,也就是所谓的technische Hochschule,主要致力于培养教师。因此,它就比海德堡、柏林或格丁根这些大学要低一级,如果阿尔伯特完成了他在卢伊特波尔德的学业的话,他本可以进入这些学校。(事实上,根据德国的法律,由于无法证实阿尔伯特曾经服过兵役,就算在Hochschule获得学位后,他甚至也不能获得做一名官员的资格。作为阿尔伯特的监护人,赫尔曼申请取消他儿子的符腾堡州公民权,阿尔伯特自出生起就是那里的公民,这一申请在1896年1月28日被批准,从此把德国军队从阿尔伯特的未来中赶了出去。)

工学院尽管是二流学校,但却并不急着要把小爱因斯坦收进去。一般说来,要进该学校的学生至少应为18岁,并且已经通过了高中的毕业考试,即得到高中文凭,阿尔伯特小了两岁,除了他的自负和数学老师的凭证以外,他几乎没有别的凭证。工学院的校长赫尔佐克(Albin Herzog)在给爱因斯坦家在苏黎世的一个朋友迈尔(Gustav Maier)**** 写的信中说:“根据我的经验,我认为让一个学生从他开始学习的地方退学是不明智的,哪怕他是所谓的天才儿童。”赫尔佐克的建议是让阿尔伯特完成他的基础教育,但是如果爱

---

* 出处同上。

** Interview with Hans Albert Einstein in *Ladies' Home Journal*, April 1951, related in Ronald Clark, *Einstein: The Life and Times*.

*** *CP*, vol. 1.

**** 出处同上。

因斯坦家坚持的话，他会放弃他的年龄规定而让阿尔伯特参加入学考试。

1896年9月，阿尔伯特参加了考试，他的数学和物理考得非常好，以致物理系主任韦伯（Heinrich Freidrich Weber）邀请他如果待在苏黎世的话就来听课。但他的各门语言和历史考得实在太差了，赫尔佐克只能把他送回中学再读一年。

赫尔佐克送他去的地方是美丽的小镇阿劳，在阿尔高州，离苏黎世城30分钟，那儿的阿尔高州立学校是瑞士最受赞誉的学校之一，以自由主义闻名。沿着由著名的教育改革家裴斯泰洛齐（Heinrich Pestalozzi）所创办的一所实验学校的遗址往下走就能走到。*

秋季学期已经开始了，因此阿尔伯特很快就动身前往阿劳，舒适地安顿在源于伯因的阿尔卑斯山流向莱茵河的阿勒河边。迈尔安排他与在该学校里讲授历史课和语文课的约斯特·温特勒（Jost Winteler）一家住在一起。这样的安排并不少见。同年，阿尔伯特的表弟罗伯特·科赫（Robert Koch）——尤丽叶（Julie）和凯撒的儿子——也进了阿尔高州立学校，也由温特勒家提供食宿。

阿尔伯特在温特勒家很快就比在自己家还要感到畅快了。温特勒爸爸（阿尔伯特如此称呼他）是一位英俊、长相出众的人，蓄着卷状的胡子。他以前是一位新闻记者、鸟类学家和常在野外生活的人。他是一位自由民主主义者，赞同阿尔伯特对德国军国主义的不满。他和温特勒妈妈（她的名字刚好也叫保利娜）育有7个孩子，从学校穿过一条街就到了他们喧闹的家，那是一个有书、有音乐、有聚会和热烈讨论的地方。温特勒总是组织放风筝远足或艰苦跋涉到周围的乡村和附近的山峰去。他还有与他的鸟群交谈的习惯。

温特勒妈妈同样地溺爱阿尔伯特，好像他是她自己的孩子一样。阿尔伯特变得合群了，咖啡的热气在他面前升起，阳光斜斜地照在田园风光般的美丽景色上，透过窗户照射进来，他穿着浴袍自命不凡地同一些女子一起高

* Peter Skiff, personal communication.

谈阔论，就这样度过了那田园诗般的时光。

这个穿着浴袍在仰慕者前高谈阔论的阿尔伯特再也不是一个“庸才”，而是一个粗俗而又泰然自若的少年了。他英俊，长着一头蓬乱的鬈发，闪亮的黑眼睛弥漫着敌视的态度。他还是一个傲慢的天才，一个最爱讲的故事是有关抱怨阿尔伯特只要在教室里**出现**就会引起混乱的那个(在慕尼黑高级中学)老师的男孩。阿尔伯特作为一个老于世故的人、一个调情的人和一个勾引者，一个“鲁莽的施瓦本人”，他对于那些很少旅行又没有什么经历的同学来说，简直讨厌极了，只有一把小提琴还能让他在社交上占有一席之地。

汉斯·拜兰(Hans Byland)是阿尔伯特的同学，他对传记作家西利格(Carl Seelig)* 回忆起阿尔伯特时这样说：“他充满了自信，灰色的毡帽向后戴在浓密的黑发上，他精力充沛地以一种快速的或者我几乎可以说是疯狂的速度来回跨着步，这是一种永不宁静的活力，它本身就包含了整个世界。没有一样东西能逃脱他那双明亮的棕色眼睛锐利的注视。不管是谁一旦靠近他，就会立即震慑于他那出色的人格魅力。他相当丰满的嘴唇上带有讽刺意味的卷状胡子以及突出的下唇，都暗示着不容平庸之辈得到他的善待。由于没有受到传统习俗的束缚，他以一种一笑置之的哲学家的态度来对待世界，他以诙谐的嘲弄无情地鞭笞着所有的骄傲自满或惺惺作态。”

拜兰接着还回忆起，有一天他在学校听到阿尔伯特在用小提琴演奏一首莫扎特的奏鸣曲，他被他在演奏中表现出来的力量和优雅震惊了。他感到这是他第一次听到了莫扎特的乐曲中的全部清澈的美。在爱因斯坦的演奏中有如此强烈的激情，拜兰几乎没认出他来。“这是一个天才，又是一个顽固不化的嘲弄者。他克制不住自己！他是一个具有分裂人格的人，具有一个多刺的外表，知道如何保护他强烈的感情生活中那个纤细的王国。”但是这个面具绝不会长久地脱落下来。常常都是在最后几个音符还在绕梁时，

* Carl Seelig, *Albert Einstein: A Documentary Biography.*

阿尔伯特总会讲一句俏皮话，这样破坏了整个气氛，把所有的人重新又拉回到现实中来。“他厌恶任何多愁善感的表演，”拜兰总结道，“哪怕在一个有点歇斯底里的环境里，他也能保持冷静的头脑。”甚至他对于音乐的选择也出卖了他对于多愁善感和激情的不安。他所爱的是巴赫（Bach）和莫扎特，而不是贝多芬，当然更不是瓦格纳（Wagner）。

在整个阿劳，没有一个人比约斯特和保利娜18岁的女儿玛丽（Marie Winteler）更对阿尔伯特的风度着迷了，她在阿尔高师范学校学习。玛丽长得相当漂亮［根据“爱因斯坦文稿计划”的舒尔曼（Robert Schulmann）说，她是保利娜最漂亮的女儿，他曾经看到过她的一张照片，但无法得以公开出版］，而且会弹钢琴，这就使她自然地能在音乐上陪伴爱因斯坦，至于其他的方面当然就不言而喻了。

到了圣诞节，玛丽和阿尔伯特（他在阿劳度假）就成了一对。玛丽此刻已经在给阿尔伯特的母亲保利娜写信了，保利娜对于这样的联姻感到很高兴，回信表示了祝贺和赞同。爱因斯坦家持续地写信给温特勒家，表达了他们对于阿尔伯特能在这么好的一个家庭里这么开心并得到这么好的照顾是多么兴奋。

春假里阿尔伯特回到帕维亚时，他的母亲逗弄他说，以前让他迷恋的女孩们对他再也没有吸引力了。（其中显然包括他的堂妹波拉，他后来讲到她时说：“没有被她骗过的人，不会知道幸福的意义。”）* 阿尔伯特向玛丽转述说：他的母亲虽然与她从未碰过面，但是很喜欢她。至于他，他写道，玛丽的信使他明白了乡愁的意思，以及他“亲爱的小小阳光”对于他的幸福是多么重要。**

“对于我的灵魂而言，你具有更重大的意义，更甚于以前这整个世界对于我的意义，”他继续写道，“而微不足道的小情人什么也不知道，什么也不明白。”

---

* Albert Einstein to Elsa Löwenthal-Einstein, April 30, 1912, trans. Valerie Tekavec.

** Albert Einstein to Marie Winteler, *CP*, vol. 1.

尽管她比阿尔伯特年龄大，而且在这一年龄段上，哪怕是大两岁也可能表现出经历上的大差别，但是玛丽也知道她自己在智力上跟阿尔伯特根本不在一个等级上。事实上，她担心对于他来说她是太愚昧了，焦虑他会对她失去兴趣。面对这样的惶恐，阿尔伯特急不可耐地对她倾注了大量的书信责备和吻。“这一刻如果你在这儿，我会不畏任何理由，给你一个惩罚的吻，好好地嘲笑你一番，这是你该得的，甜蜜的小天使！至于我会不会有耐心？对于我心爱的人，淘气的小天使，我还有别的选择吗？”

“我们彼此深切地爱着对方，但那是一种纯洁的爱情。”很久以后，玛丽如是说。*

阿尔伯特在阿劳的一年，标志着同散布各处的吵吵嚷嚷的温特勒家族长达一生的纠缠的开始。他的妹妹马亚追随了哥哥走过阿劳的脚步，后来嫁给了玛丽的兄弟保罗(Paul)。而他们的姐姐安娜(Anna)则嫁给阿尔伯特最好的朋友米凯莱·贝索。(脸皮厚是安娜的个性，据传，她曾偷看阿尔伯特和玛丽接吻。)** 尽管温特勒家和爱因斯坦家都希望阿尔伯特与玛丽能订婚，但当时阿尔伯特还有别的更重要的事要做，那就是秋天要参加的高中毕业考试及进入工学院。

阿尔伯特在州立学校的学习蒸蒸日上，州立学校比卢伊特波尔德小一些，也没有那么专制。当阿尔伯特表现出他的本性的时候，教授们似乎也没有那么不安。在一次地质学实地考察中，科学老师米尔贝格(Friedrich Mühlberg)问道：“嘿，爱因斯坦，这里的地层走向是怎样的？是从下往上的还是反过来？”

“它们的走向怎样，对我来说实在没有多大区别，教授。”

在阿劳的那一年快结束时，阿尔伯特没有理会他父亲早先对他的职业的建议，决定学习理论物理。事实上，阿尔伯特对电学深深着迷，但是正如他在阿劳的毕业考试中写的一篇小品文中指出的，自始至终，他的兴趣倾向

* *CP*, vol. 1. biographical notes.

** Aude Einstein, personal communication.

于数学的和抽象的——而不是实用的东西。* 逗留在意大利的那段岁月中，他听任想象力遨游，不是集中于怎样进一步利用电磁力来为社会服务，而是集中在电磁学本身的性质。在寄给舅舅凯撒的一篇论文中，他试图解释磁力是怎样由据称是弥漫于整个空间的以太的变形而造成的。而且可能是模仿作家伯恩斯坦（他想象自己挤过一条电话线），阿尔伯特还试图想象自己跟随一个光波旅行时，就像一个未来的冲浪者那样，他能看到些什么。他当时所能看到的是，这里存在着某种悖论，还有，像这样的思想实验趣味无穷。

"此外，"他在对于自己的未来的评述中补充说，"我也深为这门科学职业所能提供的某种独立性所吸引。"

当阿尔伯特在阿劳的轻松而欢乐的情景因为他父亲的另一次商业危机而被打断时，这种自吹自擂的独立性优势也许更加强了。1896年，爱因斯坦家在争取水权的谈判中落败，于是在帕维亚建一个水电系统的交易落空了。市议会的议员们因为相信自己受了骗，把爱因斯坦兄弟踢出了这个项目，他们的公司再次倒闭了。这时雅各布已经受够了，他带着赫尔曼的祝福去了另一家公司工作。赫尔曼迁移到了米兰，又开始了另一笔制造发电机和发动机的生意。这时他不但已经蚀光了他妻子所有的钱，还欠了家里其他人的钱，特别是保利娜的妹妹范妮·科赫的丈夫鲁道夫·爱因斯坦。

阿尔伯特确信这次新的商业冒险注定也要失败，因此他跳上火车，去往鲁道夫和范妮家所在的海尔布隆，劝阻鲁道夫再也不要借一点钱给他的父亲。** 他的辩论毫无用处，于是赫尔曼张开前途未卜的翅膀，独自闯入了电气生意行业。像往常一样，在大约一年的时间里，一切进展顺利——赫尔曼赢得了奥廖河畔坎内托和伊索拉-德拉斯卡拉各镇照明系统的特许权——直到鲁道夫开始催他还债。对于一个没有专门实践本领的年轻人来说，这表明了阿尔伯特着实是一个非常优秀的商业预言家。

---

* *CP*, vol. 1.

** Maja Winteler-Einstein.

6月,阿尔伯特和几个同学出去徒步旅行了3天,这是瑞士毕业典礼的一种形式,他们去了森蒂斯峰,那是在瑞士东部阿彭策尔地区绵延起伏的土地之上高达2500米的一座犬牙般的山脊,是史前人类、奶牛、干酪和古老的农业仪式的故乡。有一天,天开始下雨,而阿尔伯特却穿着一双粗劣的鞋。阿尔伯特沿着剃刀般的山峰攀登,这处地方并不适合人攀登,而更适合于那些能乘着气流在悬崖上下飞翔和能在峭壁上栖身的黑色小鸟。他滑倒了,向着陡峭的山坡滑了下去。要不是他的同学菲施(Adolf Fisch)伸出了铁头登山杖,阿尔伯特要做一个开拓者、物理学家和音乐家的事业差点就要因这些岩石而落空了。* 阿尔伯特抓住了登山杖,从深渊里被拖了上来。

3个月后,他通过了高中毕业考试,并最终回到了苏黎世,去上工学院。同玛丽的分别是忧伤的,但也充满了希望。她接受了在奥尔斯贝格的一份临时的教师工作,那是山里的一个小镇,与最近的火车站相距一个半小时。但她可以在阿劳过周末,而从那儿到苏黎世只需要20分钟,阿尔伯特向她保证,他们还可以通信,玛丽答应帮他洗衣服。

阿尔伯特刚刚到达,踏上苏黎世火车总站的月台,一只手拎着小提琴盒,另一只手提着手提箱,他凝视着繁忙的火车站大街。他只要微微地抬起眼向左看,穿过狭窄的莱马特河,就能看到工学院浅芥末色的新古典主义建筑以及隐隐呈现在山丘上的苏黎世大学。

古老的苏黎世发源于山坡上点缀着座座别墅的陡峭的绿色山峦,它的罗马时代的废墟、大教堂、银行、旅馆和餐厅自火车站向南延伸到跨越莱马特河约1英里(约1.6千米)的苏黎世湖。在老镇的东西两面,电车向上分别爬上苏黎世山和于特利贝格的陡坡,直达星辰,或至少是直达云端。苏黎世受到了如此限制和保护,因此在历史上一直是一个颇受青睐的战略要地。该城和它周围的州县在14世纪加入瑞士联邦时,它已成为一个主要的商业中心。16世纪瑞士改革家茨温利(Huldrych Zwingli)每周在大礼拜堂(这是

* Seelig, *Albert Einstein: A Documentary Biography.*

一座双塔大教堂，它的建造最早可追溯到1100年）的布道坛上热衷于宣扬地狱之苦，使得苏黎世的特色得以进一步地锤炼。苏黎世在对自己加尔文教的传统和严格的纪律的自豪中成长起来了，极其简朴、纯粹、民主、独立。

1888年，这个城市将它的疆界从中心城区向外扩展，包围了11个外部的郊区，从而使它的人口翻了两番，从28 000增加到了120 000。据说当时在它25平方英里的区域中，有900多个小旅馆和500多个俱乐部。*

搅乱了世界其他地方的工业革命也在苏黎世迅速开始了。1855年"六鸣节"期间，电灯第一次降临到这个镇上，当时，作为这项新发明的一次展示，整个大礼拜堂和莱马特河的两岸都被照亮了。在接下来的那一年中，镇里的议员们开始安装公共煤气灯，用以代替原来的老油灯。1880年，弧光电灯点亮了联邦的合唱节。同年安装了第一批电话。1884年，电车开始取代马车。

1896年，世纪末的欧洲在大量的革命边缘颤抖。在维也纳，弗洛伊德（Sigmund Freud）已经开始反复思考梦和两性间的歇斯底里。法国被德雷福斯（Dreyfus）** 事件震撼了。在巴黎，年轻的巴勃罗·毕加索（Pablo Picasso）开始绘画***，印象主义仍处于全盛时期，诗人马拉梅（Stéphane Mallarmé）正在实验随机和寂静。X射线和放射性被发现了，而前几年才刚刚宣布"已经完成了"的物理科学突然进入了复杂和神秘的漩涡。奥林匹克运动会在雅典复兴了。卡尔·本茨（Karl Benz）开始制造汽车。第一部自动化电话交换机和第一部电影摄影机制造出来了。使用直流电的电灯泡逐步取代了煤气灯，人人都富有了，但是爱因斯坦家却例外。

1889年竣工的埃菲尔铁塔高耸于巴黎的空中轮廓，以它十足的工程学审美观触怒了传统主义者。对工业技术的乐观态度是正在消失的世纪的一

---

* Seelig, *Albert Einstein: A Documentary Biography.*

** 德雷福斯（1859—1935），法国军官，犹太人。因被军事法庭以叛国罪判终身监禁，而激发要求释放他的政治风波，经重审予以平反昭雪。——译者

*** 参见《爱因斯坦·毕加索——空间、时间和动人心魄之美》，阿瑟·I·米勒著，方在庆等译，关洪校，上海科技教育出版社，2016年。——译者

个狂热的主题。无论何处，旧的形态都像杂乱的东西一样被丢弃，如凋谢的花朵那样倒下去了，奥地利物理学家马赫提出了科学中的一种新审美观，它没有老的观念和抽象，摆脱了形而上学的包袱，削减了除去可能来自于知觉证据通过逻辑建立起来的内容以外的一切。“物理学，”他在1882年写道，“是以一种经济的顺序来安排的经验。”*

苏黎世是在哲学上干净的城镇之一，它掩映在政治的稳定和自由、清新的氛围、繁荣，以及受崇敬的历史中立地位之下。由于信奉茨温利的伦理标准、民主（至少对白人来说是这样）和无情的贸易，它已经被擦净了一切先入之见。精神分析学家卡尔·荣格（Carl Jung）在1900年从古老的巴塞尔大学城迁居到苏黎世时，发现它是一股新鲜的空气。**“苏黎世和这个世界的联系不是通过智力，”他写道，“而是通过商业。但在这儿，空气是自由的，那是我一直重视的东西。在这里哪怕你缺乏丰富的文化背景，也不会被几百年来的浓雾压垮。”在阿尔伯特到达前，德国共产党的创始人卢森堡（Rosa Luxemburg）和她的追随者们就已经住在这座城市里了。此后，列宁（Lenin）、乔伊斯（Joyce）和达达主义的艺术家们都来到苏黎世，寻求这里使人心旷神怡的气氛的庇护。

在苏黎世山比较低的斜坡上，沿着莱马特河东岸，一个由贱民、自由思想者和学生组成的社团拥挤地住满了一片由供膳的寄宿处和咖啡屋构成的山区。联邦工学院坐落在苏黎世大学旁，在一条名叫拉米大街的跨越山丘的热闹林荫道上，恰好在这一聚集地的中间。从街上经过一个小庭院便是它的主要入口，现在，那儿是一座没有柱廊的圆顶建筑，这容易使人联想起罗马的万神殿，它的圆顶比大学内的其他建筑物都高。参观者或年轻的学生通过拱形的橡木门，就进入了一间带有拱门、阳台、闪亮的地板和威严的楼梯的拱顶回音间，只从天窗和稀疏的长窗中射进暗淡的光线来照明。

---

* *Bartlett's Familiar Quotations*, 16th ed., Justin Kaplan, gen. ed. (Boston: Little, Brown, 1992), p.537.

** C. G. Jung, *Memories, Dreams, Reflections.*

这座房子另一边的一些门朝向一座齐眼高的巨大石坛，它有林立的尖塔状的钟楼和风化了的绿色穹顶。从几乎就在脚下的双塔大礼拜堂到精致的圣母院，到具有欧洲最大钟面的13世纪圣彼得大教堂，到西面远处正处于闹市区的狭长的布道教堂，再到在乌拉尼娅大街上古老的圆顶瞭望塔，沿途所看到的历史景象已大大超过了眼睛所能承受的程度。在整点时，如果你仔细聆听，就会听到所有这些塔上的钟都开始奏响，按照它们的设计者随意的安排和已经受损的节奏，一个接一个地将声音融入风中，先是近处的，然后是远处的，接连起伏，传来了越来越遥远、越来越微弱的钟声——当当，叮叮当当——就像一次分部的合唱，直到整个被塔顶刺穿的天空都似乎投入了一场由叮当声组成的细不可闻的争论。

第二章　咖啡馆中的战争

苏黎世的10月是一个多云的月份。雾气悬挂在空气中，飘浮过暗绿色的山丘，亲吻着于特利贝格侧面的那些花园，遮蔽了山顶，把莱马特河和苏黎世湖水乡风景涂抹得像班霍夫大街的圆石一样灰暗。在每年的这个时候，散布在学生角的咖啡馆充满了激进的谈论、皮夹克、敌视的态度和香烟的浓烟。侍者们像父亲一样地凝视着这些嘈杂，干净利落地从他们的黑皮包中取出找头。

作为一个新学生，阿尔伯特愉快地加入了这种混乱。他最喜欢的消遣之一是在人行道上漫步，用他叔叔给他的一根一码(0.9米)长的管子抽烟，把它扭转着，这样他的头就完全包围在刺鼻的烟雾中了。* 他用尤丽叶阿姨每月寄给他的100法郎在联邦大街一个叫做巴席格的可爱而安静的广场旁租了一个房间。他每天从那儿步行到工学院，中间要经过普拉滕街几所住满外国学生的房子。

正好有5个人到来，组成了工学院1900届的VIA小组，学习物理和数学。马塞尔·格罗斯曼(Macel Grossmann)是一个高个子的、古老农业制造家族的贵族后裔，他是这个小组中的一个有抱负的数学家。格罗斯曼除了天生有一个好看的有凹陷的下巴以外，还是一个有性格和天赋的敏锐鉴别家，

* Maja Winteler-Einstein.

他很快就对阿尔伯特待之如友了，还带他到附近塔尔维尔的家中去见他的家人。“这位爱因斯坦将来有一天会成为一名非常伟大的人。”他这样对他的父母宣告。* 另一个同学是来自有着河流和城堡的古镇沙夫豪森的埃伦(Jakob Ehrat)，他在听演讲和上课时经常坐在阿尔伯特的旁边。埃伦是一个忧虑的人，他没有格罗斯曼的泰然自若和爱因斯坦的傲慢自大。他在工学院的表现与其说是由于他的天才，倒不如说更应该归功于他的勤奋学习，而且他还需要阿尔伯特经常给他激励的话语，尤其是在考试的时候。埃伦也常常带阿尔伯特回家见他母亲。她渐渐地非常喜欢他了。阿尔伯特如果觉得孤单，有时也会顺便去拜访她。还有一个从与法国交界的一个钟表制造小镇上来的科尔罗兹(Louis Kollros)，这就完成了这个男子组。最后，还有一个匈牙利女生——米列娃·马里奇。

米列娃21岁，是这个小组中年纪最大的。她到达物理学大门的旅程比这个班中的任何一个男子，甚至比阿尔伯特，都要更加艰难、更加专心致志。她是遥远的塞尔维亚一个富有的地主和法官的长女。塞尔维亚是属于黑色的农民种族——吉普赛人和土匪——的一块粗犷的土地，当时，它是奥匈帝国中匈牙利那一半的一部分。而她身上有一种强烈的忧郁美，她有一张光洁的猫脸、一头浓密的波浪形黑发。在当年所拍摄的一张照片中，她穿着一件缀有一个大蝴蝶结的裙子。她的黑眼睛坦率甚至有点冒失地凝视着，她的嘴很丰润，厚而有美感的嘴唇显示出高贵，嘴唇微张着好似在微笑。她走路明显地有点跛。她有动听的嗓音，但在班里很少有话多的时候。

以阿尔伯特的年纪来说，他是旅行得相当多的，但是可以这样说，他还从来没有碰到像一位女物理学家或者哪怕是一位未来的女物理学家这么奇特的事情。迄今为止，生活在他周围的女子都是像两位保利娜、玛丽、马亚和他的亲戚们那样的人，她们的兴趣，就像尤丽叶阿姨那样，仅限于从小资情调到纯粹微不足道的事情。然而，米列娃却是个极其持重的人。在她笨拙的小身体中，没有一根骨头不是认真的，只有令人心碎的端庄和对于目标

* Carl Seelig, *Albert Einstein: A Documentary Biography*, p. 34.

的专一。她身上放射出神秘、坚毅的光芒。米列娃·马里奇在社交方面是个真正的门外汉,而阿尔伯特只是装得好像那样。

阿尔伯特和米列娃在工学院的第一年是在实验桌旁、图书馆里和独奏音乐会上相互小心翼翼地悄悄追踪对方中度过的。迄今还没有发现那一年他们之间相互影响的任何书面踪迹——没有信件,没有班级记录,没有音乐会入场券的存根——但是似乎清楚的是,他们相互变得友好并不是一个很快的过程。米列娃是那种只在一个很小的圈子里放射她的光芒的女子。她住在普拉滕街一所有膳食提供的寄宿处,就在阿尔伯特的附近,她把大多数时候都花在一个由东欧女子组成的都在苏黎世大学读书的小圈子里。她在一个陌生文化中的羞怯、不安以及她的坚定勤学使她难以被人了解——但正是这些品质吸引了阿尔伯特。

当时,阿尔伯特正在跟玛丽通信,把他要洗的衣服寄到奥尔斯贝格给她,但他们之间的关系却日渐淡漠了。至少有一次,玛丽走了一个半小时到车站,她极其兴奋地看到阿尔伯特寄来的衣服包裹上他书写的地址,结果却发现里面甚至连一张卡片都没有。尽管如此,她还是冒雨赶回来,把刚洗干净的衣服寄还给他。*

问题很可能部分是在于阿尔伯特不可避免地作了比较,而这是玛丽最害怕的事。也许由于苏黎世在文化领域所处的优势地位以及米列娃的出现,玛丽开始显得太土气了,她的衣服上镶了太多的荷叶边——当然这是中产阶级中最好的了,不过对于阿尔伯特来说,这太粗俗了。可是在他的感觉中还有一种更深刻、更神秘的激流。阿尔伯特后来曾多次提到,如果再见到玛丽,他怕会因为情欲而变得精神失常,他需要待在一个“高高的平静的城堡”** 里。可能他觉得对她热恋的那股力量已使他失去了感情上的支柱,使他面临失去冷静、讽刺性的不偏不倚,而有被清除出去的危险——这是他不

---

* Marie Winteler to Albert Einstein, Nov. 4, 1896, *CP*, vol. 1.

** Albert Einstein to Mileva Maric, Sept. 28, 1899. In Jürgen Renn and Robert Schulmann, eds., *Albert Einstein, Mileva Maric: The Love Letters.*

喜欢也不信赖的，正如他不喜欢富于感情色彩的音乐那样。阿尔伯特最害怕的这种小资情调并不存在于玛丽身上，而是在他自己身上。

无论如何，玛丽迁移到这么远的地方，这一事实突然显得不祥了——他从来没有想过是他自己先离开的。11月，就在他们即将在阿劳共度周末的前夕，阿尔伯特提出他们应该停止通信。

这一切来得太突然了，致使玛丽似乎对它并没有留心，直到她在下一封信中写到一半时突然用温和的句子写下了一些令人困惑的话。* “我的爱人，我对你信中的一句话不太明白。你写道，你不想再和我通信了，可这是为什么呢，甜心？”她突然说道。

“你粗暴地责备我，说我不想写信告诉你我是怎样及为什么来到这里。但是你这个亲爱的坏蛋，难道你不知道，比起讲这么无聊的事，还有很多美丽巧妙得多的东西可以谈可以聊吗？”她取笑阿尔伯特（她的“可爱的卷毛头”）的鲁莽结论，她还发誓下次他们见面时，也要责备他来报复他的无礼。

她寄给他一个茶壶。过了很长的一段时间，她都生怕他是病了，阿尔伯特才回信说这个礼物很傻。他的批评无关紧要，她没有感到受挫，而是平静地回信说只要他在里面泡上好茶叶。后来，她又错上加错。她威胁说要同她母亲一起来拜访他，擦净使他担忧的窗楣，帮他重新布置房间里的家具。

对于一个逐渐沉迷于微积分和射影几何学严密性的男人来说，玛丽这种扭怩作态的方式似乎显得微不足道而且让人发疯，尽管它们同样也曾经醉人。到了11月底，也就是他们下一次聚会前的两个星期，这时她听起来就像一个想要寻找某种责任去承担但又不确定自己是否准备好来处理种种后果的女人：“既然你不想给我一个答复，那你就等着，阿尔伯特，你将为此得到严厉的惩罚，我还有12天来想一个惩罚的办法。（而且我同样还是很高兴，你不想给我答复，而且你觉得整件事情都很蠢，我对于这些的喜欢程度要远远超过一个答复，这不是很奇怪吗？可是尽管如此，我仍然想要一个答复，

---

* Marie Winteler to Albert Einstein, Nov. 4, 1896, *CP*, vol. 1.

我也不知道这是为什么。)”*

还是没有答复来临，但玛丽以她自己的方式既深受痛苦却又坚持不懈。碰巧她的一个“小傻瓜”——一个一年级的学生也叫阿尔伯特，又和她的心上人长得有些相像。“我想在功课上帮助他，而且对他来说，我是如此爱他。有时候非常奇怪，当他看着我的时候，我会觉得有什么东西突然攫住了我，我总是觉得那是你在看着你的小甜心。”

第一年所上的课程没有引起阿尔伯特多少注意。第一年的6门“必修”课程中，有5门是数学。唯一的物理学是一门关于力学的课程，这门课直到第二个学期才开始上。阿尔伯特讨厌上数学课——非常讨厌，以致他的一位数学教授闵可夫斯基(Hermann Minkowski)后来评论说，爱因斯坦一直是一只“懒狗”**——而他更讨厌听讲演。幸运的是，阿尔伯特有马塞尔和米列娃这样的朋友，马塞尔从来不会错过一次讲演，还细心地作好笔记，而米列娃的习惯是任何事情都要到场。

尽管如此，物理学还是在咖啡馆、书本和沙龙里流传着。从这些地方，阿尔伯特很容易吸取它。19世纪末，科学正处在一次巨大胜利的边缘之上，这次大胜利有两部分——原子和力学——其中每一部分都对自从有物理学家和哲学家存在以来他们就一直在深思的“大问题”之一作出了回答。19世纪90年代，许多最聪明、最出色的有识之士都相信，这两个概念共同构成了一个理论的基础，而这个理论可以将从茶壶到彩虹的各种辉煌的、看似变化无穷的自然现象归结为不多的几条基本原理，就好像几何学的所有复杂问题都可以从几条公理和命题中找到根源一样——清晰优美的实在藏匿在外表的混乱背后。

这些原理——描述了台球的运动乃至约束了天体的运动的作用和反作用、力和加速度及万有引力之间的定律——是在两个世纪前由牛顿(Isaac Newton)率先提出来的。他是至今最伟大的科学家，这一点尽管有争论，但

* Marie Winteler to Albert Einstein, Nov. 30, 1896, *CP*, vol. 1.

** Seelig, p. 28.

是在这一场长达2500年之久的关于实在、空间、时间的性质及它们的内容的争论中，牛顿是唯一一个响亮的声音。

这些持续的大争论之一，是关于实在的真正性质是否可以通过理解能由感官所得到的种种丰富现象的多样性和统一性来更好地加以把握。什么是更重要的？是把一匹马与一匹斑马区分开来并赋予它们各自的明显特征，还是两者都具备的基本生物学性质？支持后者的阵营中，例如有彻底的唯心论者柏拉图（Plato），他把世界描述成真实的形体世界背后的一个暗淡粗劣的影子。在试图解决神圣和凡俗这两者之间的二分法时，留基伯（Leucippus）和他的弟子——更为有名的德谟克里特（Democritus，他在2500年前住在色雷斯）——提出了变化性怎样从同一性中产生的解释。他们认为世界是由完全相同的、小到看不见的天然小块物体组成的，这种天然小块物体叫做原子。这些原子的不同组合就造成了世界的多样性。“习惯上觉得有甜的，”德谟克里特说，“出于习俗觉得有苦味，出于习俗有热和冷，出于习俗有色彩，不过，实际上只有原子和虚无。”* 在实在的核心处是简单和永恒，在表面上则是复杂和变化。

柏拉图的接班人亚里士多德（Aristotle）是一位现象主义者，他既否认原子，又否认虚无。因为上帝毕竟是无处不在的，所以亚里士多德宁愿在虚无中填满无形的**以太**，其字面解释就是“诸神的呼吸”。他对几乎一切事物的看法都适应于天主教的正统观念，因此盛行了好几个世纪。到了17世纪，以太被笛卡儿（René Descartes）现代化了，他把行星想象成是由于以太的涡旋而被拖着绕太阳转。** 到了19世纪，以太又被麦克斯韦（James Clerk Maxwell）进一步现代化了，他的方程组使人们对电和磁的理解有了彻底的改变，为了解释各种各样的电磁作用，他还把以太涡旋的整个系统想象成是像齿轮那样相互咬合在一起。

---

* Hans Christian von Baeyer, *Taming the Atom: The Emergence of the Visible Microworld.*

** Donald K. Yeomans, *Comets: A Chronological History of Observations, Science, Myth, and Folkore* (New York: John Wiley & Sons, 1991).

原子的概念当时已经失宠近两千年了。在牛顿以前，人们认为原子论与无神论是等同的，牛顿狂热地爱好事物的规律和原子，在他1687年出版的《自然哲学的数学原理》一书中，他竟然设法在两者的间隙之间架起桥梁："开始时，"他写道，"上帝用实心的、坚硬的、不可穿透的、可移动的固体粒子来组成物质，为了达到最有利于制造它们的目的，上帝采用了最合适的尺寸和外形、最合适的其他性质以及最适当的空间比例。"*

牛顿的上帝是一位手艺高明的钟表机械师。然而出人意料的是，牛顿的思想的最大胜利，并不是来自对于力和惯性的概念在其中有直接明显意义的钟、杠杆或者甚至是炮弹飞行的思虑，而是来自对于热气体膨胀的研究。蒸汽机和内燃机的发明使得热力学成为19世纪主要的新科学之一，同时也导致了一组意义深远的能够支配热、能量和大块物质的定律的产生。

到了19世纪后半叶，麦克斯韦、亥姆霍兹（Herman von Helmholtz，原来是一位德国内科医生，后来成为一名物理学家，是他真正发明了能量的数学概念）、尤其是奥地利的玻尔兹曼（Ludwig Boltzmann）等人声称，只要假设气体是由大量原子聚合而成，它们按照熟知的牛顿运动定律彼此跳跃互相碰撞，就可以解释清楚热力学的定律。

不过，由于没有人看到过原子，因此原子是否存在就有争议，于是关于原子的论战就席卷了整个欧洲。1895年在维也纳召开的一次科学会议上，玻尔兹曼与他的朋友奥斯特瓦尔德（Wilhelm Ostwald）进行了一场热烈的大辩论。奥斯特瓦尔德是莱比锡大学的一位化学家，他是那些荒诞地反对机械论——即所谓的"自然哲学"（Naturphilosophie）——的狂热分子之一。"自然哲学"虔诚地信奉一种关于自然的观点，其根源可追溯至歌德（Goethe）及其他人，"自然哲学"的观点中包括抛弃把原子看成是一种数学上的虚构，相信一切都是能量。

其实，热力学的论证是某种抽象的、数学上的证明——如果"证明"确实是那样的话——它留下了没有得到明确回答的问题，也就是这些所谓的原

* *Bartlett's Familiar Quotations*, p. 282.

子是**什么**:是在无所不在的以太中的漩涡,是凝聚,还是以太没有渗入其中的其他块状物,就像溪流中的岩石那样?那些研究气体的科学家又将他们的视线投向了19世纪物理学的另一项伟大进步——光的电磁理论,希望同样能够像解释空气传递声音的方法一样,用以太的振动和压缩从力学上解释光波的传播。

然而,正当科学家们快要尝到胜利果实的时候,欧洲各处通过艰苦的实验发现了需要解释的几类全新的现象。1895年,伦琴(Wilhelm Roentgen)发现了能够穿透物质和使摄影胶片感光的神秘的“X射线”。一年以后,法国人贝克勒尔(Henri Bequerel)偶然地发现了一大片沥青铀矿,这是一种普通的岩石,**它就在那里**,放射出看不见的射线,同样能使遮蔽着的感光板感光。两年后,在巴黎一座通风很差的小棚里工作的玛丽·居里(Marie Curie)和皮埃尔·居里(Pierre Curie)从沥青铀矿中分离出了放射性物质镭和钋。与此同时,英国剑桥的J·J·汤姆孙(J. J. Thomson)成功地说明了所谓的阴极射线是由带负电的微粒组成的,他把这种微粒称为“电子”,它是电的要素,也许还是理解物质的关键。

坐在班霍夫大街咖啡馆边缘座位的阿尔伯特同他的新朋友们边喝咖啡边吃着盘子里廉价的香肠,一边也在追随这些新的发明。

阿尔伯特那黝黑俊朗的外表、他的才智、他的老家庭关系以及他的小提琴在苏黎世为他打开了许多通路和心灵。很快他就赢得了一个音乐傻子的名声,因为当他听到隔壁在弹奏钢琴奏鸣曲时,就会手里拎着他的乐器冲出门去,尽管他只穿了一半的衣服。* 他为他的女房东们、她们的女儿们和她们的朋友们演奏莫扎特,而当楼上的女士们带着毛线针一起来时,他就会噔噔地踩着重步走出去。“我真没想到会打扰你们编织,”他咕哝着说。他在他的历史教授施特恩(Alfred Stern)和数学系主任赫维茨(Adlf Hurwitz)的家里演奏韩德尔(Handel)。在施特恩家,音乐之前常常是关于物理的争论,而赫维茨则有两个女儿利斯贝特(Lisbeth)和埃娃(Eva)。在拜访温特勒家时,他

* Seelig, p. 36.

演奏舒伯特(Schubert)。在苏黎世,星期六晚上他常和老同学拜兰一起在一位经常招待学生的老妇人卡普罗蒂湖边的家里弹奏乐曲。

学校快要开学前的一个晚上,就是在卡普罗蒂的家里,阿尔伯特遇见了名字如同交响乐一般的米凯莱·贝索。* 贝索矮小黝黑,一头鬈发,有着浓密的黑胡子和凶狠的眼睛,他爱交际、聪明,而且拥有一种游移不定、兼收并蓄的好奇心。也许最重要的是,他对于物理有一种强烈的哲学上的兴趣。他跟阿尔伯特一见如故。

贝索来自另一个散居各地的犹太人家族。他的父亲是一位从意大利的的里雅斯特(Trieste)迁居瑞士的保险经理,娶了一位瑞士女子,然后入了瑞士籍。** 米凯莱生于苏黎世郊区,是5个孩子中最大的。当他还只有几岁大时,全家迁回到的里雅斯特。尽管米凯莱是一个有数学天才的早慧孩子,但他还是因为不服管教而被当地的高中开除了,他被送去罗马同一位叔叔一起住。在罗马大学待了一年以后,他转到工学院,1895年毕业时拿到了工程学学位,然后在苏黎世郊外温特图尔的一家电厂找到了一份工作。

阿尔伯特认为米凯莱是那种极为笨手笨脚的人,有才气但又精力分散,而且缺乏意志。"他的意志极为薄弱,丝毫没有正当的人情味,他不能激励自己在生活中采取任何行动或者作出任何科学创造,但是他却是一个有杰出才智的人,他的工作虽然杂乱无序,但是我乐意看,"阿尔伯特写道,"昨天晚上我和他谈物理,一谈就谈了将近4个小时。"***

就在卡普罗蒂家的一次聚会上,阿尔伯特把米凯莱介绍给了玛丽的姐姐安娜·温特勒(Anna Winteler)。他们两人坠入了爱河,不久就结婚了。作为回报,贝索建议阿尔伯特该用功研读奥地利物理学家、哲学家马赫的作品,贝索自己可以说是马赫的一个远方信徒。

---

* *CP*, vol. 1, p. 56.

** Heinrich A. Medicus, "The Friendship Among Three Singular Men: Einstein and His Swiss Friends Besso and Zangger."

*** Albert Einstein to Mileva Maric, April 4, 1901, *CP*, vol. 1.

马赫是一个顽固不化的怀疑论者，多少还是一个受崇拜的名人，在世纪末的物理学参与者中，他是主要的扫兴者，不说别的，他认为原子是形而上学的毫无意义的东西，充其量也不过是一种方便的虚构。他是法国实证主义哲学家孔德(August Comte)的追随者。孔德曾试图让哲学家们趋向那些科学可以作出证实的或者“实证的”陈述，而不是那些当时流行的、否定论者的评论。孔德根据各门科学与经验是知识的唯一基础这条原则相符合的程度，将它们排成了一个等级，数学和物理在顶端，社会学和心理学在底部。

马赫更胜孔德一筹，这就是他发表了关于科学进程的一个完整的认识论——一条十足经验主义的探索真理的秘诀。他提出，正当的科学应当从收集事实开始，然后进行分类，最后将它们归纳成为法则。然而这些法则除了作为一种速记法、一种记忆术用来勾起人们对真正的事实的回忆(也就是感官上的细节)以外，就没有任何实际的地位了。原子是在感觉领域之外的，因此马赫不准许它进入科学推理的领域。

马赫在1894年写道：“尽管这是可以理解的，思考者的努力总是集中在‘将所有的物理进程归结为原子的运动’，但是可以断言，这根本是一个异想天开的想法。这个妄想常常在通俗的讲演中起着一个打动听众的作用，可在严肃认真的探究者的研讨会上，它几乎起不到任何作用。”*

阿尔伯特钦佩马赫无情的怀疑态度，但他自己早已倾向于接受原子是真正存在的。他喜欢他叔叔送给他的那根烟管的原因之一就是，当他看着烟雾升起、凝聚、散开来的时候，他可以想象自己看见了原子在运动。

在苏黎世的第一年中，阿尔伯特和他的朋友们已精于一种咖啡馆式的生活方式。其程序是这样的：早上起得很晚，早餐就吃从他的女房东那里讨来的糕点，或是到巴席格广场买来吃。上午的时间用来在物理实验室周围闲逛，在听几个演讲时小睡片刻，或者在苏黎世湖上划船。下午，课后或逃课带着一本书到大都会咖啡馆扎营。爱因斯坦并不常喝酒精饮料，他常常

* *Bartlett's Familiar Quotations*, p. 537.

说啤酒是制造愚蠢的处方。* 他主要的恶习是咖啡和烟，他甚至在年纪很小时，牙齿就已被烟染黄了。晚上，他就拉小提琴，在家里徘徊，或是把门弄得嘎嘎响——“是我，爱因斯坦。我又忘了带钥匙。”要不就跳上电车，穿过小镇到于特利贝格大街，那儿的散步场所和小径经过草地、树林和小块花园，织成了一个网，直上山顶，在山顶上可以鸟瞰这个城市的壮丽景色。天气好的时候，他和朋友们也许会租一条帆船，在苏黎世湖上泛舟，他们会在那儿辩论物理学并草草地在笔记本上做记录。

爱因斯坦无懈可击的魅力也渗透到了教室里，至少是就他的同学们而言。于克斯屈尔(Margarete von Uexkull)是一个来自科夫诺的学习生物的学生，她和阿尔伯特同上一门物理实验室课程，同时又和米列娃住在同一所公寓。她在一本回忆录中写道，有一天，她跟一位矮矮胖胖的专横教授激烈地争吵了起来。** 突然，她在对方的身后看到了阿尔伯特那双黑色闪亮的眼睛在恳求她忍住脾气。等那个教授愤怒地跺着脚离开以后，阿尔伯特提出了自己的看法，他觉得那人是个疯子。他提议，让他把她的笔记本带回家，再编写出一些可以接受的结果，事实上，他已经帮别人整理过8本笔记本了。

他的生活过得如同一个学生浪子。3月，他回米兰家中度春假时，保利娜给玛丽写信，向她吹嘘说，他看上去有多棒，他的胃口有多好。“这里不断地有这么多的欢笑、笑话和音乐，时间都快要不够用了。”***

他写回家的信迅速地减少，以致保利娜常常不得不写信给玛丽问消息。但是由于去阿劳的次数也在迅速地减少，到了春天他们已经完全断绝了来往。玛丽悲痛欲绝，她怀疑阿尔伯特有了另一个女子。

天气渐渐转暖，一种不可名状的忧郁袭击了阿尔伯特，他又寂寞又烦躁，而且对于玛丽觉得有一点内疚。“我寻求与世隔绝之地，为了能静静地发泄一下痛苦。”保利娜写信邀请他去参加圣灵降临节时，他这样对她表达了

---

* Seelig, p. 38.

** Seelig, p. 40.

*** Pauline Einstein to Marie Winteler, March 24, 1897, *CP*, vol. 1.

心中的不快。保利娜给他寄回了玫瑰，这使他陷入了对阿劳的那些欢快日子的沉思：阳光透过窗子泻了进来，而阿尔伯特穿着一件破旧的浴袍在房间里踱着步，达观地思索着一些怪异的想法。脸色红润的玛丽坐在红色的脚凳上说出的一些甜言蜜语，在他周围飘荡起来，就好像许多小鸟在嘲笑他的严肃认真。* 回想起来，一切都开始看上去像某种中产阶级的天堂。“后来，我觉得自己在笑声和泪水之间如此的愚蠢犹豫——最后心爱的钢琴鸣响回荡就好像是我的灵魂一样，或平静，或疯狂，一切都取决于心境的改变，而如果是后者这种情况，那时我也会想到那些可爱的时光和小小的红色脚凳以及其他任何与之有关的东西。”

但他与那个正是非中产阶级的米列娃之间的感情却在升温。到了学年末的7月份，他们一起去远足，那是一种徒步旅游——这对一个有髋关节残疾的人而言并不是一种很合适的娱乐方式。她后来告诉他说，在那次旅行中，他给她带来了巨大的欢乐。

也许是乐极生悲。到秋天，阿尔伯特回到普拉滕街时，他发现米列娃没有回到苏黎世。她退学了。

* Albert Einstein to Pauline Winteler, June 7, 1897, *CP*, vol. 1.

第三章　匈牙利的玫瑰

卡奇村坐落在苏黎世音乐般的绿色轮廓以东1000千米处，相隔遥远，在当时匈牙利的最尽头处，从贝尔格莱德要沿着泥泞的多瑙河向上游走60千米才到。家对于米列娃来说，只是占地200英亩（80万平方米）的一间别名叫螺塔的乡间别墅，这是因为它的每一堵山形墙顶都筑有尖塔，而三层的庄园房顶上也有中心钟楼。* 这座别墅很可能是属于她的祖父母的。就是在这儿，在玉米和向日葵之间，米列娃度过了她孩提时那些最快乐的时光。与她同时代的塞尔维亚人特尔布霍维奇-久里奇（Desanka Trbuhovic-Gjuric）根据家庭传说和当地的轶事写就的《在阿尔伯特·爱因斯坦的阴影之下：米列娃·爱因斯坦-马里奇的悲剧生活》一书在1969年出版了，其中叙述了米列娃的生活：米列娃像某个神话故事中的公主，蜷缩在钟楼旁的尖塔顶楼中，幻梦般地度过了无数夏天和冬天下午的时光，她阅读，注视着变化莫测的风景，与父亲交谈，等待着"魔法钟"的响起，那是召唤散布在乡间的农民们回家吃晚饭的信号。

---

* 本章中关于米列娃的背景和童年的资料主要基于特尔布霍维奇-久里奇所著的《在阿尔伯特·爱因斯坦的阴影之下——米列娃·爱因斯坦-马里奇的悲剧生活》，以及克尔斯蒂奇（Dord Krstic）为伊丽莎白·罗博茨·爱因斯坦所著《汉斯·阿尔伯特·爱因斯坦——回忆我们的共同生活》一书所编的附录。克尔斯蒂奇是一位研究米列娃的生活的南斯拉夫物理学家。如果这两者之间说法不同，我通常倾向于克尔斯蒂奇那一方面，因为特尔布霍维奇-久里奇的书在依文献而立论方面相当不足。

在为数甚少的几张可以追溯到当时的照片中，她是一个令人心碎的坚定的小孩，大大的眼睛，胖胖的脸颊，她的脸就像一只风向标，永远稳定在阳光与雷声之间。她看上去又顽固又脆弱，穿着系带的厚靴，迈着粗短的双腿向前进。

在她的心目中，父亲从不厌倦于告诉她要战胜强盗的血腥。卡奇是伏伊伏丁那的一部分，是从多瑙河向北延伸的一块肥沃的平原地区。伏伊伏丁那是位于北方和西方的奥匈帝国同位于南方和东方的奥斯曼帝国之间长期争夺的一块伤痕累累之地。历史上的敌对双方之间的界线通常是以多瑙河为标志的。这条河流穿过后来在20世纪一度被叫做南斯拉夫的那个地方的东北角。敌对军队在巴尔干半岛的来回推进，将难民和各族人民驱赶得像水一样四处流亡。奥地利人为了支撑住他们的边境，曾一度用土地权(和禁止移民的限制)来鼓励不管什么人都去多瑙河北部的沼泽地区定居和开发。1690年，40 000个塞尔维亚家庭在撤退的奥地利军队的掩护下从土耳其人手中向北逃亡，并过了河，在那里定居下来。此后，伏伊伏丁那的特色炖肉就有了浓烈的塞尔维亚风味，而这一地区的首府诺维萨德也成了众所周知的“塞尔维亚的雅典”。对于匈牙利监工的神经质和猜疑以及在这一地区的其他民族团体来说，这整个地区多少就变成了塞尔维亚民族主义的温床。这些流亡的塞尔维亚人从多瑙河上的炮舰上发动游击队式的进攻，袭击占领他们家园的人，并用船运送武器到南方，供给他们的同胞。他们把自己塑造成一个土匪和凶残的商人的形象。

米洛斯·马里奇(Milos Maric)1845年生于诺维萨德附近，是那次塞尔维亚大移民的后裔。他是一个强壮的年轻人，是那种健壮而安静、精明而又诚实的人；作为一个靠自己奋斗成功的人，他对于学习又过分地推崇。他孙子曾描述他是一个你可以信任但又必须害怕的人。* 米洛斯16岁时应征入伍。他的职责让他走遍了奥匈帝国，在此期间他学会了德语，并成为一名顶呱呱的管理人员。1866年，他随着他的团一起到了伏伊伏丁那的蒂萨河边

* Krstic, in Roboz Einstein, p. 86.

的一个小镇蒂泰尔。那时他差不多已经成了一个令异性迷恋的偶像。他个子高高,优雅的短髭向下垂着。每当他和他的团踏入一个小镇时,他虽然一身风沙,但却有着塞尔维亚人自尊的眼神,容光焕发,让整个伏伊伏丁那的女子都为之倾倒。* 由于他其实可以选择镇上的任何一个姑娘,所以当他选择与蒂泰尔一位最富有的人的3个女儿中的一个——羞怯又不出风头的马里亚·鲁日奇(Marija Ruzic)结婚时,他的邻居们就有点小小的吃惊了。他们看上去可不像是一对,她的不显眼和拘谨正相对于他的仪表堂堂和外向。关于米洛斯从未真正地放弃东搞西搞的谣言流传了好几年。这对情侣在1867年举行了一个希腊东正教的婚礼庆典,庆典由为马里亚施行过洗礼的那位牧师主持,他们暂时住在蒂泰尔新娘父母的家中。

在8年以后的1875年,他们的第一个孩子米列娃出生了。她来到这个世界时髋关节变位,看上去像是一种先天性的畸形,这在蒙特尼哥罗人中是很常见的。米列娃具有部分蒙特尼哥罗人的血统。她妹妹佐尔卡(Zorka)后来也遭受了同样的命运。当米列娃开始走路时,她的父母沮丧地发现她是跛的,他们绝望地认为没有人会娶一个瘸腿女子。

在家里,她被叫作米扎(Miza),她是一个体弱多病的孩子,似乎也继承了她母亲的羞怯。但她又聪明坚定,有着勇敢而又暴躁的性情。她是一个认真的女孩,优雅地蹙眉,努力地体验每一件事。显然,音乐在她小时候就成了她的一种酷爱。她8岁时开始上钢琴课,关于她不顾腿瘸尝试跳舞的描述形成了一幅令人心碎的场景:米列娃用脚尖旋转着,仿佛努力要离开地面,跳跃着,用她父亲的话来说,像一只"受了伤的小鸟"。**

米列娃8岁时,她的妹妹佐尔卡出生了,紧接着她的弟弟小米洛斯(Milos)也在两年后出生了。但米扎仍是她父亲的最爱。米洛斯热衷于扮演头头的角色,喜欢把他的小团伙称为"klipani"或者"小流氓"。而他们则转而封

---

* Trbuhovic-Gjuric, p. 9.

** Trbuhovic-Gjuric, p. 18。关于米列娃瘸腿的另一种推测是弗尔辛(Folsing)提出的:她的关节在小时候因肺结核而损坏了。

他为“Klipan大叔”。*

米洛斯对他的孩子们雄心勃勃，他知道精通德语对于在奥匈帝国的世界里取得成功是至关重要的，因此他坚持在家里只能讲德语。米列娃念的书除了塞尔维亚的民间诗集外，还有德语的童话故事。米洛斯将自己培养成了一个行动甚于言语的人，他从未在大学里学习过，但他十分重视教育，他喜欢对他的孩子们说：“去学习你们想要学的一切，我不会拒绝你们的要求，但是不要指望我会去认识你们的教授。”

米列娃出生后不久，米洛斯就从军队里退伍了，在多瑙河另一边的鲁马从事一份法院办事员的文职工作。** 1882年，米列娃就是在那儿踏出了迈向二学院的漫长道路的第一步。学校是一种苦乐参半的乐趣。别的孩子们嘲弄她，还拿她的残疾开玩笑，她也不擅长运动，这使她感到自己丑陋和孤独。不过，她喜欢学习，老师们都对她的机敏、她对怪念头和想象力之活跃印象深刻。她似乎在数学方面尤有天分。“注意你的孩子！”据说她的一位老师对她父亲说，*** “她是那种不同寻常的非凡人物。”

在接下来的12年中，米列娃跟随着她父亲的职务变化及她自己的求学愿望，在匈牙利东部的教育机构中迂回曲折地前进：鲁马的初等公立学校；诺维萨德的塞尔维亚女子高中，在那儿他们给她起了个绰号叫“圣女”；再回到鲁马附近的斯雷姆斯卡米特罗维察，就读于克莱因实用中学；沙巴茨的塞尔维亚皇家高级中学；最后是克罗地亚首都萨格勒布（米洛斯在那里的高级法院任职）的皇家文科高级中学。她在每个学校里都名列班级前茅，用聪明和勤奋弥补了她认为她所缺乏的女性魅力。到这时，据说米列娃数学上的兴趣已经无法得到满足了，从塞尔维亚传记中复制出的她的一张图画来看，她已经成长为一名有天赋的画家。

在这段历程的每一步中，米洛斯都给予她女儿最坚强可靠的支持，在学

---

* 出处同上。

** 出处同上。

*** 出处同上，p. 21。

业上鼓励她，给她建议；因为她以前从未学习过希腊语，他向萨格勒布皇家文科高级中学申请放弃对她入学必要的希腊语要求。(他们仍然还是让她学习希腊语，而她也轻而易举地通过了这门课程。)意义最重大的是，他运用他在萨格勒布的影响力为她赢得了一名女子在一所奥匈高中里能获得的最高荣誉。碰巧，皇家文科高级中学拥有极好的物理设备——事实上是好到后来它们都成了萨格勒布大学医学院的财产——但是却不允许女孩们使用它们。因此，米洛斯和米列娃一再地向有关当局申请破例，而结果是一再地被准许。这样，到1894年，米列娃成了这个帝国中第一批能同男孩们一起坐在这样一个教室的女子之一。尽管她由于得了重感冒或是肺结核而病倒，因此耽误了她的期末考试，最终她还是得了班里数学和物理的最高分。

她的下一站将是瑞士。在沙巴茨，米列娃已经跟另一位身患肺结核的雄心勃勃的塞尔维亚女孩鲁日卡·德拉日奇(Ruzica Drazic)成了好朋友。鲁日卡在通过了毕业考试以后，想到瑞士苏黎世大学去学习，部分是由于据说山上的空气有益健康，部分也是由于这个国家是一个自由政治的世外桃源。米列娃因为最近也疾病发作，所以作出了同样的决定。

在那个世纪末，疑病症患者、结核病患者和忧郁症患者从整个欧洲坐着火车和马车涌到陡峭的瑞士山坡，来呼吸新鲜空气，吃健康食品，洗温泉，以及在时髦的山顶豪华旅馆中观赏未被污染的景致。整个国家都呈现出一种旅游胜地的气氛。

此外，更为重要的是，苏黎世尤以妇女的教育避风港著称。多年来欧洲的大学都允许妇女旁听，但是不允许她们注册为正规学生。苏黎世大学从1865年开始招收女生，1867年成为整个欧洲第一所将哲学博士学位授予妇女的机构。在这所大学最终打开大门之后，从比较落后的国家，尤其是从中欧和东欧来的女子们(也有男子)开始涌入苏黎世。因为苏黎世除了是像卢森堡这样的人的安全之地以外，还是社会主义者和主张妇女参政者的温床，苏黎世的学生群体，其中尤其是从俄罗斯来的那一部分，就有相当的坏名声了。卢森堡在学院大街的公寓是一个地下政治组织的中心。瑞士有时被说

成是德国马克思主义的中心。

这些煽动暴乱者和自由思想者中混杂有许多巴尔干妇女，她们虽然因不关心政治而在当地默默无闻，但在自己的家乡却都是女英雄。最早的一个是生于1856年的德鲁斯科维奇（Helene Druskowicz），她的博士论文是“论拜伦勋爵（Lord Byron）的《唐璜》”，她当时正是文学和音乐上升起的一颗学术之星。另一个是约奇克（Draga Ljocic），她是一个塞尔维亚人，在苏黎世获得了医学学位，此后又在不间断的塞尔维亚战争中做医生，表现英勇。

米列娃1894年11月迁居到苏黎世，在女子高中平凡的几年生活和学习以后，在1896年的夏天，她毕业并通过了高中毕业考试——这是她进大学的入场券。经济上的富足，足以使得米列娃可以继续她的学业。米洛斯1895年从政府退休了，当时他处于49岁的敏感年龄，同年他继承了“螺塔”，过起了一个乡绅的舒适生活。

米列娃直接注册进入了苏黎世大学医学院。她搬进了普拉滕街的一户人家，那是在巴席格广场附近的一条全是公寓和老房子的林荫道。她的老朋友鲁日卡·德拉日奇那年夏天也最终从塞尔维亚皇家高级中学来苏黎世就读于同一所大学。鲁日卡已从塞尔维亚政府得到了一笔奖学金，她搬进了普拉滕街较高处50号的一所供膳食的寄宿所里。这些由恩格尔布雷希特（Engelbrecht）家族经营的寄宿所是巴尔干和东欧学生们神往的地方，米列娃在那儿度过了很多时光。通过鲁日卡，她认识了从克鲁舍瓦茨来学习心理学的同样是塞尔维亚人的米拉娜·博塔（Milana Bota）、来自维也纳的海伦妮（Helene）和阿道芬·科伊夫勒（Adolfine Kaufler）这一对姐妹以及萨格勒布来的克罗地亚人沙伊（Ruzaca Saj）和布罗克（Ada Broch）。

“你绝对想不到她有一个这么聪明的头脑，”米拉娜给她的母亲写信时说，*“她看上去是一个非常好的女孩，非常聪明，而且认真，她矮小瘦弱，皮肤有点黑，长相难看。”米列娃在这个群体中开始走出她把自己一直想象成的那种安静、跛腿的丑小鸭的角色。虽然对于整个社会来说她是一个极其

* Trbuhovic-Gjuric, p. 53.

安静、羞怯或者说阴郁、沉默寡言或者说势利的人，但在跟朋友们的亲密交往中，她的个性有时会变得活泼。有一次她模仿一个保加利亚熟人，让他们笑了整整一个晚上。“她十分机智，知道怎样让所有人不可遏止地大笑，而她自己却可以保持一本正经。”艾达·科伊夫勒(Ida Kaufler)回忆道，* “如果她对某件事感到高兴，她的脸上就会浮现一个转瞬即逝的微笑。她的愉悦是欢快和富于感染性的。这时她是美丽的。她的双眼因内心的火焰而闪亮。她的欢乐为她自己和她周围所有的人都投射了一道光芒。”

米列娃、米拉娜和鲁日卡·德拉日奇三个人变得形影不离，她们在过分拘谨的瑞士社会中，既分享笑话和信心，又分担局外人的身份。在当时的几张照片中，她们三人梳着同样的发型，热切地向左边凝视着，长得比较高也比较漂亮的米拉娜站在后面，米列娃和鲁日卡几乎像双胞胎一样肩并肩站在前面。她们的白色衣服和背景融合在一起，而她们的脸就像同一棵植物上的三朵花一样闪亮。有充满音乐和争论的聚会，也有去附近山里的长途跋涉。她们总是因为米列娃的歌唱和弹奏坦姆布里扎琴而充满了朝气。人们常常会觉察到她可爱的嗓音。

然而，结果证明，对于米列娃来说，在医学院待一个夏天已经足够了，于是她又转回到她最初的爱好，也即她学术上持久的强项——物理和数学。从医院出发穿过拉米大街，坐落着联邦工学院笨重的灰黄色房子，它是自1855年以来中欧地区最好的技术学校。她似乎一直沿着一条看不见的足迹在走。从鲁马到诺维萨德到萨格勒布再到苏黎世，最后当她抬头望时，发现自己到了莱马特河左岸的拉米大街101号。

夏季结束时，她参加了工学院的一次数学和具象几何(representational geometry)的特别入学考试，被允许于秋季学期参加VIa小组第一年的课程——数学和物理。她是工学院中允许学习物理的仅有的第5名女性，其中第一位是1891年时的一位挪威人斯特凡森(Marie Elisabeth Stephansen)。不用说，她是她加入的5人班级中唯一的一位女性。但这对于她来说已经不是

* 出处同上，p. 38。

什么新鲜事了。

但他们中就有这位傲慢的德国小子。当时米列娃对于风流韵事还一无所知,而阿尔伯特的关心明显地使她卸下了防备。由于没有信件和日记,我们对于米列娃在工学院待了一年以后越过阿尔卑斯山回家时的感受无从得知,但是通过对接下去发生的事情的判断,以及根据她的家庭传统来看,她是慌乱的。曾经对她十分有用的刚毅的精神支柱如今被地下的暗潮拉动了。* 对于一个即将有一份事业的年轻女子来说,爱情和浪漫可能如同诺言一样具有危害性,这必定能使多年的意志脱离轨道。阿尔伯特并不是唯一担心中产阶级的诱惑力的人。

她回到"螺塔"以后,可能会被再一次地庇护在小钟塔里,她有很多话要告诉她的父亲,也有很多要庆祝。她成功地战胜了第一年数学的挑战,还取得了良好的成绩,根据工学院从1分到6分的评分标准,米列娃在大多数课程上都得了4. 5分,她的最低分是射影几何,得了3. 5分。她也向米洛斯谈到了阿尔伯特,她的父亲让她带一些烟草去送给他。

10月,米列娃再一次向西出发了,手里拿着礼物,但她却没有回到苏黎世,阿尔伯特也就没有收到款待他的东西。相反,米列娃去了海德堡,那是德国西南面内卡河边的一座古老的大学城,以相互争斗的社团和啤酒厅闻名。她在那里登记住进了里特旅馆。内卡河谷是因美丽而闻名遐迩的,但米列娃发现,它被包裹在豌豆汤般的浓雾之中,视野仅限于最近处的树干。她在河岸上和森林里漫步时,不管她怎么尽力地看,所见的一切都像无穷远处一样荒芜和阴郁。

"我认为不能把人们没有能力理解无穷这个概念归咎于人类的大脑结构,"她在阿尔伯特通过她的朋友们追查到她以后给他写信说道,** "如果他在洞察力正在逐渐形成的年少时期能被允许去宇宙探险,而不是被禁锢在地球上,或者更糟的是被局限在一个穷乡僻壤的四堵墙中,那么他一定能够

* 克尔斯蒂奇和特尔布霍维奇-久里奇都谈到了这一点。

** Mileva Maric to Albert Einstein, Oct. 20, 1897, *CP*, vol. 1.

理解它。如果有什么人能够构想出无限的欢乐，他就应该能够领悟空间的无限——我认为这或许还要容易得多。”

如果说阿尔伯特对于米列娃的突然离去感到失望的话，那么他也曾尽力不把它泄露出来。他曾寄给她一封4页长的信，在信中他告诉她，如果感到无聊了，就可以给他回信。过了一个多月，她才打破沉默（即使像她自己所指出的那样，她还没有感到无聊），对苏黎世传来的流言蜚语作出了反应，和他聊起了出神呆视这片雾蒙蒙景色的意义，并为没有把烟草带给他而道歉。她解释说，这个礼物是存心要吊起他对于他们这块小小的土匪之乡的兴趣。

对于那些流言，她认为一个刚刚心碎了的亲密的朋友应该到森林里去，做一个守林人，“但这是他应得的，如今他为什么还需要与人相爱呢？”

无论米列娃在这些悲观的言辞中做了什么，都无助于她的事业。尽管海德堡的确拥有杰出的教授和历史悠久的传统，但对于米列娃来说，它在很多方面都比工学院逊了一筹。女子无权注册入学，甚至为了听课，还必须一门门课地得到教授的许可。

凑巧的是，在雾蒙蒙的内卡山谷的实验室里，勒纳（Philipp Lenard）进行着第一流的物理学实验。他是一个出色的实验家，在波恩时曾经是无线电波发明者赫兹（Heinrich Hertz）的助手和接班人。勒纳对于物理学家最钟爱的玩物之一——阴极射线管——是一位专家。那只是一根长长的玻璃管，其中全部或者说大部分的空气都被抽掉了，两头都装有电线。实验家们发现，如果把两头的电线连接到电池上去，管子中剩的气体就会发光。如果把管子相对于负极的那一头（“阴极”）涂上一种荧光化合物，就会产生一小点亮光，好像有某种看不见的“阴极射线”从管子里呼啸而过。勒纳很好斗，因为在大发现上他总是输给别人——他认为那是不公平的。例如说，伦琴曾用勒纳设计的一根管子发现了X射线，却没有为他记功。当时勒纳和他同时代的几个人都参与了一场竞赛，即要去证明他管子中的阴极射线实际上是带电的粒子，也就是所谓的电子，这也意味着物质实际上是由电组成的。

(接下来的一年,他的痛苦更加剧了,那年剑桥大学卡文迪许实验室的一位英国物理学家J·J·汤姆孙在这个发现上也击败了他。)

当时,海德堡的大学生具有特权,可以直接聆听站在科学最前沿的勒纳的演讲。米列娃在信中向阿尔伯特报告了一次令她神往的勒纳关于气体热运动理论的演讲,这种理论认为分子运动是产生热的原因。勒纳是一个原子论的热心拥护者。他从用计算表明室温下氧分子以每秒400米的速度运动开始。“这位优秀的教授算了又算:建立方程、微分、积分、代入,最后证明了讨论中的分子确确实实是以这样的速度在运动,”她写道,“但是它们只移动一根头发直径的1/100那么远。”

随后在阿尔伯特和米列娃之间就有一段长时间的沉默。随着时间流逝,阿尔伯特变得越来越困窘,于是就不写信了,因为他已经写过信了——至少他最后提出的辩解是这样的。*那时,他带着他的小提琴四处参加惯常的聚会,经常为他的新房东马克沃尔德(Frau Markwalder)夫人和她的女儿及她女儿的朋友们演奏。1月,米凯莱·贝索和安娜·温特勒结婚了,这一年的年尾,他们有了一个儿子,取名叫韦罗(Vero)。

阿尔伯特回避去阿劳,玛丽·温特勒在教学期满后,回到家里,学习法语和意大利语,希望由此能找到一份家庭女教师的工作。

阿尔伯特自己的家庭在短暂地暴发以后境况凄惨。虽然他父亲的工厂又一次倒闭了,赫尔曼还是计划开设另一家安装电力装置的生意。阿尔伯特从远处旁观之下,对自己两年前没能成功地劝阻他的叔叔鲁道夫资助这项愚蠢的行为感到一阵剧痛。由于对他们的经济情况的忧虑,他的父母在这几年里从没有过快乐的时光,而阿尔伯特尽管已经长大成人,却无力帮助他们。他一无是处,只是他们的负担。

“我要是不活在这个世界上其实会更好,”他告诉马亚说,**“只要想到我一直以来已经做了我力所能及的所有事情,以及年复一年我不允许自己

---

* Albert Einstein to Mileva Maric, Feb. 16, 1898, *CP*, vol. 1.

** Albert Einstein to Maja Einstein, 1898, *CP*, vol. 1.

有一丝一毫的欢乐和消遣，只有学习能给我快乐，支撑着我，并在有的时候使我免于绝望。”

好啦，快乐出现在地平线上。2月，像她当初抛弃工学院时的那样，没有声张，也没有多少解释，米列娃宣称她要回来了。如果她真的曾试图逃离阿尔伯特，事实证明这并不是一个全心的尝试。阿尔伯特抓住了这个机会，将已经中断的通信继续下去。他指出，米列娃有很多功课需要补上，但他可以让她使用“我们的”笔记，他的意思可能是指他的和格罗斯曼的。最后他建议说，她也许甚至可以搬回她原来住过的由巴赫托尔德(Bächtold)夫人经营的供膳寄宿房去。不过现在“某个苏黎世的平庸之辈”占据了她的房间。“这是你活该，你这个小逃兵！”

到了4月，米列娃回到苏黎世，她6个月的孤独生活结束了。不知是否是有意识地，也许她最后乐意冒这个险：在漫长的过程中放弃她的自治权，一颗顽固的行星由于初次意识到引力的作用而发出了悲鸣，不知不觉地向着环绕太阳的一条轨道靠近。

米列娃在她住过的供膳寄宿房里住了一小段时间以后，在恩格尔布雷克特膳宿公寓的四楼找到了一间房间，从那儿下一段扶梯就住着博塔、海伦妮以及其他的一些朋友。这些朋友写信回家详细描绘了米列娃的归来，她们兴奋得好像她是流亡的王族。

米列娃重新开始了她严于律己的工作习惯，整夜开着窗户学习，她的朋友们常常在拂晓时看见她还没睡，仍在攻读。她会和衣睡一个小时，然后匆匆抓起早餐就爬上了去往工学院的陡峭斜坡。

正如阿尔伯特警告过她的，她拉下了很多功课，在接下来的这个月里，她为了赶上进度，必须常常依赖他。她中途回来时，韦伯的为期两个学期的、详尽无遗的课程(就简单地定名为“物理”)已经讲授了一半了。这门课是一个年轻的、未来的物理学家所学的教育中的主要部分。

韦伯在他的物理教室里昂首阔步地行走，他长着一副加尔文教徒的容貌，这是和他执教的城市的宗教改革家茨温利相称的，眉毛永远紧锁在一

起，双眼半睁半闭，长长的鼻子就像一个笔直的船头竖在他又直又黑的胡子的上方。他出生的地方当时属于德国，他曾在几位19世纪德国物理学大家手下工作，其中包括基尔霍夫（Gustav Kirchhoff）和亥姆霍兹。韦伯是一位有关物质的热和电性质方面的专家，不过他第二年的课程用精确的数学风格囊括了19世纪物理学的全部范围，从热的性质到热力学、气体，以及从化学物理到电学。

韦伯对于爱因斯坦在第一次入学考试中在科学和数学上所取得的高分印象深刻，因此他是阿尔伯特在工学院最早的支持者之一。尊敬是相互的。阿尔伯特期待了半生，钻研后来很快构成20世纪物理学的真正实质。他乐意让自己沉浸于研究那些在当时只能在报纸上和咖啡馆肤浅的闲谈中听到的神秘事物的细节和复杂性：原子的存在与否，它们在热学和热力学中所起的作用，以太的性质，以及光的本性。

在最初的半年中，阿尔伯特被上课的内容深深地迷住了，他盼望着每一堂新的课。当韦伯以密集的数学定量方式向他们展示热、气体和电的经典理论时，阿尔伯特详细忠实地记下了笔记：

> 地球在总体上可以被看作一个硅酸盐球，它向低温的宇宙辐射热量。大气的隔离作用很小，可以忽略不计。因此，假如把我们的球的情况应用到地球上，即如果我们也忽略（由收缩和化学过程）所产生的热，我们就可以确定冷却地球百分之一所需要的最小时间。*

他告诉米列娃，韦伯的讲演“非常精湛”。但在她归来时，他似乎突然清醒地摆脱了这种沉迷，因为他意识到，韦伯在讲演中并不会涉及诸如统计力学或电磁波这些当时的主题。这使他恼怒，他痛苦地向格罗斯曼、埃伦等人抱怨说，韦伯对于过去比对现在或将来更感兴趣。韦伯是一位钟爱古老的真实性和方法的古典派学者；他显然认为他的学生们能够从书本以外得到

* *CP*, vol. 1, p. 69.

更多现代的东西。

为了能够待在家里自己学习，阿尔伯特开始不去听韦伯的演讲了，他又找了米列娃来做他的同谋和学友，带领她以他的咖啡馆风格浏览了马赫、玻尔兹曼、亥姆霍兹和其他似乎被工学院的教授们所忽视的现代物理学大师。

他们开始时反复阅读一本由德国物理学家德鲁德（Paul Drude）撰写的关于电磁学和以太的课本。* 那年春天，阿尔伯特写给米列娃的最初的好几封信的纸是从他学习电磁波理论的笔记本上撕下来的，这些信纸的背后满是用他针尖般的又密又潦草的字迹写成的公式。这些信极正规地写给"亲爱的马里奇小姐"，简短而且讲究实效。"刚才我回到家时发现公寓的门锁上了，里面一个人也没有，我只好狼狈地匆匆撤退了，"他在一张便条中写道，"因此，为了学习，我在这一紧急情况下拿走了德鲁德所著的书，请别为此生气。"

那年春天的晚些时候，他生病了，虚弱得连走路的力气都没有，被迫在房间里待了几天。到他病好得足以能接待来访时，他已经把那本书看了一半。他抱怨说，其中的概念讲得不够清楚，也不够严谨。

很快，借笔记、共用课本和别的书就演变成近乎每晚都要去普拉滕街50号了。米列娃无疑也被阿尔伯特那富有表现力的小提琴演奏迷住了。她开始带着阿尔伯特四处去结识她的朋友们。

麻烦紧接着就开始了。一开始，米拉娜对于遇到这个"德国人"爱因斯坦感到很兴奋，他漂亮、聪明，小提琴拉得如此悠扬。她觉得他是某种艺术家，希望自己也能和他一起弹奏音乐。然而，这一想法很快就被米列娃碾碎了，她不希望阿尔伯特到处闲荡，也就是说，她一点也不希望他同别的女子混在一起。米拉娜感到心烦意乱，虽然她跟米列娃和解了，但是这个小插曲让她一点也不喜欢这个小德国人了。米拉娜觉得他和米列娃不合适。

米列娃的其他一些朋友对这种交往也持否定态度。她们并不喜欢阿尔伯特的外貌。他的头发很长，而且往往不梳理。他的衣服常常不甚整齐，扣

---

* Albert Einstein to Mileva Maric, April 16, 1898, *CP*, vol. 1.

错扣子;鞋带也不系。她们有时在公众场合就避免同他及米列娃在一起。

那时还有一些奇怪的场合,他会处于一种出神或恍惚的状态,仿佛他已经消失在他自己的世界中。之后他会声称他完全想不起发生过什么事。事实上,这是一种经常发生的行为。在他的整个一生中,他周围的人都注意到他的这种能力:他可以忽然从甚至最喧嚣的环境中脱离,集中到他自己思考的问题上去。同他一起在帕维亚爱因斯坦兄弟公司工作的同事们注意到了这一点。对于外部世界,甚至在阿尔伯特自己看来,他都有一点不谙世故。* 人们一开始喜欢嘲笑他的这种感情失控,或是出神,但后来就不在意了。

阿尔伯特的朋友们同样没有对不出风头的米列娃留下特别深刻的印象,他们对她的干练和阴沉印象深刻,更别提她的瘸腿了。"我永远不会有勇气去娶一个女人,除非她绝对健全。"他的一个同学这样谈道。**

"但她有动听的嗓音。"阿尔伯特回答说。

对于米列娃来说,阿尔伯特漫不经心的不修边幅也许是他的魅力之一。她比他年长4岁,在这个年龄段,这一差别好似差了整整一代。(他18岁,她22岁。)他使她表现出早已磨炼出的母亲般的天性,因为她曾照顾过她的小妹妹,现在还在教那些与她同住一个公寓的人如何做针线活。至于对阿尔伯特来说,当她用让人恼火的严格对他的优柔寡断和不负责任跺脚之时,他是否从中觉察到了他母亲的影子?看来他似乎乐于被她责罚。从一开始,他的信中就充满了涉及责罚的内容,有真实的,想象的,或者说(几乎是愉快地)期望着的。仿佛在她严厉的爱的界限之中,他可以自由地做一个淘气的孩子。

阿尔伯特:"这个老娼妇——"

米列娃:**"阿尔伯特!"**

他当然不是一个孩子,而是老于世故的人,他独自生活了3年,并且脱离了一所学校(卢伊特波尔德),离开了一个国家(德国),摆脱了一段男女关系

---

* 阿尔伯特对他的个性的这一方面描述,见Alexander Moszkowski, *Einstein: The Searcher*, p. 4。

** Carl Seelig, *Albert Einstein: A Documentary Biography*, p. 38.

(玛丽)。她并不是他的母亲,而是一个同他一样的物理学家和自由思想者,她也不说愚蠢的事情。她可以只用一句话表达一个完整的想法,不像那个心烦意乱而又甜蜜的玛丽。“只要我们活着,就一直是学生,”他有一次给她的信中写道,“而且我们不应该视这个世界为粪土。”* 如果他随心所欲的话,这就将是他们的颂歌。

* Albert Einstein to Mileva Maric, Dec. 12, 1901, *CP*, vol. 1.

第四章　龇牙的笑容

如果有一个高于一切的主题，它能在阿尔伯特的想象中烧出破绽，那就是麦克斯韦的光的新电磁波理论。事实上，这个理论并不特别新——麦克斯韦早在30多年前就写下了他的著名的方程组——不过时间倒更加深了它们的神秘。这些方程的意义和价值、它们发展的前途和牵连、引起的复杂情况和矛盾性已经界定了物理学的前沿——种种使人激动的和有待争论的。每一个有雄心壮志的人都在尽力研究电动力学，试图梳理出光和辐射以及它们与物质之间联系的奥秘。

光的本性是使科学和哲学两极分化了好几百年的另一个主要争论点。19世纪对于这个问题的争论是关于光是由粒子组成的还是由波组成的。伟大且有机械论倾向的牛顿在他的《光学》一书中曾提出，光线是由微小的粒子即以太的微粒子流组成的。它们也许**非常**微小。贝尔纳·尼乌文蒂德特(Bernard Nieuwentijdt)在他的《宗教哲学家》(1718)一书中认真地计算出，一根蜡烛的火焰每秒钟大约能放出4×10^{44}个*这样的光粒子。**

法国科学家和思想家笛卡儿持相反意见：光线是某种扰动，是一种充填宇宙太虚处的看不见的流体(他把它称为**充满物质的空间**)——“一种传播

* 即4万亿亿亿亿亿个。——作者

** Charles Zajonc, *Catching the Light* (New York: Bantam, 1993), p. 93.

的倾向”。18世纪的德国数学物理学家欧拉(Leonhard Euler)将笛卡儿的想法更推进了一步。根据与声波的类比,欧拉将光描述成在亚里士多德的以太中的振动或波,这里所说的以太不仅弥漫在宇宙的缝隙和太虚中,甚至还充斥在物质实体中。这种波理论的特色之一是,在以太中就如同在浴盆中或在海洋中一样,两个波可以互相增加,或互相抵消,取决于一个波的波峰是与另一个波的波峰相遇还是与波谷相遇。在英国的托马斯·杨(Thomas Young)和法国的菲涅耳(Augustin Fresnel)成功地演示了各种光现象都可以用光的相互干涉来解释之后,波的图像似乎占了优势。但是这些波是什么?究竟是什么在波动?

进入到19世纪60年代,麦克斯韦出现了,他有着浓密的白色大胡子、长鬓角和亲切而惶惑不安的双眼。同欧拉一样,他是寻求用复杂的数学来描述物理系统的行为的新一代数学物理学家之一。在建立这种模型时,常常不需要理解被考虑的现象背后的基础。例如,当牛顿可以建立起他那描述控制苹果落地及行星运行的万有引力的有名方程时,他承认他完全不知道一个物体如何通过这种力来达到和触及另一个物体。它被简单地称为“超距作用”。同样,描述热的扩散和传递的方程组被成功地建立起来时,科学家们并不知道热本身是什么——是一种流体、某种能量、挤撞中的原子,还是上帝的汗水?

同样的还有电和磁。像爱因斯坦兄弟那样的技术企业家们已经利用了电力好几十年,用来传输电报、照亮城市、运行电车、传递电话,而他们却对于当“电流”流过一根电线时究竟发生了什么一无所知:电是一种流体吗?是以太的某种紧张状态或“偏振”的松懈或缓解吗?是正负电“物质”的来回跑动吗?是否相应地存在着磁“物质”?

运动的磁体可以产生电流,这个电磁学中有重大影响的发现是在19世纪初期由法拉第(Michael Faraday)作出的,他是一位铁匠的儿子,没有受过多少教育。正是法拉第这位天才实验家首次将铁屑撒在盖在一块磁体上的一张纸上,观察到它们在两极之间排列出类似弧线的图案。他创造了“场”

这个词来描述这种图案。场是什么？它只是对一种看不见的过程的一种比喻性说法，磁荷通过这种过程互相交往。场就是你可以通过阿尔伯特的著名罗盘看到的东西，是使放置于任意位置上的指针指向磁北极的一种以太状况。

麦克斯韦曾着手将电磁理论建立在一个坚实的数学基础之上，并完成了物理学史上最大胆的预言之一。他得出了描述电磁场和电流行为的四个基本方程。他发现通过某些假设可以把这些公式组合成为一个方程组，而这个方程组具有由振荡的电场和磁场组成的波的数学形式。这种波的速度由常量c具体指定，而且人们证明了这个常量具有300 000千米每秒这一数值。这正好就是光的速度，它是在前一个世纪通过测量木星的卫星的食而计算出来的。于是不可避免的结论就是，光线一定**是**一种具有特殊频率的电磁振荡，而且其他不可见的电磁辐射形式也应该以另外的频率存在着。

直到二十多年后，麦克斯韦的推测才被证实。1888年，德国物理学家和工程师赫兹在经过几个月的尝试以后，用一个跳过一条缝隙的火花产生了一次电磁扰动，这个扰动可以以某种方式跳过他的实验室并感应出一个跳过第二条缝隙的火花，这就证明了所谓的无线电波的存在。有一次赫兹被问及无线电波是什么，他回答道，它们实际上就是麦克斯韦方程组中的一项。*

这在物理学史上，是一次具有转折意义的事件：用纸和笔来作出发现。与其说赫兹**发现**了无线电波，倒还不如说他只是**证明**了它们的存在，他就像一个马戏团的领班那样把麦克斯韦的创造物拉到了聚光灯下而已。事实上，是这个理论本身，即演绎法的数学手段，创造了无线电波。

麦克斯韦所取得的成就明确表示了一种新的研究风格，它对阿尔伯特和米列娃这样一些未来的年轻激进分子而言是极有吸引力的。用怀疑和无情的分析来冲刷你的习惯和假设；创造数学上的乐曲；在搜寻更深层次的和

---

* 巴德学院的斯基夫(Peter Skiff)告诉我确切的引文是“麦克斯韦理论就是麦克斯韦方程组”，来自*Electric Waves*, translated by D. E. Jones (London: Macmillan, 1893), p. 28。

谐时跟随着塞壬*,无论它带你向何方;相信简单性。

阿尔伯特通过阅读通俗读物已经对麦克斯韦的理论有了一个粗略的认识,这个理论使他感到迷惑。在意大利求学和漫游的一年时间中,他时时都在冥想有关光波和以太的问题,最有远见的是,他曾试图想象如果他乘坐在一束光线上,他将会看见什么。你也许会想象他看到的是凝固不动的光波,就像一个随着波浪前进的冲浪运动员看到自己栖身在浪尖上那样。然而,阿尔伯特不是在水上冲浪,而是在以太上,而此时麦克斯韦方程组就作出了一个特殊的预言。麦克斯韦认为,光是互相交织的电场和磁场的一场舞蹈;根据方程组,这种舞蹈不可能是凝固不动的,因此,一个沿着一束光线以光速旅行的宇宙冲浪者将会看到光波——那些随着他一起旅行的跳着舞蹈的场——在他身边以光速迅速前进。而这似乎是不可能的,是一个悖论。

当阿尔伯特和米列娃先是在德鲁德的小册子后是在其他书籍的引导下努力钻研这些奥秘时,韦伯注意到了爱因斯坦的缺课,他生气了。摆在这一对学生眼前的是将在这年秋天举行的期中考试。这种考试通常是全部课程学到一半时举行的。通过这次考试才有资格参加四年结束时的最终毕业考试。

虽然紧张状态持续升温,那年春天爱因斯坦和米列娃都成功地从古板的韦伯那里获得了好成绩。1898年秋天,阿尔伯特为了他的文凭,在满分为6分中以平均分5.7分通过了毕业所要求的期中考试,这是全班的最高分,而米列娃由于仍然在补习她在海德堡期间拉下的功课,因此决定将考试推迟一年。

在那一年,爱因斯坦和韦伯之间的关系开始恶化。阿尔伯特的态度使他在韦伯教室里的出现几乎与他的缺席一样让人不能容忍。如同在卢伊特波尔德时做过的那样,阿尔伯特不是按照标准的做法把韦伯尊称为“教授先生”,而是称他为“韦伯先生”,借此来嘲弄他的老师。

---

* 半人半鸟的女海妖,以美妙歌声诱惑过往海员,使驶近的船只触礁沉没。——译者

“你是一个非常聪明的孩子，爱因斯坦，”韦伯抱怨道，“一个极其聪明的孩子，但是你有一个很大的缺点，你永远不让别人告诉你任何事情。”

除了爱发牢骚的韦伯的几门课外，第三年的特色是一个由系里的另一位教授佩尔内(Jean Pernet)教的实验物理课。阿尔伯特在这里也没露多少次面。佩尔内暴怒，他给了阿尔伯特不及格，并向工学院的校长抱怨，校长因为他的“不勤奋”而适当地给了他一个正式的训斥。

爱因斯坦一家的生活好转了一点。1899年2月，阿尔伯特的父亲赢得了在伦巴第东南的一座小镇奥廖河畔坎内托安装和经营照明系统的特许权。得到安慰的阿尔伯特写信给马亚说，也许对他父母来说，最糟的都已经过去了。在他看来，他和他的家庭早已经历了人生中足够的戏剧性情节。他开玩笑说，如果每个人都像他这样生活，小说根本就不会产生了。

仅仅一个月以后，当阿尔伯特在米兰度春假时，他的母亲第一次看到了她生命中下一个最大的苦恼，当时阿尔伯特给她看了一张米列娃的照片。如果保利娜不高兴看到米列娃那黝黑的脸庞取代玛丽对她的微笑，她也并没有这样说出来。保利娜只是注视着，陷入了对这个形象的沉思中，对于心中忐忑不安的儿子来说，她的想法暧昧难懂，但是阿尔伯特努力使他妈妈有所体会，他在她耳边低声说：“哦，是啊，她是一个聪明的家伙。”

最后，保利娜向她的儿子表示了“祝贺”。

详细叙述这次冒险的那封信至少在阿尔伯特和米列娃关系的有记载的形式上似乎已经标志了一个新的阶段。* 到那时为止的信件都是一些相当非个人化的报道和反映，至此有了一个涉及个人的转变。阿尔伯特回忆起，在施特恩家的晚餐会上，他坐在米列娃的旁边，因为吃得太多，肚子都痛了。“正是那时我突然强烈地意识到我们的心理和生理生活是多么紧密地交

* Albert Einstein to Mileva Maric, March 13, 1899, *CP*, vol. 1.

织在一起。"这也是第一封他不再称呼她为"马里奇小姐"的信。*

阿尔伯特回到苏黎世时，妹妹和亲戚们的揶揄之言犹在耳中回响，而他的心意也更加坚定了。米列娃在普拉滕街50号的房间成了他们的"家"，那里储备了从阿尔伯特的母亲那儿直接寄来的好吃的东西，并专用于喝咖啡、吃香肠以及研究麦克斯韦的奥秘。"我对于辐射的沉思正在开始有了某种更为坚实的基础，"阿尔伯特告诉米列娃，"我自己也很想知道，这样沉思下去是否会产生什么结果。"

为了在电磁学的荒野中得到指引，阿尔伯特和米列娃把德鲁德的书换成了无线电波的发明者赫兹的书。赫兹是一群说德语的理论家之一，在这群理论家中还有亥姆霍兹和玻尔兹曼，他们在某些圈子中被看作是"数学狂热者"。他们的目标雄心勃勃：对物理学进行数学化和统一化。如果他们能在物质和波这两种对立观点之间建立起桥梁，并能解释麦克斯韦的电磁波是如何传播的，那么就可以把牛顿定律神圣地奉为能解释所有现象的理论。如果光是一种波，那么是什么在载荷着这种波动？举例来说，声波是由空气来载荷的——没有空气就没有声音。在光从离我们几光年远的某颗恒星出发到达地球并射入我们的眼睛之前的那段时间里，是什么在支持光波？明显的回答是由欧拉给出的：那就是光以太。"那是不会有什么疑问的，"麦克斯韦在1878年写道，"行星与太阳之间和星际之间的空间都不是空的，而是被一种物质或物体占据着，这当然是我们所知道的最大的，而且可

---

* 遗憾的是，他是如何称呼她的至今还是一个谜。信中可以辨认出来的称呼语是"亲爱的Saud"，但在德文中并不存在"Saud"这个词。

"我们对此感到极端困惑，"爱因斯坦文稿计划的罗伯特·舒尔曼说道，"我们并不想标新立异，因为根本也没有什么与众不同的意见。"舒尔曼承认，与这个神秘词的最初三个字母相应的德语是"猪"，他感到十分好奇。"猪"这个词在德国南部可以是爱的措辞。根据我自己的词典，"Sau"这个词的另一个意义是"肮脏不洁的女人"。在那本词典中我还找到"Saudumm"这个词，Saud可能是这个词的缩写，它的意思是"极愚蠢的"或者"笨的"。

阿尔伯特在他第一次表示爱情的称呼时，有可能把他的情人称为"邋遢女"或者"猪脑袋"；也有其他可能性，但是它们都淹没在历史的长河、语言问题以及爱因斯坦潦草难辨的字迹之中，变得无案可查了。爱因斯坦的学术成就的特性就是如此：一百万朵"玫瑰花蕾"如同被风吹散了的花瓣散落在欧洲、北美各处的档案馆里、阁楼上、旧皮箱和鞋盒之中。

能是最均匀的物体。”

自从亚里士多德将以太命名为4种基本元素以外的第5种起，它一直是自然哲学的一个特色，它是天堂的实质，是余下的物质宇宙的无形的衬垫。当别的一切都被拿走以后，剩下的只有上帝呼出的气了。虚无不再是虚无，而是“存在的基础”。在随后的几个世纪中，以太又被发明出来或者说被提出来，用以解释自然界的各种方面。在其最普遍的形式中，它实际上是无所不在的，弥漫在每一个原子中，遍布每一处太虚，它在某种程度上还可以被认为是牛顿绝对空间本身的表现，是存在所在的令人难以捉摸的舞台。作为一个构想，以太的概念具有无法估量的形而上学和科学的价值，事实上在麦克斯韦的时代它是如此有用，以至于这个大胡子天才有一次不加渲染地评论道，“整个空间已经被以太填充了三四次。”*

把以太设想成电磁扰动的场所就将上帝呼出的气推出了形而上学的王国，而带入到测量和力学的邋遢的物理王国。物理学一如既往地寻求着属于精神的领域。以太是物理学中一个至关重要而又被遗漏了的环节。理解它、量化它的特性和运动是实现麦克斯韦—亥姆霍兹统一之梦的关键。

麦克斯韦和他的追随者们通过所谓的“类比法”进一步深入探究未知的领域。他们在数学上建立了以太的一种流体模型，用已经建立起来的那些方程来描述这些真正流体的力学特征。这种处理方法力图降低那些统治了以往两千多年的诗一般的看法的重要性。欧拉通过对光速和声速的比较，计算出以太的密度是空气的亿分之一而伸缩弹性好一千倍——这些性质使它比钢有弹性，比空气更难以察觉得到，但又不是完全**不可感知**的。** 举例来说，麦克斯韦曾认为这样的一种以太可能对地球绕太阳的轨道运行施加了一个拉力，但是没有找到这种拉力存在的证据。

在这些追求以太的实质形式的人中有一个名叫迈克耳孙(Albert Michelson)的年轻美国物理学家，他在柏林大学的亥姆霍兹实验室工作。迈克耳孙

---

* Abraham Pais, “*Subtle Is the Lord...*,”p. 111.

** Zajonc, *Catching the Light*, p. 121.

是一个测量光速的专家。他提出通过测量在两个不同方向上的光速来探测由于地球通过以太的运动而造成的"以太风"(或者叫做"以太漂移")。他推断说,光线在以太风中"逆流"而上时应该显得比较慢,而顺流时应该比较快,而在横向时应该以经典的光速c前进。他于1881年进行的第一次实验没有发现任何以太风的证据——结论使一些来自欧洲的老资格们大惑不解,并招致他们的批评。迈克耳孙对于他的工作没有得到他认为应得的注意感到气愤,他回到了家乡克利夫兰的凯斯应用科学学校,他在那儿同一个来自附近的西部保留地大学的同行莫雷(Edward Morley)一道,致力于用更精密的仪器来重复这个实验。虽然他在1885年由于一次非常勉强的婚姻而经受了神经崩溃,他和莫雷还是设法在他们的新实验的试验性运行中成功地进行了精密的测量,证明了特定颜色的光总是具有相同的波长,因此可以用来作为长度的标准。迈克耳孙因为这个发现而在1907年成为第一个获得诺贝尔奖的美国人。* 然而,他们在寻找以太漂移的证据上却一再失败,他们的实验最后也由于迈克耳孙的私人问题而突然中止了。1887年,就在他和莫雷要对他们的工作作出一次重要演示的前一夜,他的女管家指控他因为性要求而对她施加压力,并向他要钱。他控告她勒索,她被逮捕了。虽然控诉和反诉最后都解决并终止了,但是迈克耳孙的婚姻走上了下坡路,他再也没有恢复他的科学步伐。

到了世纪之交,所谓的以太漂移实验已经成了一种家庭小工业。迈克耳孙原有的实验是在地下室中的实验室里进行的,那里的以太就有可能被留住并和地球一起运行。为了制止这一可能性,甚至在一个山顶上也进行了实验。但是仍没有人发现以太风的任何迹象。

在阿尔伯特和米列娃正在研究的那本书中,赫兹建立了一个他称之为"动体的电动力学"的理论,试图来说明这些失败的原因。赫兹提出的理由是,也许光以太可以和像地球那样的运动物体一起被拉动,就像大气随着行星一起运动一样。在那种情况下,以太在地球上的我们看来,就像伯利恒的

* Alfred E. Moyer, "Michelson in 1887," *Physics Today*, May 1987.

夜空一样静止，无论是从迈克耳孙的地下室底部来观察，还是从阿尔卑斯的山顶来观察都一样。因此，地球附近的光在各个方向的运动速度看上去都是一样的。

不幸的是，赫兹的理论与光的某些已经建立起来的特征发生了冲突。其中有一个特性是在一位法国科学家菲佐(Armand Hyppolyte Louis Fizeau)所做的一个实验中表现出来的。这个实验似乎说明了在流动的水中运动的光会受到外观上好像不动的以太的拉力。* 在巴黎，伟大的庞加莱(Henri Poincaré)对于这个实验说道："人们相信可以用自己的手指摸到以太。"**

阿尔伯特本人在以太方面已经是一个老手了，1895年夏天，也就是他试图想象自己乘坐在一束光线上的那个夏天，他写了一篇小品文，他在其中将磁场描述成以太中的一种形变或拉伸。虽然这篇小品文观点充足而数学指导不足，但爱因斯坦知道足够的物理学知识，明白这样的重压会影响光波的传播，改变它们的速度——这是一种也许可以测量的影响。"最有趣也最精妙的情况就是对一个电流周围形成的磁场进行直接的实验研究，"他写道，"因为在这种情况下探查以太的弹性状况将令我们能够窥视到电流那谜一样的性质。"***

现在，4年以后，爱因斯坦在钦佩赫兹的同时，也对运动以太这件事产生了严重的怀疑(如果不是对以太本身的怀疑)。他决定在即将来临的暑假里要集中精力研究这个问题，他使用的书是由赫兹的良师、数学狂热者亥姆霍兹写的。

至此，阿尔伯特的教授们甚至于他的一些同班同学都简直不知道怎么去对付他。米列娃和阿尔伯特的朋友们认为他是在贸然行事，所以她常常得在他们面前为他辩护。"他所坚持的，他也可以证明。"****

---

* Pais, "*Subtle Is the Lord...*," p. 118.

** 出处同上, p. 127。

*** *CP*, vol. 1, p. 9.

**** Carl Seelig, *Albert Einstein: A Documentary Biography*, p. 46.

佩尔内对于爱因斯坦的我行我素特别恼怒。据韦伯的助手索特(Josef Sauter)所说,阿尔伯特会照例把佩尔内写着实验室指导的便条扔进废纸篓,然后按照他自己的方式独立地解决问题。“你对爱因斯坦怎样看?”佩尔内狂怒地查问他自己的助手绍伊弗伯格(Schaufelberger),“他总是做些不合我要求的事。”*

这位助手的回答很明智:“他的确是这样,教授先生。不过他的解答都是正确的,而且他所用的方法又总是非常有趣。”

阿尔伯特偶尔也会为他的任性付出代价。1899年7月,他在佩尔内的实验室做实验时犯了一个错误,结果导致了一次爆炸,阿尔伯特的手上也缝了几针。

佩尔内把他叫到一边,试图温和地忠告他。“你在工作时缺乏的不是渴望和热切,而是才能。”佩尔内这样说,暗示阿尔伯特完全不明白物理生涯是如何地艰难。“为什么你不去改学医学、法律或是语言学呢?”

“为什么我不该至少尝试一下物理呢?”阿尔伯特回答,坚信**他**至少感到他还是有点天赋的。

“你可以做你喜欢做的事,年轻人。我只想为了你自身的利益而给你一点警告。”

阿尔伯特的伤使他在几个星期里只能把小提琴搁在一边,而且由于敏锐地感到自己的损失,他想象着那个仪器,奇怪它为什么以前从未出过问题。

“也许它觉得它有了一个继父。”他跟一个从阿劳来的音乐上的朋友朱莉娅·尼格利(Julia Niggli)回忆时这么说,这位朋友曾写信邀请他到夏天时去拜访她。**

事实上,阿尔伯特将这个夏天安排得十分繁忙,朱莉娅又正好凑在这个时候。他的母亲为了躲避米兰的炎热,已经在苏黎世以外的乡下梅特门施

* 出处同上, p. 30。

** Albert Einstein to Julia Niggli, July 28, 1899, *CP*, vol. 1.

泰滕小镇上的旅店里租下了几间房间，以度过这个季节。阿尔伯特因此就可以逗留在该城市的社会漩涡附近，不过他仍打算在这个夏季的晚些时候去阿劳附近待上几个星期，同他原来的科学老师维斯特(Conrad Wüest)一起做些研究。阿尔伯特带一些挑逗地回信给朱莉娅说，虽然他可以想象得到很多快乐的方式来帮助她在她的“迷人的小巢”中度过时光，但是他必须要去梅特门施泰滕，他邀请她去那里，这就使她产生了反感。

与此同时，米列娃正在整理行装准备回到卡奇的家。她的面前也是一段繁忙的时间，要死记硬背应付前一年秋天推迟了的期中考试。但是她觉得很紧张，因为虽然从她的成绩上看不出来，其实她自从离开的那个学期以来在学业上一直没有恢复。她的几何学得了最低分尤其让她难过。花费了这么多的时间去陪伴自信的爱因斯坦，并且跟随他穿越电磁理论的迷宫，必然会暗中动摇她自己的自信心。

在第一眼哪怕是第二眼看来，梅特门施泰滕看上去都不像是一个避暑胜地。那是一个满是灰尘的农业小镇，在它的中心甚至没有传统的美丽的**广场**，它坐落在苏黎世以南通往卢塞恩的路上，火车要走上半个小时的一个浅谷的麦田中央。往东越过一些小山岭就是长而曲折的苏黎世湖，再远处是阿彭策尔和高耸粗犷的森蒂斯峰，阿尔伯特3年前在那里徒步旅行时差点送了命。天堂膳宿旅店在小镇上方的山腰处，俯瞰这个小镇，在晴朗的天气还可以看到远处的阿尔卑斯山。

“在这家天堂旅馆中，我和婆婆妈妈的母亲及妹妹一起过着舒适、宁静、平庸的日子，”阿尔伯特写信给米列娃，“真好像置身于世界上那些虔诚的和正直的教徒所想象的天堂里一般。”* 在头两个星期中他已经跟天堂旅馆的老板马克施塔勒(Robert Markstaller)一起徒步去了苏黎世湖，森蒂斯峰也去了两次。再一次在户外闲逛，穿越乡间并费力地在山上爬上爬下，真是一件难得的乐事。天气非常好。除了他母亲的朋友们来闲聊以外，几乎没什么不愉快的时候。最糟的事情就是尤丽叶姨妈从热那亚来了，“一个十足傲慢

---

* Albert Einstein to Mileva Maric, early Aug. 1899, *CP*, vol. 1.

而迟钝的拘于形式的怪人。”

阿尔伯特害怕米列娃责怪他懒惰,马上开始阅读亥姆霍兹的书。他允诺会跟她一起重读这本书。“我第一次看亥姆霍兹的书时,似乎难以想象你不在我身边,而现在情况也没有好多少。”

真是让人惊异,他怎么会跟他的家人一起只待了几个小时,就加深了他对米列娃(他称她为他的**多利**或“小东西”)以及他们一起度过的不平庸的生活的赞赏。从远处来看,阿尔伯特是一个完美的恋人。她在含辛茹苦地读书,在她精巧的脑袋里塞进晦涩的理论时,他是如此同情和赞美她。现在至少她是待在家里,而且被照顾得很好。她无疑一定会成功的。“你真是了不起,在你那娇小的身躯里蕴藏着无限的生气和活力,”他写道,“要是你能够来和我在一起待上哪怕是一会儿,那该有多好!我们那么熟悉彼此隐秘的心灵,也都爱喝咖啡、吃香肠,如此等等。”*

阿尔伯特所作的阅读使得他对以太越来越持怀疑态度。问题在于,以太就像是一只咧嘴傻笑的柴郡猫。在麦克斯韦的方程组中它消失了,只留下它龇牙的笑容——光波。所有的波动都消失了,至少是在数学上消失了。“我越来越确信目前描述动体的电动力学并不符合实际情况,也许可以用更简单的方法来表述它,”他写信给米列娃说,** “将‘以太’这个术语引入电流理论导致了介质概念的产生,我相信,我们即使不能给它物理性质,也能描述这种介质的运动。”仅仅因为人们可以谈论以太,并不意味着以太或其假想出来的运动具有什么物理意义。阿尔伯特开始怀疑的以太的古怪之处,就好像在大头针尖上跳舞的仙女们一样,是电磁理论中一个没有必要的复杂化。

毕竟,在这个世界上的每一个地方,不必要的复杂化和装饰品都正在被舍弃,仿佛马赫对所有的西方文明开出了一张处方。

在跨越阿彭策尔的小径时,阿尔伯特觉得疑惑,亥姆霍兹和别的人是否

---

* Albert Einstein to Mileva Maric, Aug. 10, 1899, *CP*, vol. 1.

** 出处同上。

工作得太辛苦了。“我认为电力可以只在空的空间里直接定义，”他解释道，“而且，我们绝不能把电流认为是‘电极化现象随时间的消失’，而应看作真正的电物质的运动。”在这里他又插入了一个微分方程的一部分。“那么电动力学就会是关于在空的空间中运动的电和磁的运动情况的理论。”他继续说道，答案必须从实验中得到，也许就是他将在阿劳同维斯特一起做的那些实验。亥姆霍兹和欧洲大陆上的其他伟人还在沉睡，没有意识到该在他们沾沾自喜的以太床上焦虑了。因为那时他还只是一个在山野中信口开河的大学生。

那里的夜晚则是另一种情形，他认为这与米列娃分享就不适合了。从黑里绍来的一个阿彭策尔家庭的17岁的女儿安内利·施密德（Anneli Schmid），是天堂旅馆老板的小姨，她每年夏天都到梅特门施泰滕来。在安内利的女婿舍尔（Charles Schaerer）现在的房子里还挂着一幅她的油画，看起来她是一个美丽的年轻女子，长着一头长长的浅红亚麻色的头发和一双蓝色的眼睛，戴着一个花环，手里拿着一朵花，容光焕发。她的一个比较明显的特征是有一个高高的前额，这使她戴着眼镜的时候看上去很有智慧。舍尔说，她晚年对于这个额头非常骄傲，因为觉得它很像爱因斯坦的前额。他说她是一个快乐外向的女子，对生活很有乐趣。

1899年的夏天，安内利被阿尔伯特迷住了，而阿尔伯特似乎也被她吸引了。至少他们晚上在天堂旅馆里跳舞、拉小提琴。

阿尔伯特在安内利的日记簿里写了下面这首诗，那是一本印着鼓舞人的格言花饰的日历笔记簿：

> 娇小而漂亮的姑娘，
> 我该在这里为你写些什么？
> 我可以想到很多，
> 包括在柔软的小嘴上的
> 一个吻。

如果你对此感到愤怒，
请不要开始哭泣，
最好的惩罚就是——
也给我一个吻。

这首小小的问候词，
是为了纪念你那无赖的小朋友。*

8月底时，阿尔伯特离开梅特门施泰滕，去往阿劳，同醉心于X射线的维斯特一起工作。在那两个星期中，不管他们曾一起做过些什么，在历史中已无案可查了。在阿劳等着他的还有尼格利，她需要一个音乐伙伴，也需要一个听她吐露真情的人。尼格利不满她的乡巴佬生活，渴望到国外去，而且她正在找工作。阿尔伯特安顿她与热那亚来的尤丽叶姨妈（“傲慢的怪人”）住在一起，他的姨妈正需要为她的女儿找一个家庭女教师。最后尼格利却找了另一份工作。

当时，尼格利正在为与一个想要娶她的老男人之间的关系感到苦恼，阿尔伯特有点不相信这个情况。**“女孩的心事真是太奇怪了！你真的相信你能通过别人找到永恒的幸福吗，哪怕是一个你唯一心爱的男子？就我本人的经历来说，我本人就知道男人这种动物，因为我自己就是他们中的一个。不要对他们期望太多，我非常确切地知道这一点。今天我们愁眉不展，明天就会兴致高昂，后天又会对生活产生愤怒和厌倦——就这样一直下去——但是我几乎已经忘记了不诚实、忘恩负义和自私，我们中几乎所有人在这些方面，显然都比优秀的女孩们做得好。”

在这个社会漩涡的中间，米列娃从卡奇传来的声音显得哀怨，她一直被困在乡下，因为在那儿暴发了猩红热和白喉。她担心她写的信不够多，而作

* *CP*, vol. 1, p. 220.

** Albert Einstein to Julia Niggli, Aug. 1899, *CP*, vol. 1.

了一个坏榜样，因此她现在收不到他写来的信。* 她惦记他的来信。“我们共同享有的一系列经历神秘地赋予我一种奇特的感情，无须在脑海中回想起某个特别的时刻，再怎么轻微的触及都会打开我感情的闸门，使我觉得仿佛又回到了我自己的房间里。”

她还询问阿尔伯特关于考试时可能会提什么问题。会问一般性的问题还是具体的问题？他是否可以把韦伯的热学笔记留在他的房东太太那里，以便她预计在9月的最后一个星期回来时可以借阅？“你不对我感到抱歉吗？”她可怜兮兮地问，她意识到他还没有费心告诉她**他**什么时候将回苏黎世。

然后，似乎是要强调她确实正在经受怎样的压力、不确定和不安全感，又似乎是遭受了一种恐惧的想法侵袭，米列娃突然脱口说出了自己怕被暴露(可能是对阿尔伯特的母亲)的忧虑。“我希望你不要让任何人看我的信，你一定得向我保证。”她恳请道，“有一次你说过你不喜欢失礼，那么如果我觉得把我的信给别人看是对我的失礼，你就会按照我的要求去做了？你觉得是吗？”

“你这个可怜的人儿一定是用功得太厉害了！”阿尔伯特回信说，“要是我能对你有一点帮助该有多好，哪怕只是为你带来一些变化，或者是在你的学习中，或者是做你的约翰尼，以及一切与之有关的可爱的小事。”他向她保证说，一切都会很快过去的。但是多么遗憾，他不能和她在一起，因为他要陪同他的母亲一起回到米兰去。“我是多么想待在苏黎世，让你在考试期间过得愉快一些，然而那样做的话，会给我的父母带来很大的痛苦，这也是可能理解的。”**

他在天堂旅馆给米列娃写信，在离开阿劳以后，他在那里同他的家人再次团聚。在返回的途中，他在苏黎世停留了一下，他曾答应到那里去把他的笔记拿给米列娃，但是他却去拜访了韦伯，因为他有一个想法，即用一个实

---

* Mileva Maric to Albert Einstein, Aug. 10, 1899, vol. 1.

** Albert Einstein to Mileva Maric, Sept. 10, 1899, *CP*, vol. 1.

验来研究相对于以太运动的物体中的光速,从而来观察这个速度是否有变化。*

这个念头是他在阿劳同维斯特一起做实验时想到的,即利用镜子把一束光线分成两束。其中一束光线在空中沿着地球运动的方向传播,而另一束则向相反方向传播,然后用一个热电装置来探测这两束光在能量上有什么差别。"我还想到了关于这个问题的一种理论,我觉得这种理论是有充分根据的,"他向米列娃解释说,"不过说这些就足够了!你可怜的小脑袋已经被迫装满了太多不同人的老调重弹。"

这个实验本该是投韦伯所好的,因为虽然没有人会指责他是一个数学狂热者,不过复杂的实验却是他的专长。但当阿尔伯特向他提起这个实验时,他却立即回绝了。这位教授对此不感兴趣。因此,1899年以太在苏黎世仍然未被测量。

但并不是在所有地方都未对以太加以测量。韦伯让爱因斯坦去看德国亚琛的吉森大学的一位物理学家维恩(Wilhelm Wien)在1898年写的一篇关于以太理论的论文。维恩在那篇论文中研究了13个试图探测地球在以太中的运动的不同实验的结果,其中包括迈克耳孙—莫雷实验在内的10个实验都失败了。这是阿尔伯特第一次听说迈克耳孙—莫雷的工作。回到米兰以后他兴奋地写信给维恩,谈了他自己的想法,希望能在工学院得到这位伟人的回音。然而,维恩一直没有回信,而阿尔伯特写给他的信此后再也没有找到过。

"如果你在那儿看到有寄给我的信,你就替我拿了拆开吧。"他建议米列娃说,** "我将于15日左右回'家'。我充满喜悦地期望着,因为我们的天地终究还是最温暖最舒适的。"首先,他许诺要和她一起去爬于特利贝格山,以激发他对于森蒂斯峰的回忆。然后他们终于可以开始继续钻研亥姆霍兹的光的电磁理论了。"一是因为出于害怕,二是因为我没有这本书,所以我还没有读。"

但是首先他必须把马亚送到阿劳的温特勒家去,秋天她将跟随她哥哥

---

* *CP*, vol. 1, p. 224.

** Albert Einstein to Mileva Maric, Sept. 28, 1899, *CP*, vol. 1.

的脚步，住在温特勒家并在那里开始上学。他答应米列娃这次将不在阿劳逗留。玛丽似乎打算待在镇上，而他经过这些年以后仍对她感到惊恐——或考是对他自己感到害怕。“虽然那位我四年前曾热恋过的吹毛求疵的姑娘要回家去了，但是你现在不要担心我到阿劳去得那么勤。在很大程度上，我觉得自己在高高的平静的堡垒中是安全的。但我知道若是我再看到她几次，一定会再疯狂起来的。我确信会如此，而我像怕火一样害怕这事会发生。”*

米列娃独自待在普拉滕街她的小窝中，她得到了如此迷人的再三保证，就把她长着黑发的头埋入书本中去了。

* Albert Einstein to Mileva Maric, Sept. 28, 1899, *CP*, vol. 1.

第五章　家庭价值观

以下写于1900年的某个时间。

我亲爱的约翰尼：

因为我是如此地喜欢你，也因为你离开我是那么远，我连一个小小的吻都不能给你，所以我提笔写这封信，是要问你是不是像我喜欢你那样地喜欢我？请**立刻**回答我。

一千个吻来自你的多利*

1900年7月底，21岁的阿尔伯特揣着一张刚拿到的文凭，面对着他的母亲，面对着他的未来。他们住在瑞士高高的阿尔卑斯山中心的一个极其奢华的旅馆里。窗外，积雪覆盖的参差不齐的山峰围成了一个散布着花朵的草甸和奔流着溪水的山谷。家里的女人们把他从火车上一把拉下来，像对待一个英雄那样地吻他。但是，正如阿尔伯特清楚地预感到的，他被叫到母亲的房间里，解释他和米列娃的关系。

“那么，”保利娜问道，“多利最后将会怎么样？”

这个问题听起来并不像保利娜预想中应有的那么直率。在过去的一年

* Albert Einstein to Mileva Maric, undated, 1900, *CP*, vol. 1.

中,至少从他们的通信上来判断,阿尔伯特和米列娃的亲密程度已经上了好几个台阶。阿尔伯特在梅特门施泰滕时,曾喜欢称呼米列娃为多利("小东西")。第二年初,她开始称他为"约翰策尔"或"约翰尼"。除了与敏感而又情绪多变的小提琴手、喋喋不休的喝咖啡成瘾的人、一个过了时的诗人打交道以外,这又成了他装扮的另一个人格面貌。所有这些都像四轮马车一样围绕着他的自我。大约与此同时,这对情人开始用亲密的"你"来称呼对方,而不再使用一本正经的"您"。这是一个仅限于对非常亲近的家人的称呼,在阿尔伯特的整个一生中,除了对他的家人以外,他只对他的朋友米凯莱·贝索固定地用过这个词。到了这个学年末,阿尔伯特和米列娃已经在谈婚论嫁了。

一开始,阿尔伯特的母亲好脾气地容忍了米列娃,不管她对于儿子的行为有多少怀疑和焦虑,也不管她对米列娃有着挥之不去的失望,她也只是提出一些温和的劝告。她甚至按普拉滕街的地址寄食品去,以表示对他们的"家"的承认。3月份阿尔伯特过生日时,他收到了一盒"甜蜜的美味",米列娃说他当时用双手捧着那只盒子,无视街上的任何人,喜洋洋地走过普拉滕街——这是对他爱吃甜食,或者是对他给他的母亲的热爱,或者是对这两者的雄辩的证明。

也许保利娜希望阿尔伯特会成熟起来并遗弃米列娃。如果阿尔伯特想在完成大学的学业时跟一个塞尔维亚女子玩玩的话,那是他的事情,但是只要一提及这种关系不仅仅是暂时性的,她就会动怒。保利娜·爱因斯坦是一个德国中产阶级犹太人,对她的儿子抱有必然的期望,也进行了必需的投资。塞尔维亚人是黑皮肤的外国人,他们的妇女有着水性杨花的坏名声,* 他们之中绝对不会有可以让一个优秀的德国青年带回家去见母亲的那种姑娘。除此以外,米列娃也不是犹太人,她绝不够格进入保利娜希望他儿子过的那种生活。

然而6月份时,保利娜露出了她的真面目。当时米列娃的朋友海伦妮·

---

* Lewis Pyenson, "Einstein's Natural Daughter."

科伊夫勒在去度暑假的途中在米兰停留，去看望了阿尔伯特的父母。* 保利娜无情地讥笑和嘲弄了米列娃。海伦妮后来对米列娃说，她喜欢保利娜，而且发现赫尔曼很漂亮。而事实上，她被他们俩如此地吸引，以致她自己也被诱入了对米列娃评头论足。

一直在焦急地等待着"确实的报告"的米列娃，一下子陷入了绝望。"你觉得她根本就不喜欢我吗?"她问海伦妮，** "她真的毫不留情地拿我开玩笑吗? 你知道，我这一刻觉得自己是这么悲惨，这么极度的悲惨，尽管这样，下一刻我却又安慰自己，因为对我最重要的那个人终究持不同的意见。当他向我描绘美丽的未来图景时，我就会忘记我所有的悲惨，你是不是觉得我不应该这样?"

从普拉滕街的老朋友们那里她几乎得不到什么支持。事实上，米拉娜和鲁日卡就在那个星期宣布她们要搬出去，这至少部分是由于对米列娃不满。她们抱怨说，她为了阿尔伯特而把她们从她的生活圈子中赶了出去——而这个人，她们从来都没有喜欢过。米拉娜·博塔告诉她的母亲说："因为我所憎恨的那个德国人之故，我几乎见不到米扎。"***

米列娃感到不知所措，她不知道为什么她的朋友们看来对她这么生气。"也许我必须为别人所犯的过失作出补偿，"她告诉海伦妮。阿尔伯特对于这对塞尔维亚精英姐妹的出走一点都不难过，他还为她们写了一首讽刺的告别诗。

但是，保利娜的反对还不是笼罩阿尔伯特和米列娃的"未来"的最大乌云。对人严格的韦伯才是，他在阿尔伯特和米列娃的大学生涯即将结束的时候，把他们就职的命运越来越牢固地抓在自己的手中。而且从学术上来说，这一年并不是顺利的一年。

由于前一年的暑假阿尔伯特试图进行的一个以太漂移实验被拒绝了，

---

* Mileva Maric to Helene Kaufler, June 4, 1900, *CP*, vol. 1.

** 出处同上。

*** Milana Bota to her mother, June 7, 1900, *CP*, vol. 1, p. 64.

于是他和他忠实的同伴米列娃在1899年的秋天就将他们课外的兴趣从辐射转移到了新近发现的电子，以及它们在决定物质的性质中可能起到的作用上。直到汤姆孙演示了所谓的阴极射线实际上是小的带电微粒或者说“电子”流时，物理学家们才能确定地说出自然界是粒子性的还是连续的，或者确定传说中的“原子”是否真的存在。现在他们知道，即使在最小的物质中也含有电子。根据原子理论，在气体中，热就是蹦蹦跳跳的分子的运动。包括韦伯在内的一些理论家提出，热在一块金属中可能同样只是电子的舞蹈。你把一块金属放在火上的时间越长，其中的各个电子就跳动得越快。

米列娃在苏黎世参加（而且是通过了）她的期中考试的同时，阿尔伯特在初秋时已经在米兰攻读热电学了。他推论说，如果电子理论是正确的，在物质的电性质和热性质之间就应该存在一种联系。“我还设计了一种非常简单的方法，”他写道，“用以决定金属的潜热是否可以被归结为有重量的物体的运动或电的运动，也就是说，一个带电的物体与不带电的物体相比是否具有一种不同的比热。”* 这些实验好就好在很简单，用韦伯实验室里的设备就可以做。

然而，韦伯显然对这个新的方案与他对前面的那个一样不热心。到了春天，阿尔伯特和米列娃为了他们的论文或者说是毕业论文被迫埋头苦学热传导，** 这是韦伯的另一项研究专长。至少米列娃对她的论文持乐观的态度，她告诉海伦妮说：“我对要写论文所必须做的研究觉得很高兴。”*** 阿尔伯特后来声称，他的论文无关紧要，事实上他甚至记不起他在那篇论文中写了些什么。到最后关头，韦伯抱怨说他没有把论文写在规定的纸上，让他把整篇文章再全部重新抄写一遍。****

7月举行的期末考试使他们俩都处于一种烦恼的状态，他们遭受了来自

---

* Albert Einstein to Mileva Maric, Oct. 10, 1899, *CP*, vol. 1.

** *CP*, vol. 1, p. 244.

*** Mileva Maric to Helene Kaufler, March 9, 1900, *CP*, vol. 1.

**** Carl Seelig, *Albert Einstein: A Documentary Biography*, p. 30.

双方父母反对和他们的朋友的背信的双重打击,对专横的韦伯感到气馁,又受到将有一种舒适自由的生活和驾驭欲望之浪的前景的诱惑。对于米列娃,她已经对陪伴她的约翰尼在午夜探索物理学前沿感到筋疲力尽了,这是她在不到一年的时间里的第二次可怕的考试。她事实上只是感到自己比她的同志们稍微要悲惨一些,他们大家都正在通过通向一种理想境界的最后一扇的黑暗、痛苦而又必需的大门。

“你要么知道,要么不知道。这看起来就像水晶一样清晰。”阿尔伯特这样说,以此来驱除他的一个朋友的恐惧。* 阿尔伯特知道它,但是他也憎恨它。他的漫不经心,掩饰了他对于所有过了时的、令人厌烦的科学的憎恶,对于这种科学,他反抗了20年,而现在却不得不忍气吞声、人云亦云。

米列娃最终也没明白这一点。她在班里排名最后一位,在1到6的评分标准中,她只得了4分,远远低于能毕业的分数下限。她的实验物理和理论物理成绩与阿尔伯特的十分接近,但她天文学考得不太好,数学考得极糟,他得了5.5分,而她只得了2.5分。这很难不让人怀疑米列娃是花了太多的时间去帮助阿尔伯特通过以太去追寻虚幻的东西,而没有足够的时间为她自己打开书本,做考试准备。

阿尔伯特以4.91的平均分位居全班第四,排在格罗斯曼、科尔罗斯和埃伦之后(他们都主修数学),但就拿一张文凭而言也足够了,他在1900年7月28日如期地拿到了文凭。至于米列娃,她总是还要再等一年。

工学院的文凭正式授予阿尔伯特数学方面的专科教师资格,使他有资格在中学里教数学和科学,但是这个职业现在已经不能满足他的渴望了。他现在的计划是在工学院找一份为教授做**助手**的工作(这是通常在学术的阶梯上接下去的一级),同时再写一篇博士论文。工学院本身还没有颁发博士学位,但是它的任何毕业生只要在隔壁的苏黎世大学递交一篇论文,就可以获得一个博士学位。

---

* 出处同上, p. 43。

两天后，阿尔伯特在梅尔希塔尔的库豪斯旅馆，同家里的那些女人们一起度另一个暑假。* 一辆摇摇晃晃的马车从火车站沿着蜿蜒的路盘旋而上，去往梅尔希塔尔葱翠的小山谷胜地，马车刚到，马亚就把她的哥哥拉下来作了一次短暂的散步。她请他不要跟妈妈谈起任何有关“多利事件”的话题。但是阿尔伯特一辈子都像一个淘气的小男孩，有一个让人难以忍受的习惯，那就是毫不犹豫地说出别人——通常是女人——恰恰最不愿意听到的话。

轻松愉快的事情刚刚结束，他就被叫进母亲的房间去了。

“那么，你的多利以后会怎样？”

“做我的妻子。”

保利娜一下子扑倒在床上，把头埋进枕头里，像孩子似的哭了起来。

然后，在她胸中郁积了两年的暴风雨一下子爆发了。** 保利娜从枕头里抬起头来以后，就开始拼命地进攻。

“你是在葬送你的前程，毁掉你的机遇。”

“没有一家体面的人家会接纳她。”

“如果她怀孕了，那你就真的陷入困境而不可收拾了！”

阿尔伯特发脾气了，他激烈地否认他们已经“生活在罪孽之中”，并狠狠地指责他母亲如此小心眼和庸俗。他正要转身蹬着脚开房间时，保利娜的一位朋友闯进来了。谈话马上转向了交际性的话题，然后他们都去吃晚饭了。但是一旦当他们单独相处，保利娜就开始继续她的攻击。她说米列娃年纪太大了。“到你30岁时，她就已经是个丑老太婆了。她只是一本书，跟你一模一样——但你要的应该是一位妻子。”

第二天早晨，保利娜变得温和了。她显然觉得，如果阿尔伯特和米列娃事实上还没有睡在一起，那么大祸还可以避免。在接下去的几天里，她感到阿尔伯特不屈不挠的倔强的威胁，完全没有提及这个“敏感的话题”——或许因为这样，他向身处诺维萨德在局外旁观的米列娃不能自制地详细吹嘘

---

* Albert Einstein to Mileva Maric, July 29, 1900, *CP*, vol. 1.

** 出处同上。

了这件事。* 他夸耀说,他的母亲已经渐渐对这一不可避免的事认命了,或者说至少暂时控制了她的怒火。与此同时,阿尔伯特的父亲也从米兰加入了进来,他声称要寄给他的儿子一封信,并承诺等阿尔伯特这个月的晚些时候回到米兰时,他们父子俩要认真地谈一下。阿尔伯特认为,那将是一次真正的战斗,但是他向米列娃保证,他小手指里的决心都比他父母合起来的决心要大,胜利是必然的。

阿尔伯特是如此地坚定,他得到了幼时阅读叔本华的一点帮助,他认为他懂得父母的态度。对他们而言,妻子是男人在过上比较优裕的生活后才能负担得起的一件奢侈品。阿尔伯特抱怨说,他们的这种态度将妻子贬低为一个签了长期合同的妓女。像绝大部分人一样,阿尔伯特的父母的感情是由他们的见识控制的。幸运的是,他和米列娃都比较开明,但是如同所有孤独的精英分子那样,他们把他们的存在归类于某种尚未完全进化的群体。他宣称,对于后者而言,"饥饿和爱是,而且仍然是生命中如此重要的主要动机,几乎每件事都可以用它们来解释,而其他的主旨都可以被忽略。因此我正试图不伤害我的父母,而又不用放弃任何我认为是美好的东西——那就是你,我亲爱的甜心!"

不管阿尔伯特可能如何聪明地想到了母亲对他与米列娃的计划的反应,他都没有预计到会有这样的一场感情风暴。纵使他常常宣称自己的离世独立和反叛姿态,他还是发现自己被巨大的浪涛震撼和搅动了。他本该把嘴闭紧,就像米列娃一直告诫他的那样。现在,他劝说米列娃不要告诉她的父母——如果她还没有这么做的话——关于他们光明的未来,免得他们作出与阿尔伯特的长辈们一样的反应。

与此同时,阿尔伯特还在做一个好儿子,为他母亲在梅尔希塔尔的朋友们演奏小提琴,令他们高兴地欢呼。库豪斯以它丰盛的菜肴而闻名,那里有的是懒惰的女士们。感谢上帝,他的多利可跟她们不一样。在这里,餐桌永远不会撤掉,但是,在同米列娃一起吃过咖啡加香肠的饮食以后,这对他来

---

* Albert Einstein to Mileva Maric, Aug. 6, 1900, *CP*, vol. 1.

说还是一种颇受欢迎的改善。他与马亚一起徒步去山里避难，也阅读一本基尔霍夫的物理学讲义以得到宁静。

“在整个嘈杂的旅馆里，找不出一个像我的多利那样有天赋而又勤奋，又有一双灵巧的手的人来。”他写道，* “我焦急地盼望着一封来自我亲爱的小巫婆的信。我简直不能相信我们竟要分开这么长时间——直到此刻，我才明白我是多么疯狂地爱着你！尽情地放纵你自己吧，你就会野到像街头的顽童那样，光芒四射的小可爱。”

米列娃当时已经回到了卡奇的家中。至此她已经彻底被阿尔伯特的母亲吓倒了，几乎连写信都不敢，生怕她的信最终落错了手。但是她的担心是没有理由的，保利娜不加评论地把这些信怏怏不乐地交到阿尔伯特的手上。** 他的父亲在第一次训诫以后，也几乎不再说到米列娃，但他承诺带阿尔伯特去威尼斯，因为该城市与他们公司的几个电力工程较近。阿尔伯特重又开始关心自己的家庭，他答应陪同他父亲一起去视察这些工厂。他向米列娃解释说，万一有非常时刻而需要他接管家族生意时，这会有所帮助。***

8月中旬，阿尔伯特回苏黎世待了大约一个星期，开始为下一年寻找一个助教的工作，但是他发现自己只是无精打采地四处游荡，每天睡到中午。**** “我以前是怎么能够独自生活的，我的小心肝？没有你，我就没有了自信，没有了工作的乐趣，没有了生活的乐趣——简而言之，没有你，我的生活简直就不是生活。”

阿尔伯特对他的工作前景有着一种小心谨慎的乐观。最合乎逻辑的选择是韦伯，他那里有一个空缺，但是他不喜欢爱因斯坦，也没有迹象表明阿尔伯特曾认真地考虑过要为他工作。虽然工学院里没有别的他可以马上申请的空缺，但是他那位在一家保险公司工作的同学埃伦提出在那里临时为

---

* Albert Einstein to Mileva Maric, Aug. 1, 1900, *CP*, vol. 1.

** Albert Einstein to Mileva Maric, Aug. 9, 1900, *CP*, vol. 1.

*** Albert Einstein to Mileva Maric, Aug. 14, 1900, *CP*, vol. 1.

**** Albert Einstein to Mileva Maric, Aug. 14, 1900, *CP*, vol. 1.

阿尔伯特安排一份工作，报酬是一天8法郎，而阿尔伯特拒绝了。他觉得可以更好地利用这些时间来学习。此外，他最好应该避开这种让人变得愚笨的情况。

他回到了米兰，那儿关于米列娃的可怕的平静仍然持续着，阿尔伯特的父亲开始向他灌输家族生意的意识。阿尔伯特又开始感到欢快起来：

天哪！那个男孩约翰尼！
渴望使他疯狂，
思念他的多利，
衾枕快要燃烧。*

阿尔伯特把他的夜晚都花在闲逛以及跟他的老朋友米凯莱·贝索谈论物理上。贝索带着安娜和他们的小儿子韦罗已经搬到了米兰。** 贝索当时的工作是咨询工程师，他请爱因斯坦帮他的公司计算一个关于交流电辐射的问题。虽然阿尔伯特赞赏贝索的才智，但是通常情况总是，他的赞美随着批评而降低了：米凯莱聪明伶俐，但是过于单纯；他和安娜的公寓舒适，但是有点缺乏品位。

在8月的第一个星期，阿尔伯特的镇定被米列娃的一封挂号信粉碎了，这是她防止这封信错入他人之手的一条策略。信中的一条内容是米列娃正在患甲状腺肿。这看来似乎已经使得阿尔伯特的父母投入了新一轮的哭号和尖叫。现在最重要的是，这个准备抢走他们儿子的女人**病**了——有缺陷、不干净、患病。

“妈妈常常悲痛地哭泣，”他在床上绝望地写信，“我在这儿得不到一刻安宁。我们父母为我哭泣，好像我已经死了。”

---

* Albert Einstein to Mileva Maric, Aug. 20, 1900, *CP*, vol. 1.

** Albert Einstein to Mileva Maric, Aug. 30, 1900, *CP*, vol. 1.

“哦,多利,这些足以让人发狂。”*

他父母一副悲伤欲绝的样子,似乎他犯了弥天大罪,这使他心碎。全家人都处在潜伏的心理危险之中。他越是烦乱,他们也就越烦乱,这又使得他愈发沮丧。当他宣称他不能同父亲一起去威尼斯的时候,他们如此惊慌失措,以至于他很快就屈服了。他现在知道了,有些事情比考试要糟得多。

> 我仅有的消遣就是学习,在这方面我加倍努力,而我唯一的希望就是你,我亲爱的、忠实的灵魂。如果不是因为你,我将不想再在这些可怜的人群中生活下去。

因此虽然他尽心尽责地在电力工厂中迂回巡视,当他身处电线和发电机之中时,他的心智却仍在原子、以太以及他的街头顽童上。“我们愚蠢的分离的日子现在已经过去了四分之三,我很快又能和我的心上人在一起,可以吻她、拥抱她、煮咖啡、大声吵闹、工作、大笑、闲逛、聊天……直至永远!这又将是欢乐的一年,不是吗?”他问道,他宣布他想在苏黎世度过圣诞假期,而不去米兰。

> 我已经等不及要再次和你相聚了,你是我的一切,我的小坏蛋、我的小顽童、我的调皮小鬼。既然我想到了你,我完全相信我不想再惹你生气或嘲弄你,只想一直像个天使一样!哦,多美妙的幻想!
>
> 而你也爱我,是不是?哪怕我又变成一个充满了怪念头和恶作剧的无赖,像过去一样情绪阴晴不定!**

阿尔伯特结束威尼斯之旅回来的时候,父母不再谈及米列娃了,他也避

---

* Albert Einstein to Mileva Maric, Aug. 30, 1900, *CP*, vol. 1.

** Albert Einstein to Mileva Maric, Sept. 13, 1900, *CP*, vol. 1.

而不谈结婚的事。两边的怒火暂时都熄灭了。

研究是阿尔伯特在这场危机中的救生艇,这将他深深带入物质的本性,带入由假想的原子、分子、电子以及它们之间神秘的作用力所组成的王国之中。欧洲顶尖的学者们被电子、X射线和放射现象的发现困扰着,不知所措,一直在实在的连续性和离散性两种观点之间摇摆。认为自然界没有缝隙、粒子是无所不在的以太中的漩涡的古老看法,正在被世界是由实物微粒原子构成的另一种概念所取代。英国人麦克斯韦脚踏两只船,他的光波依赖以太而他的气体理论却将热和压强归因于大量的单个原子和分子——离散的物质实体——的运动。麦克斯韦的热力学说法被维也纳的玻尔兹曼吸纳和扩展。玻尔兹曼是另一位数学狂热者,也是最有献身精神的原子论者。

阿尔伯特躲避他的父母的时候,就埋头于玻尔兹曼的书中,并向米列娃报告说它非常精彩。虽然他对于一些严密的数学细节还有些吹毛求疵的意见,不过他还是确信这种理论至少在主要原理上是正确的:气体确确实实是由离散的小质点所构成。

在气体中,这些小质点自由地四处弹跳,但在液体中,像表面张力之类的作用证实了在单独的原子或分子之间存在神秘的吸引力。是什么使得一滴水或一滴水银可以抵抗重力而维持它的形状,或者使液体能够依附在一根稻草或一个茶杯的侧面从而形成一个凹面?阿尔伯特在工学院的最后一年,曾听过他的数学教授闵可夫斯基谈到毛细现象,而且他还记得那是他在那儿的四年中听到的最好的一堂课——是麦克斯韦和亥姆霍兹一直从事的那种数学物理的第一次真正的展示。* 通过用心地研究这些效应,阿尔伯特觉得应该有可能推断出分子间这些神秘力的性质。事实上,阿尔伯特在上一次到苏黎世期间,曾做过几个关于这个问题的实验,而现在他渴望回去再做。也许可以就此写一篇论文。

他也一直在更深入地思考热和传导,这是他和米列娃的毕业论文题

* *CP*, vol. 1, p. 265.

目。米列娃在为下一年秋天重新参加期末考试而学习时，她计划继续前面的研究，并就此来写一篇博士论文。她问道，一个物体的特性（例如它的传导性或者它的吸热能力）与其温度有什么联系？事实上，物体究竟是如何吸热的？爱因斯坦想到过一个新奇的方法，它可以在韦伯装备齐全的实验室里研究与这个问题有关的一种效应，因此他们有必要同他保持良好的关系。

阿尔伯特短途旅行回来以后，得知他以前的数学教授赫维茨的一个现任助手在弗劳恩费尔德得到了一份教员工作，这样赫维茨那儿就留出了一个空缺。阿尔伯特一直就指望着有这种发展，于是他给赫维茨写了信。虽然阿尔伯特既不是主修数学专业的，也没有参加过数学研究班，但他争辩说，他曾专门研究过理论物理和分析物理，这两门课都需要扎实的数学基础训练。赫维茨答应考虑他的申请。

阿尔伯特的精神又重新振作起来，他又一次到马焦雷湖附近去爬山。在那儿他把脚的轮廓图寄给了米列娃，以便她可以帮他织一双袜子。虽然阿尔伯特几乎没有向贝索吐露过什么关于米列娃的事，却还是被他看穿了，他嘲笑阿尔伯特太急于回苏黎世。暑假越是拖延得长，他的父母越是抱怨，他的信就变得越激烈越华美，他就越需要她。“当我能够再次紧紧地搂着你时，那该有多么高兴！我的小顽童，我的小游廊，我的一切！”*

然而，米列娃还被甲状腺肿困扰着，仍然待在卡奇。她声称她回来的时候要把她的妹妹佐尔卡一起带来。阿尔伯特特地出去买了两把咖啡匙，以加深佐尔卡对他们的“欧洲文化”的印象。他还自豪地写道，他学会自己刮胡子了，这样就不必再去理发店了。以后在她煮午饭的时候，他就可以干这个，而不必再埋首书中。他为即将到来的夏天描绘了一幅田园诗般的图景，许诺无论发生什么，他们都会过这个世界上最美妙的生活，研究科学，无需对任何人作交待，最后自力更生。他们可以存下钱来买两辆自行车，然后骑车去旅行。

---

* Albert Einstein to Mileva Maric, Sept. 19, 1900, *CP*, vol. 1.

你再也不乐于过平庸的生活,是吗?一个尝过自由滋味的人再也不能忍受镣铐了。我是多么幸运,找到了你,一个和我平等又和我一样坚强而独立的生灵!除了你,我跟任何人待在一起都会感到孤独。*

“一个如此粗暴的家伙,可我还是这么爱他。”米列娃写信给海伦妮·科伊夫勒说。**

阿尔伯特令人愉快的预言几乎在他一回到苏黎世就破灭了。开始是他的工作落空了。赫维茨对所有的候选人都不满意,他把这个职位分给了埃伦和另一个学生。同时韦伯指定了一个工程学的学生作为他的助手,1900届班中只剩下爱因斯坦是唯一的一个没有找到工作的学生。*** 与此同时,阿尔伯特和米列娃付了费用,在他们的论文导师韦伯的指导下开始了热电实验,也许这不是一个有前途的安排。

正当此时,来自尤丽叶姨妈的津贴终止了。为了养活自己,阿尔伯特不甚热心地开始做家教。到圣诞节,他的家教工作量已经惊人地达到了每星期8小时。他还临时为沃尔费(Alfred Wolfer)工作,沃尔费曾教过天文学和天体物理学,是瑞士联邦天文台的台长。沿工学院上山坡有一座小的圆顶建筑,那就是瑞士联邦天文台。****

米列娃由于甲状腺肿的病情把回来的时间推迟了很久,因此她最终失去了普拉滕街50号的那间住所。当她和佐尔卡最后到达这座城市时,她们搬进了霍廷格街的一家寄宿舍。这是一条热闹的林阴大道,行驶着从苏黎世山到苏黎世动物园的无轨电车。米列娃靠她父亲的津贴维持生活。她和阿尔伯特的“家”由于加入了胖嘟嘟的佐尔卡而在咖啡、音乐和物理之外又

---

* Albert Einstein to Mileva Maric, Oct. 3, 1900, *CP*, vol. 1.

** Mileva Maric to Helene Kaufler, Oct. 9, 1900, *CP*, vol. 1.

*** Robert Schulmann, “Einstein at the Patent Office: Exile, Salvation, or Tactical Retreat?” in Mara Beller, Jürgen Renn, and Robert S. Cohen, *Einstein in Context*, pp. 17—34.

**** Ronald Clark, *Einstein: The Life and Times*, p. 40.

增加了一点内容。

到12月,阿尔伯特完成了关于毛细现象的论文。麦克斯韦曾用流体数学模式建立了电磁学,而爱因斯坦却用牛顿著名的引力定律的数学模式建立了流体物理学。人们认为,物体彼此吸引的引力与它们的质量成正比,而与它们间的距离的平方成反比。当分子间一种类似的方案似乎真的要算出来时,这激起了阿尔伯特的极大兴趣。在各种不同的流体中测量毛细现象的基础上,由假想的原子施加的分子力似乎是随着原子的重量而增大的。"因此关于我们的力是否与万有引力有联系以及是如何联系的这个问题,"他写道,"眼下还必须有待于进一步的研究。"关键的一点在于,原子似乎是真实存在的。他把论文寄送到了欧洲最重要的物理学杂志《物理学纪事》。它的编辑德鲁德正式地通知他说会在随后的秋天发表。* 爱因斯坦还很自豪地复制了一份寄给维也纳的玻尔兹曼。

"阿尔伯特写了一篇关于物理的论文,很快就会在物理学的《纪事》上发表了。"米列娃喊喊喳喳地向海伦妮说。** "你能想象得出我对于我那亲爱的人是多么地自豪。这不仅仅是一篇普普通通的论文,而是非常有意义的,它论述了液体的理论。"

不管他的父母对于他的成就多么骄傲,这种贫穷的生活却不是赫尔曼和保利娜为他们的小宝贝所设想的。他们继续从米兰提出抗议,直到阿尔伯特不顾先前的表白,作出让步,回家过圣诞。在假期里他们争论说,如果在工学院找不到工作,他也该在别的地方找找。他们希望如果成功的话,这不仅可以有助于他的事业,还可以把这一对年轻的爱侣拆开。阿尔伯特可以在苏黎世一直待到春天完成论文,但他们坚持,在那以后,他就必须回到米兰。

这个消息狠狠地打击了米列娃。自从海伦妮拜访保利娜以来,阿尔伯特的每一次回家都会让米列娃投入新一轮的焦虑,从米兰来的每一封信都

---

* "Conclusions Drawn from the Phenomena of Capillarity," in *Annalen der Physik* 4 (1901), p. 3.

** Mileva Maric to Helene Savic, Dec. 20, 1900, *CP*, vol. 1.

会让她的胃因为恐惧而抽搐。现在，她把对即将来临的分离的悲痛都在写给海伦妮的一连串信中倾吐了出来。海伦妮幸福地结婚了，住在贝尔格莱德——这是对于米列娃自己的挫折的另一个令人辛酸的对照。当阿尔伯特离开的时候，她悲叹道，他要把她生命的一半都带走了。*

但是她又怎么能阻挡他的事业道路呢？"我因为那个而如此爱他，但是也只有我自己才知道我因为那个而承受了多少。最近以来，我们俩都忍受了很多，不过即将到来的分离会要了我的命。我们要是见面的话，我会有很多话要告诉你，现在我不想让这些乌七八糟的话破坏了你这么美好的日子……我们什么时候才能被允许在整个世界面前承认我们的爱？我几乎觉得我都活不到看见那一天。"

阿尔伯特快要回家同父母一起过圣诞前，米列娃又向海伦妮诉苦，说她所受的诽谤和阴谋真是罄竹难书。** 虽然她拒绝让阿尔伯特看这封信，他还是在后面附了相当愉快的一笔，显示了他对即将到来的悲剧相当超脱的态度：

> 少女哭泣了，
> 因为必须与男友分离，
> 但是我们认为，
> 我们不会为此而抱怨！***

阿尔伯特寄出他关于毛细管力的论文的那天，他被叫去参加苏黎世市府入籍委员会的一次面试。这群人对爱因斯坦严加盘问，从他的收入状况和喝酒的习惯一直问到他的祖父有没有患过梅毒，最后还取笑他明显缺乏

* Mileva Maric to Helene Savic, Dec. 11, 1900, *CP*, vol. 1.

** Mileva Maric to Helene Savic, Dec. 20, 1900, *CP*, vol. 1.

*** Albert Einstein to Helene Savic, Dec. 20, 1900, *CP*, vol. 1.

求实的意识。*但是他在1901年2月21日还是最终被承认为瑞士公民，这样就结束了6年的无国籍状态。3个星期以后，对于瑞士军队的强制性征召，他的体检报告出来了。原则上，这里的军役没有德国的强迫兵役制那样让他厌恶，因为瑞士是一个军事主义思想较弱、权力主义也较轻的社会。实际上，它也是一个争论未决的问题，因为他平足和静脉曲张而被刷了下来。**阿尔伯特——瑞士联邦值得骄傲的公民，现在可以自由地追求他的幸福了。

同时，他在维也纳申请了一份"实际工作"，而且尽管米列娃已经开始在一所女子中学里寻找一份教师工作，但是未来似乎仍然暧昧不明。***"现在的情况是，等待着我们的命运是什么，我们一无所知，"米列娃告诉海伦妮。她说他们随时随地都在找乐趣，下雪的时候他们去苏黎世山乘雪橇。"当我们像恶魔那般滑落下去时，阿尔伯特总是那么地欢快。"

在新的一年中，爱因斯坦还是继续研究分子间的引力，这一次他用了非常稀薄的盐溶液。他正在考虑将工作扩展到气体，并把它转为他的博士论文。正如他早先所猜测的，在气体中，分子间的力不会强到足以影响诸如压强或温度这样的总体性质，这些性质可以用如同牛顿的台球那样的分子或原子间的相互撞击来解释。但是他意识到，分子力可以有更多微妙而又可以测量的效果——例如，对于两种不同气体相互扩散的方式的影响。研究这些效果可以揭示许多分子（那是大自然不断变换着的面具后面的演员）本身的性质。

"发觉对直接的感官观察来说似乎是完全分离的实体的复杂现象的统一，"兴奋的阿尔伯特给他的老同学、帮他记笔记的格罗斯曼写信说，"是一种光荣的感觉。"**** 这种想法可能直接来自于他幼时所读的伯恩斯坦的著作——这种想法就如同他生命中的指南针。

---

* *CP*, vol. 1, footnote, p. 272.

** *CP*, vol. 1, p. 277.

*** Mileva Maric to Helene Savic, Jan. 8, 1901, *CP*, vol. 1.

**** Albert Einstein to Marcel Grossman, April 14, 1901, *CP*, vol. 1.

阿尔伯特选择研究分子和气体，而不是热和电，这已经超越了韦伯专长的领域，最终结束了他们之间的关系。新的研究将在苏黎世大学的物理学教授克莱纳(Alfred Kleiner)的指导下进行。

由于阿尔伯特关于毛细现象的论文即将发表，他觉得可以在某些地方(或者说任何地方)开始发起寻找助教工作的一次新战役。他写信给玻尔兹曼所在的莱比锡大学的维纳(Otto Wiener)，询问是否可能有空缺，并随信附去了他论文的一份抄本作为名片。他还及时地给著名的格丁根大学的里克(Eduard Riecke)、斯图加特技术学校的理查德·科赫(Richard Koch)、荷兰莱顿大学的卡末林-昂内斯(Heike Kamerlingh Onnes)写信，甚至还给莱比锡大学的化学家、曾经就原子的存在性与玻尔兹曼争论的奥斯特瓦尔德写了信。奥斯特瓦尔德是一位化学家，然而他对毛细现象很有兴趣，事实上爱因斯坦用到的许多数据都得归功于他。奥斯特瓦尔德并没有作出回应。

与此同时，工学院的弦已经放松了。3月底，在经过5个月狂放不羁的独立生活后，阿尔伯特认输了，他离开了苏黎世，回到米兰家里。他整理包裹时如此地心不在焉，以至于把睡衣、牙刷、梳子和毛刷都拉下了。

米列娃尽心尽责地把她生命的一半的这些最后痕迹寄还给了它们的主人。就某种意义上来说，后者已经回到他的主人那里，跌跌撞撞地回到了首先拥有并永远拥有他的人那里。佐尔卡早已回到了塞尔维亚的家里。老恩格尔布雷希特寄宿公寓又在召唤了，在那里米列娃和米拉娜这对塞尔维亚的精英姐妹曾彻夜不睡地嘲笑保加利亚人、唱歌以及学习。米列娃整理好自己的包裹又搬回了普拉滕街。

第二篇

相对运动

第六章　银白色的世界

本故事的寓意是，
（这几乎不曾有人讨论过）
上半身作出计划和思考，
而下半身却决定我们的命运？

——阿尔伯特·爱因斯坦，1946年

1901年春天，普拉滕街50号鬼影憧憧。米拉娜和鲁日卡已经离开了。海伦妮同刚结婚的丈夫一起搬到了贝尔格莱德，并且怀了孕。阿尔伯特带着米列娃生命的一半去了阿尔卑斯山的另一边。

米列娃现在几乎是孤身一人在苏黎世，她试图专心致志地写论文。她的计划是将她为毕业论文所作的关于热传导的研究进一步延伸，但是跟韦伯一起工作并不如意。她自然地陷入了对米兰正在发生的事情的挥之不去的想象中。她已经变得痛苦地习惯于阅读爱因斯坦关于和他父母之间的斗争的详尽叙述，然而现在他却只字不提。这是意味着斗争结束了，还是意味着他的父母取得了胜利？

阿尔伯特仍然坚持他们俩的幸福和团聚近在眼前。“要是你真的知道你是如何紧紧抓着我的心的，你这个小巫婆，你就不会整天担心我有什么事情瞒着你。”* 他强调说，他的心境是乐观的。

而事实上，他的处境即便不是可怕的，至少也是令人沮丧的。阿尔伯特的就职请求只得到极少的几次礼节性的正式拒绝，而且他已开始怀疑韦伯在背后蓄意破坏。韦伯作为爱因斯坦在工学院的主要教授，他会从可能的雇主那里收到推荐恳求，因此阿尔伯特断定他寄回的报告一定是起负面作用的。米列娃劝他跟韦伯对抗，而当格丁根大学的职位似乎又要落空时，阿尔伯特告诉她说，他已经直接写信给韦伯，让他明白，他背着阿尔伯特说坏话会受到惩罚。** 不管这封信是否真的被发送了，它此后从未被找到。格丁根大学的里克很快就复了一封回绝信。

阿尔伯特又写信给奥斯特瓦尔德，借口说他先前漏写了自己的地址，但是至此，他已经准备完全放弃在欧洲的德语大学中找到一份工作的想法了。

除了怀疑韦伯的阴谋以外，阿尔伯特还担心他的犹太人身份会对他不利。也许在意大利他运气会好一点，在那儿米凯莱可以帮助他。贝索有个叔叔是米兰的一位数学教授。阿尔伯特曾见过他一次，便断定他是个微不足道的小人物，但是他与一些重要的物理学家却有着联系。当时贝索正在的里雅斯特探访他的双亲，但他在返程途中顺道拜访了他的叔叔，他叔叔表示愿意为阿尔伯特给他的物理学家朋友们写信。阿尔伯特告诉米列娃：“不久我的申请将会给从北海直至意大利南端的所有物理学家增光！”***

当时阿尔伯特到达米兰已经有一个半星期了，没有人可以谈话。米凯莱回来的那个晚上，这两位年轻人热切地谈了4小时的物理。他们的话题范围从令人困惑难懂的以太到原子和分子力。贝索思维敏锐灵活多变，但混乱无序，阿尔伯特有些沮丧地注意到了这一点。一次典型的贝索式的经历，

---

* Albert Einstein to Marcel Grossmann, April 10, 1901, in *Albert Einstein, Mileva Maric: The Love Letters.*

** Albert Einstein to Mileva Maric, March 23, 1901, *The Love Letters.*

*** Albert Einstein to Mileva Maric, April 4, 1901, *The Love Letters.*

发生在他的老板要求他检查在附近的皮埃蒙特区新近安装的几条电力线路时。为了在电力站多待些时候，贝索决定在前一天的晚上出发，但是他错过了列车。第二天早上当他想起他的任务的时候为时已晚，又错过了列车。最后在第三天，米凯莱准时到达火车站，但是又忘了他要干什么，于是只好发电报回总公司请求指示。

阿尔伯特断定，他的这个朋友似乎没有任何意志力和常识。“他对我们的研究感兴趣，”他忠实地向米列娃报告，“虽然他常常因为操心无关痛痒的琐事而未能纵观全局。这种褊狭是他性格中一个与生俱来的部分，而且不断地以各种各样神经质的念头折磨着他。”

在他们随意性的讨论中，有一个显然不被谈及的主题，就是阿尔伯特和米列娃的关系，贝索虽然在苏黎世附近，但在某种程度上可能对此并不知晓。阿尔伯特只是在物理上合群，而一遇到个人问题他就变得沉默寡言了。

“你不用担心我会向他或者别的什么人说起任何关于你的事，”他告诉米列娃，“你现在是而且永远是我的圣地，任何人都不能接近。我也明白，在所有人之中，你最爱我也最了解我。”他声称，由于害怕触怒爱因斯坦，没有人敢于在他面前说她的坏话。“当我们在一起，以及在我们论相对运动的工作中得出成功的结论时，我是如此高兴和自豪。在我看到别人的时候，我就可以真正明白到你是何等地与众不同！”*

“论相对运动的工作”据推测可能指的是阿尔伯特自己从15岁以来一直萦绕心头的有关光波和以太之间关系的问题，这个问题占据了他和米列娃在一起的大部分时间。这一主题从未远离过他的脑海。然而，自从到达米兰以后，他变得几乎同样地全神贯注于电子及其在物质、热和辐射中的作用的问题。德鲁德曾提出，这些粒子（以及相同数目的、尚未发现的带正电粒子）所形成的云在金属内部四处飘浮，与气体的分子十分相似，它们对于传递热和电有重要作用。阿尔伯特在从苏黎世驶出的列车上开始认识到，能量或热可以被捕获并储存在这些电子的舞蹈之中。

* Albert Einstein to Mileva Maric, April 4, 1901, *The Love Letters.*

根据麦克斯韦的理论，当一束光波撞击一个电子——比如说是在你的前额上——该光波中的电磁场就会迫使这个电子以这束波的频率来回振动（或者称为“共振”），同时吸收光束中的能量，并把它转化为你皮肤中的热。相反，一个本身由于热而已经在扭动着的电子就会辐射出电磁波，丢失能量并逐渐冷却。

如果德鲁德是正确的，那就意味着这些导致物体辐射或者反射光的相同电子也是它的热量和内能的仓库。阿尔伯特意识到，德鲁德的理论意味着在物质的光性质和热性质之间应该存在着一种相互关系。他开始不停地缠着米列娃查找玻璃的热容量数据。“我满怀热望，想以我自己的方式来研究这个问题，”他写道，“因为我希望有可能在探索潜热的性质方面跨出巨大的一步。”*

凑巧，阿尔伯特偶然看到了由一位名叫普朗克（Max Planck）的德国物理学家写的一篇论文，普朗克一直尝试在物体的温度和它辐射的光之间建立一个相似的联系。在普朗克的理论中，构成物质的电子并不像气体，而更像一列弹簧链，每一个都可以以一种特定的频率振动。当一束光波撞击这列弹簧链时，它的能量就会使这些电子摇动起来，并以它们各自的特征频率辐射出能量。于是这个物体就会变热，直至吸收的辐射和放出的辐射达到某种平衡。从理论上来说，这是一种简单的想法，但在实际上它却导致了一种数学上的困境：普朗克不能正确地解出一些细节问题。

这是阿尔伯特和普朗克——这位正在升起的德国物理界的年轻王子——的第一次远距离接触，而且是在一个即将成为现代物理学明确的战斗前沿之一的问题上，但是这一特殊的约会并未持续多久。其中一个原因是，阿尔伯特认定他不喜欢普朗克的假设。他似乎觉得德鲁德的想法更好。“德鲁德无疑是个了不起的人。”**

然而，在与德鲁德和普朗克挣扎了一个星期以后，阿尔伯特把两者都放

* Albert Einstein to Mileva Maric, March 27, 1901, *The Love Letters*.

** Albert Einstein to Mileva Maric, April 4, 1901, *The Love Letters*.

弃了。没有什么是真正行得通的。“我在自己关于固体的潜热性质的想法上又有所退却了，”他向米列娃承认，“因为我关于辐射性质的观点再次沉入了朦胧不清的海洋之中。”*

与此同时，阿尔伯特在寻找工作的过程中又一次跌入了谷底。他在意大利精心策划的一招并没有得到什么直接的结果，奥斯特瓦尔德对他的询问仍无反应。最后，无疑让阿尔伯特感到羞辱的是，他的父亲背着他向这位化学家作出请求。“为了儿子的利益，请原谅一个斗胆向您求助的父亲，尊敬的教授先生。”赫尔曼写道。

> 我的儿子……对于他目前这种没有工作的状态感到极度的不快乐，他觉得自己脱离了事业的轨道和现在与外界已经失去联系的念头每天都越来越根深蒂固。此外，他还因为想到自己是我们的负担（我们财力不足）而感到沮丧。
>
> 最最尊敬的教授先生，因为我的儿子最钦佩的似乎是您，而不是目前活跃在物理学界的任何其他一位学者，因此我冒昧地向您求助，提出这个卑微的要求，希望您能阅读他刊登在《物理学纪事》上的文章，并能给他写信，如果可能的话，请给他一些鼓励的词句，这样他才可能在生活和工作中重新找到欢乐。**

在米兰其余的家庭生活就几乎再没有什么能让人兴奋的事了。马亚不仅用小妹妹们永恒不变的那些方式来折磨他，而且以他当时什么也不做为借口，他的父母要他为常常来访的各种各样的不速之客充当导游。其中有阿尔伯特从阿劳来的老师约斯特·温特勒。自从阿尔伯特和玛丽的恋情结束以后的这些年来，他和老温特勒之间的联系也冷却得相当快。温特勒让

---

* Albert Einstein to Mileva Maric, April 10, 1901, *The Love Letters.*

** Hermann Einstein to Wilhelm Ostwald, April 13, 1901, *CP*, vol. 1.

人们知道，他认为爱因斯坦在苏黎世过着一种堕落的生活。* 在他来访期间，谈话一直避免涉及私人问题。

更糟的是，米列娃听说她有可能在克罗地亚萨格勒布的一所高级女中得到一份教书的工作，可能就是她1894年入学的那一所。甚至贝索也在离弃他。米凯莱明显屈从于他父亲的愿望，宣布他和新建立的家庭要搬到的里雅斯特去，他将在那儿的一家纺织工厂里工作。“他是一个无筋无骨的脆弱动物，”阿尔伯特抱怨道。**

米列娃是留在阿尔伯特生活中的一个亮点，他曾经向她许诺说，等事情一旦在某种程度上定下来，他们就去威尼斯旅行。4月，米列娃提议在瑞士和意大利边境上的卢加诺碰面，但阿尔伯特当时很沮丧，没有去。

但是就在那以后不久，爱因斯坦的运气就彻底转变了。首先，他接到了他的老朋友格罗斯曼写来的一封信，他曾对他的父亲说起过阿尔伯特寻找工作的徒劳无功。老格罗斯曼对他的朋友哈勒尔(Friedrich Haller)说了好话，哈勒尔是位于伯尔尼的瑞士专利局的局长，事实上那里有一个空缺。*** 阿尔伯特告诉格罗斯曼说，这听起来像是一份奇妙的工作——他最终有了一点可以盼望的东西，他还补充说，要不是韦伯的卑劣手段，他早就该得到一份大学里的职位了。“尽管如此，我仍然在想尽办法，而且也没有丢掉我的幽默感……上帝创造了驴子，又给了他厚厚的一层皮。”

第二天，又来了另一封信，这一封是就在苏黎世城外的温特图尔的一位数学教师雷布施泰因(Jakob Rebstein)写来的，他以前在工学院当过助教，同阿尔伯特和米列娃都很熟。他问阿尔伯特是否愿意在他去服兵役的期间到温特图尔顶替他几个月。阿尔伯特感到非常兴奋，即使必须得教画法几何他也无所谓。“勇敢的施瓦本人是无所畏惧的，”他宣称。

阿尔伯特受到了前程的突然转变的鼓舞，终究决定同米列娃一道去旅

---

* Albert Einstein to Mileva Maric, June 4, 1901, *CP*, vol. 1.

** Albert Einstein to Mileva Maric, April 15, 1901, *CP*, vol. 1.

*** Albert Einstein to Marcel Grossman, April 14, 1901, *CP*, vol. 1.

行了。他提议让她在科莫湖和他碰面，旅行回瑞士："你将会亲眼看到我已经变得多么欢快雀跃，所有令我不悦的事情都已抛在脑后。我再一次那么热烈地爱着你！我先前对你那么不好只是出于情绪不安的缘故。"*

现在她不用再担心萨格勒布的工作了。"你对于我的重要性要比你对所有的萨格勒布人更甚一千倍！"他向她保证。"如果你没能得到那个职位，而我得到了伯尔尼的工作，我就特此任命你为我亲爱的小科学家。你没有必要去那种穷乡僻壤，亲爱的姑娘——你一直说你是我的'一双旧靴子'，我对我这双'旧靴子'的重视超过你的想象。"

她接受了他去科莫的邀请，但是再三斟酌后，又拒绝了。她的解释是，她收到了她父亲写来的一封信，可能是诋毁了阿尔伯特和她自己在学术上没有进步，"这使得我失去了一切期望，不仅是对于寻找欢乐，还有对于生活本身。"** 她力劝他自己去科莫。"我要把自己关起来拼命工作，因为我如果不对自己严加惩罚的话，似乎什么都得不到。另一方面，我也不需要任何东西，我会慢慢像吉普赛人习惯于他们的马那样习惯于这一事实。不要紧的，亲爱的。再见了，快乐起来，如果你找到一些美丽的花的话，请给我带一些来。"

可是第二天，她又一次改变了主意。***

科莫湖蜿蜒近47千米，穿越了意大利北部，像一根鸟胸的叉骨那样指向北方。它那宁静的蓝色湖水两旁是陡峭的绿色山坡，远处泥土中白色的石灰石如同堡垒一般，其背后有着积雪覆盖的巨大的阿尔卑斯峭壁。科莫湖深411米，是欧洲最深的湖泊。自罗马时期以来，微波荡漾的湖水以及湖面上的雾气就使它成为了一个旅游胜地。湖岸上零星点缀着一些别墅和古老的村庄。以丝绸工业闻名的科莫镇坐落在这根叉骨的两个分支之一的南端。

---

* Albert Einstein to Mileva Maric, April 30, 1901, *The Love Letters*.

** Mileva Maric to Albert Einstein, May 2, 1901, *The Love Letters*.

*** Mileva Maric to Albert Einstein, May 3, 1901, *CP*, vol. 1.

5月5日的早晨5点，当米列娃跨出火车时，黎明刚刚点亮阿尔卑斯山的天空，在她的行李中有一副观剧镜和一件阿尔伯特的蓝色睡衣。他已经在月台上张开双臂等待着欢迎她了。米列娃后来在一封写给海伦妮的信中叙述道，他还带着一颗“狂跳不止的心”。* 就是这一次，一开始就伴随着他们之间关系的踌躇和矛盾情绪都消失了。阿尔伯特曾许诺要给她一个她前所未见的旅行，而历史将证明他确实履行了诺言。“那是多么美好，”米列娃告诉海伦妮，“这使我忘却了所有的忧伤。”

这对情侣当天早上沿着科莫湖漫步，经过高耸于商业区曲折街道(其中有各种丝绸商品出售)的15世纪大教堂，到达了面向湖水、被旅馆和咖啡馆围绕着的卡武尔广场。往右边，越过从湖边可以通过带嵌齿的铁路到达的一座300米高的山，隐约可见布鲁纳泰市镇。往左边，切尔诺比奥围绕着湖岸的曲线达几千米，那里有举世闻名的、豪华的德斯特别墅。一条曲折的道路蜿蜒穿过湖边的村庄，但是人们更愿意选择的交通工具是船。水上巴士每天数次离开科莫，航行3小时，驶往位于湖的极北端的科利科，沿途停靠在各小村庄的码头。

阿尔伯特和米列娃在中午时分登上了驶往科利科的船，中途停留在湖上游靠近卡代纳比亚小渔人码头的卡洛蒂别墅。它现在的名字来自19世纪一位俄国公主的女儿，这是这位公主馈赠给她的结婚礼物。在其两百多年的历史中，这座别墅以它十字交叉花纹的大理石台阶、三层楼的艺术收藏和喷泉为这湖畔锦上添花。这座别墅有一个14英亩(约5.67公顷)大的华丽花园，其中栽有500多种灌木和树，它过去和现在都因此而闻名于世。花园里面光是杜鹃花就有150个不同的品种，在5月5日那个周末，它们齐齐开放了。“我简直无法用语言来描述我们在那里见到的壮观景象，”米列娃回忆道。她为那个花园发狂了，“我将它特别地藏在心中，因为哪怕是一朵花都不许我们碰，我就愈发如此了。”

我们不知道他们是在哪里度过那一晚的。他们也许停留在了科利科，

---

* Mileva Maric to Helene Savic, May 1901, *CP*, vol. 1.

这是乘船旅行一个终点处的枯燥无味的小村落，但是从那里只需要坐一次短途列车就可以到达隐没于阿尔卑斯山谷中饶有趣味的基亚文纳老城。基亚文纳坐落在两个关隘的入口处。往东的路沿着布雷贾山谷缓缓向上，通往马洛亚山口，通过壮观的伯尔尼阿尔卑斯山和圣莫里茨家乡的恩加丁山谷。但是阿尔伯特却转向了另一条路，沿着瓦尔嘉科莫（Val Giacomo）北上到海拔2115米的施普吕根山口，然后向下到了后莱茵河的山谷。

即使是在这暮春时分，山中的关隘仍然深深积着雪。早上，阿尔伯特和米列娃租了一辆马拉雪橇上施普吕根。对于一对恋爱中的人来说，一堆毛皮下的地方已经足够他们舒适地相互依偎。驾驶雪橇的人坐在尾部的一块厚木板上，像个威尼斯船夫那样不停地闲扯着，他把米列娃称作“夫人”。她无法想象比那更浪漫的事了。

通往施普吕根的路是罗马人建造的，其中的几段看起来似乎自那时以后就没有改变过。它在基亚文纳城外突然开始爬上山谷的峭壁，其中有好多处是从陡峭的山坡上筑起的狭窄的急转弯道。这些令人胆颤的U字形转弯的第一段在圣贾科莫·菲利波（San Giacomo Filipo）终止了。菲利波是16世纪的一位传教士，他的小墓地向南俯视着壮丽的山谷。旁边相连的是一家小旅馆兼饭店。阿尔伯特和米列娃到这里的时候，天正欢快地下着雪。道路迂回，渐行渐高，其中有一段贴着峻峭的悬崖边缘而行，然后在下一个转弯后却陡然直下，进入了又长又狭窄的岩石洞穴。

米列娃觉得自己像是被包裹在一个银白色的世界中，这让她回忆起了海德堡那平凡无奇的雾。“我们现在正驶过狭长的地下通道，然后到了空旷的道路上，这里极目所见除了雪还是雪，一望无际，这种寒冷白色的无穷无尽令我颤抖，在我们的大衣和盖着的披巾下面，我把我的爱人紧紧地抱在手臂中。”

他们登上了一个由岩石、风、冰和（夏天的）冻原组成的世界，有些地方积雪深达6米。在构成意大利和瑞士边界的施普吕根山口的陡坡上，一些石块砌成的农舍标志着这里是斯图特（Stütta）和施普吕根山的乡村。

阿尔伯特和米列娃在山口的顶端下了雪橇,越过边界,开始步行。在冬天的阴暗天色之中,他们可以辨认出远远地在他们下方有一条窄窄的缎带似的奔流,那是浩大的莱茵河,它是从施普吕根村蜿蜒地穿过陡峭的山峦流入狭窄的维亚马拉峡。这对情侣不顾恶劣的天气,大笑着,相互紧抓住,踩踏着深深的积雪下山。他们不时停下来把雪球滚下斜坡,想象着涓涓细流瀑布般地下落,汇成雷鸣般的雪崩,坠向在下面沉睡中的居民。

他们从施普吕根顺着莱茵河而下,向东北方向通过维亚马拉峡。在经过一系列越来越深的蜿蜒的峡谷以后,莱茵河最终流向位于格劳宾登州由城墙围绕的老城库尔。到此时,他们对太阳、雪、雾、山、不停汹涌流下山的洪流,最重要的是对彼此,都已经完全投降了。米列娃在给海伦妮的信中下结论说:"当我可以有一会儿独自拥有我的爱人时,我是多么地快乐,尤其是我看到他也同样地快乐!" 在星期三,他们很可能坐火车离开了库尔返回苏黎世。

阿尔伯特安置米列娃回到她在普拉滕街的房间,然后去找旅馆投宿。他最初选中的旅馆的老板对他从头到脚打量了一番以后,就把他打发走了。靠近火车站的第二个老板同意收2.5法郎给他一个房间让他住一夜。早上,他从原来的房东哈吉(Frau Hagi)夫人那里收拾了一点东西,坐火车前往温特图尔。要被他顶替的雷布施泰因去车站接他。在阿劳学校里的一个老朋友沃尔温德(Hans Wohlwend)与他同住在一幢房子里,但有一间大屋子,里面有一个阳台,能看见风景,还有一个"无法言喻地舒服"的沙发。"要是你能看见那该有多好,"他向米列娃报告说。*

他们又一次分开了,但是这一次距离并不遥远。那个星期日,他坐火车去看她,还挤出时间去看望了格罗斯曼。"在这里,想你是唯一让我觉得生命是真正有意义的事,"他事后说道,** "要是思绪也能有一点生命,有血有肉,那该有多好!上一次,当你允许我以自然创造的那种方式贴住我亲爱的娇

* Albert Einstein to Mileva Maric, May 9, 1901, *CP*, vol. 1.

** Albert Einstein to Mileva Maric, late May 1901 (no. 107), *CP*, vol. 1.

小身躯时，那是多么美好啊！为此，让我温柔地吻你，你这个甜蜜的灵魂！”

米列娃自然又回到了工学院，在韦伯的指派下进行她的论文工作。跟随阿尔伯特在外面游荡了4天以后再回到惯常的生活是一种巨大的失望。而且事情进行得又不太顺利。“我和韦伯发生了几次口角，”她向海伦妮细述道，“但我们早已习惯了。”阿尔伯特试图提供一些忠告，有一次他建议米列娃查阅一些韦伯自己做过的关于气缸内的热传递的老实验，看看她是否可以利用其中的一些数据。* 然而他的建议可能使事情变得更糟，很明显韦伯以前不满意爱因斯坦首先就是因为这种走捷径的做法。

受到温特图尔的物理系主任、一个名叫（偏偏也叫）韦伯的和蔼可亲的人的鼓励，阿尔伯特又转回他对于热、辐射和电之间令人烦恼的关系以及对德鲁德的电子理论的研究，但是他因无法同米列娃一起谈论这些而不快。他说，要是能一起求索这条道路将会多么美妙，然后又补充道：“但是命运似乎有些和我们俩作对。”

在这些亲密的周日探访中，可能是在5月末的某一天，米列娃向阿尔伯特第一次说出了她担心的事情，她可能怀孕了。虽然确切的时间没有记载下来，但是米列娃和阿尔伯特的通信中似乎又出现了一个新的令人忧虑的调子——而在他写的信中也有一种外强中干的口气。例如，一个星期四的晚上，米列娃写给他一封信——“一封最亲爱的短信”——他觉得有必要在上床前回信。“高兴起来，亲爱的多利，不要忧虑——不管会发生什么，你都是我最亲爱的、最好的心上人。”表达了他的再三保证以后，他立即转而谈论更加急切的事情。“我对自己的热电学理论不甚满意。”**

如果阿尔伯特对于他即将做父亲的可能性感到意外的话，他轻松的反应说明了他并未感到不安，或者也可能他只是在否认。

节育——以避孕套、子宫帽、栓剂、冲洗法和堕胎的方式——尽管还很

---

* Albert Einstein to Mileva Maric, May 28, 1901, *CP*, vol. 1.

** Albert Einstein to Mileva Maric, late May 1901 (no. 110), *CP*, vol. 1.

贵,但在19世纪末已经广泛使用了。一打避孕套的价格大约为5马克,相当于半天的薪资,而一次堕胎则需要30到150马克。*(苏黎世是一个避孕产业的中心,同时它也是邮购堕胎药的一个成功的基地。)结果,在19世纪整个欧洲的生育率急剧下降。在匈牙利还出现过所谓的“一个孩子制度”。

然而在欧洲的某些地方,即使是在节育出现以后,未婚先孕也并不罕见。宗教、经济和阶级因素结合在一起发生作用,使得非法生育在许多地方是一种社会经济问题,而非道德上的两难问题。在普鲁士,半数的私生子女生来就是女佣或仆人;在有大学的城镇,由于学生们和当地妇女之间未行正式婚姻仪式的放荡行为,非法生育率要比周边地区高出两到三倍。此外还有人口统计学上所谓的“婚前生育”,即有些父母不能马上结婚,但是最终还是会结婚,从而使他们的后代合法化。

根据1901年的官方统计,苏黎世所有出生的孩子中有12%是非法的,但是随着国籍的不同,这个数字浮动很大。城中未婚的奥匈帝国居民怀孕的可能性要比瑞士妇女高10倍。事实上,在米列娃出生的匈牙利南部,三分之一的生育是不合法的,而在少数民族杂居的塞尔维亚,这个比率是最高的。同时,犹太人是欧洲最爱整洁的民族。他们是最先接受节育的,他们的非法生育率与他们在德国南部的放荡的天主教邻居相比简直就是零。

简而言之,米列娃所推测的这种可能怀孕情况,使这对情侣处于一种文化和个人大分歧的尴尬处境之中。例如,他们双方的家庭都不可能对此感到高兴。阿尔伯特和米列娃也许是由于工作最终有了指望、阿尔卑斯山的春天、科莫湖的和风轻拂以及萦绕在他们脑海中的关于电子和光波的疯狂想法而放松了警惕,他们认为结婚最终即将来临。阿尔伯特总是高估了他自己的倔强的力量,他也许还觉得有了既成事实,他们父母的阻力就会烟消云散。

当然,对于米列娃,过早地成为母亲也许是对她迈向专业人员一直在做的一切努力的一种背叛,仅仅在几年以前,她还在嘲笑爱情和婚姻的想法。

---

* Lewis Pyenson, “Einstein’s Natural Daughter.”

1901年的春天，她还在希望拿到哲学博士学位，并成为一个真正的科学家，这是她的父亲多年来投资巨大的目标。

在经过5年的时光以后，阿尔伯特和米列娃的关系到达了一个转折点。如果过去是他需要她，一个年长些的女子、顾问、拉拉队长、培育者和信徒，那么在未来将是米列娃需要他了。

在米列娃感到发愁的时候，阿尔伯特却正以一种崭新的热情追逐着电子的奥秘。“电子”在目前已经成为一种全新的关于物质的属性、电磁波的来源及其产生热和其他形式能量的相互作用的简略的字眼。阿尔伯特在温特图尔图书馆度过了几个钟头以后，已经能够赶上最新的发展，而且这些最新发展激励了他的智慧。

这些发展中的一项，是米列娃原来在海德堡的老师勒纳发表在《物理学纪事》上的一篇新的论文。我们还记得，勒纳是一位阴极射线专家，不巧错失了证明这些“射线”实际上就是带负电的微粒(电子)束的机会。尽管失望，他还是继续他在阴极射线方面的工作，而现在他有了一个惊人的发现来报告了：他用紫外线照射金属，从中可以得到阴极射线，也就是电子。然而，最令人惊奇的是，光的强度对电子的能量不产生影响：不管他将光强调高或调低，它们都以同样的速度射出。“在这篇奇妙的论文的影响下，”阿尔伯特告诉米列娃，“我心中充满了喜悦和兴奋，而你绝对必须与我分享。请快乐起来，不要发愁。毕竟我不会离开你，我会把一切引向一个愉快的结局。只要有耐心！你会看到我的双臂还相当不错，可以信赖，即使事情开始时有点糟。你好吗，亲爱的？孩子好吗？”*

阿尔伯特决定给德鲁德写封信，他景仰他，但又断定他的理论有一些严重的缺陷。其中之一是德鲁德假定除了有带负电的粒子以外，还有带正电的粒子漂浮在物质中，它们传递热和电，然而在欧洲所有实验室中进行的所有实验都只能从隐藏处赶出带负电的电子。爱因斯坦确信自己的论证深刻有理，以致德鲁德只能承认他的天才，别无选择，可能还会给他一份工作。

* Albert Einstein to Mileva Maric, May 28, 1901, *CP*, vol. 1.

(阿尔伯特特意提到他目前尚无工作。)

由于米列娃已经怀孕的迹象越来越明显,任何使她分散注意的事情都不能奏效了。在苏黎世的朋友们注意到了米列娃变得情绪不稳定。* 她常常情绪低落,离群索居。尽管有阿尔伯特的保证,但她现在已经确信,她在西部会被辱骂成破坏他的生活的龌龊女子,而在东部会被骂成是个傻子。在米列娃自己的圈子里,她的情绪引起了猜测,认为她和阿尔伯特的关系由于某种原因注定会破裂,甚至可能已经失败了。米列娃除了纯粹她个人的私事——不管是什么事——以外,拒绝谈论任何事情。

7月初,爱因斯坦收到了德鲁德的回音,但却不是他幻想得到的答复。德鲁德只是简单地带过了阿尔伯特的异议,指出他的其他同事都同意他的看法。阿尔伯特狂怒不已。在他的眼中,德鲁德突然从一个显赫的思想家变成了一个恶劣的傻子。"从现在起,"他对米列娃发怒地说,"我再也不会向这样的一类人求教,我宁可通过期刊冷酷无情地攻击他们,这是因为他们活该。一个人无疑会一步一步地变成一个愤世嫉俗者。"**

当时他和米列娃的处境实际上已经很糟糕。他声称他已经作出了一个不可改变的决定,他能找到的第一份工作他就要去做。他不再等待贝索费力为他张罗一份意大利的物理助教工作,或者等待格罗斯曼的叔叔把他弄进专利局,他只是请求贝索的父亲为他找一份保险业职员的工作。他向米列娃发誓说:"我一旦得到这样一份工作,我就要和你结婚,并把你接来我这里,在一切安排妥当以前,我不会向任何人透露只言片语。这样就没有人能中伤你这可爱的人,至于那些敢于反对你的人,他们最好提防些!"他的父母也就不得不对他们的婚姻妥协。

米列娃把他顶了回去。他的信给她带来了欢乐,这点她承认,同时她很理性,不想对他的不快乐负有责任。*** "不过当然,亲爱的,你不应该接受

---

* Peter Michelmore, *Einstein: Profile of the Man*, p. 42.

** Albert Einstein to Mileva Maric, July 7, 1901, *CP*, vol. 1.

*** Mileva Maric to Albert Einstein, July 8, 1901, *CP*, vol. 1.

一个实在太差的工作，那会使我感觉糟糕透顶，我将无法容忍。”到那时，难道他们的父母就不会感到惊奇吗？

阿尔伯特教学期满后，他就回到了梅特门施泰滕和天堂旅馆，在那里他跟母亲展开了另一场尖锐的斗争。此时他的母亲确信，阿尔伯特正计划同米列娃私奔。

令人不可置信地，但也是必然会发生的，米列娃表示了谅解。“亲爱的小甜心，为了我，你必须忍受这么多！为此，我所能给予你的只能是一点点盘桓在人们心灵中的爱。但是你知道，这点爱毕竟不会非常少，如果在人情上可能的话，它会给你带来相当多的补偿。”她相信，没有一个母亲会对自己的儿子发怒，而且如果有足够的时间，当米列娃对于保利娜来说不仅仅只是一种“误解”时，她们俩之间也许甚至会取得和解。米列娃已经想到了如何进行。她或许可以去巴结某个保利娜钦佩的人。

然而，那时木已成舟。7月底，米列娃又参加了工学院的毕业考试，毫无意外，由于她生活中令人心烦的处境，她又一次失败了，事实上平均分与上一次一样。跟韦伯之间的关系也在恶化，她发誓再也不和他一起工作。米列娃的科学生涯结束了。

她整理包裹回到诺维萨德的家中。出发前，她请求阿尔伯特写一封短信给她的父亲，并让她看一下，这样她就能知道他说了些什么。“就写一封短信给我爸爸吧，然后我会一点点地把必要的信息包括一些不愉快的信息告诉他。”*

他们约定不告诉米凯莱。

她提出最后再约会一次，她就可以把阿尔伯特借给她的一些钱还给他。早上有一列火车离开苏黎世，上午7:56停靠在梅特门施泰滕，去往终点站楚格，并在那里停留一会儿，然后再返回。如果她乘坐那次列车，而阿尔伯特也可以从他母亲那儿溜出来，而在梅特门施泰滕上车，那么他们就有一小时可待在一起。“你愿意和我一起作这次旅行吗，亲爱的？”

阿尔伯特的答复，我们无从知晓。

---

* Mileva Maric to Albert Einstein, July 31, 1901, *CP*, vol. 1.

第七章 不可逆转的行为

考虑到米列娃怀孕的情况，也许阿尔伯特选择埋首在科学中就不难理解了。“整个社会必定包含了它的成员作出的相互调节和约束，作为它存在的首要条件，”阿尔伯特年轻时曾钦佩的、而且近来开始向他的朋友们引用的哲学家叔本华这样写道，“这意味着社会越大，它的格调就越乏味。一个人只要是孤独的，他就可以成为他自己；而如果他不爱孤独，他就不会爱自由，因为只有当他孤独时，他才是真正自由的。”*

怀孕可能扰乱了米列娃的生活，不过若要说的话，它倒似乎使爱因斯坦集中了心智。1901年夏天，他突发灵感，认为萦绕着他的几个关于自然的问题一定有一条共同的线索，他开始了一个新的计划，其中包括了简直可以说是学习研究物理的一种全新的方法——统计学。

在过去的一年中，有3个问题特别吸引阿尔伯特的注意力并使他受挫。第一个是他关于气体中的分子力的论文，他尽力想把它扩展为一篇哲学博士的学位论文。第二个是关于德鲁德的金属电子理论，这一理论力求把金属的热和电的传递归因于金属内部的一种带电粒子“气”。最后一个是在物体接收或发射辐射与它的内热之间存在着一种神秘的关系。阿尔伯特曾认

* Arthur Schopenhauer, “Counsels and Maxims, Our Relations to Ourselves,” in *The Complete Essays of Schopenhauer*, trans. T. Bailey Saunders, section 9, Chapter Ⅱ (New York: John Wiley & Sons, 1942).

为后者也许是与电子受到外来波的振动有关。德国人普朗克在这方面作出了有益的尝试，但是遇到了困难，其中之一就是一方面连续的电磁波和另一方面分离的电子在数学上存在着不协调。

这些主题的共同点就是它们都依赖于对自然的统计描述，在这种描述中，大物体的性质和行为是由物体中数百万个小原子的行为所决定的。统计物理学的大师是玻尔兹曼，他是奥地利一个充满冲突而且常常情绪抑郁的原子论捍卫者，当时他在莱比锡大学执教。玻尔兹曼是奥地利一位公务员的儿子，他在维也纳大学做研究生时曾被吸引去研究气体，而且他比任何人都更致力于用小质点——原子——的运动来重新用公式系统地表述物理学定律，尤其是那些涉及气体和热力学的物理学定律。由他和别的一些人精心推敲的这一理论有着很多不同的名字：热的分子理论、分子运动论、原子论以及统计物理。

这项工作的任何一个方面都没有比玻尔兹曼对于科学中最虚幻和神秘的原理之一的热力学第二定律的解释来得更深远、更有争议，或者说——正如阿尔伯特将会发现的那样——更充满着难以捉摸的困难。19世纪的科学中几乎再没有任何其他原理能产生更为深远的影响了。一位德国物理学家（同时也是韦伯在工学院的前任）克劳修斯（Rudolf Clausius）于1850年在他的《力学的热理论》一书中是这样简单地表述这个定律的："热不能自发地从低温物体向高温物体转移。"但是在这个听似简单的陈述中却蕴藏着巨大的内涵。

在每一个物理过程中，似乎总是有一部分能量被分散或浪费在摩擦或加热周围的物体上，产生无用的热量，而不是做功。其结果就是，你永远无法自由地支配所有的能量。这就解释了为什么不管多么聪明的工程师都无法建造出永动机，为什么从发动机里排出的废气是热的，以及为什么冰块融化在饮料中却不能再结块。事物总将耗尽。克劳修斯创造了一个叫作**熵**的量来计算这种没有用处的热能。从数学上来讲，热力学第二定律可以表述为熵总是在增加。或者在非常特殊的情况下，充其量也不过保持不变。每一种不可逆过程——一次枪击、一个足印、唇膏划到脸颊上——都不可逆转地增加了世界上的熵。这种无用的热量在世界上一旦产生，就如同恶魔的力量一样只会增长。

“事物总在变坏”这句话可以作为箴言刻在克劳修斯的盾形徽章上。热力学第一定律表明能量既不可能创生，也不可能消失：你不可能获胜；而第二定律说明，你甚至做不到打成平手。(最后还有第三定律，它表明事实上你不可能从这场比赛中摆脱出来。)克劳修斯将这个论述推到极限后，预言在某一个时间，整个宇宙的能量将彻底耗尽，所有事物都达到平衡，而且处于同一温度，并且当所有恒星都烧完了使它们发光的全部能量以后，宇宙将遭受“热寂”。牛顿的钟将在最后无力的嘀嗒一声中戛然而止。克劳修斯的逻辑，其坚实性正如其悲观性一样，成为了十足的世纪末主题。熵成了一个小有名气的吸引人们注意的文学字眼。德国社会学家马克斯·韦伯(Max Weber)挪用它来解释机构和官僚政治趋于膨胀过大、变得愚蠢无能的趋向。

玻尔兹曼曾花了几年的时间磕磕绊绊地试图寻找他所谓的“热的理论的第二定律”的力学的、原子论的基础。* 他天才地将熵确认为无序性。他说，热量从高温物体流向低温物体与四个A会分散在一副纸牌中的原因是一样的。概率定律偏爱给定的能量分散在大量粒子中而不是在少数粒子中。原子集合的自发趋向最可能的图景是：有序滑向无序，原子的速度随机化了。

但是在1876年，物理学家洛施密特(Johann Loschmidt)指出，这其实是一个悖论。当两个原子彼此弹开时，它们遵循牛顿的作用力和反作用力定律，在其中任何作用都能反转。一个从右边来的台球去撞击另一个台球(向左边滚去)和一个从左边来的台球将另一个台球撞向右边相比，这两者都同样符合规律，既不更多，也不更少。在两种情况下，神圣不可侵犯的能量和动量都是守恒的。即使时间本身倒流了，行星绕着太阳逆时针转动，所有的物

* Abraham Pais, “*Subtle Is the Lord...*,” p. 61.

理定律仍然满足。然而，现在想象一瓶香水在一个房间里打开了，香水的分子不断飘出来，直到这个房间中最远的角落都能闻到。如果在这一过程的最后，房间里所有分子的方向都反过来，那么分子在香水和空气之间发生的每一次随后的碰撞都与牛顿定律相一致。但是其结果——所有的香水分子都将重新聚集在瓶子里——将是荒谬的，是对第二定律的一种违背。微观上的正确怎么会导致宏观上的混乱呢？

玻尔兹曼辩论的对手奥斯特瓦尔德曾在1895年用这个悖论来反驳原子理论。“所有的自然现象最终都可以被简化为力学现象，这一命题甚至不能作为一个能用以说明问题的假设：它绝对是个错误。”他率直地说。* 他论述道，力学定律顺着时间和逆着时间都是等效的，这一事实意味着“在纯力学世界中，不会像在我们的世界中那样，有以前或以后：树木可以重新变成一棵嫩芽或一颗种子，蝴蝶可以重新变成一条毛虫，一个老人可以重返孩童。而事实上这些并没有发生，对此机械论者的教条没有给出任何解释，而且由于力学方程的基本性质，它也不可能给出什么解释。因此自然现象实际上的不可逆性就证明了存在着一些不能由力学方程来描述的过程，而由此就判定了科学的唯物主义”。

从玻尔兹曼那里最终硬逼出来的回答是，在原子的新的统计世界中，命运是一种概率问题。热力学第二定律这一经典物理学的支柱不再是绝对的，而仅仅是非常可能的。熵**几乎**在所有的时候都是增大的，但也有可能不是。虽然奥斯特瓦尔德原则上是正确的，但是除了牛顿和亥姆霍兹在他们的坟墓中翻身以外，侥幸的事是**可能**会发生的。有的时候几个A会一起出现。香水可以回到瓶子里，不过也许你得等待到永恒才能看到它发生。对于所有实际的、可以观察的情况而言，那是不可能发生的。

尽管玻尔兹曼的理论获得了成功，但世纪末突然涌现的原子之战令他感到不知所措，他偏离了物理，转向哲学，并且变得抑郁，在1901年甚至还企图自杀。

---

* Abraham Pais, “*Subtle Is the Lord...*,” p. 83.

阿尔伯特在温特图尔图书馆重新温习了玻尔兹曼的理论以后，就利用它作为打开自己事业的钥匙，并开始钻研这位奥地利人的著作。玻尔兹曼对于第二定律的解释乍一看似乎言之有理，但当阿尔伯特深入研究了玻尔兹曼的论文细节并开始领悟他的论述后，他失望了。一则，他认为玻尔兹曼对这个主题的研究是本末倒置的。这位奥地利人曾急于要用原子去证明第二定律，而阿尔伯特则认为能够用热力学和统计学数据来证明原子的存在应是更为重要的。其结果是，玻尔兹曼似乎利用概率性质的一些靠不住的陈述以及关于原子性质的一些假定粗制滥造地给出了热力学的证明。阿尔伯特想要一个新的、更清晰的、更加普遍的、不是建立在这么多假定之上的统计力学。因此他开始重做玻尔兹曼的工作，并重新创造了他所谓的统计力学。

"最近我正全神贯注于玻尔兹曼关于气体运动论的著作，" 1901年9月他在给格罗斯曼的信中写道，"这几天来我自己写了一篇小论文，提供了他开始的证明链中的基石。但是它太专业了，不会引起你的兴趣。不管怎样，我很可能会把它发表在《纪事》上。"*

然而，在一个快速的开始以后，他发现自己不知不觉地重复了玻尔兹曼几个被指出的错误，很快就停顿了下来。他想要写的三篇论文中的第一篇到第二年6月才完成。由此开始了阿尔伯特深入到概率和统计中去的一个长达3年的旅程，其目的是追求一种理论，它清晰到透过它足以使他看到原子本身的舞蹈——这是实在底部一个坚硬如石的领域。

此时，命运又再次介入，给了他另一份工作。格罗斯曼刚刚胜过他获得了另一份中学教学工作，这次是在弗劳恩费尔德州立学校。专利局还只是地平线上隐约可见的一线微光，而贝索那儿也没有消息。因此阿尔伯特又一次无奈地接受了社会上的一份卑微的工作——这次是在一个旧莱茵城镇沙夫豪森的一所私立学校做辅导老师。他唯一的任务就是教一个年轻的英国人，让他能通过高中毕业考试。阿尔伯特是由一位来自沙夫豪森的、原来

* Albert Einstein to Marcel Grossman, Sept. 6, 1901, *CP*, vol. 1.

在阿劳时的室友哈比克特(Conrad Habicht)推荐去做这份工作的。* 他的酬劳是每月150法郎,并提供食宿。尽管这令阿尔伯特在经济上有点紧,他仍可以继续思考、研究和奋战玻尔兹曼。此外,这份工作使得他在一年中不必再担忧了。

1901年9月,阿尔伯特坐上北去的列车,前往他的新家。沙夫豪森鹅卵石铺就的、有围墙的街道环绕着一座17世纪的大教堂,还有一座直至今天大炮还俯视着莱茵山谷的葡萄园要塞,它是瑞士较为美丽的城镇之一,以它的洛可可式建筑和壁画装饰的建筑正门而闻名。中心商业区弗兰瓦格广场上矗立着一只天文钟,饰有掠过黄道圈的金色太阳、月亮和行星,不仅能够指示时间,还能够跟踪日食月食和季节变化。

阿尔伯特的学校在镇的近郊,有些远离了这些辉煌。这所学校的老板及阿尔伯特名义上的雇主尼施(Jacob Nüesch)是一个有点儿精明圆滑的人。他除了经营自己的学校外,还在沙夫豪森的实用中学里教数学。尼施和那位英国学生的母亲订立了一项令他中意的协议:她同意为阿尔伯特和她儿子待在一起的一年拿出4000法郎。** 在这笔奢华的数目中,他每月拿出150法郎给阿尔伯特,其余的则作为他食宿的费用。食宿的不周使得爱因斯坦怀疑尼施从这一安排中获了利。他头两个月住在学校里,同尼施和他的妻子贝尔塔(Bertha)以及他们的4个孩子一起吃饭。11月,阿尔伯特搬到了另一位实用学校的教师家里,但他仍然必须同尼施一家一起吃饭。

吃饭的情形令阿尔伯特痛恨,但他在空闲时间就静下心来,开始热切地工作,集中思想在分子力和气体分子运动论上,包括对德鲁德和玻尔兹曼的至关重要的方程的批判。他希望这可以成为一篇令人满意的博士论文。*** 后来在那年秋天,他在苏黎世会见了克莱纳,并给他留下了一些论文,其中一篇可

---

* Carl Seelig, *Albert Einstein: A Documentary Biography*, p. 51.

** Albert Einstein to Mileva Maric, Dec. 12, 1901, *CP*, vol. 1.

*** *CP*, vol. 2, p. 175.

能就是他的博士论文。* 克莱纳亲切和蔼，甚至还对阿尔伯特曾凭空构想的一个测量地球通过以太运动的实验表示了一点兴趣。

当然，与此同时爱因斯坦和马里奇的家庭阵地正在紧张地翻腾着，你不必懂得玻尔兹曼的理论也可以预测到社会熵的狂暴释放是不可避免的了。从1901年7月底米列娃离开苏黎世回家开始，直到11月她出人意料地回到瑞士，在阿尔伯特和米列娃的信件中现在所能得到的记载上有一段空缺。

除了阿尔伯特提到叔本华的英雄式离群索居论以外，我们难以知道他对于她怀孕的整件事是如何想的，或者也可能他是努力地不去想它。但他跟玛丽关系发生破裂时，他曾发誓效忠于严谨的科学天使们。这些天使此时在一个22岁、没有充分就业、聪明、雄心勃勃、感情上有一点不成熟、并处于生命中最糟的麻烦中的他看来是十分合适的。正如他5年前给保利娜·温特勒的信中所写的，他常常觉得自己像是一只把头埋在沙里的鸵鸟。

米洛斯·马里奇对于女儿"令人不快的"新闻的反应由于邮政上的疏忽或者由于销毁，已被淹没在历史的黑洞中了，而保利娜·爱因斯坦的反应却记录在案。当她发现她最害怕的事已经发生时，她爆发了。10月，她和赫尔曼给马里奇家写了一封尖刻的信，辱骂米列娃、她的家庭，也许还包括整个塞尔维亚文明，撕碎了在犹太人和塞尔维亚人之间的战线上可能存在的一切表面上的平静。** "那位女士，"米列娃对海伦妮说，"似乎把尽可能地使我的生活和她儿子的生活变得痛苦当作她的生活目标。哦，海伦妮，我真不该想到世上竟然会存在如此无情和满怀恶意的人！"*** 米列娃的父母以同样的手段作出了回应。现在看来几乎可以肯定，哪一方的父母都不会允许这对年轻的恋人成为合法的夫妻。

米列娃虽已拼命挣扎，但很快就沉入了消沉的波浪之中。她在写给海伦妮·萨维奇的连续几封信中倾吐了她的心声，但是由于言词太过粗俗，她

---

* Albert Einstein to Mileva Maric, early Nov. 1901, *CP*, vol. 1.

** Mileva Maric to Helene Savic, Nov. 23, 1901, *CP*, vol. 1.

*** 出处同上。

不忍将它们寄出，而是把它们都撕碎了。这样也好，米列娃想。自己也快要生孩子的海伦妮还不知道他们即将出生的孩子（他们给这个孩子起了一个小名叫"丽莎尔"）。米列娃决定，他们应该小心谨慎地对待海伦妮，也许他们今后还需要她的帮助。

10月底，米列娃整理了一个包裹，秘密地回到了瑞士，去找那个唯一能安慰她的人——阿尔伯特。为了避免被发现，她没有去沙夫豪森，而是去了上游邻近的一个小镇莱茵河上施泰因（Stein am Rhein），她在那儿登记住进了施泰纳霍夫旅馆，并给阿尔伯特寄去了花。* 而她得到的回音却令人沮丧。

阿尔伯特不是说忙就是说贫困，因此他不能去看她——至少不能马上去。除此之外，他的堂兄罗伯特·科赫来看他，并把车票丢失在家里了。阿尔伯特寄给她几本书，其中包括一本苏黎世著名的布格霍尔茨诊所（Burgholzi Clinic）所长福雷尔（Auguste Forel）所著的关于催眠术的书。

"我现在只给你写几句话，是因为我为明天我注定要独自呆坐在这里的残酷命运感到生气。"米列娃回复道。** 她接着又恳求阿尔伯特不要告诉他的妹妹——在那个阴险凶恶的家庭中唯一同情她的人——她在这儿。米列娃知道马亚不会故意伤害她，但她害怕会发生什么糟糕的事情。

米列娃的秘密被保守住了，她泰然自若地过着日子，阅读、享受着离开父母的暴风雨的时光。她对于心理学有着持续的兴趣，于是她热切地拿起了福雷尔的书，不料只是发现自己对催眠过程不道德行为的厌恶。她认为它是"一种对人类意识如此强烈的、令人惊讶的侵蚀"。

其时，米列娃的来访仍不尽如人意。阿尔伯特下一次休息日是在星期四，当他以缺钱为借口写信说他又不能来时，米列娃就不再轻信了。

我亲爱的，邪恶的小甜心！

---

* *CP*, vol. 1, p. 317.

** Mileva Maric to Albert Einstein, Nov. 1901, *CP*, vol. 1.

明天你又不能来！你甚至都不说：我会改在星期天来！可是如果你说了那样的话，一定会让我吃惊，是吗？让我来告诉你，如果你根本不会来，那我就马上离开！如果你知道我有多想家，你是一定会来的。

很好！一个挣150法郎的男人，食宿有人提供，到月底竟然连一个子儿都没有！这不能作为星期天不能来的借口是吗？如果到时你一点钱都没有的话，我会寄一点给你。*

但是，愤怒还是不能阻止米列娃在讨论物理时有所助益。"我对克莱纳将会怎样评论你的两篇论文怀有很大的好奇心，他最好能控制住自己的情绪，说些合情合理的话。"**

此后不久，米列娃就回到了诺维萨德。她在向海伦妮报告她的艰难困苦时，很可能透露了她怀孕的消息。她解释说，他们的前途堪忧，即便当时公开的敌意有所中断。阿尔伯特即使快要拿到博士学位了，还是没有什么机会得到一份真正的工作，米列娃还补充说："你知道我的爱人说话非常刻薄，此外他还是个犹太人。"

从所有这些，你可以看出我们是一对可怜的小情侣。纵然如此，当我们在一起时，却比任何人都要快乐。我在瑞士期间，我们见过几次面。你也知道，即使出了这么多糟糕的事情，我也无法自控地要爱他更多，多得惊人，尤其是当我看到他也爱我一样多时。***

阿尔伯特的下一封信直到11月底才出现，他抱怨说他写给她的那些信

---

* Mileva Maric to Albert Einstein, Nov. 13, 1901, *CP*, vol. 1.

** Albert Einstein to Mileva Maric, Nov. 28, 1901, *CP*, vol. 1.

*** Mileva Maric to Helene Savic, Nov. 23, 1901, *CP*, vol. 1.

一定是弄丢了，因为他没有收到任何回音。* “你收到我寄到卡奇的两三封信和寄到诺维萨德的一封信了吗？我几乎认定你们的邮递员把这些信烧了，或者甚至……*horrible dictu*（说来吓人），但我还是不发表意见。”

回到沙夫豪森，阿尔伯特已经搬出了学校，搬进了另一位科学老师家中。尽管他们职业相同，阿尔伯特发现他的新房东乏味无趣，他那叔本华式的不合群又达到了新的更为壮观的高度。他向米列娃自夸说，除了他的学生，他不跟任何人说话。这并不完全是真的——他偶尔会去拜访他的老校友哈比克特，他们一起练习小提琴。他的大部分日子是这样度过的：散步、学习、参加室内音乐会以及带着不断增加的不耐烦等候着克莱纳或格罗斯曼的来信。

他向米列娃报告说：“迄今我还没有得到来自克莱纳方面的消息。我认为他不敢拒绝我的论文，否则的话，依我看来这位目光短浅的先生对我就没有什么用处了。如果我为了成为一名大学教授而不得不对他惟命是从的话——我将不愿意改变工作，情愿继续做一个清贫的私人辅导老师。”

两星期以后，他仍然没有收到克莱纳或是格罗斯曼的来信，看来他似乎注定要在沙夫豪森待一段时间了，但是他那师徒契约式的生活方式已经变得难以忍受。有一天早晨，阿尔伯特去尼施那里，要求自己直接支配饭钱，这样他就可以根据需要安排就餐以及决定吃或不吃，以便节约一些钱。**

尼施气得脸都涨红了，说是要考虑一下，但是当晚就驳回了爱因斯坦的提议。“你知道我们的条件，没有理由去违反它们，”尼施冷冰冰地宣布，“你应该对你得到的待遇感到相当满足了。”

“非常好，”阿尔伯特说，以一种十足的勇气，他一笔带过，“就照你说的办，我暂时不得不屈服——但是我会知道如何找到更适合我的生活条件的。”

尼施软化了，他提出了一个折衷方案，既能保持他在财政上的控制权，

---

* Albert Einstein to Mileva Maric, Nov. 28, 1901, *CP*, vol. 1.

** Albert Einstein to Mileva Maric, Dec. 12, 1901, *CP*, vol. 1.

又使阿尔伯特可以离开他那令人窒息的家。他将阿尔伯特安排在沿街而下的红衣主教旅馆吃饭。“现在他们对我恨之入骨,但是现在我像一般人一样自由了。”他告诉米列娃说。

阿尔伯特在去尼施家吃最后一顿晚饭时,他得到通往他的自由的最后一把钥匙。他的汤盘里有一封信,是格罗斯曼写来的。伯尔尼专利局的那个职位最后清除了官僚作风的障碍,将在随后的几个星期内出现在广告上。而且,阿尔伯特几乎肯定可以得到它。

他立即给米列娃写信。“我一想起它就高兴得头晕目眩。我为我自己高兴,更为你高兴。”他说。

> 只要我们活着,就一直是学生(听来吓人),对这个世界不屑一顾。但是我们也不应该忘记这一切都是由于友善的格罗斯曼,他不知疲倦地为我着想。我现在庄严起誓,只要我能力所及,无论如何我都要帮助那些有天赋的年轻人。*

唯一有待解决的问题是,他小心翼翼地继续说,他们怎样能使丽莎尔与他们待在一起。他向米列娃保证他不想放弃这个孩子。他建议米列娃同她父亲谈谈,并说她的父亲是一个善于处世的人,比“你的这个不切实际的书呆子约翰尼”要有经验多了。至于他们在做对这个世界不屑一顾的永恒的学生的同时如何照顾好这个把米列娃的身体——如她所抱怨的那样——变成一副“滑稽的外形”的小包袱,他却没有说。

阿尔伯特对新的就餐安排非常满意,他最后搬进了红衣主教旅馆。他唯一抱怨的地方就是同他一起吃饭的那些人又蠢又俗。**“所以我坐在那里像把胡桃钳子那样地吃东西,在上菜的空隙则一边玩着刀叉,一边看着窗外。那些人一定以为我这辈子从来都没有笑过,但是他们从没见过我和我

---

* Albert Einstein to Mileva Maric, Dec. 12, 1901, *CP*, vol. 1.

** Albert Einstein to Mileva Maric, Dec. 17, 1901, *CP*, vol. 1.

的多利在一起的情形。”

几天以后，爱因斯坦收到了一封来自瑞士专利局局长哈勒尔的信，请他去申请这份新工作。阿尔伯特立即回了信，并到了苏黎世。他对于收不到克莱纳的来信已经受够了，他决定顺便去拜访他，并试图说服克莱纳，让他在圣诞假期中研究他关于以太和电动力学的一些新的想法。

> 想想这些老市侩们在一个不属于他们一伙的人的路上设置了多少障碍，真是可怕！这些人本能地把每一个聪明的年轻人视为对他们脆弱的尊严的威胁，至少我现在是这么想的。不过假如他斗胆拒绝我的博士论文，那么我将把他的否定意见和我的论文原文一起发表，让他出出丑。但是如果他接受了论文，那么我倒要看看杰出的德鲁德先生会发表什么见解……一伙老朽，他们全都如此。如果第欧根尼(Diogenes)活到今日，他就是打着灯笼也再难找到一个**诚实**的人了。*

如同到处可见的那些难以对付的编辑和顾问一样，克莱纳告诉阿尔伯特说他还没有看过他的论文，不过允诺假期以后一定会看。阿尔伯特告诉他不必匆忙，他不着急。他们花了一个下午的时间讨论阿尔伯特关于他称之为“动体的电动力学”的那些新想法。这些年以来，设计以太实验成了他的一个爱好，无论何时只要他有空或者在思考别的问题时一下子卡住了，他都会转向这个爱好。由于几次数学上的错误而暂时脱轨以后，爱因斯坦深信，他正在接近突破。克莱纳鼓励了他。克莱纳说，爱因斯坦的提议是迄今为止最简单、最适当的构想。他敦促阿尔伯特把他在电动力学方面的想法和他提出的实验一起撰写成文。克莱纳提出，任何有需要的时候都可以帮他极力推荐。

阿尔伯特下结论说，克莱纳毕竟也不是那么蠢。“毫无疑问，在接下来的

* Albert Einstein to Mileva Maric, Dec. 17, 1901, *CP*, vol. 1.

几个星期中，我会写出论文的。”他告诉米列娃。* 可惜的是他一直没有写，因此我们也就无从知晓那些关于电磁学的想法是什么。圣诞节快结束时，他又开始了新一轮的阅读和研究。贝索寄给他一本写于1885年的关于以太理论的书，阿尔伯特发现这本书不可救药地陈旧。他请埃伦（他在工学院为闵可夫斯基工作）寄些德鲁德以及一个名叫洛伦兹（Lorentz）的荷兰人所写的更为现代的文章给他。

他表示觉得挺逗，因为在争取博士学位的比赛中，他领先于像格罗斯曼和埃伦这些在学术上很能干的朋友们；格罗斯曼正在写的题目是关于所谓的非欧几何（“我不知道那究竟是什么”）。** “你看，你的约翰尼是第一个完成论文的，尽管在写作过程中他像一只受困的小野兽。当你成为我亲爱的小妻子后，我们将一起狂热地从事科学工作，这样我们才不会变成过时的平庸之辈，对吗？”他问米列娃，“你必须永远是我的小巫婆和街头小淘气。”

1000千米以东，阿尔伯特曾经的以及未来的街头小淘气进入了她怀孕的第9个月，也是最关键的一个月，她的腹部隆起，满腹牢骚——对她来说没有母性能量所产生的荷尔蒙爆发——她的命运越来越不清晰。阿尔伯特仍然没有工作（虽然有了比较好的前景），他的家庭也不屈不挠。结婚根本是不可能的。因此，喂养这个孩子显然也是不可能的。

在这种情况下，米列娃的父母可能已经决定把这个孩子送到亲戚那里或者是放弃抚养权。*** 米洛斯·马里奇是一个士兵、一个法官，还是一个塞尔维亚人。他曾经的工作就是公正的化身。恰当的和惯常的做法是把这个私生子送给一个远亲。

对于米列娃，还有别的压力迫使她放弃这个孩子。阿尔伯特在专利局的工作前景也许决定于这个小孩，因为非婚生育是难以见容于世纪之交的

---

* Albert Einstein to Mileva Maric, Dec. 19, 1901, *CP*, vol. 1.

** Albert Einstein to Mileva Maric, Dec. 28, 1901, *CP*, vol. 1.

*** 这是霍尔顿（Gerald Holton）的论点，他是美国哈佛大学的一位物理学家和爱因斯坦学家（Einstein scholar）。他在奥地利长大，并就阿尔伯特和米列娃之间的关系写过文章和作过演讲。“他们是非常骄傲的人，”霍尔顿在纽约的一次演讲后这样向我解释。

瑞士的，尤其是在奢华、保守的伯尔尼这个首都中。瑞士是一个小国家，瑞士物理学家的圈子就更小了。就在这个小世界里，阿尔伯特已经有了几个对他不利的方面：他在工学院傲慢的经历，加上一个斯拉夫的女友，当然还有他是一个犹太人。他作为瑞士公民才一年，而且他已提出应聘一份重要的公务员工作。对于他来说，带着一个私生子出现在伯尔尼，其后果很可能是对他的怪癖的传言会更夸张。

如果这是真的，那么米列娃真的面临着一个令人痛苦的选择。阿尔伯特在专利局的工作前景是他们生活中的一缕阳光，是他们能最终结合在一起的最好机会。那么，就像在某部希腊悲剧中所写的那样，他们能共同生活的代价就是他们的孩子。米列娃是一个如此聪明而内省的女子，不可能没有意识到她把自己的幸福抵押在阿尔伯特的工作上时的讽刺意味。还有什么会不那么率性狂放、更符合常规、更对立于阿尔伯特和米列娃自己的理想吗？如果他们中任何一方的父母已经愿意作出让步，也许就会有另一种选择。但是在一个妇女在街上抽烟仍然会被捕的社会里，阿尔伯特和米列娃确实是孤单的。

1月，克莱纳最终阅读了阿尔伯特的博士论文。其中对于德鲁德的批评，尤其是对玻尔兹曼的批评实在让他难以忍受。出于对玻尔兹曼的尊敬，克莱纳请阿尔伯特把论文撤回。* 阿尔伯特照做了，并且拿回了他原先交给苏黎世大学的230法郎。然后他斥责了尼施，整理行李，坐火车去了伯尔尼。

在晴朗的日子里，你能从伯尔尼南边的议会大楼的露台上看到阿尔卑斯山积雪覆盖的锯齿状山峰。这个城市的主要部分几乎都被阿勒河青翠的湍急水流环绕着，占据了一个由高高的悬崖包围着的岩石海岬。事实上，伯尔尼自15世纪以来就没有改变过，当时在一场大火以后，这个城市以沉重的中世纪拱廊和一律的红瓦屋顶（连烟囱都有自己的小瓦顶）重建。圆石铺成的路，沿途饰以喷泉，以及前面所述的拱廊，它从火车站一直到古老的要塞所在地，直达尼代格，延伸了整个半岛的长度。在跨越这条河的一个广场

* *CP*, vol. 2, footnote, p. 175.

上，自12世纪由贝希托尔德五世（Berchtold V）建造以来就成为伯尔尼标志和同名物的棕熊在一个兽栏中为游客和孩子们嬉戏。

"这是一座古老、舒适的城市，这里的生活和苏黎世一样，"阿尔伯特报告说。* 他对那些拱廊特别感兴趣，因为有了它们，一个人可以在雨中从这座城市的一头走到另一头而不会被淋湿。阿尔伯特在山下的老城区中的正义街找到了一间每周租金23法郎的房间。里面有一张沙发和六把椅子。他开玩笑说，他可以在里面召开会议了，也许他还真的必须这么做。在专利局的工作获得成功以前，他计划靠上私人的物理课来维生。他给米列娃寄了一张他房间的示意图，画上从床到便壶的每一件东西的位置，还标以希腊语和拉丁语的记号。

米列娃进行了一次难以忍受的、筋疲力尽的分娩。分娩结束时她已经累得写不动信了。阿尔伯特怀疑事情进展不顺利，因此当他收到一封署名为米洛斯的信时吃了一惊，简直害怕得不敢打开它。米洛斯在信中告诉阿尔伯特，他已经是一个女孩——丽莎尔——的父亲了，正如米列娃曾希望的。在一瞬间，阿尔伯特说，所有他自己的烦恼似乎都变得渺小了。只要能换回米列娃的健康，哪怕再和尼施混上两年也只是微不足道的代价。

惊骇瞬间变成了好奇，他雨点般地向米列娃提出了关于孩子的健康和长相的问题。她长得最像谁？"我那么爱她，可我甚至没有见过她！等你完全恢复健康后给她拍张照好吗？她很快就能东张西望了吗？现在你可以作些观察，我也想自己立刻能生一个丽莎尔，那一定很有趣。"阿尔伯特特别提到，丽莎尔一定生来就会哭，然而要晚好些时候她才能学会笑。

在他看来，这其中似乎有着一条意义深远的真理。

回到阿劳后，马亚·爱因斯坦犯了个错误，她提起阿尔伯特与米列娃订婚了。传言辗转到了保利娜·温特勒耳中，她转而写信给保利娜·爱因斯坦，询问那个曾经遗弃她女儿的小子怎么样了。阿尔伯特的母亲回信说，马亚

* Albert Einstein to Mileva Maric, Feb. 4, 1902, *CP*, vol. 1.

没有向她提起任何有关那桩传说中的订婚的事情,“她知道得很清楚,关于这件事,她在我这里找不到一位支持她的听众。”* 事实上,马亚和她的母亲在整个圣诞期间在梅特门施泰滕对于阿尔伯特和米列娃的事进行了激烈的争吵,并且已经冷冷地决裂了。

“这位马里奇小姐正在带给我一生中最痛苦的时光,”保利娜忧郁地说,“只要是我能力所及,我将尽一切可能把她驱逐出我的视界,我实在是不喜欢她。但是我已经失去了对阿尔伯特的任何影响力。”

至于是否对她的孙女感到好奇,她一直没有提起过。

* Pauline Einstein to Pauline Winteler, Feb. 20, 1902, *CP*, vol. 1.

第八章　物理学的男孩们

1902年2月5日，星期三，下面这则广告出现在伯尔尼的一份报纸《伯尔尼都市报》上：

由联邦工学院教师文凭持有者
阿尔伯特·爱因斯坦
为大学生及中小学生
提供最完善的
数学和物理
私人授课
正义街32号，二楼
免费试听

到那个周末，阿尔伯特有了两个顾客，一位工程师和一位建筑师，他们愿意付每小时2法郎来听关于宇宙的奥秘的私人课程，或者至少是关于原子、热和以太的。

为了消遣，爱因斯坦开始同阿劳的老朋友弗罗斯(Hans Foresch)一起共度周六，弗罗斯当时是伯尔尼大学法医病理学班的一个医学生。"他们向一位50岁的妇人提问,这妇人醉酒后企图纵火;另一个被提问的男人是被控犯了欺诈罪的,他似乎患有妄想症。"他向米列娃如此报告,还提到去年秋天米列娃在莱茵河边暂住时他们共同读过的福雷尔的书中描述过的几个诸如此类的"心理骗子"。*

首先到阿尔伯特的新居来访的客人之一,是他在慕尼黑的日子里与他同坐一个餐桌的挚友塔尔梅。塔尔梅已经是一位正式的内科医生了。他前不久在米兰拜访了阿尔伯特的父母,发现他们对儿子保持着神秘的缄默。当他看到阿尔伯特是如何生活时,他想他明白原因了。"他的环境暴露出他十分贫困。他住在一个陈设简陋的小房间里。他告诉我,他正在为了生计而努力奋斗," 塔尔梅后来写道,** "他的苦难由于那些嫉妒他的人在他的道路上设置的障碍而更加恶化。"阿尔伯特后来抱怨说,他本可以在街头拉小提琴卖艺来多赚点钱。***

几个月以后的大学复活节假期,阿尔伯特重新登了他的广告,不过这次他把价钱抬高到了3法郎。伯尔尼大学的一个名叫索洛文(Maurice Solovine)的好学的学生碰巧看到了这则广告,并按照上面的指示来到了正义街32号的二楼。他在那儿按响了爱因斯坦的门铃。

随着一声响雷般的"请进!"阿尔伯特迈步到了门口处。"过道很暗,"索洛文回忆道,"我被他的大眼睛中放射出的非凡光芒震慑了。"****

从当时的一张照片中可以看出,索洛文身材瘦小,皮肤黝黑,眼睛半张半闭,头发往后梳得光溜溜的,还留着在礼仪上必要的黑色八字髭。作为一位富有的罗马尼亚商人的儿子,他是一位勤学不辍的学生。他是前一年来到伯尔尼大学的,当时他25岁,还不确定自己想要学什么。他首先爱上的是

---

* Albert Einstein to Mileva Maric, Feb. 8, 1902, *Albert Einstein, Mileva Maric: The Love Letters*.

** Max Talmey, *New York Post*, Feb. 25, 1931.

*** Maurice Solovine, *Letters to Solovine*, trans. Wade Baskin (New York: Citadel Press, 1993), p. 8.

**** 出处同上, p. 6。

哲学，但是他认为这个学科正在降格为带有批评和否定的一种成见。因此索洛文为了能明白“思维达到明确的结果所要经历的道路和过程”，也曾下大力气学习数学、物理、地质学和医学。

令他不快的是，正如他向阿尔伯特所解释的，折磨着哲学的顽疾同样也影响了科学。物理学中最令他感兴趣的是那些理论——曾强烈感染年轻的爱因斯坦的科普作者伯恩斯坦强调过的那种大图景。然而，令索洛文绝望的是，他在伯尔尼的教授蔑视理论研究，认为理论只是一些假设结构，完全受实验的支配。索洛文的教授宣称，只有实验事实才能持久，而理论则易于被推翻和消亡。同时，索洛文想自己进行理论研究的尝试也因为他缺乏数学上的杰出才能而受到阻碍。

这些在阿尔伯特听来是太熟悉了，他在这次讨论中立刻觉得有一种亲切感。他坦言他年轻时也曾倾心于哲学，但现在他完全是一个研究科学的人了。这两个年轻人交谈了两个半小时。索洛文第二天又来了，他们继续这场对话。他们之间一直没有上过物理课，也从没有过金钱交易。爱因斯坦觉得他得到了太多的乐趣，决定不收索洛文的钱，相比于索洛文需要一个家教的程度，反倒是他，阿尔伯特，更需要一个朋友同他交谈。

索洛文建议他们应该读一些当时几位主要思想家的书，这样他们就可以一起谈论他们。阿尔伯特也同意。很快，阿尔伯特在沙夫豪森时的好友哈比克特也加入了他们，他是来伯尔尼学习数学的。他们所阅读的第一本书是皮尔逊（Karl Pearson）所著的《科学的规范》，这位生物学家可能是第一个将大脑的运转与电话局作比较的人。

他们三个人给自己取了个绰号叫“奥林匹亚科学院”，它部分是兄弟关系，部分是徒步旅行团，部分是餐伴，同时部分也是辩论俱乐部。他们每周的聚会根本不是奢侈的，餐桌上典型的食品是一根大红肠、一片格鲁耶尔奶酪、一份水果、一碟蜂蜜和一两杯茶。阿尔伯特是一个众所周知的绝对戒酒主义者，他的朋友们看来也以他为榜样。索洛文后来写道，“伊壁鸠鲁（Epi-

curus)的这句话很适用于我们:‘苦中作乐是一件多么美好的事啊!’”* 用餐后他们就开始阅读事先规定的文章,但是通常不到一页甚至不到一段,争论就爆发了。

当白天变长、夜晚转暖时,这个三人组常常会休会一次,进行一次午夜徒步旅行,爬上伯尔尼南郊一座名叫古尔滕的圆顶小山及其公园。从它那840米高的顶峰,他们可以凝望星辰交谈,直到旭日将附近的阿尔卑斯山染成粉红色,餐馆都开了门,然后他们再喝着清咖啡继续聊一会儿。别的时候,他们会在早晨离开,步行去图恩。那是一个中世纪的小镇,坐落在大约30千米以南的图恩湖边缘处。他们在那里的湖边闲逛,或者去爬贝阿滕贝格山,这座山的山顶上有一个很大的缺口,可以鸟瞰湖滨,然后他们再坐晚上的火车回去。

米列娃受到的压力不仅包括惯常的产后忧郁,她在冬末回到了多雪阴湿的苏黎世,可能是去了普拉滕街的那一所寄宿舍,至此她已经断断续续地在那里住了7年。她没有带丽莎尔去那里。孩子有可能留给了米列娃的家人或者是她的一个朋友。而其中最有可能的就是海伦妮·萨维奇。这个安排是暂时性的还是永久的收养,我们不得而知,但这对于米列娃来说绝不可能是一个愉快的情景。而且,她最主要的安慰源泉甚至不在附近,却远在伯尔尼,而且听上去似乎跟他的新朋友们一起,乐趣多得令人忧虑。米列娃过去一直是他在物理学上的真正伴侣。

米列娃除了恢复健康和等待阿尔伯特来访以外无事可做,她的不安全感占主导地位了,而她那年春天写给他的那些信,根据阿尔伯特的反应看来,似乎是在长久地祈求他的注意。他说,她不应该嫉妒他的朋友们。他每天都极其想念她,但是把这种思念表露出来会显得没有“男子气概”。

他以一种典型的安慰为开场白,说他去过贝阿滕贝格旅行。** “我宁愿

* Maurice Solovine, *Letters to Solovine*, trans. Wade Baskin (New York: Citadel Press, 1993), p. 8.

** Albert Einstein to Mileva Maric, June 28, 1902, *The Love Letters*.

和你一起去贝阿滕贝格而不是跟一群男人——毕竟我自己也是个男人,"他慷慨陈词,"当我不和你在一起时,你简直无法想象我是怎样温柔地想念你,尽管我们在一起时,我确实是一个坏男孩。"

阿尔伯特长期等待着能有一份真正的工作,终于在6月16日实现了,他被任命为瑞士专利局三级技术专家。阿尔伯特在搬到伯尔尼后不久,从官方通告中得知,哈勒尔局长曾以尽可能最清楚明白的方式阐明这项工作的任职资格,为了不会令阿尔伯特因缺乏正规的工程学训练而受到阻碍,他特别强调了物理学。* 在初冬的一次为时两个小时的面试中,哈勒尔突然向爱因斯坦提出一些新的专利,询问他对它们有什么看法,以测试他的才能。** 阿尔伯特决非是工程师,但他在他父亲的公司里确实得到了一些经验,而且他还具有能把电磁驻波这样的东西在头脑中形象化的天赋。此外,我们几乎可以肯定,他比有可能走进这扇门来找工作的任何其他人都更懂电磁理论。在当时,专利局的几乎半数业务都是国外的专利在瑞士寻求注册,而其中很大一部分属于迅速发展的电力工业。*** 显然,阿尔伯特的能力以及他与老学校的联系都足以说服哈勒尔出3500法郎一年雇用他——虽然是作为三级检验员而不是广告里所说的二级。哈勒尔还让他的新门生去上技术绘图课。

专利局在收容所街的一幢漂亮的石灰岩房屋中,位于火车总站以北几个街区的地方。只要跨过这些小路,沿着几段台阶走上一座绿草如茵的小山,就能俯视车站和布满红色屋顶的城市,伯尔尼大学就在这座山上。沿着这个街区而下的一个拐角处,是一个黑暗、杂乱的洞穴,这是一家名叫"堡垒咖啡馆"的饭店。阿尔伯特常常在那儿用午饭的时间与索洛文或者哈比克特继续前一天晚上的争论。在办公室里,穿着翼状领的人们坐在悬挂的电

---

* Albert Einstein to Mileva Maric, Feb. 17, 1902, *CP*, vol. 1.

** Ronald Clark, *Einstein: The Life and Times*, p. 46.

*** Thomas P. Hughes, "Einstein, Inventors, and Invention," in Mara Beller, Jürgen Renn, and Robert S. Cohen, eds., *Einstein in Context.*

灯下靠墙的桌子边，在哈勒尔的眼光注意下把纸头翻来翻去。随着时光流逝，他的大多数同事都会得出结论，爱因斯坦翻来翻去的东西比他桌上的专利案要多。

事实上，阿尔伯特正在忙着把他那份被拒绝的关于统计力学的博士论文改写成一系列的论文。第一篇是在阿尔伯特进入专利局以前刚刚完成的。他在其中应用气体的原子理论来推出著名的热力学第二定律，在这一过程中纠正了被指出的玻尔兹曼的那些错误。然后，当他一完成该论文后，他立即又开始着手撰写第二篇论文，用一种能适用于力学系统而不仅仅是气体的更普遍、更有力的方法来推出这条定律。后来，在他的一个专利局同事指出他的论证过程中的一点缺陷后，他又提出另一篇更加普遍的论文，将他巧妙的统计学花招甚至推广到了电磁场。

阿尔伯特向贝索自夸说，这项工作仅仅依靠“能量原理”——能量守恒假设——和原子的存在论。* 但是它还与概率意义的一种新颖解释有关。假设有一百万个香水分子从瓶中溢出，扩散到房间里，那么它们聚拢成为一种构形或另一种构形的概率是多少呢？一种解答的方法是只要花很长很长的时间去观察这个房间，从而确定这些分子呈现出一种特定的构形——比如说紧贴在墙上——需要多长时间。另一种方法是用统计学来计算这些分子聚拢在墙上的所有方式。(因此解决这个问题就类似于计算在一手牌中拿到一对“A”的可能性，可以分别发一千手牌，也可以计算5张牌中包含两张“A”的方式数。)阿尔伯特指出，从长远来看，这两种答案必定是一样的。时间的确是概率的展现。现实就是最可能发生的事，而且反过来也是一样。

阿尔伯特花了两年的时间来完成这三篇论文，并把它们发表在《物理学纪事》上，其中最后一篇的发表在1904年春天，但是它们并没有让物理世界激动起来。正巧一位美国物理学家吉布斯(Willard Gibbs)已经做了同样的工作，奠定了普遍被认为是现代统计力学和热力学的基础。阿尔伯特不知道吉布斯的工作——这就是孤立研究的报应了。但是即使这些论文没有撼

* Albert Einstein to Michele Besso, Jan. 22, 1903, *CP*, vol. 5.

动科学界，它们对于阿尔伯特作为一位科学家的风格还是产生了持久的影响。一个人可以从一个简单的事实或者假定开始，比如原子的存在，并在纯粹逻辑的基础上构建一个如同热力学第二定律这样伟大的全面的原理，这样的一种观念将作为一种物理学理论应该呈现的模型一直陪伴着他以后的人生。

也许更重要的是，他在证明第二定律方面所作的努力，在统计物理学的这一新领域中起到了一个练兵的作用。到了两年结束时，阿尔伯特已经悠然地在这种细察自然真相的新方法上变成一个行家了。他就像一个多年来独自在地下室跟着老唱片弹奏的年轻吉他手一样，后来出山时已经带上了大师的印记。

这个时候，米列娃正在等待。她为了靠近阿尔伯特，搬到了离伯尔尼近一些的地方，但是什么都没有发生。现在他们的婚姻已经没有经济上的障碍了，却还存在着许多情感上的问题。阿尔伯特的父母仍然立场坚定地持反对态度。阿尔伯特保持着镇定，并不急于作出决定。他顺从地等待着时机，正如他和米列娃早已变得习惯的那样。不管怎么说，他从外表上看来一点都不着急。

阿尔伯特虽忙碌于他的工作、私人学生、不间断的"奥林匹亚科学院"和撰写统计力学论文之间，但还是比较快乐的。他写信给他的老朋友沃尔温德说，他喜欢这个新职位的多样性，而且更喜欢它的工资。* 伯尔尼是令人愉快的，他说，因为他在那儿没有平庸的熟人——也就是说他的家人——因此就有很多自由的时光。

永远保持警觉是抵御中产阶级娱乐的唯一方法。一天晚上，音乐迷索洛文在去往阿尔伯特的公寓的路上，注意到一场著名的捷克斯拉夫弦乐四重奏将于下周来伯尔尼。他向时而会用自己的小提琴为"科学院"中的朋友们助兴的爱因斯坦建议，他们大家都应该参加这个音乐会。阿尔伯特回答说，他们还是读读休谟(Hume)比较好，"他是非常有趣味的。"

---

* Albert Einstein to Hans Wohlwend, Aug. 15, 1902, *CP*, vol. 5.

索洛文投降了，但是在音乐会的当天，他发现自己正走在剧院的旁边，于是忍不住买了一张票。他赶紧回到家中，当天晚上将在那里举行聚会，他准备好晚餐——除了通常的大红香肠以外，还有煮得老了的鸡蛋。他在这些食物旁留了一张纸条："*Amicis carissimis ova dura et salutem*"（"给非常亲爱的朋友们熟鸡蛋和问候"），然后告诉他的女房东，让她解释说他有紧急的事被人叫出去了。

阿尔伯特和哈比克特立刻识破了他的诡计，而且着手给他们的同志一个教训。他们首先吃光了能看到的所有东西。然后，他们知道索洛文痛恨任何形式的烟草，于是他们开始如恶魔般地抽烟，爱因斯坦用他的烟斗，哈比克特则抽起了他那粗大的雪茄。当索洛文最后在凌晨两点回到家时，房间里恶臭熏天，使他简直无法呼吸。他所有的家具和财产都在床上，几乎堆到了天花板，一个茶碟中满溢着烟灰和烟蒂。他们在墙上钉了一张纸条："*Amico carissimo fumum spissum et salutem*"（"给一位非常亲爱的朋友浓烟和问候"）。

第二个星期，当索洛文走进阿尔伯特的公寓时，爱因斯坦皱着眉头宣称，索洛文是一个坏蛋，是一个野蛮人，并警告说："如果你再耽溺在这样的愚蠢行为中，你将会被排除在外，并且从科学院中被可耻地驱逐出去。"*

由柏拉图开始的这场"大讨论"在这种方式下继续着。到秋天时，"科学院"已经阅读了马赫的经典著作《感觉的分析》和《力学》，这两本书阿尔伯特以前已经在贝索的建议下浏览过了，然后他们又继续研究休谟、米尔斯（Mills）、斯宾诺莎（Spinoza）、亥姆霍兹、数学家黎曼（Bernhard Riemann）、庞加莱、索福克勒斯（Sophocles）和狄更斯（Dickens）。这张阅读清单偏重哲学，尤其是因为它与科学及世纪之交物理学上正在迅速产生的一些概念上的困难有关。是不是存在着一个真实世界，我们可以探知它吗？或者说我们试图理解它，不是为了研究这个世界本身，而仅仅是为了研究我们自己与它之间笨拙的互相感觉，这种做法是否会让我们受到责备？

* Solovine, *Letters to Solovine*, p. 13.

对绝对知识的梦想已经消失很久了,但阿尔伯特坚持,是休谟使柏拉图的梦想最后告吹。在休谟看来,不仅是哲学,物理学同样是一种重要的科学。休谟曾在经验主义学派全盛时期的18世纪初撰文断言,知觉上的印象——感觉——是知识的唯一来源。然而,这位哲学家指出,从“事实”到提出用来统一和解释它们的科学定律,是没有一条纯粹的逻辑路径的。精确的定律不能由实验严谨地归纳出。他断言,像原因和结果这样的概念,是一旦获悉就将重复的那些模式的心智上期待的结果。“那么,习俗就是人类生活的伟大向导。”休谟写道。*

阿尔伯特对于休谟印象深刻。“人类对于知识有着非常强烈的渴望,”他后来写道,** “休谟的清晰信息似乎是决定性的:知觉上的原材料,作为我们知识的唯一来源,通过习惯也许会引导我们到信仰和期望,但却不是知识,更不会是对符合定律的关系的理解。”但是他仍然不知道休谟是不是走得太远了,并在科学和哲学中逐渐灌输了一种令人衰弱的“形而上学的恐惧”。

阿尔伯特少年时的英雄康德正是为了回应休谟的锤打,写成了他不朽的《纯粹理性批判》。他指出,如果经验主义者是正确的,世界就是感觉的领域,而数学就是关于思维的。它们彼此之间必须有些什么关系?当时在物理学中的大胜利还是牛顿的运动定律和引力定律——这是数学上的一些异乎寻常之事,它们看来似乎能够详细阐明包括从最大的行星和恒星到假设的原子间的撞击在内的宇宙历史的进程。

康德同意,虽然我们赋予这个世界的许多特征不可能从冲击我们感觉的大量印象中在逻辑上得出,但他将这种推断的不足之处转化为一种高尚的品行。他认为,这样的观念事实上是思维为了组织那些感觉印象运用和假定的一种关于这个世界的不可或缺的工具。这个工具箱中的部件是绝对空间、时间、因果关系和几何学公理的思想。

---

* Quoted from *An Enquiry Concerning Human Understanding*(1748), in *Bartlett's Familiar Quotations*, 13th ed., p. 318.

** Albert Einstein, in Carl Seelig, *Ideas and Opinions*, p. 22.

马赫——一个对原子持坚决的怀疑和不相信态度的人——登场了。康德与休谟截然不同,而马赫又与康德截然不同。对于马赫来说,经验和实验是至高无上的。他认为,物理学定律总是须经由实验和永无止境的重新表述所证实,因此永远不可能达到如公理一般的真理的层次。充其量只能认为它们是一些具有启发性的手段——有用的虚构,以对事实作出有实用价值的安排。马赫在他最激进和影响深远的辩论中声称,原子和以太是一些具有启发性的手段,而空间和时间也是这样。

牛顿曾把空间想象为一个巨大的固定舞台——上帝的仪式,在其上原子和人们昂首阔步、烦躁不安,钟儿滴答作响,台球碰撞跳跃,行星旋转不已,但他留下了一个漏洞,这就是我们所知道的相对性原理。牛顿曾声称,物理学原理对于任何作匀速运动的观察者都是相同的——无论这位观察者(例如说)是在平稳航行的船上旅行还是站在船坞上。但是那就意味着他们中没有人能通过实验来说明究竟谁在确实地做运动而谁是静止的,事实上,可能是船抛了锚,是船坞本身在漂移。运动是相对的。

但是牛顿提出,加速度却不是相对的,而这点提示了绝对空间的存在。牛顿要求我们考虑由一根缠绕着的绳子吊起的一桶水。当绳子松开,桶就开始旋转,其中的水一开始是平的,后来由于离心力的作用形成了一个凹面。牛顿指出,这些力的作用并不是由于水相对于桶的运动而产生的,因为水和桶是一起运动的。更确切地说,它们是由于水在绝对空间中的旋转产生的。

牛顿以外的另一种选择开始于与他同时代的莱布尼兹,他著名的举动是邀请他的读者来解释,如果空间是一种舞台,那么为什么会独立于它的内容,上帝带来了宇宙,既不偏左几英寸,也不偏右几英寸。莱布尼兹进而假设有一个神秘宇宙,居住着称为单子的奇异实体,在其中宇宙每一部分的性质和其本身,都以某种方式依赖于它和其他每一部分之间的联系。

马赫更为强硬。在爱因斯坦和他的朋友们于1902年秋天阅读的《力学的科学》一书中,马赫通过指出我们观察到的不是舞台而只是演员,从而解构了绝对时空的概念，即我们看到的不是空间，而只是其中的物体。“没有人有资格断言关于绝对空间和绝对运动的事；它们是纯思维的事物、纯脑力的建构，是无法从经验中产生的。如我们已经详细指明的，我们所有的力学定律都是关于物体的相对位置和相对运动的实验性知识。”*

马赫主张，物理学必须完全以相对运动为基础。取代绝对空间，他认为固定的恒星也许可以作为一种参考，或者可能是宇宙中所有其他物体的平均，或者甚至是填充空间的一种媒介（以太）。至于牛顿的桶，马赫大声地质疑，如果桶是静止的，而整个由固定的恒星组成的星系绕着它转动，是否能得到同样的结果。

相对性的概念，也是法国人庞加莱的作品中的一个永恒的主题。他同意马赫的主张，并强调实验处理的是物体而不是空间。空的空间和绝对空间都是难以名状的概念。他颂扬一种他称为“空间相对性”的原则：如果宇宙中的一切都在一夜之间在尺度上增加一倍，我们将无法知道。只有相对位移才具有意义。

如果有什么人能够解决一些认识论上的难题（对于它们，近来的一些发明迫使物理学家们缄口不语），并将科学的热望从马赫主义者的否认中解救出来，那么那个人似乎就是巴黎大学的数学教授庞加莱。庞加莱中等个子，身材肥胖，胡子浓密，戴一副夹鼻眼镜，他身上有一股心神烦乱的传奇式气质，是法国、可能还是世界上活着的最伟大的数学家，也许还是活着的最伟大的法国人。庞加莱是最后一个似乎通晓一切的人。他有法国科学院从地质学到数学的每一个分部的院士资格。作为30本书和500篇文章的作者，他还被选入法兰西学院的文学部。除了这一切以外，他更是一个劲头十足的跳舞者。每年他都要在物理学不同领域中发表演讲。他的特征是创造出数学中的一些新领域。

“怀疑一切或者相信一切是两种同样方便的解决方法，两者都省却了沉

* Arthur I. Miller, *Einstein's Special Theory of Relativity*, p. 130.

思的必要，”他写道。* 如果没有深思，庞加莱就不是庞加莱了。

“现在，我们每天都看到科学在为我们做些什么，”他在1902年所写的专著《科学与假设》的序言中写道，** “如果不是它教会我们一些关于实在的事情，这一点就不可能了；科学的目的不在于事物本身（教条主义者单纯地认为是这样的），而在于事物之间的关系；除了这些关系以外，没有可认识的实在了。”

像马赫和休谟一样，庞加莱将感觉看作知识的建筑材料。像康德一样，他相信这些感觉是通过思维中天生的能力而加工为知识的。他说，这些能力之一就是创造几何学的本领，他在这里明显地背离了康德。

根据康德的主张，唯一可能的几何学就是欧几里得和他的追随者们发明的、世世代代的学童都要备受折磨地学习的常规的老平面几何。然而，在1827年，康德被强有力地证明是错误的，当时俄国数学家洛巴切夫斯基（Nikolai Lobachevsky）表明，通过简单地在欧几里得所珍爱的但又最有争议的公理之中去掉其中之一：平行线永不相交，就有可能构建一种新的逻辑上一致的“虚构的”几何学。*** 在洛巴切夫斯基发明的这个新空间中，平行线可以相遇甚至相交，以及三角形的内角加起来小于标准欧几里得空间的180度。他的这些结论遇到了困惑和嘲笑，但是很快另类几何学的其他例子出现了。事实上，庞加莱运用一种叫做群论的数学技巧，在他的事业早期就证明了这些所谓的非欧几何可以造出无穷多个。

这些另类几何学意味着什么，它们除了让康德在坟墓里不得安宁以外还有什么用？1854年，一位年轻的格丁根数学家黎曼证明了它们可以描述各种弯曲的三维物体的表面。如果你用一张在其上均匀地画着平行标度线的绘图纸表示欧几里得的平坦空间，再将它揉皱包在例如一个球或者一个

---

* Henri Poincaré, *Science and Hypothesis*, p. 213.

** 出处同上，p. xxiv。

*** Robert Osserman的*Poetry of the Universe: A Mathematical Exploration of the Cosmos* (p. 63 ff.)对非欧几何的特性和来源有特别清楚的说明。

马鞍或者一个油炸圈饼的外面，在这一过程中我们就扭曲了上面的网格线，而事实上我们就得到了那些几何。他将这些弯曲空间分成三类：平坦的，或称为欧氏的；正曲率的，或称为球面的；以及负曲率的，或称为双曲面的，并设计了虚构的试验，借助于它们，某个空间中的居民可以计算出他所处的是哪种空间。

黎曼是一个大大超前于时代的人，10年以后在40岁时就去世了，当时他正在进行那令人胆怯的、在数学上统一电磁定律和引力定律的努力。他和洛巴切夫斯基似乎留下了一个形状突然变得不确定的宇宙。"洛巴切夫斯基之于欧几里得，犹如哥白尼之于托勒玫(Ptolemy)。"奥林匹亚科学院的阅读清单上的另一个名字克利福德(William Clifford)于1879年这样写道。* "凭借了这两场革命，宇宙(即宏观世界——一切的总体)的概念，作为人类知识的主体，因此也是人类兴趣的主题，都粉碎了。"

就在此时，阿尔伯特的朋友格罗斯曼为了他的博士论文正在学习非欧几何的各种形式。1880年到1910年间，关于另类几何学有超过3700本的科普书和文章出版了。** 在那些熟读庞加莱和其他人作品的人中，有一个叫乔伊斯的年轻人。*** 人类对于绝对真理的热望的明显消亡也没有漏掉艺术家们，对他们来说，非欧几何的多种形式象征对传统和权威的抛弃。**** 他们中的一些，尤其是巴黎一群自称为立体主义的画家，开始为他们的画布赋予波浪起伏的线条，来代表搭配错误的平行线，以及暗示玄奥的空间维数。第一次立体主义画展将在1907年举行，届时毕加索最终将他革命性的杰作《亚威农少女》从藏匿了几年的床下拿出来。与此同时，把各种几何推

* William Kingdon Clifford, "Philosophy of the Pure Sciences," in *Lectures and Essays* (New York: Macmillan and Co., 1879), vol. 1, p. 300.

** Duncan Sommerville, *Bibliography of Non-Euclidean Geometry*, quoted in Susan Sutliff Brown, "The Geometry of James Joyce's Ulysses: From Pythagoras to Poincaré," doctoral dissertation, University of South Florida, 1986.

*** 出处同上。

**** Linda Dalrymple Henderson, *The Fourth Dimension and Non-Euclidean Geometry in Modern Art*, p. 66.

广到高于三维也使唯灵论者和神秘主义者激动了，对他们来说，神秘的“第四维度”的观念用魔法唤出了各种“灵面”或者知识的超验领域。

庞加莱的《科学与假设》中有很大一部分就是对洛巴切夫斯基和黎曼提出的挑战的回应。庞加莱同意他们的数学，但他质疑他们哲学上的结论。他说，假设有一个宇航员能做黎曼提出的那些实验，并且发现一对平行射向空间的光线在远处汇聚于一点，或者大尺度的三角形弯曲了。那么我们是否就必须抛弃欧氏几何？或者说我们是否就可以下结论说，有某种力正在改变光学的定律，使光线弯曲？不言而喻，应该是后者。

庞加莱断言，欧氏几何是一种**约定**，是一种从所有我们可以想象得到的可能几何学中随意选择出来的标准。在思维中固有的并不是欧几里得主义，而是一些数学原理，由它们可构建欧氏几何和其他所有几何学。正如他一再强调的，这种约定是一种“随意的选择”。“实验引导我们作出这一选择，”他写道，“它没有把这种选择强加于我们。它告诉我们的不是最正确的，而是最方便的几何学。”*

那么原则上来说，我们可以选择任何一种几何学来分析世界，但是那会使得物理学和我们的生存变得错综复杂得多。庞加莱宣称，凡是能用欧氏几何的术语来解释的实验，总是能用洛巴切夫斯基的术语来解释，尽管这时要更加复杂。

“询问欧几里得几何是否正确而洛巴切夫斯基几何是否错误，就如同询问公制的米是否正确而码、英尺和英寸是否错误一样，都荒谬可笑。”他断言。

庞加莱的哲学有时被称为“约定论”。另一个约定是以太，他觉得以太对于传播光线以及在空间中建立连贯性都是必要的。“以太是否存在并不重要——让我们把它留给形而上学者吧；对我们来说，重要的是所有事情发生时它都好像是存在的，以及这种假设的建立适合于对现象的解释。”他于

* Poincaré, p. 71.

1889年这样写道。*

他声称，还有一个约定是同时性的概念，即空间中不同地点的两个事件在同一个时间发生的概念。“不存在绝对的时间，”他写道，“当我们说两段时间相等时，这样的陈述并没有意义，只能由一个约定来获得意义。”**

阿尔伯特孩提时就爱问关于空间和时间的问题，而且一直对使他父亲的罗盘指南的奥秘保持着惊异，对于他来说，这样的讨论是一种万灵药。庞加莱的书令他、索洛文和哈比克特全神贯注和着迷了好几个星期。***

但是物质层面上的生活也自会有引起注意的办法。赫尔曼·爱因斯坦很长一段时间以来一直受到心脏疾病的折磨。1902年10月，他的身体彻底跨了。阿尔伯特被叫回米兰的家中。赫尔曼临终前把他的儿子叫进他的房间，最后允许他和米列娃结婚，****然后把他打发了出去。10月10日，赫尔曼独自一个人走了。

赫尔曼给他的家庭留下一大笔债务，其中大部分是欠他的连襟及堂弟鲁道夫·爱因斯坦的，鲁道夫对他在意大利北部修建几家电力工厂的尝试给出了一些资助。阿尔伯特开始把他的薪金寄一些回家，帮助他母亲度过难关、还清债务。同时，保利娜和她妹妹范妮及鲁道夫迁到了她出生地附近的德国南部的黑兴根镇。阿尔伯特的妹妹马亚刚刚通过了伯尔尼大学的入学考试，她不得不延缓入学，在的里雅斯特找了一份工作，就是给米凯莱·贝索的小妹妹比切（Bice）做私人教师。*****

阿尔伯特不知道的是，马亚在为贝索家工作期间，受了赫尔曼以前的簿记的骗。这个簿记声称他没有拿到工资，他接近爱因斯坦家的每一个孩子，强迫他们偿还他们的父亲所欠的债。阿尔伯特怀疑这个人在说谎，立即把他撵走了，但是马亚却屈服了，开始把她工资的一部分寄给那个人。结果是，她经常一贫如洗。

* Arthur I. Miller, *Imagery in Scientific Thought: Creating 20th-Century Physics*, p. 32.

** Poincaré, p. 90.

*** Solovine, *Letters to Solovine*, p. 9.

**** Maja Winteler-Einstein, “Albert Einstein: Beitrag für sein Lebensbild.”

***** *CP*, vol. 1, p. 389.

“这样的浪漫主义虽然好，却非常不合实际。”阿尔伯特说，他还写信给贝索，要他停发马亚的工资，直到她醒悟过来。* “但是整件事情很可笑，”他又补充说，“把我大大地给逗乐了，愿上帝宽恕我，这只是因为我头脑相当冷静和强硬。”

阿尔伯特年老后，向一位想写他的传记的瑞士作家坦承，他对于和米列娃结婚曾感到一种“内心的抗拒”。** 他把它当作他出于责任感而必须承担的一次婚姻。在经过6年的时间以后，他的热情逐渐冷却，对她的看法中的否定成分逐渐堆积，也许是自然的。“米列娃来到瑞士是由于她非常渴望学习，也非常聪明，她有某种天生的洞察力，但并不善于形成概念，”他回忆道，“她完全不是心胸狭窄，而是不相信别人，不善言辞，而且抑郁。”

现在，阿尔伯特在伯尔尼过着一种新生活，有新的朋友，有一份新的工作，在这个世界上第一次有了自己的地位，有一种新的权力的奔涌，有了工资，还有在《纪事》上发表的一些论文。鉴于他过着独立的生活，而直接面对着婚姻的承诺，且对米列娃的忧郁有了一点厌烦和警觉，那么他的举棋不定也就可以理解了。另一方面，米列娃牺牲了她的整个生活、她的名誉、她的壮志雄心以及她为他生的孩子。他的新世界承担着来自旧世界的一份沉重的债务——甚至是一份毁灭性的债务。他后来承认，他作出这个飞跃性的决定是出于一种责任感。

他们新年刚过就在伯尔尼举行了一次非宗教公证的结婚典礼。索洛文和哈比克特既是证婚人，同时也是仅有的婚礼来宾。他们四个当天在镇上聚会庆祝。直到那天深夜，当阿尔伯特和米列娃兴致勃勃地回到高高位于蜿蜒的阿勒河之上、安静的蒂利耶街的爱因斯坦家新公寓时，才发现阿尔伯特忘了带大门的钥匙。他不得不去按其他住户的门铃才能进入大楼。

这对新婚夫妇马上就因为流感都病倒了。阿尔伯特后来在床上给贝索写信报告：“好了，现在我是一个已婚男人了，同我的妻子一起过着非常快乐、舒

---

* Albert Einstein to Michele Besso, Jan. 22, 1903, *CP*, vol. 5.

** Albert Einstein to Carl Seelig, May 5, 1952.

适的生活。她对一切都照顾得很好,烹调出色,而且总是令人感到愉快。”*

米列娃当然也写了一封类似的、某种程度上感情更为奔放的信向海伦妮报告。** “如果可能的话,我现在比在苏黎世时更加依恋我亲爱的珍宝了,”她写道,“他是我唯一的伴侣和朋友,当他在我身边时,就是我最快乐的时候。”

阿尔伯特刚刚把他的第二篇关于统计力学的论文寄给《纪事》。在他写给米凯莱的长信中,他为未来描绘了一个忙碌的日程安排:关于气体分子力的更多工作;然后是认真地研究他以前的最爱和长久以来的困扰,即所谓的电子理论——那个不断挫折人、使人疯狂的难题,它把物质、辐射和电动力学这些理论都纠结在一起。

同时,除了他所有其他零星的杂事以外,阿尔伯特还决定成为伯尔尼大学的一位私俸教师,即私人讲师。这样的讲师在学术阶梯上是最低的一级,他们没有固定工资,而是根据学生的数量支付薪金。爱因斯坦近来开始和伯尔尼大学的物理学家们交往,尤其是其中一位名叫格鲁纳(Paul Gruner)的人,他自己也做过19年的私俸教师。阿尔伯特参加在格鲁纳家里举行的会议,偶尔也会在那里演讲,后来他在格鲁纳的倡议下获准进入伯尔尼自然科学协会。*** 克莱纳——阿尔伯特在苏黎世大学时的论文导师和良师,也许曾鼓励过他要有一个私俸教师的经历,因为这是得到一份全职的大学工作的先决条件。要成为一位私俸讲师通常要有哲学博士学位,但是这个条件对于一个有重要论文记录的应聘者来说就可以不计较了,就像爱因斯坦自信正在积累的那样。

然而,伯尔尼大学似乎在什么构成了一个重要论文这一点上并不同意他的评估。“这所大学是个猪圈,”两个月后,他写信给贝索,**** “我将不会

---

* Albert Einstein to Michele Besso, Jan. 22, 1903, *CP*, vol. 5.

** Mileva Maric to Helene Savic, March 20, 1903, in John Stachel, “Einstein and Maric: A Failed Collaboration.”

*** Schulmann, “Einstein at the Patent Office: Exile, Salvation, or Tactical Retreat?” in Beller, Renn, and Cohen.

**** Albert Einstein to Michele Besso, March 17, 1903, *CP*, vol. 5.

在那里演讲，因为这样浪费时间太不像话了。”他又一次病倒了，这一次得的是白喉，有一天半的时间，他的体温高达华氏104度（40℃）。

米列娃向海伦妮报告说，阿尔伯特厌倦了他的工作，打算找些新的事做。她询问在贝尔格莱德是否可能有什么教书的工作给她或者阿尔伯特，这也许说明了他们正在考虑搬到塞尔维亚，并自己抚育他们的女儿丽莎尔。*

这个话题没有了下文，抚育丽莎尔的梦想——如果还有这样一个梦想的话——最后不容置疑地夭折了。在那个秋天，米列娃东行去她家，也许是为这个孩子做永久的安排。在她近一个月的旅程中，在他们两个之间有两封信是阿尔伯特和米列娃的通信中被穷究的。

第一封信是一张明信片，可能是途经布达佩斯时寄出的：

亲爱的约翰尼：

我已经抵达布达佩斯。时间过得很快，但也很糟糕。我感觉一点儿都不好。你在干什么呢，小约翰尼？尽快给我写信，好吗？你可怜的

多利**

3个星期以后，米列娃显然已经到达塞尔维亚，阿尔伯特给米列娃寄了一封信，写了至今为止在爱因斯坦的信件中发现的、关于丽莎尔的最后几句话。***关于他女儿的消息显然一直不好，而她的前景是不祥的。“我对发生在丽莎尔身上的事觉得很难过。得了猩红热后很容易留下后遗症，”阿尔伯特说道。猩红热至今仍然是一种致命的疾病，会使患者变聋。1899年夏天，当米列娃在乡下为工学院的期中考试徒劳无功地死记硬背时，这种疾病也袭击过她。

“要是这一切能平安过去就好了。这个孩子是以什么名义登记的？”阿

* Mileva Maric to Helene Savic, March 20, 1903, and Stachel, “Einstein and Maric.”

** Mileva Maric to Albert Einstein, Aug. 27, 1903, *The Love Letters*.

*** Albert Einstein to Mileva Maric, Sept. 19, 1903, *CP*, vol. 5.

尔伯特问道，这可能是指我们所推定的收养，也可能是指丽莎尔的正式的民族谱系。“我们必须防备以后不要在她身上发生什么问题。”

因此，仿佛只是在一场无意中听到的交谈中的几句隐晦的话，爱因斯坦的女儿似乎从此就消失在历史的阴影之中了。不管是为了什么原因，米列娃和阿尔伯特选择了不把她带回伯尔尼，事实上既然他们已经结婚了，这样做会使她合法化。她被收养了，还是死了？

米列娃在明信片中所说的“很快”是指火车的行程还是指别的什么，比如说收养的过程，这一点使得研究爱因斯坦的历史学家们苦恼不已、大惑不解。布达佩斯是奥匈帝国匈牙利部分的行政首都。一位为“爱因斯坦文稿计划”工作的匈牙利历史学家严密地搜寻了后来构成布达佩斯的那12个行政区的出生和收养记录，结果没有发现任何丽莎尔或者米列娃的踪迹。舒尔曼下结论说，不管发生过什么，很可能不是在布达佩斯发生的。

同样，对卡奇的出生证的搜索也没有发现任何有关丽莎尔的踪迹。“1902年有9个玛里施茨（Maritsches）出生，”舒尔曼报告说，他特别提到这个名字在塞尔维亚是很常见的（就像爱因斯坦这个名字在德国南部那样），但是结果发现他们的父母都不是阿尔伯特或者米列娃。20世纪80年代末，舒尔曼在去南斯拉夫的途中甚至还步行穿过那些公墓，寻找可疑的小石碑。不幸的是，不间断的巴尔干各国的冲突，包括波斯尼亚-黑塞哥维那和科索沃之间的战争以及塞尔维亚境内普遍的内乱局面，使得回答有关丽莎尔命运问题的研究变得困难而且危险。

寻找丽莎尔的历史学家和新闻记者将怀疑集中到米列娃最好的朋友海伦妮·萨维奇和她的家人身上——部分原因是由于缺乏更好的成功可能性。也许最为一般人接受的推测是这样说的：丽莎尔活下来了，并作为他们家的一员长大。米列娃写给海伦妮的大部分信都被海伦妮的女儿尤尔卡·波波维奇（Julka Popovic）烧毁了，而其他的材料也在纳粹占领贝尔格莱德期间遗失了。剩下的少数几封信在海伦妮的孙子米兰·波波维奇（Milan Popovic）手里，他是贝尔格莱德大学的一位社会学教授，他将这些信制作了一些

复本给“爱因斯坦文稿计划”最初的编辑施塔赫尔(John Stachel)使用。波波维奇最近出版了一本书,《友谊——米列娃和阿尔伯特·爱因斯坦写给海伦妮·萨维奇的信》(可惜还没有英文版本),他在此书中断言丽莎尔死于猩红热。学者和浪漫主义者们未必会把这当作最终结论。

在米列娃的行程中,也有别的比较令人愉快的消息传回来。米列娃东行的时候,她意识到自己又怀孕了,只要稍微翻一下日历,这就可以解释她所指的感觉不适了。她担心阿尔伯特会对她生气,有些迹象暗示她出于害怕而远离伯尔尼。但当她最终把这个消息告诉他时,他的反应很亲切。“我对于可怜的多利又在孵一只新的小鸡一丁点儿也不生气,”他回信写道,“事实上,我对此很高兴,而且我已经想过,我是否不该保证你怀的一定又是一个新的丽莎尔。不管怎么说,这是所有女人的权利,你不应该拒绝接受它。”

“现在,快点再回到我身边来,”阿尔伯特最后写道,“三个半星期已经过去了,一个出色的小妻子可不能再让他的丈夫一个人待着了。家里的一切并不像你想象的那么糟,你很快就能收拾干净的。”*

* Albert Einstein to Mileva Maric, Sept. 19, 1903, *CP*, vol. 5.

第九章　波希米亚的海岸

开始是一个小丑的铃响。然后是一队带着乐器、皇冠和武器的熊列队进入；一只金属鸡鸣叫着、拍着翅膀；一名穿着金盔甲的骑士；最后是时间老人，一只手拿着一根节杖，另一只手拿着一只沙漏。Zytloggeturm，即钟楼，跨越在原来城墙包围的伯尔尼的城门上。这座钟楼本身建于1191年；1530年，一个跟踪不懈漫游的月亮和行星的巨大天文钟被加到了它里面的东边。每个小时，伯尔尼的任何一个人只要花几分钟，就能从一套由一些一直在转动着的齿轮、砝码、嵌齿、杠杆、曲柄、轮子、链条、表盘和铃操纵的跳舞表演的木偶中得到1500年左右时人类关于宇宙、政治、命运和死亡等智慧总和的精华。这个在牛顿以前两百年就设计和组装出来的钟，清晰地说明了确保其机械式的雄伟的原理。在那些有资格接受这种启蒙的人中，有年轻的爱因斯坦一家。

1903年的秋天，阿尔伯特和米列娃搬进了紧靠钟楼一个街区的一所公寓里。克拉姆街从老城门向东，穿过伯尔尼遍布壮丽的中世纪拱廊建筑的中心地区，正是歌德认为的伯尔尼最美丽的街道，也是欧洲最美丽的街道之一。* 从爱因斯坦家位于克拉姆街49号二楼的公寓沿街而上，就坐落着一个装饰着一座雄伟的熊形雕像的喷泉，它佩戴着伯尔尼的创建者贝希托尔德

* Desanka Trbuhovic-Gjuric, *Im Schatten Albert Einsteins*, p. 81.

五世的盾形徽章。在朝着另一个方向沿街而下的是伯尔尼另一个著名的喷泉雕塑群，是用来纪念萨姆松(Samson)的。

爱因斯坦一家在伯尔尼的许多年中住过7所不同的公寓，但是克拉姆街的住所已经成为它们中间最为著名的，这主要是因为当地一个叫“爱因斯坦学会”的学者团体后来把它改建成了一座博物馆——爱因斯坦故居。这座公寓中的房间排列成铁路式。前面是一间大起居室，有两扇窗俯瞰着克拉姆街上有坡度的拱廊。后面是一间面对着一口通风竖井的卧室。夹在这两个空间当中的是一间小接待室。在通风竖井的另一边是厨房和厕所，外面的过道和通风竖井把它们与公寓的主要部分分隔开了。

今天，在曾经是卧室的地方挂着一幅巨大的阿尔伯特的照片，他穿着一件方格子花纹的运动上衣，一头波浪状的黑发，看上去很敏锐，专注地弯向一个放着一本大书的画架。在照片前面的地板上放着同样一个画架，上面放的是爱因斯坦故居的来宾签名簿，吸引游客们仿效这位年轻的物理学家拍照。起居室里有一张巨大的方桌，也许与阿尔伯特度过傍晚时分的那张桌子相似，他在一盏灯下梳理描述热和能量及原子之间的关系的方程，米列娃就坐在他的对面。

结婚使米列娃自然成了奥林匹亚科学院的一员，索洛文后来回忆，在他们的公寓召开会议时，她就安静地坐在一角，聆听着他们的争论，但是很少介入。他发现她虽沉默却很聪明，而且比起家务，她显然对物理学更有兴趣。虽然米列娃一开始有愤恨和怀疑，但是她和索洛文后来变得很友好。

米列娃喜爱这个团体的亲密和同志间的情谊，但不喜欢这一聚会屋子中常常出现的那种喧闹。她痛恨阿尔伯特讲下流笑话，他当然是故意说这些的。“这个老娼妓，”他总是这样开始。“阿尔伯特！”然后就会爆发出一阵捧腹大笑，一位他们同时代的人后来把这比作一只海豹的咆哮。笑声会席卷整个房间，而米列娃却被激怒了。*

---

* Peter Michelmore, *Einstein: Profile of the Man*, p. 43.

阿尔伯特钦佩米列娃的决心,但也喜欢逗她,尤其是偶尔几次她大胆地说话的时候。她通常是提出一些数学上的看法。然后他就继续攻击她、揶揄她、对她提出问题,用他的挑战开玩笑。米列娃激动地捍卫着自己,跺着脚,脸也变红了。最后他大笑一阵投降了。他总是喜欢说,他对任何如此固守自己阵地的人都会感到敬畏。*

还有一个偶尔会来参加他们这个团体的人是哈比克特的兄弟保罗,一位机械师,他有样样都喜欢马虎将就地修理的积习,又是一个发明家。当时他正在研究继电器,阿尔伯特觉得这对电话会很有用。保罗会煮土耳其咖啡,这跟米列娃的点心一起成了学园深夜非常宝贵的宵夜。在此以后,米列娃打扫卫生,而男人们则在午夜的拱廊下和俯瞰着黑暗的阿勒河的海岬上散步。他们向前走着,继续讨论着哲学、物理、电磁学、原子、亥姆霍兹、柏拉图、休谟、陀思妥耶夫斯基(Dostoyevsky)、莫扎特和贝多芬。音乐是这对年轻夫妇的另一个重大的社会支柱。弦乐四重奏几乎每个星期都在阿尔伯特的住处集合,演奏热情如火的古典音乐。

为了庆祝阿尔伯特的24岁生日,索洛文把鱼子酱带到了每周一次的会议上,偷偷地倒在盘子里,假装那就是平常吃的大红肠。**爱因斯坦从来没有吃过鱼子酱,他遇到新的东西尤其是食物时,通常的反应是感情奔放,渐渐地欣喜若狂。索洛文坐在后面等着阿尔伯特的反应,但是阿尔伯特此时正忙着讨论伽利略和惯性的概念。索洛文和哈比克特震惊地瞪着他毫无觉察地舀起鱼子酱咽了下去。

鱼子酱全被吃完的时候,索洛文问阿尔伯特,知不知道他吃了些什么。

“天哪,这就是那么有名的鱼子酱,”阿尔伯特说。然后他又补充道:“没关系,把最精致的美味给乡巴佬吃没什么意思,他们可不会欣赏。”

索洛文为庆贺爱因斯坦和奥林匹亚科学院而画的一张漫画,其场合也

---

* Trbuhovic-Gjuric, p. 86.

** 索洛文的《给索洛文的信》中第10页讲述了这个故事,而没有说明时间,但1903年是他们唯一可能共同度过的爱因斯坦的生日。

可能是在这次生日上。一个半身像描绘了一个看上去显然像是希腊人的阿尔伯特，他坐在一把类似办公椅的转椅上。他的头被框在一个用一根大红肠弯成的弧形中，两边挂着饺子。画上的拉丁文题词是这样写的：

公元1903年

黑兴根镇人

熟悉高尚艺术，精通所有的文学形式——将岁月引导向学识，一个显然极其博学的人，充满着很高造诣、精微和高雅的知识，沉浸在宇宙的革命性科学中，满腹都是有关自然事物的知识，一个具有最伟大的和平意识、了不起的家庭美德的人，从未在公民的义务前退缩，是对那些难以置信而又能够感受得到的微小颗粒的最强有力的向导，是穷人的教堂中在精神上的绝对正确的崇高神职人员。*

在另一个不那么恭敬的场合中，哈比克特叫人在一个锡制饰板上刻了名字"Albert Rotter von Steissbein"，它的意思大致可以翻译为"阿尔伯特，屁股骑士"，他把它钉在了阿尔伯特和米列娃的门上。** Steissbein这个词还是Scheissbein（"大便腿"）一词的变化。据说阿尔伯特和米列娃看到后大笑不止，觉得自己简直要笑死了。

然而，到1903年末，奥林匹亚科学院开始衰退了。哈比克特完成了他的数学博士学位，回到了他父母在沙夫豪森的住处，他的兄弟1月初也回到了家。这个傍河的小镇离伯尔尼只有半小时的火车路程，而且哈比克特还有一辆自行车，因此阿尔伯特看不出他不能继续参加科学院的会议的理由，但是哈比克特却没有露面。阿尔伯特对他的恳求和责骂变得越来越有声有色："嗨，你这个可怜的懒骨头！"……"你这个可怜的家伙，你是曾经居住在

* *CP*, vol. 5, p. 8.

** 出处同上，p. 223。

这个世界上的所有学术界成员中最可怜的一个!”*

索洛文也完成了学业,而在1904年春,他搬到了法国的斯特拉斯堡。

索洛文的离开标志着理智卫队的一个改变。仅仅两个星期以前,在阿尔伯特的极力主张下,他的老朋友米凯莱·贝索被任命为瑞士专利局的二级技术专家——比阿尔伯特的等级高。由于米凯莱每天的上下班途中都要经过克拉姆街,因此他和阿尔伯特一起走回家,于是他们自从在大学以来就一直进行着的物理学和哲学讨论又重新恢复了。阿尔伯特一家和贝索一家变得不可分离。

阿尔伯特自己也准备好要改变方式了,他刚刚完成了关于热力学这个系列中的第3篇论文。这些论文相当于是一次尝试,用20世纪的术语对许多19世纪经典物理学重新表述。阿尔伯特绞尽脑汁的努力是要说明,热力学的定律——那些支配着工业发动机可能还有宇宙的神秘的定律,都只不过是原子的统计学结果。

到第3篇论文时,他已经快能更加精确地去探索隐藏在自然界的秩序和必然性背后的微观上的混乱结果了。由于其内部组成成分的运动随机性,因此即使是最平衡地运动着的系统也不是完全稳定的,而是有涨落的。阿尔伯特得出了一个方程,描述了一个恒温系统的能量涨落。为了说明他的统计方法变得多么精致,他举了一个例子,把这个公式不是应用于原子,而是运用于光波,得到了一个结果,它同与时间有关的一个很少有人理解的实验事实粗略一致:从一个烧热的炉壁上发出的光的强度与颜色依赖于炉子的温度。“我相信这种一致不应该归结为偶然性,”他总结道。**

只有过了一年以后,这个“一致”的意义才变得明显,但是显然这种涨落的统计学是一种强有力的工具,也是一种他渴望开发的工具。

他将这最后一篇论文的复本寄给他的另一个老友格罗斯曼,格罗斯曼刚刚宣布生了个儿子小马塞尔。格罗斯曼寄过一篇关于非欧几何的新论文

* Albert Einstein to Conrad Habicht, Feb. 20, 1904, *CP*, vol. 5.

** “On the General Molecular Theory of Heat,” in *Annalen der Physik* 14 (1904), p. 354.

的复本来。阿尔伯特高兴地回信："我们俩之间有一种异常的相似之处。下个月我们也要有一个孩子了。"*

1904年5月14日，米列娃生了一个男孩，他们给他取名叫汉斯·阿尔伯特(Hans Albert)，或者简称"阿尔伯特利"(Albertli)。同上一次一样，这是一次困难的分娩，其后，十分虚弱的米列娃需要"很好的照顾"。

这种照顾当然不是来自愠怒的婆婆——刚做了祖母的保利娜·爱因斯坦。可能是由米列娃的母亲照顾的。根据25年后对米列娃的老朋友博塔的一次访问**表明，一个合法的外孙的出世，软化了米洛斯·马里奇对女儿婚姻的态度。据说在汉斯·阿尔伯特出生后不久，他就探望了伯尔尼的这个小家庭，还给了阿尔伯特100 000克朗(相当于100 000瑞士法郎)，一份姗姗来迟的嫁妆——确实是相当丰厚的一笔财富。

但是接下去的故事是，阿尔伯特谢绝了他的岳父，他说他不是为了钱才和米列娃结婚的，她是他生活和科学中的鼓舞，是抵御犯法的守护天使。据说米洛斯流着眼泪，把这些言论详细地说给他在诺维萨德的老朋友们听。不管他自己是多么爱钱，他还是尊重阿尔伯特的意见。

9月，阿尔伯特的工资涨了400瑞士法郎，他在专利局的地位也由临时性变成了永久性。他即将成为局里电力设备方面的首席专家。那年秋天的某段时间，可能是基于他的几篇统计学论文，他受邀为一本叫做《物理学纪事增刊》的物理学通讯撰写一些评论文章。第二年，他写出了半打文章(每篇只值几马克)，对近期以各种文字出现在各种杂志上的论文——其中有意大利文、法文和英文——作了总结。米列娃曾经学习过英文，在这一方面帮助了他。

在星期天，人们可以看到他在小镇四周推着一辆带卷边的装饰华丽的婴儿车，嘴上挂着一根烟管，一本笔记簿就在手边。在当时的一些照片中可以看出，他随便地穿着衬衫而不穿外衣，眼中闪烁着柔软而机警的目光，弯

* Albert Einstein to Marcel Grossmann, April 6, 1904, *CP*, vol. 5.

** Desanka Trbuhovic-Gjuric, p. 94，和Dord Krstic都提到这个故事。

腰看着矮矮胖胖、皱着眉头的阿尔伯特利。米列娃看上去变得粗壮了，当她对儿子微笑时，她的脸变得粗糙，有了皱纹。

在家里，阿尔伯特和米列娃喜欢几乎完全用他们头生子的幼儿语言交谈。* 其结果就是，汉斯·阿尔伯特直到5岁左右才学会说标准的伯尔尼德语。

对于仍然没有完全从失去丽莎尔的打击中恢复过来的米列娃来说，这也许是最好的一段时光了。他们最终过上了在工学院时梦寐以求的生活——毫不介意其余世界的永恒的学生。这个家庭中各种想法不断奔涌。如果说只有阿尔伯特才是物理学家，她看来似乎也不介意。正如她喜欢跟她的朋友海伦妮说的那样："我们毕竟是ein stein［一块石头］。"**

尽管如此，米列娃在11月也许还是经历了一场剧痛，当时诺贝尔化学奖颁给了典型的科学研究夫妻搭档皮埃尔·居里和玛丽·居里，以表彰他们发现了镭。居里夫妇以前是名不见经传的，而且湮没在不引人注目的职位中工作，他们突然被法国的新闻界捧作浪漫主义的英雄。神秘的发着光的镭被称作"métal conjugal"（夫妻金属）。***

阿尔伯特和米列娃自己的合作越来越多地退缩为每天的一些零星时间了。只有晚上把孩子安顿睡下了以后，才有时间和宁静可以在起居室里的大桌子旁坐下来，用原子和数学的话题取代婴儿的语言。第二年——爱因斯坦一生最有收获的一年（或者对其他所有物理学家来说也是这样）——在这张桌子上产生了4篇重要的论文。它们将改变阿尔伯特的生活，而且事实上最终将改变物理学。

第一篇注定是最具有革命性的。这篇论文从阿尔伯特在最后一篇热力学论文的结束处开始，继续讨论了辐射的奇特统计特性以及炉子的发光与其温度之间的关系。秋意变得越来越深，秋夜越来越长，逐渐进入冬天，而

---

* Maja Winteler-Einstein.

** Trbuhovic-Gjuric, p. 83.

*** Susan Quinn, *Marie Curie: A Life*, p. 195.

天空变成如克拉姆街的拱廊那样的铅灰色，从山顶看去就像巴波亚海港在远处闪闪发光点缀了太平洋一样，阿尔伯特接受了量子不确定性，并且开始看得到人们早已知道的物理学终结的曙光了，虽然到20年后物理学家们才完成了这次长途跋涉。

人们为什么竟然要去关心炉子发光这样凡俗的事情呢？在19世纪后期物理学家的世界里，真正重要的只有两个主题，两个相互支撑平衡着的奥秘：物质和光。根据麦克斯韦的理论，光由以太中的电磁波动组成。根据一种不断增长的但又决不会完全一致的意见，物质是由原子组成的。正是在这两者之间的界线上，麦克斯韦的以太波和迟钝的原子论基础发生了抵触，辐射——光和热——产生了，在这里我们也许可以找到自然界内部过程的线索，就像海滩上的贝壳一样。

1859年，海德堡大学一位名叫基尔霍夫的物理学家指出，炉子的发光也许就是这样一个像谜一般的贝壳，激励着物理学家去解释它。

人们发现，只要有火，任何热的物体，从发烧的额头到闷烧的煤炭或者一只从铁匠的锻炉里刚刚快速取出来的马蹄铁，都会同时放出光和热，而基尔霍夫称之为“黑体辐射”。而且，物体的颜色及其温度之间似乎也有相互关联。事实上，早期的陶匠就是从烘烤着的陶土所发出的光的颜色来判断他们窑内的温度的。

基尔霍夫是光谱学这门新学科的一位开创者，这门学科通过分辨从物体发出的光来分析它们，例如使光通过一个棱镜形成一条组成它的各颜色的光所形成的彩虹。当一颗恒星、太阳或者说一丛火焰发出的光被这样散射为组成它的颜色时，亮的或者暗的线就会像钢琴键之间的缝隙一样，以一种模式出现在这条彩虹中，这种模式就是放出这种光的物体的性质特征。光谱学最初的重大发现之一就是，太阳和恒星是由地球上已经发现的那些相同的元素组成的——氢、钙、钠、碳、铁、氮、氧，等等。但是基尔霍夫在热力学第二定律的基础上提出，被这些线叠加其上的那一宽广的背景光的亮度和光谱特征仅仅取决于物体的温度，而不是它的组成成分。这转而使人联想到,黑体辐射揭示了关于自然、关于物质和能量之间关系的某些基本的东西。

基尔霍夫挑战物理学家们,去找出这些东西是什么,首先测量光谱中不同温度和波长的辐射的强度,其次是提出一个能再现这些结果的数学公式。"找到这个函数是一个非常重要的任务," 基尔霍夫写道,* "在它的实验测定方面存在着巨大的困难,尽管如此,似乎还是有理由希望它有一种简单的形式。"历史将表明,基尔霍夫对于问题具有高度的鉴别力。

从专业上来说,黑体是指一个与其周围保持热平衡的物体——也就是说,它们具有相同的温度。因此它辐射的能量恰好等于它吸收的能量,基尔霍夫将这个系统称为Hohlraumstrahlung(空腔辐射)。他的激励使得一代物理学家都去建造十分精密的小炉子,它可以被加热并保持在一个非常均匀的温度上,并且他们也制造了可以用来精密地测量从小炉子内部来的各种类型光的探测器。** 除了发现自然界的基本定律以外,还有一个实际的刺激诱使人们去解开基尔霍夫的问题:其结论可用来校准和完善电力照明系统。在德国,大部分的实验工作实际上都是由帝国标准局赞助的。

19世纪将要结束时,对于黑体辐射的测量已经足够完成基尔霍夫提出的第一个挑战。人体和其他室温物体(它们的绝对温度大约是300K)在波长为几千分之一毫米时最亮,处于电磁波谱中的红外线的深部,人眼无法看见,但是容易作为热效应表现出来。在3000度时,"黑体"看上去不再那么黑,而是放出一种非常暗的红光,就像一个电力不足的电灯泡;6000度时,黑体大致相当于太阳的表面温度,将会是黄色。大约在10 000度以上时,黑体将呈现蓝色,但实际上它的大部分能量将以比可见光波长更短、频率更高的不可见的紫外线形式辐射出来。

虽然在任一给定温度下只有一种颜色占主导,但事实上黑体辐射出的

---

* Abraham Pais, "*Subtle Is the Lord...*," p. 364.

** 其中就有韦伯,他后来在瑞士工学院对他的结果作了演讲——这几乎是韦伯最接近前沿的一次。

光包括整个光谱的色彩。在一张强度对频率的图表上，黑体的光谱看上去就像一个不对称的驼峰或者是一个大海的浪峰。光的频率越高（或者光的波长越短），强度就越高，直到由黑体的温度决定的最高的一点。超过了这个所谓的特征频率（太阳的特征频率相应于约6000度）以后，强度就下降得非常快。黑体越热，它的最大发射光频率就越高，它总体上所辐射的能量也就越多。只要温度升高，黑体就变得越来越蓝、越来越热。

然而，事实表明，这个挑战的第二部分——理解这条曲线的意义——将更困难。19世纪物理学的伟大突破是麦克斯韦的光的电磁理论。如果有什么能够破译黑体的奥秘的话，那么它无疑就是这一理论。毕竟，根据麦克斯韦的理论，黑体辐射的无数变化只不过是不同波长的电磁波而已。但是在1899年，热力学方面的一位英国专家瑞利（Rayleigh）勋爵[也叫斯特拉特（John William Strutt）]和金斯（James Jeans）努力真正地尝试去用麦克斯韦的理论来计算黑体的光谱，他们得到了一个惊人和荒谬的答案——这样的物体，除了在紫外线和X光波段的极度无限强烈的闪光之外，根本不会发光（没有热量，也没有可见光）。

原因是简单的：为了保持热平衡，基尔霍夫炉中的能量必须均匀地分配给适合于这个炉子的所有波长；事实上，每种可能的颜色都有权利具有其各自的分离而又等量的一小份能量。此时的问题是，有无数可能的不同颜色或波长能适合这个炉子，而且虽然对炉子的光波会有多短也没有确定的限制，但是对它有多长却有一个确定的限制，那就是炉子自身的尺寸。正如小提琴的弦能用一个基本的音调或者它的更高的和声振动，但不是更低，因此黑体也只能够包含比它本身小的光波，但不能更大。

这就暗示了要达到平衡就需要无穷多的能量，因为其中还有无数更短的波长能拥有能量。它另一方面暗示了，不管黑体具有什么能量，都会迅速流向光谱中短波高频的一端，从而仅以紫外线或X射线的形式辐射出来——不可见、不具有热效应、而且可能是极有害的——世界因之将凝固起来。物理学家们把这一结果称为“紫外灾难”。世界既没有冻结也不是黑暗的，这个事实表明，到1900年为止，把人们认为是标准物理学的电磁学和热力学这两者结合起来，其中必定存在着某种严重的错误。

基尔霍夫于1889年去世了，未能知晓黑体辐射光谱关于自然试图告诉他些什么。他曾一直工作的柏林大学把他的教授职位给了玻尔兹曼，玻尔兹曼谢绝了；然后又给了赫兹，赫兹也谢绝了。最后找了一个名叫普朗克的年轻理论物理学家，他在这以前曾申请过格丁根大学的一份工作，但失败了。正是普朗克最终解开了基尔霍夫的黑体之谜。

普朗克是一长串学者、牧师和律师的后裔，他当时31岁，体现了在德意志文化中所有值得钦佩的东西。从他读研究生时的一张照片可以看出，他是一个瘦长、漂亮、脸刮得光光的年轻人，穿着礼服，戴着一副夹鼻眼镜，用近乎天使般的激情注视着前方。后来，他的明显特征是留有胡须。普朗克羞怯而谦逊，又拥有一种内在的自信和不可动摇的决心，他用持续的努力以及同样重要的、天赋的聪明才智节节前进，成了经典热力学的世界级专家之一，经典热力学对他来说代表了人类自亚里士多德时代以来就渴望得到的那类普遍的不变真理。*

把普朗克称为保守派太轻描淡写了。他仍然不相信原子，坚信玻尔兹曼用统计学来研究世界的方法损害了热力学的崇高地位。对于普朗克来说，第二定律——熵永远增加——只是一条定律，不是一条关于概率的命题。“纵使原子理论迄今为止享有巨大的成功，但是连续物质的假说会被支持，原子理论最终将会被抛弃。”他在1882年这样写道。**

原子论和热力学之间的冲突在以后的20年中不断地撕扯着他，那时他的大多数同事都早已接受原子论的世界观了。当时的一位历史学家开玩笑说，世界上只剩下四位科学家还在用这个问题自寻烦恼。*** 1897年，当普

* John L. Heilbron, *The Dilemmas of an Upright Man: Max Planck as Spokersman for German Science*, p. 29.

** 出处同上，p. 14。

*** 出处同上，p. 19。

朗克着手对所谓的空腔辐射进行一次典型集中研究时,他就是这四人中的一个。

虽然瑞利的惨败和黑体曲线的不断修正就在普朗克的面前,他还是在1900年的10月重新坐下来对付黑体问题。在他的探讨过程中,他运用了新的理论——由德鲁德、汤姆孙、洛伦兹、勒纳和其他一些人使其流行的理论——即物质中充满了被称为电子的带电粒子。普朗克把炉壁想象成装满了电子,而进来的电磁波使之来回振荡。振动着的电子会反过来向空腔放出辐射,直到整个空腔的辐射像床垫的弹簧一样振荡起来,一个平衡——热平衡黑体辐射——达到了。

普朗克在史诗般的行为中用了一个巧妙的数学方法,最终发现了一个奏效的公式。在他努力地要给他的符号赋予一种物理意义时,他最终不得不利用了玻尔兹曼的熵的统计概念,并作出了另外两条看来与它们的灵感来源同样异想天开的假设:第一条是将辐射的能量在数学上看作是分立的一些颗粒,至此他可以把玻尔兹曼为气体中的分子建立起来的技巧应用于这些分立的粒子。第二条是对他的小电子振子的行为作了一种奇特的约束。普朗克被迫假设它们只以他称为**量子**的分立小包的形式放出或吸收能量。这种古怪的调节的效果是为了使这些振子事实上就像一个爱挑剔的银行出纳员一样,既不愿意找零钱,也不愿意收零钱。

科学界对于这些量子的反应多数都是慌张不已。它们意味着什么?它们是真实的还是仅仅是一种方便计算的工具?当普朗克的公式完美地预测了黑体曲线时,他本人反倒对刚刚创造出来的东西觉得有点困窘,希望不要过分地看待它所牵连的问题。"我不得不得到一个确实的结果,在任何情况下,不惜一切代价,"普朗克后来解释道。* 在其后的4年中,这个公式一直被认为是一个没有明确物理意义的神奇的数学发明。同时,由于玻尔兹曼的统计学所带来的成功,普朗克改变了看法,总算皈依了原子论。

对普朗克的论文慌乱不已的人中有一个就是爱因斯坦,他第一次读到

---

* Pais, "*Subtle Is the Lord...*," p. 370.

它是1901年在温特图尔教书时。他那时不喜欢它,感到他所立足的基础似乎被拔掉了。* 1904年末,当阿尔伯特用新掌握的统计物理学重新来研究这个课题时,他甚至更不喜欢它了。他总结说,普朗克的计算充满了错误。他写信给普朗克,可能是用他通常的圆通的方式提出批评。随后通信开始了,但这些信件都在第二次世界大战期间普朗克的房子遭受轰炸时被毁了。

1905年初,阿尔伯特着手重新正确地进行普朗克的计算。至此,他已完全有能力运用统计力学。如果他开始计算时希望收复他和其他物理学家脚下的土地的话,那么他就错了。到3月,当他把他的结果寄给《纪事》时,这块土地已经完全消失在视野中了。当普朗克已经乐于认为在光波和物质之间的能量交换仅以某些分立的量发生时,阿尔伯特发现自己正在主张——看起来似乎是要与麦克斯韦本人对着干了——光波自身的行为就好像它们是由粒子组成的:一份份微量的能量,它们在恰当的情况下正像弹球一样地独特。

在阿尔伯特题为"关于光的产生和转化的一个试探性观点"的论文开头处,他特别提到在物质和电磁的概念之间有一种带有根本性的矛盾。** *** 物质被看作是大量、但又数量有限的分立元素——也就是原子——的集合,然而光则被描述成连续的波。容易看出,要在数学上将这两种观念紧密结合起来可能会有一些问题。

阿尔伯特指出,传统的光学实验支持麦克斯韦的波动图像,但是这些实验涉及将这些光波的行为在一段比它们的频率长的时间内进行平均,其结果是任何可能存在的非波动性质都不会出现了。他坚持说,其实近来的这些实验,例如对黑体辐射的研究和勒纳指出的通过紫外线照射可以使电子弹出金属,只要假设光在形式上**不是**连续的而是呈颗粒状的,就要容易理解

---

* "Autobiographical Notes," in Paul Arthur Schilpp, *Albert Einstein: Philosopher-Scientist*, p. 45.

** *CP*, vol. 2, p. 149.

*** 见《爱因斯坦奇迹年》第124页。——译者

多了。“根据在这里将要作周密考虑的假设，”他说，“当一束光线从一点散射开来，其能量并不是连续地被分配到不断增大的空间之中，而是由有限数量的能量量子所构成，它们是空间中的一些局域点，移动而不分隔开来，并且只有作为一个整体才能被吸收或者产生。”

然后阿尔伯特又重新进行了普朗克对黑体辐射公式的计算，并且说明了，尽管普朗克可能已经得到了正确的答案（或者至少是符合实验数据的答案），但他做到这一步只是因为他使用了有关概率的错误定义。这样的做法只能有助于人们认为普朗克得出他的公式着实是多么地不可思议。阿尔伯特坚信，如果普朗克当时使用了正确的定义，他就会以得到跟瑞利一样的答案而告终，也就是说，黑体的强度在高频时将会达到无穷大。

爱因斯坦总结说，因此普朗克的公式是不能信赖的。瑞利的公式也同样不能，它只对小于最大强度处的转换频率的那些频率适用。他指出，还存在着另外一个公式，是由维尔茨堡大学的一位奥地利物理学家维恩通过试错法给出的，它成功地描述了黑体辐射在高频时下降的另一半曲线。这个公式完美地适用于黑体光谱中最难以理解和棘手的那一部分，但是没有人（包括维恩自己在内）能理解它的意义。

阿尔伯特开始着手重建维恩的公式，发现它导出了一个关于黑体辐射的熵的公式，而且它与玻尔兹曼关于由分子组成的普通气体的熵的公式惊人地相似。爱因斯坦得出结论，黑体辐射在热力学上的行为，就好像它不是连续的，而是由分立的各份能量或量子组成的。

这是一个精微的论证，是在自然中不同事物分界之间的一次辉煌的阐释，但是还不止这些。爱因斯坦接着指出，光由能量小球组成的概念，也能解释一些近来的实验，比如勒纳做的那个实验的奇妙特征之一是，增加光的亮度会增大金属中溢出的电子数，但不会增大它们的能量。阿尔伯特这样建立了理论：假定每个电子只能要么吸收一个量子的能量，要么一点都不吸收。在他和普朗克的理论中，一个光量子的能量是一个数学常量——用h表示（后来被命名为“普朗克常量”）——与该辐射的频率相乘的积。增加光的强度仅仅是增加了量子的数量,因此能被撞出的电子的数量就会增加。要增大量子的能量并由此增大产生的电子的能量的唯一方法因此就是加大频率。爱因斯坦为勒纳的实验提出了一个简单的方程,它把照明光的频率、所用的金属板的性质以及阴极射线的能量联系了起来。他对于“光电效应”的解释就可以通过这个方程加以测试和证实。几乎在10年以后,一位美国加利福尼亚理工学院的物理学家密立根(Robert Millikan)证实了这些预言,并最终获得了诺贝尔奖。

与此同时,物理学正处于深渊边缘的一种不稳固的平衡之中。量子意味着什么?它只是阿尔伯特的论文标题所暗示的一种试探,一种在计算上“有用的虚构”,还是Lichtquanten(光量子)真实地存在着?

阿尔伯特喜欢将自然比拟成一个只能一品脱一品脱来狂饮啤酒的酒徒,以此来解释量子原理。除了这一特征使得我们的宇宙成为一个温暖的、适合居住的地方的事实以外,自然界为什么会选择以大口大口的形式来暴饮能量,而不是以水龙头里流出的连续的水流形式小口啜饮,这还是一个谜。现在清楚了,无论牛顿力学还是麦克斯韦的电磁波理论都不能声称其拥有绝对的正确性,而在阿尔伯特年轻时,这两种理论被赋予了这种正确性。需要一些新的原理来充当物理学的根基。

没有人同意爱因斯坦的看法,他的论文也大半被人忽视了。甚至量子之父普朗克也认为他走得太远了。普朗克和他的其他同事们发现,容易坚持下列思想:量子只不过是人们勉强地用于一个难以理解的计算中的一种必要的手段而已。从已经确立的物理学界的立场来看,阿尔伯特是一个局外人,是一个在专利局工作、业余爱好浏览期刊的涉猎者。从阿尔伯特自己的立场来看,他既没有什么期待,也没有什么可失去的。培养他的学校都不强求他去效忠。他没有良师益友,也不欠任何人情需要他来报答。他似乎无所畏惧。他负担得起激进所应付的代价。

对于阿尔伯特来说,他关于量子的论文的发表标志着一个非常时代的开始。在接下来的两个月里,为了估计假想的糖分子的尺寸大约是直径一百万分之一毫米，他对水中的糖的黏度和扩散进行了一次难懂的数学分析。这次计算还有另一个价值，就是得出了一个重要的常量（称为阿伏伽德罗常量）的数值。如果有什么东西能够表达所谓的原子世界中匪夷所思的小尺度，那就是这个数，它表示某种物质的分子数，而使它们的质量正好等于该物质的分子量（用克做单位）。例如，1克氢、18克水，或者56克铁，根据化学理论和气体理论，它们应该包含相同数量的分子。但是这个表示世界的统计复杂性的数是多大呢？阿尔伯特得到了一个值2.1×10^{23}——大约是现在接受的值的三分之一。即使你在显微镜下能够看到的最小的墨水斑点大的物质，也确确实实地包含了数不清的、数十亿的微粒。

专心致志地埋头于热力学、统计力学和运动气体理论四年以后，阿尔伯特迫近了虚构的、受争议的原子世界。"在这方面，我的主要目标是去发现真相，"他解释道，"那将尽可能地保证有限尺度的原子的存在。"* 虽然在那时大多数的物理学家和化学家都已经屈服于将原子的推理作为这个世界的组织原则，但是对于他们中的许多人来说，仍然存在着疑惑：原子和量子一样，是否是确实存在的，或者只是一种方便的（用一个特别受喜爱的词来说）试探、一种有用的虚构。

后来的结果证明，对这些怀疑论者的致命一击来自于阿尔伯特对液体和溶液的物理学的兴趣，这一兴趣构成了他第一篇已公开发表的关于分子力的论文的基础，也是他和贝索之间无数次通信以及他刚刚完成的工作的主题。自从显微镜发明以来，人们已经知道，哪怕最洁净的水也充满着微观粒子，它们看上去就像一道阳光中的微尘一样四处舞动。** 在1828年一位植物学家布朗（Robert Brown）对它进行了仔细的观察以后，这种现象就被称作布朗运动。在其间的多年中，人们尝试着对布朗运动作出大量的解释，但都被发现不够满意。其中有：对流运动、电和太阳的作用、蒸发、毛细作用力、简单的热动能，以及甚至粒子是活的这种可能性。法国物理学家居瓦（Louis-Georges

---

* "Autobiographical Notes," p. 47.

** *CP*, vol. 2, p. 208.

Guoy)认为,布朗运动破坏了热力学第二定律,他的这一看法在爱因斯坦、索洛文和哈比克特读过的庞加莱所著的《科学与假设》一书中曾提到过。

阿尔伯特在此之前并没有去着手解决布朗运动的难题;他在寻找原子的某种看得见的、可以测量的和明确的表现形式。

根据玻尔兹曼的分子运动论,气体或液体中的分子速度并不是均匀的,而是相当随机地偏离于某个由温度决定的平均值。由此,爱因斯坦推究,悬浮在这样一种液体中的小粒子所受的压力将由于它被不同速度的分子碰撞而会有所波动。在不到一眨眼的功夫里,这个粒子将被以这样那样的方式高速地撞击。每一次撞击都只维持几分之一秒,在此期间粒子只前进了——就像10年前勒纳在给米列娃所作的一次演讲中描述的氧分子一样——一根头发宽度的几分之一。然而,经过一段时间,这些随机碰撞的作用将叠加起来,粒子将会出现一种醉汉般的步态。阿尔伯特使用他以前研究涨落所建立起来的一套统计方法,计算出一个典型的粒子在一分钟的时间内大约会移动6微米(1微米是千分之一毫米)。这个距离在理论上可以用一个好的显微镜测出,对于阿尔伯特来说,这是仅次于看到原子本身的最好的事情了。他提出,这样的跳跃也许就是人们在布朗运动中观察到的,尽管他声称他对这种现象所知不多,还不足以作出判断。

他总结道,这一结果的证实将会使我们获得关于原子大小的精确测定。但是他也承认:“相反,如果这种运动的预言被证明是错误的,那么这一事实就会对热的分子运动概念构成一个重要的反对理由。”*

这篇论文发表在7月份的《纪事》上。与他关于光量子的那篇论文不同,这一篇引起了一阵强烈的关注和信函交往。后来在1905年,苏黎世大学一位名叫仓格尔(Heinrich Zangger)的研究布朗运动的法医学教授来到伯尔尼访问阿尔伯特。他们之间擦出了火花。仅次于贝索,仓格尔成了爱因斯坦在这世界上另一个最好的朋友。

4年以后,爱因斯坦的预言——以及随之而来的玻尔兹曼的预言——由

* *CP*, vol. 2, p. 223; *Annalen der Physik* 17 (1905), p. 549.

法国人皮兰(Jean Perrin)以令人震惊的精确性予以了证实。(这个荣誉对玻尔兹曼来说为时已晚,他于1906年自杀了。)皮兰后来写道:“原子理论胜利了。直到最近它还有为数众多的敌手存在,他们最终都被征服了,现在他们一个接一个地放弃了疑虑,这些疑虑长久以来一直是既合法又无可争辩地有用。”*

1905年的春意沿着因阿尔卑斯山积雪融化而涨水的阿勒河渐浓了,郁金香和百合花在伯尔尼岩石要塞阳坡的台地上萌芽了。阿尔伯特和米列娃在为他们自己及他们活泼的一岁大的正在乱爬的孩子寻找更大的空间,他们收拾起他们的东西,从美丽的克拉姆街越过小镇,搬到了伯松施瓦韦。它位于伯尔尼大学与阿尔伯特爱同他的朋友们一起攀登的古尔滕山之间。

两个星期以后,快到5月底了,他写信给永远缺席的哈比克特,总结了这个对任何物理学家都不平凡的春天,更不用说阿尔伯特了。**“你在忙些什么,你这条冻僵的鲸,你这个干瘪的烟鬼和老酒鬼,或者还有什么我可以用来扔到你头上去的,”他开头这样写道,然后接着描述了他在这个春天收获的4篇论文,哈比克特很快就会收到它们。被他描述为“非常革命的”第一篇是关于辐射和光的,而第二篇和第三篇则关于原子物理、分子的大小和它们在液体中的随机运动。

最后,他继续说道,另一篇论文还没有写。它还只是头脑中像定时炸弹那样嘀嗒作响的一个念头。“第四篇论文现在只是一个粗略的草稿,是动体的电动力学,采用了对空间和时间理论的一种修改过的形式,这篇论文中的纯运动部分一定会让你感兴趣。”

---

* Pais, “*Subtle Is the Lord...*” p. 104.

** Albert Einstein to Conrad Habicht, May 25, 1905, *CP*, vol. 5, trans. Valerie Tekavec.

第十章　五月里的六个星期

如果1905年这一年代表了阿尔伯特一生中的一次科学爆发，那么那年中的5月这一个月就是爆发中的爆发。在6个星期的酝酿、拼命和创造的爆发以后，阿尔伯特解决了困扰他10年的关于以太中光波的舞蹈的那些问题和悖论。当他脑海中的雾最终清晰了的时候，揭示出来的宇宙原来是一个比阿尔伯特或者任何一个别的物理学家曾经敢于想象的都要简单得多、奇特得多的场所——一个更加前卫的场所，剪掉了无法观察的形而上学的包袱和空间与时间上绝对的东西，是一个既没有以太也没有中心的世界，除了变化外没有任何界标。在科学中，没有几次所谓的革命是真正的革命，但相对论是一次真正的革命。

这是一次由很多来源提供滋养的革命。阿尔伯特在潜心研究光以及它是如何与宇宙中的其他奥秘融合在一起时，完全不是孤独的。1894年，在阿尔伯特进入工学院的两年前，无线电波的发现者赫兹为整整一代的物理学家制订了研究日程，这就是力学和电磁学的统一。11年以后的1905年春，这一情景以完全不同于赫兹曾预想的那种方式进行着。虽然赫兹曾经根据牛顿力学定律的方法寻求用以太的振动来解释光波的方法，但一些新世界观的拥护者却尝试将力解释为一种电磁效应。根据这种当时所谓的电子理论，物质是由带电的小球组成的，它们之间以及它们与以太之间的相互作

用，通过精巧的数学处理，可以用来说明几乎一切物理现象，包括质量和动量的存在。

欧洲最聪明、最有才智的人都对这幢大厦作出了贡献，但是导致这一结果的一些最有影响力的想法是由一位和蔼的荷兰物理学家洛伦兹描绘出来的，当时他正坐在莱顿家中的写字桌前，抽着雪茄烟，喝着葡萄酒，同他的家人生活在一起。洛伦兹因为他的世界主义和迷人人格以及他的科学天才而受到他的同事们的尊敬，他似乎一生都很顺利。他是一个花匠的儿子，只用了一年半的时间就完成了莱顿大学的课程，以后的7年他一直在家里工作和学习。他以关于麦克斯韦光学的一篇博士论文崭露头角，这篇论文赢得了整个荷兰的颂扬，并为他——在24岁的时候——赢得了欧洲第一批明确地被指定为**理论**物理而设的物理学讲席。

处于中产阶级的光彩之中，洛伦兹追寻着宇宙的二元论。洛伦兹的前辈们如威廉·汤姆生（William Thomson，也叫开尔文勋爵）和赫兹都提出原子是由以太中的纽结和漩涡构成的；洛伦兹则认为原子和以太是自然界中分立的、不同的元素。以太是连续的、无所不在的。分子（或者原子——他交替地使用这两个术语）是分立的实体，含有电荷，有正的也有负的，他把它们称为离子。正是这些电荷的流动产生了电流，同时它们也是在以太中形成波动的力场的来源。"分子力，"他写道，"通过以太的干涉起作用。"*

在洛伦兹的图像中，以太是静止的，也不像别的一些物理学家所推测的那样会随着移动的物体而被拖动。不幸的是，这跟菲佐的实验结果相矛盾，这个实验是科学家们所拥有的关于以太的唯一可模糊触知的证据。为了纠正这个看上去的不合理之处，洛伦兹假设在移动物质中的光波和固定物质中的光波之间有一种奇怪的数学关系。他所谓的"对应态定理"的一个特征是，有一个应用于运动物体的、称为"地方时"的虚构的坐标，并且这个时间比真实的时间要慢。

正是在这个理论的基础上，洛伦兹于1892年提出了他所谓的"绝望的"

* Arthur I. Miller, *Albert Einstein's Special Theory of Relativity*, p. 30.

解答，来解决迈克耳孙和莫雷探测假设地球在以太中运行所引起的对光速的影响这一实验的失败。他们得到的结果说明，要么地球是在所有旋转着的天空中的一个死一般的、相对于以太完全静止的天体——在历史的这个开明舞台上，这是一个相当非哥白尼的概念——要么完全就有别的什么东西正在起着作用。这“别的什么东西”就是我们后来所知的洛伦兹(或者叫做洛伦兹—菲茨杰拉德)收缩。洛伦兹提出，假定造成一个运动的物体能聚合在一起的力(电力和其他的力)会受到该物体在以太中的运动的影响，这并不是不合理的。此时产生的“风”将会把分子推得更接近，从而导致物体收缩。因此，洛伦兹推测，迈克耳孙和莫雷的测量工具的臂在指向“以太风”的方向变短了，这就改变了沿着那个方向上的光速测量结果，而正好足够补偿地球的速度。[洛伦兹不知道，一位爱尔兰物理学家菲茨杰拉德(George Francis Fitzgerald)3年前* 在一封给《科学》的信中已提出了一个完全相同的假设，他误以为** 那封信从未发表过。]

洛伦兹在1895年的一篇论文的最后一章更完全地解释了这个收缩的假设。在以后的10年中，为了保证麦克斯韦方程组及光学和光的其他一些定律对于静止的和移动的观察者都相同，他将会采用许多假设，这是其中之一。他建立这个概念时，是根据关于对应态定理的那一类麻烦的规则。

在洛伦兹的图像中，以太已经取代了牛顿的绝对空间，成为最终的但是不可知的普遍的参考系。那是上帝高雅的小舞台。它在那里，但是你永远无法探知它，永远无法知道你是静止在其中还是在里面运动。正是这种在以太中不可见的性质保留了牛顿力学的一个重要信条：物理学定律对于任何自由移动的观察者应该都是相同的。那就意味着——正如马赫曾强调过的——唯一可以被探知并且具有物理意义的运动就是那些相对于其他“可以测量的物质”的运动。庞加莱把这个观念称为相对性原理。

庞加莱起了一个思想的情报中心作用。他勉强认可了洛伦兹的理论是

* Abraham Pais, “*Subtle Is the Lord...*,” p. 122.

** Banesh Hoffman, *Relativity and Its Roots*, p. 82.

当时流通的理论中“缺点最少的”。“一种解释是必要的，”他谈到迈克耳孙—莫雷实验时干巴巴地写道，“而且即将出现，解释总会有的，我们最不缺乏的就是假设。”*

1899年，英国人J·J·汤姆孙最终表明了所谓的阴极射线实际上就是带电的粒子，这些粒子确实就是组成一切物质的基础，于是整个欧洲开始欣然接受洛伦兹的一些理论。一位格丁根的实验学家考夫曼充满热情地指出，电子就是长期以来在寻找的初始原子。** 在1900年为庆祝洛伦兹的博士论文25周年的一次会议上，德国物理学家维恩（阿尔伯特曾在1899年写信给他，谈到了他自己提出的以太风实验）预言，电磁学将取代力学，成为物理学的基础。

洛伦兹立刻领会了维恩的精神，甚至尝试用电磁学来解释重力。他推测，牛顿的伟大但未经解释的定律也许是来自相同的电荷之间的吸引力和排斥力的一次轻微的错误配合：不同电荷之间的吸引力可能比相同电荷之间的排斥力稍强一些。***

亚伯拉罕（Max Abraham）是格丁根的一位年轻的私俸教师，也是普朗克以前的学生，他在所有人中最热衷地接受了维恩的建议，并于1902年宣布了第一个电磁学方面的万物之理。

亚伯拉罕的理论的最重要部分是所谓的刚性电子，即负电荷或正电荷的一个球形场。亚伯拉罕相信，为了避免被它自己的电斥力吹开，它必须是

---

* Henri Poincaré, *Science and Hypothesis*, p. 172.

** Miller, *Albert Einstein's Special Theory*, p. 46.

*** 洛伦兹将他的理论应用于当时尚未解决的万有引力异常，即水星的令人困惑的运动。像所有的行星一样，水星围绕着太阳沿椭圆形轨道运行。然而，天文学家在对宇宙的规律性进行越来越精细的研究中，注意到水星的近日点（它最接近太阳时的那一点）在空间中不是固定的，而它本身也在绕日旋转。因此经过一段时间——要测量几千个世纪——水星将在空间中走出一种玫瑰花形的轨迹。这种行为中的大部分可以由其他行星的万有引力作用和太阳形状的略具扁平来予以解释，但是有很小的一部分——相当于每个世纪43弧秒，这一微小但棘手的不相符——仍然嘲弄着牛顿和天文学家们。当时每一个学习天文学的学生，包括阿尔伯特在工学院时，都熟悉这个神秘的、盘旋在知觉边缘的谜。洛伦兹用他的理论得到了一个解，他的解答方向是正确的，但量值错了。许多理论都在水星问题上失足了，而洛伦兹的理论是其中之一。

刚性的。这个电子，包括它的质量，都只是能量——也就是说，一个电场。*

亚伯拉罕被看作是欧洲最聪明的物理学家之一，也是最尖酸刻薄的物理学家之一，他的舌头让他一辈子都陷在麻烦中。他去世的时候，有人说道："他爱他的绝对以太、他的场方程、他的刚性电子，就像一个年轻人爱恋他的初恋情人。"**

亚伯拉罕的理论以及其他的电子理论所涉及的更奇怪的问题之一是，既然运动电荷会在其周围的以太中产生附加的力和场，那么一个"电子"的质量将会随其相对于以太的速度而增大。事实上，在格丁根，考夫曼已经着手测量真实电子运动时的质量。他在一个香烟盒大小的盒子中的强磁铁的两极之间放置了一点点镭。他已经证明了由放射性物质放出的所谓的β射线与汤姆孙、勒纳研究的阴极射线是完全相同的——换言之，它们都是带电的微粒，只是更快。镭放出的电子的速度是光速的十分之九，这对出现一些奇特的效果已经足够快了。考夫曼记录下了从盒子一端出现的电子由于磁场的作用而偏移的量，并总结说，他的初步结果是支持亚伯拉罕的理论的。

1904年，洛伦兹用他自己十分成熟的电子理论进行了还击。与亚伯拉罕的刚性球体不同，洛伦兹的电子柔软而可变形。静止时它是球状的，但运动时以太的阻力将电子挤压成薄煎饼形状。电子走得越快，就变得越扁平，直至达到光速时，它在飞行的方向上完全没有厚度。洛伦兹认为，当电子前进时，它们所组成的原子和物体也在前进。洛伦兹最初假设运动物体在以太中迅速前进时会收缩，现在这就可以完全归因于组成它们的"电子"——带正电的或带负电的——收缩和变平。

他建立了一组综合的方程，即我们现在所称的洛伦兹变换，描述了当电子相对于以太运动得越来越快时，它的性质如何变化。这些影响太微小了，以至于在日常生活的尺度中是注意不到的。一把由洛伦兹的带电粒子构成的米尺在以光速的七分之一——42 000千米每秒——前进时，它被以太的力

* Miller, *Albert Einstein's Special Theory*, p. 55.

** 出处同上，p. xxv。

压缩的量只有百分之一——仅1厘米。在此速度下时间也会变慢，而质量似乎会增加相仿的一点儿。

洛伦兹的理论是有效的，但是在它的最终形式中包括了11个不同的基本假定。“我们几乎不需要说我们是以全部应有的保留来提出现在这个理论的，”洛伦兹羞怯地写道。他又继续补充，“我们关于电子收缩的假定本身不能宣布为看似合理的或不能接受的。不管我们对于电子的性质知道些什么，那都是很少的，我们能使我们要更进一步的唯一方法就是去验证我在这里提出的每一个假设。”*

亚伯拉罕攻击洛伦兹背叛了电磁学的世界观——这个荷兰人的压扁的电子需要额外的机械力以保持完整无缺。就庞加莱个人来说，他惟恐这幢大厦不牢靠，在承认洛伦兹的理论似乎有效的同时，1904年9月，他在美国密苏里州圣路易斯的艺术与科学大会上抱怨，他的相对性原理被最近的一些事件“重创”了。“也许，”他大声地提出了自己的诧异，“我们同样也必须建立一种全新的力学(我们只成功地瞥见了它)，在其中惯性随着速度增大，而光的速度将变成一个不可逾越的限制。”**

庞加莱开始将洛伦兹的理论重新改铸成一个在数学上更加优美的系统。除了别的以外，他尤其注意到洛伦兹变换组成了在数学术语上称为**群**的东西：任何多个变换都可以加在一起，产生一个新的也遵守洛伦兹法则的变换。一个物理学家可以从地上跳到每小时100千米的火车上，然后从那列火车上跳到另一列速度是它两倍的火车上，这对他的钟或尺的效果与他(或她)当初直接跳到那列比较快的火车上是一样的。

有一个特殊之处庞加莱并没有遗漏掉：洛伦兹变换是可逆的。因为所有的运动都是相对的，因此数学上预言，正如地面上的一位物理学家会看到对他而言相对快速行驶的物体会变短和变慢一样，火车上的一位物理学家也会察觉他站在陆地上的同事随着变慢的钟变矮了。庞加莱认为这是荒谬

---

* Miller, *Albert Einstein's Special Theory*, p. 75.

** Gerald Holton, *Thematic Origins of Scientific Thought: Kepler to Einstein*, p. 198.

的。他把这些逆转的变换看作仅仅是数学上的人工制品，没有物理意义。他知道，以太是不动的。

阿尔伯特在专利局的桌旁或是在家里的油灯下工作不辍时，既不把自己纳入力学世界观的一伙，也不把自己归为电磁学世界观的同党。第一种看上去噱头太足了。当他还在做学生时，他对赫兹的书已经不感兴趣了。其时赫兹这位老法师正开始推测以太带有"隐藏的物质"，从而用力学联系来代替力场。* 阿尔伯特在专利局的同事绍特写过一篇关于光波的力学模型的论文，但他有一次想跟爱因斯坦讨论它时，却被突然打断了。"我是一个异教徒。"不感兴趣的阿尔伯特表明了态度。**

虽然洛伦兹的电磁学看来似乎更有美学价值，但是阿尔伯特受到它是一种二元理论这一事实的困扰——换言之，它允许分立的点和连续的场存在于同一空间中。他认为，实在应该不是分立的就是连续的，但不能两者兼具。而且，阿尔伯特以前也没有非常仔细地关注洛伦兹的工作。他阅读了1895年洛伦兹讨论收缩假设的那本书，但是没有读此后他在电子理论中将这种变换普及到如质量这样的其他量上的那些论文。阿尔伯特也没有阅读过庞加莱本人关于电子理论的论文，它被刊登在1905年6月5日的一本法国杂志上，就在他给哈比克特写了那封耀武扬威的信后的两星期。*** 那么，阿尔伯特是在哪里得到想法去推翻有关空间和时间的那些盛行的概念的呢？

对阿尔伯特来说的幸运事已经证明对历史学家们是一个障碍。有最好的朋友米凯莱与他一起步行来去专利局，又有米列娃每天在日暮时饥肠辘辘地坐在写字桌旁等候着，所以对他来说，没有必要用通信的方式来详尽阐述他的想法，当然有了书信来往以后就可从这段时期——爱因斯坦这个春天的最高潮中——攫取轶闻的一些细节。据我们所知，不论阿尔伯特、米列

* Miller, *Albert Einstein's Special Theory*, p. 126.

** Miller, *Albert Einstein's Special Theory*, p. 126.

*** 可参阅的讨论，见*CP*, vol. 2, p. 260，以及Miller的*Albert Einsteins' Special Theory*, p. 87。

娃还是米凯莱，都没有记日记的习惯。而且，此时离爱因斯坦成名还有15年，离记者们想知道他是怎么做到他所做的任何一件事的而来追踪他还为时太早。这段时间详细资料的匮乏导致了在公众的想法中又一个普遍的误解，认为现在我们所谓的狭义相对论的缘起是一个谜。为了追寻他的思想轨道的线索，两代学者搜索了阿尔伯特以后的通信、回忆录、旧课本和学校里的课程，然而结果证明——按庞加莱原话的意思来说——历史学家们最不缺乏的，还是假设。

阿尔伯特走向相对论的一条可能的路径，在霍尔顿(Gerald Holton)经典的《科学思想的基旨起源》(1973)一书中精巧而坚持不懈地重现出来了。它使我们找到了一位默默无闻的德国人，他念的是土木工程，而在禀性上却是一位哲学家，他的名字叫做弗普尔(August Föppl)。1892年，弗普尔显然是厌倦了在莱比锡大学执教农业机械的课程，写了一本关于麦克斯韦电磁理论的教科书。* 在该书的第5章，他揭露了贯穿于物理学中的一种深刻的错误方法，并挑战物理学家们考虑一下他们是否应该改变自己关于空间的概念了。

弗普尔解释道，在牛顿和马赫的力学中不存在绝对的参考框架，只有相对位置和相对运动具有物理意义。然而电磁学**确实**有一个，那就是以太，即填充空间以及传递波和其他力场的媒介。这就导致了原则上的各种冲突。

例如，我们考虑由一块磁铁和一个导线圈组成的一个简单例子。1832年法拉第发现，在导线附近移动一块磁铁会使该导线中有电流产生。由此涌现出了欧洲的电动机械改革。根据相对性原理，是线圈动还是磁铁动并没有关系。结果一定会产生相同的电流。然而，根据麦克斯韦的理论，这两者中哪一个在动会引起截然不同的结果：如果是磁铁动，它在以太中的运动会在其自身周围产生一个电场，这个电场又会转而在导线中产生一个电流；如果是导线动，那么导线中的电子会感受到来自该磁场的一个“电动力”，并作出相应的反应。在这两种情况中，分别需要两个非常不同的数学公式来

* 霍尔顿在《基旨起源》中注意到了弗普尔的书及其对爱因斯坦思维的可能贡献。米勒在《爱因斯坦的狭义相对论》中也有所阐述。

决定得到的电流。这两个公式会确保得出同样的答案吗？有重要意义的是相对运动还是绝对运动？

弗普尔想象如果一个线圈和一块磁铁以相同的速度一起在以太中运动将会发生什么，从而回答了这个问题。在这种情况下，一个实验显示，不会产生电流，就好像这两个物体静止在桌面上一样。由此可见，起作用的是相对运动，至少在这种情况下如此。但是弗普尔的这个思想实验没有让以太起到任何作用。他把认为空间中没有以太的想法比作没有树的森林——这不是一个非常马赫主义的概念——但是警告说，物理学家们很快将会被迫接受这个奇怪而令人讨厌的概念。"这个问题的决定，"他写道，"也许将形成我们这个时代中最重要的科学问题。"*

阿尔伯特离开高级中学的同一年，弗普尔的书出版了，学生们争相阅读，企图在麦克斯韦的世界中发现立足之地。有人提出在这些学生中也有阿尔伯特，他在临时准备专利局的面试期间，或者在工学院的学术荒芜之地上漫游以补充韦伯的教学时，可能读过弗普尔的书了。** 后来贝索也回忆，他向阿尔伯特提议应该研究弗普尔的工作。*** 因为他叔叔的缘故，阿尔伯特作为侄子也熟悉发电机，关于宇宙的深层次的东西可以通过非常努力地思考一个可以在厨房的桌子上实施的实验来得到揭晓，这样的念头十分投他所好。

阿尔伯特在意大利逗留期间已经通过他自己做的思想实验，即想象自己在以太中冲浪，直接遇到了电磁学中的那些矛盾。光波什么时候不是光波？当你以光速与它并肩前进之时。这个难题就像一个禅宗公案一样在过去的10年中一直根植在他的心中。如果一个公案的好处是能使一个学生稍微有点疯狂，足以能够作出一次知觉上的飞跃的话，那么它至少多年以来在阿尔伯特身上起到了部分预期的效果。牛顿的力学还是麦克斯韦的理论？

---

* Holton, p. 221.

** Miller, *Albert Einstein's Special Theory*, p. 151.

*** Michele Besso to Albert Einstein, Aug. 3, 1952, *CP*, vol. 2, p. 309, n. 27.

相对性原理还是以太波？他在解决问题的过程中不断遭受的失败让他越来越失望，这就在他灵魂中造成了他后来所谓的“心灵上的紧张”。*

1905年春天，这种紧张由于爱因斯坦大胆冒险采用了普朗克量子论而达到了一个爆发点。这种在自然的字里行间的光辉而令人不安的解释表明，黑体辐射的行为不像波，而是像一些小的能量粒子。至少在这种情况下，麦克斯韦的方程组失效了。正如阿尔伯特喜欢说的那样，无论牛顿还是麦克斯韦都不能“声称拥有严谨的正确性”。** 物理学似乎突然没有了可以信赖的基础。“就好像基础下面的地面突然被拉走了，哪里也看不到可以用来建设的坚实的基础了。”他评论道。

阿尔伯特对于物理学的失败耿耿于怀。从他对这段时间的回忆，我们有了下面的画面：他是一个表情茫然、极度烦躁、呆呆出神的人，为此米列娃和她的朋友们常嘲弄他，他的思维朝着不可预知的方向奔跑撞击。*** 他会在一种神志迷乱的情况下“游离”几个星期。就某种程度而言，他发现自己似乎回到了12岁时的情形，当时他青年时期虔信的宗教天堂被一种狂暴的积极思考搅得突然土崩瓦解了。

“不久以后，我对通过建立在已知事实基础上的积极努力来发现一些真实规律的可能性感到绝望了，”他后来说道，**** “我努力的时间越是长，越是绝望，我就越深信，只有发现一条普适的正规的原理，才能引导我们得到确信无疑的结果。”一条规律如何才能成为普适的呢？据阿尔伯特所见，世界上有两类理论。一类是基于经验艰难地得出的重大的、起支配作用的原则或定律。能量守恒定律，或者热力学第二定律是这一类思想的例子：你永远不能制成一部永动机。虽然许多力量和智慧以及可证实的物理学都是源自这样的原则，但是对它们本身的解释却仍然是个谜。另一类理论则是建

---

* Albert Einstein to Erika Oppenheimer, Sept. 13, 1932, *CP*, vol. 2, pp. 261—262.

** “Autobiographical Notes,” in Paul Arthur Schilpp, *Albert Einstein: Philosopher-Scientist*, p. 53.

*** Alexander Moszkowski, *Einstein the Searcher*, p. 4.

**** “Autobiographical Notes,” p. 53.

立在一些更加基本的概念之上(像原子的观念),并用逻辑和数学的方法,建立起一幢包括预言和解释在内的优美的大厦。例如,如果你从将热的概念看作是跳动的原子这一朴实无华的基础开始,并接受玻尔兹曼认为熵只是这些原子的不同排列的概率的观念,那么热力学的一些定律就表示为简单统计学的一些必然的、不可避免的结果。现在你就知道了,**为什么**会有一个第二定律,**为什么**你不能制成一部永动机。

这种自下而上的解释在智力上令人满意得多,但是在这种情况下,它对于阿尔伯特解决他的难题毫无帮助。这年春天,在他先前所做的关于布朗运动和黑体辐射的研究中,阿尔伯特已经对传统的真理深思熟虑地、系统地进军了——依照像霍尔顿这样一些学者的看法——以此来说明物理学没有外衣。仅靠这些事实解释不了任何事,那只不过是像收集智力上的邮票而已。唯一的选择余地,是创造某种将重建秩序的新原则来尝试得到真理。也许某一天,通过像一个聪明的设计师那样研究它,他将会找出它的基础的一些性质。

但是他要到哪里去找到另一条像热力学第二定律那样普适、那样伟大的原理呢?马赫那些尖锐的规诫虽然能告诉他如何分析和批判一种想法,但是他们不能从根本上告诉他如何找到这一想法。

正是在这种身陷流沙的心境下,他考虑了弗普尔提出的关于磁石和线圈的问题。是哪一个在动有关系吗?力学说没有,电磁学则以经验为根据说了一套,理论上又说了另一套。在这种情况下,其实根本没有选择。由于量子理论的出现,电磁学已经不可信了,因此阿尔伯特选择了相对性。磁铁实验的教训是,在力学的王国中正确的东西,在光和电磁学的领域中也同样有效:只有真实物体——也就是说所谓的可以测量的物体——的相对运动才有点意义。以太被丢弃了。相对性将成为阿尔伯特的新戒律,一种新的原则,也是使他的天地重新有秩序的孤注一掷的基础。*

* See, for example, his memoirs in Schilpp; Albert Einstein to R. S. Shankland, which was to be read at the Michelson centennial, Dec. 19, 1952, in *CP*, vol. 2, p. 262; and Albert Einstein, unpublished manuscript, 1920, in *CP*, vol. 2, p. 262.

阿尔伯特的第一个直觉是继续在他的量子论文中建立起来的思维路线——光的行为就像在空的空间中飞奔的粒子——并抛弃光速的不变性。在这种情况下,在麦克斯韦方程组中表示光波速度的常数c,将是某种初速度,即光量子相对于放射源的速度。然而,这种处理很快导致了混乱,于是他放弃了。

爱因斯坦回到了他开始的地方,重新观察麦克斯韦方程组。确实,一个骑着光束的男孩和一个在阿勒河边用他的烟管喷着烟的男人,怎么可能对同一个光波的速度得到相同的答案呢?“当时需要克服的最大困难就在于真空中的光速不变性,我最初认为必须放弃这种概念。”他后来回忆道。* 他继续说道,直到多年的摸索以后,他才最终意识到这个问题在于我们对于时间和空间自身的一些概念——尤其是时间。

相比于矮小机灵的法国几何学家庞加莱和老练和蔼的荷兰人洛伦兹,爱因斯坦是一个机械师、一个电工学乳臭小儿,有着马赫式的对经济的向往,相反地,对于基本原理、普适性、秩序、定律、上帝——随你叫它什么——似乎有一种与神同一的道(logos)。面对着在这样的两种原则之间的选择:马赫认为只有相对运动和相对位置具有物理意义,麦克斯韦看似有理的戒律是光波以绝对速度c在以太中移动——阿尔伯特最后同时选择了两者。

我们乐意想象,对这个难题的突破在他和贝索边散步边争论地路过跨越在克拉姆街顶端的老城门之上的钟楼时出现了。事实上,阿尔伯特的视野也许不必超出他专利局的办公桌。最近,哈佛大学的科学史学家加利森(Peter Galison)的工作证实了远距离钟的同时性和广布的网络是19世纪末20世纪初欧洲一个重要的技术目标。如果没有一个方法使得每个人都认同什么是实际上的时间,那么如何才能使列车准点行驶?“时间统一”被认为具有非常重大的实际意义和象征意义,尤其是对普鲁士军队的指挥者们来说,他们希望欧洲的主时钟能坐落在柏林,而不是巴黎或者维也纳。

像许多城市一样,事实上伯尔尼有一个主时钟,是在1890年建造的,伯

* *CP*, vol. 2, p. 263.

尔尼闹市区的所有钟都与它同步。瑞士作为一个钟表制造业的国家，处于推行统一时间的中心，加利森的报告中写道，基于电报线、无线电波或者其他设备的各种方案的专利申请涌入伯尔尼专利局，可能也堆到了阿尔伯特的桌上。

然而，有时阿尔伯特会以他最好的专利检查者马赫的方式问自己：在空间和时间中测量一种运动意味着什么？时间和空间仅是形而上学的一些抽象概念；在感觉数据的经验主义世界里，只存在着测量杆和钟。

阿尔伯特意识到，决定某个事件发生——例如一列光波或一辆机车的经过——的时间这一简单行为，充满着认识论的问题和假定。我们习惯于认为事情的发生跟我们看到它们是同步的，就好像光的传播是瞬间的。光速虽然很快，但也不是无限快，而世界上不可思议的优美就遮蔽在它的速度中。

假设光速像声速一样慢，而你是一个年轻的学生，例如说站在苏黎世的工学院后面的山坡上，放眼望去，是一片钟楼的海洋，延伸到无穷远处。你怎么来断定现在是几点钟呢？要得到一个值得信赖的答案，第一个障碍就是如何使所有这些钟同步。你也许会想，你只要简单地跑遍全镇，然后把每一只钟根据你的手表校准，但是假定运动的钟（你的手表）和静止的钟具有同样的时间，将破坏世纪末科学和哲学中"不抓俘虏"的态度。另一种方法是从这些钟楼上放出光束来，测量延迟的时间，并用它来纠正每一个读数，但是这种处理——19世纪的科学家们所偏爱的方法——本身也包含着一组假设，那就是说，空间是均匀的，而光在所有方向上的速度都相同。

然而，假想有某个天才神秘地设法把所有这些钟都同步到了一个标准时间。那么最靠近我们的那一只的读数也许是下午6点，但是离我们越远的钟，其显示的时间也会越来越早：5:58，5:45等等。现在是6点的消息会由于光从每个钟到达你所栖身的山坡高处所需要的时间间隔而被延迟。或者，这些钟也许已经调整到对于站在苏黎世上面的山坡上的你来说是同步的，

它们看上去**都是**6点——在这种情况下，在整个城市的居民中对你而且只有对你来说现在是6点。在任何事件中，如果警察来问你什么时候看到一位浅黄色头发的美女被一个远处建筑物高高的阳台上的黑色的人影扔下来，你就会遇到一定的认识论上的麻烦。你应该报告离这一不幸事件最近的钟上的时间呢，还是你自己的时间？如果附近没有钟怎么办？其他的见证人能认同这个女子死亡的时间吗？

在这次物理学关于自身和自然界长久的、迂回的争论的结尾处，在20世纪初期的支柱处，是苹果中心那狡猾的形而上学蛀虫：同时性的概念。阿尔伯特意识到，所有时间的测量都是对同时发生的事件的观察——掉下来的少女的位置和钟上的指针位置结合在一起。而且，任何这样的测量过程都依赖于一个隐藏着的假设，那就是在一位观察者看来同步的事件，在所有人看来也都如此。但是绝对同时——就像它听起来那样清楚明白——却是一个不健全的概念。庞加莱曾在他的《科学与假设》一书中对此详加剖析，他认为同时性是一种约定，是强加在自然界的一种选择。“没有绝对的时间。”他写道。*

没有人比贝索更欣赏这种观点，他是阿尔伯特的小马赫主义的强调者和传声筒。多年以后，阿尔伯特回忆，他在一个晴朗的春日去看望贝索，并摆出了整个问题，即力学和洛伦兹电动力学的分裂，在过去的一年中，他一直为此徒劳地奋斗。** 他们谈了几个小时，重新阐述了这个难题的每一个方面。白天将尽时，阿尔伯特宣告他将放弃整个探索。***

然而，那天晚上，一切都改变了。第二天，阿尔伯特又回到米凯莱家，顾不上问候他就脱口而出：“谢谢你。我完全解决了这个问题。”说完了这些，

---

* Poincaré, p. 90.

** Albert Einstein, Kyoto address given in 1922, see *CP*, vol. 2, p. 264; also Albert Einstein, “How I created the theory of relativity,” trans. Yoshimasa Ono, from notes taken at the time by J. Ishiwara, *Physics Today*, Aug. 1982, p. 46.

*** Peter Michelmore, *Einstein: Profile of the Man*, p. 45, presumably on the authority of Hans Albert.

阿尔伯特就回家了，开始写下来。

阿尔伯特花了6个星期完成了可能是历史上最为著名的科学论文。它的题目“论动体的电动力学”效仿了很久以前他在天堂旅馆时研读过的一本赫兹的书。他的大部分论证是以文字形式出现的，包含的很少一点点数学是任何一个高中学生都能明白的代数。事实上，整篇论文是一个确凿的证明，表明简单的语言有力量来表达深奥并且强大得令人无法平静的一些思想。阅读它就好像跟随着作者阿尔伯特进入了一个容易令人误解的一览无遗的迷宫，一步接着一步，明显甚至乏味，直到突然之间你已经倒立了起来，找不到回家的路了。*

“众所周知，麦克斯韦的电动力学——像目前通常理解的那样——当应用于运动物体时，会导致似乎与现象不相符的不对称。”他开头写道，回忆起了磁铁和线圈的那个例子。** 当前者移动时，会产生电场；后者移动时，导线圈中的离子会受到“电动势”，尽管在每种情况中**相对**运动是一样的。虽然弗普尔曾经更加关心在两种情况中是否会产生相同的电流，但阿尔伯特强调武断地确定这种电流产生原因之间的讨厌的不对称：一种情形中的电场并不是另一种情形中的电场。这也许是现代科学基于美学原则的首度呼吁，爱因斯坦在这里应用了一种新的、非常非马赫式的标准：一种理论不仅必须解释数据，它还必须在某种数学感觉上是美丽的。

爱因斯坦提出，这种不对称，连同众所周知的探测地球相对于“光媒介”的运动的失败，意味着在电动力学中与在一般的力学中一样，所有的运动都是相对的。没有“绝对静止”的状态，物理学的定理并不取决于谁是运动的、谁是静止的。他宣称，“我们应该将这种推测（它的内容在这以后将被称为‘相对性原理’）提升为公设，另外还要引进另一条看来与前者不相容的公设，即在空的空间中，光总是以确定的速度V传播，而这种速度与发射物体的

---

* “On the Electrodynamics of Moving Bodies,” *Annalen der Physik* 17 (1905), p. 891, *CP*, vol. 2, p. 282.

** 参见《爱因斯坦奇迹年》第83页。——译者

运动状况无关。”他写道，这两个公设就是产生一个简单而一致的电动力学所需要的所有东西，只要我们适当地去理解形成科学事实的理论基础的钟和测量杆之间的关系。以太的观念将被证明是多余的。事实上，阿尔伯特正在把电动力学颠倒过来：他不是将空间和时间想作当然的，而是把麦克斯韦方程组和光速不变性认为是当然的，并询问它们揭示了空间和时间的什么性质——也就是说，测量杆和钟的行为。

“我们必须牢记在心，我们所有涉及时间的命题总是关于**同时事件**的命题。”他在猛烈展开一次既是科学讨论、同时也是哲学和认识论方面的讨论时这样解释道。“举例来说，如果我说‘火车7点到达这里’，意思就差不多是‘我的钟的短针指向7与火车到达是同时发生的事件’。”他问道，但是说一列火车7点到达别的某个地方是什么意思呢？接着他通过想象下列情况来将这一事件的定义扩展到更不同的一些范围中去：伸展在空间中的一组钟——它们彼此全都相对静止——能用它们之间的传播的光来同步。因为光的速度是一个基本而且普适的常量，那么光在主时钟与任何一只远处的钟之间来回一次的时间的一半，就是那只钟滞后的时间。（例如，如果这里的时间是下午3点，去另外一个钟来回一次需要30分钟，那么对于站在第一只钟那里的观察者看来，另一只钟的读数就是2:45。）

这次基本讨论的中心，是另一个听起来平淡无奇的思想实验：有两个人——一个静止，另一个匀速移动——他们各有自己的一套同步的钟。而且，第二个人携带了一根杆，指向运动的方向。（在那以后，要成为一个物理学家都得玩一下阿尔伯特这一容易使人上当的运动的钟和杆的精妙的小游戏。）首先，阿尔伯特问，如果这两个人都试图测量杆的长度，那将会发生什么。“通常使用的运动学的方法不言而喻地假设，由以上所述的两种方式测量的长度是完全相同的。”他冷冰冰地说道。而事实上，他断言，情况一定不是这样。

但是，在解释原因之前，阿尔伯特又继续检查了这个游戏中的那些钟的非常离奇的行为。他写道，假设运动的钟与静止的钟一开始是同步的。随后运动的那个人从杆的后端向前端放出一束光，又反向回来。以他的观点看来，光束以光速沿杆而上，在末端反射，然后再回来，来回两趟花费的时间相等。然而，“静止”的那个人在观察运动的那个人的光束时看到的是完全不同的景象。对他来说，沿着测量杆的两趟行程不是等同的，而是花费了不同的时间。以他的观点看来光柱也是以光速前进，但是在第一趟行程中，它经过的一定不仅是杆的长度，还包括光沿杆而行时杆所经过的额外距离。同样，在回来的一段行程中，杆仍在前进，因此光束走过的距离比去的时候要短。结果是，两个人对于光柱何时到达杆的末端并反弹回来意见就会不一致。阿尔伯特宣称，他们甚至对他们的钟是否仍同步也意见不一。

这个手法令人眼花缭乱的魔术，其来源当然就是光速总是保持不变的这一戒律。我们回忆一下高中时学的代数：任何物体运动的距离就只要简单地把它的速度乘以时间。因此，如果我们这两个人被迫同意光束的速度是一致的话，那么用一点简单的数学推理就可知道，他们必定对它旅行了多远、多长时间意见不一致。换言之，如果速度是固定的，那么空间和时间——也就是杆和钟——就必须是可伸缩的了。“于是我们明白了，不能为同时发生这个概念给出一个**绝对**意义，”阿尔伯特写道，“相反，从某个特定的坐标系中看到的同时发生的两件事，在从相对于这个系统运动的另一个系统中看来就可能不再是同时的了。”

从这里开始这个讨论就以逻辑上的不可避免性继续进行下去。接下去是观察者对运动杆长度**确实**测量到的确切值，以及空间、时间和电磁学的一些详细计算。在阿尔伯特读过的1895年的论文中，洛伦兹已经提供了能保持光速神圣性的变换的某种数学样板。在数学上，阿尔伯特的结论同洛伦兹及庞加莱的结论是完全一样的。对于一个静止的人来说，运动的杆看上去在沿运动方向收缩；运动的钟似乎走得慢了；物体越快，似乎质量越大，而速度则没有精确地相加：在一列以100英尺每秒的速度前进的火车上，一粒子弹以3000英尺每秒的速度射出枪口，它并不会相对于地面以3100英尺每秒的速度前进，而是极其细微地、察觉不到地略小于这个速度。以光速运动时，杆会收缩为零，钟会停止，物体的惯性质量似乎变得无穷大，以阻止进一步加速。

然而，在阿尔伯特的手中，这些方程的意义完全改变了。洛伦兹认为这些变换是真实的电动力学效应，是由物体穿过以太时产生的力所导致的。但是在新的相对论中，它们对于运动的性质来说纯粹是固有的，是自然界据说要保持光速不变的结果。在这个新的宇宙中，超越光速与其说不可能，不如说是毫无意义的。阿尔伯特后来评论，如果我们能够超越光速，我们就可以给过去发电报。而且，因为以太不存在，也就不存在绝对静止的参考系，就好像不存在真正的时间。任何一个观察者都可以视自己为静止的而其他所有人都在运动。两个物理学家彼此航行超过对方时都朝外看，都会看到对方变短了，并以比较慢的速度移动，而且他们都是正确的。

但是在爱因斯坦的公式中，物体真的收缩了吗？从某点来看，相对论的信息是，物理学不是关于真实物体的，更确切地，它更关心对真实物体的**测量**，而且这些测量中的每一种都包括了时间以及空间。相对论一点都不是对自然的解释，而是对我们如何了解自然的一个解释。在这种意义上，有时有人认为相对论根本不是一种理论，而是一种语言或者一种约定，是一组如何谈论宇宙的规则。在相对论以后，任何一种规律如果不用相对论的语言来表达，那么它就不能声称是一种自然的规律；任何一种规律如果不能用一种对以匀速移动的一些观察者——所谓的惯性观察者——来说都正确的形式来表达，它也不能声称是一种具体的规律。虽然阿尔伯特把论文的后半部分都花费在解决光学和电磁学的题目上，但是他知道他所谓的相对性原理超越了任何一道题目。

当然，这样壮观的表述并没有打乱这篇论文质朴且有点轻快的语调。阿尔伯特只是提出了他的论述，而在许多情况中留给读者去填补缺口，去体会其中的含义。与大多数科学论文不同，它没有专门地提到任何其他的科学家或者一批实验数据，也不包含任何脚注。加利森评论道，这也许是爱因斯坦在专利局的工作经历的一种反映，因为脚注会使人联想到别的什么人在这方面是第一的，这在专利申请中是令人厌恶的。在论文结尾处，爱因斯坦没有列出任何参考文献，只有一个简短的答谢。“最后，”他写道，“我要特别提到我的朋友和同事M·贝索，他在我这里讨论的问题的工作中坚定地支持我，而且我要感谢他给了我许多有价值的建议。”

这篇论文最终在6月底完成。从米歇尔莫尔(Peter Michelmore)基于与汉斯·阿尔伯特的谈话的那篇传记中，我们知道，当米列娃一再地复核他的工作时，爱因斯坦径直上床休息了两周。虽然他早已计划好要将这篇论文送交给苏黎世大学的克莱纳作为博士论文，* 但是这对他们来说太离奇了，因此它被适当地投到了《物理学纪事》，并在1905年9月26日发表了。(含有该论文的那一卷《纪事》在1994年的拍卖会上以15 000美元成交。)

投出这篇论文后不久，阿尔伯特又有了另一个顿悟的闪现，这是一小项未完成的电动力学的工作。“那就是，相对性原理与麦克斯韦的基本方程组联合在一起，”他告诉哈比克特，“它要求质量是物体中包含的能量的直接量度；光带有质量。”** 电磁场有质量的想法在物理学中并不新——它是亚伯拉罕如此强有力地传播的电磁学世界观的基础。然而，爱因斯坦现在坚持认为，所有的能量都包含质量，反过来也是一样。他提出，也许甚至可以测量镭经历放射性衰变时丢失的质量。“这种考虑有趣而且诱人，但是就我所知，万能的上帝也许在嘲笑整件事，也许正牵着我的鼻子团团转。”

尽管如此，阿尔伯特还是紧接着他的第一篇文章赶紧写出了一篇3页长的论文，并把它投给了《纪事》。“如果这个理论与事实一致，”他总结道，“那么辐射会在放射体和吸收体之间传递惯性。”正是在这里，如果还没有确实记下来的话，阿尔伯特第一次以文字的形式暗示了$E=mc^2$这一著名的公式。***

---

* Maja Winteler-Einstein, “Albert Einstein: Beitrag für sein Lebensbild.”

** Albert Einstein to Conrad Habicht, June 22—Sept. 22. 1905, *CP*, vol. 5.

*** *CP*, vol. 2, p. 314; “Does the Inertia of a Body Depend on Its Energy Content?” *Annalen der Physik* 18 (1905), pp. 639—641.

同时，他为以前关于分子尺度的那篇论文掸去灰尘，并在一个月后寄给了克莱纳，作为他等待已久的博士论文。他的博士学位现在已经十拿九稳了，他也明白这一点。那天晚上，他和米列娃喝醉了，这在他的一生中是罕见的。他们寄了一张明信片给哈比克特，宣布他们喝醉了，并开玩笑地签上了“尾骨和妻子”* 的名字。一个星期以后的7月27日，苏黎世大学的全体教员投票，批准了他的博士学位申请。

8月，米列娃最终由阿尔伯特和汉斯·阿尔伯特陪伴着凯旋故里，回到了她很久以前向阿尔伯特吹嘘过并允诺带他来看看的“小小的土匪之地”。这次旅行开始的最初一星期他们去了贝尔格莱德拜访他们的老朋友海伦妮和米利沃耶·萨维奇(Milivoje Savic)夫妇，以及米拉娜·博塔，她已经结婚了，并住在那里。** 据说阿尔伯特被当地的地貌迷住了。

他们从那里继续前往诺维萨德，在那儿他们受到了米列娃家庭和社区中其他人的热情欢迎。这对他们俩来说都是一个伟大的时刻。阿尔伯特以前同米列娃以及同丽莎尔的冒险中不管造成了多么坏的感觉，似乎一切都已经被遗忘了。因为阿尔伯特把儿子扛在肩头走过街道，自学成才的米洛斯不禁被他女婿的风度所折服。“不久以前，我们完成了一项非常有意义的工作，它将使我丈夫闻名世界，”米列娃在多年以后一直被广泛地复述的一次谈话中这样告诉她父亲。***

对于还记得她小时候是一个数学天才的村民和亲戚们来说，米列娃有一种英雄的光环，一个当地的女孩去到外面的世界而且成功了。现在她带回来一个漂亮且受人敬慕的丈夫。阿尔伯特懂得如何应付群众。“我需要我的妻子，”据称他这样说道，“她为我解决了所有的数学问题。”****

但是村民们仍然发现了阿尔伯特有一点古怪。他们称他为“疯狂的马

---

* Albert Einstein to Conrad Habicht, July 20, 1905, *CP*, vol. 5.

** Desanka Trbuhovic-Gjuric, *Im Schatten Albert Einsteins*, p. 92.

*** Desanka Trbuhovic-Gjuric, *Im Schatten Albert Einsteins*, p. 93.

**** 出处同上。

里奇的女婿”，当他带着汉斯·阿尔伯特走过街道时，又长又乱的头发使他看上去好像一个小丑。然而，学生们在当地的咖啡馆里簇拥着他。其中的一个后来回忆在一次奇怪的谈话中，阿尔伯特被问到关于酒的问题。*“我不相信医生、药品，也不反对酗酒，”阿尔伯特回答，“一个塞尔维亚人从出生开始直到进坟墓以前都在喝酒，在成长中、在旅程中、在婚礼和葬礼上，然而塞尔维亚人仍然是一个卓越的民族。我的观点是基于我对妻子的了解。”

“我们都惊呆了，”这个学生说道，“结果是我们开始喝酒和抽烟。”

---

* 特尔布霍维奇-久里奇认为这一事件发生在1907年，尽管在爱因斯坦的书信文件中并未找到任何能说明阿尔伯特和米列娃曾在那一年访问过塞尔维亚的迹象。

第三篇

家庭中的革命

第十一章　中产阶段审慎的魅力

婚姻,是一种企图使某件出于偶然的事持续下去的不成功的尝试。

——阿尔伯特·爱因斯坦,瓦森(Otto Wathan)摘录

到相对论出现的时候,阿尔伯特早已经证明自己是一个能干的官员。1906年3月,哈勒尔提升他为二级技术专家,并把他的工资涨到了每年4500法郎,以表彰他熟练地处理了许多非常困难的情况。两个月以后,他和米列娃及小汉斯·阿尔伯特又一次搬家了,从大学区越过河到了爱琴滕街,一条大树成排的街道,街上的那些木结构房子俯瞰着阿勒河和远处的伯尔尼商业区。

阿尔伯特带着一点小心谨慎的态度看着中产阶级的生活越来越接近他。他开玩笑地说他快要变成那种对革命的年轻人充满抱怨的了无生气的老人了,* 变成一个拉着小提琴和骑着他的"物理和数学的木马"的"联邦政府的墨客",被他渐渐长大的"小伙子"禁锢在越来越狭窄的境界中。** 他承认,至少环境上的改善使他可以思考一些东西。为了使自己沉浸在科学中,阿尔伯特花时间去参加伯尔尼自然科学学会每月一次在他的朋友格鲁纳家

* Albert Einstein to Solovine, April 27, 1906, *CP*, vol. 5.

** Albert Einstein to Alfred Schnauder, early 1907, *CP*, vol. 5.

中举行的聚会。然而，他还在继续怀念他的老奥林匹亚科学院，觉得失去了其中同志般的友情。索洛文已经搬到巴黎去了，哈比克特也难得来访，甚至同贝索一起散步回家也因为他的搬家而终止了。

在这段时间里，他唯一常规的社会活动，是星期天和米列娃偶尔会在家主办聚会。那些星期天的常客中包括贝索和马亚，她在柏林大学待了两年以后，已经到伯尔尼来攻读罗曼语的哲学博士学位。她很快就与保罗·温特勒订婚了，后者当时正在伯尔尼大学念法律。她最后的婚姻将使阿尔伯特与温特勒家进一步纠缠在一起。他曾在那个家庭中生活过，还曾追求过他们的女儿。阿尔伯特对于在阿劳的那些年一直有着伊甸园般的回忆，因此接下来发生的事必定加倍地使他不安。1906年11月1日，保罗在美国当厨师的弟弟尤利乌斯(Julius)回家了，他枪杀了他的母亲和他妹妹罗莎(Rosa)的丈夫班迪(Ernst Bandi)，然后将枪口指向了自己。*

阿尔伯特可能是从马亚或者米凯莱那儿听说这条消息的，这又一次唤醒了他对玛丽的内疚。"亲爱的人去世了，她给了我这么多仁慈，而我带给她的只有遗憾和痛苦，"他写信给约斯特·温特勒，"这在此刻愈发令我痛苦！"**

当然，玛丽的问题一直使他痛苦。有一次他告诉贝索，他们的关系一直是他生命隐深之处的一个阴暗点。*** 对她的特别提及似乎已经足以将他的思绪带回去，在过去可能发生过的一些什么中徘徊。是她还是她在他身上激起的感情——一种疯狂，他甚至曾向米列娃承认过，对此他像对火一样地畏惧，而且经过所有这些年以后仍然潜伏着——致使他离开她？

事实是，阿尔伯特总是更愿意从远处渴念着他的爱人、他的家庭或者他伟大的良师，而不愿意近距离地被拥抱、被迷住。对于在阿劳围绕温特勒妈妈身边生活那薄雾似的记忆正中阿尔伯特的意。如果他将被疏远或者被放逐，与这种喧闹的、美丽的、由啜饮可可的哲学家和鸟类看守人的分离，就要

---

* *CP*, vol. 5. p. 45.

** Albert Einstein to Jost Winteler, Nov. 3, 1906, *CP*, vol. 5.

*** Albert Einstein to Michele Besso, Dec. 26, 1911, *CP*, vol. 5.

比与自己母亲的平庸照料带来的重负的分离要强烈、痛苦得多。但是如果他那些美丽的记忆都只是杜撰出来的那又将如何？在阿尔伯特的青年生活历程中，11月1日的事件就像冰山一样凸出，意味着一座悲伤、疯狂的水下高山。后者的威胁似乎一直潜伏着。

通常认为，尤利乌斯神经错乱了。然后又是米凯莱的弟弟马尔科（Marco），他在18岁时自杀了。* 阿尔伯特听到马尔科的消息后总结道，虽然这对他家庭是一场可怕的打击，但比痛苦地度过一生要好。如果幸福从总体上来说是杜撰出来的那会怎样呢？温特勒一家显然是一个脆弱的家族。我们现在所谓的家庭价值在他们的家庭中所反映出的阴暗面最终也夺走了玛丽。她在与爱因斯坦的恋情结束后陷入了忧郁症之中，在附属于伯尔尼大学的瓦尔道医院里待了一段时间。医院的正式病历中记录了她的大概情况。根据她的一位医生的叙述："一个名叫阿尔伯特·爱因斯坦的学生弄昏了她的脑袋。"**

如果随着相对性原理（阿尔伯特是这样称呼它的）的揭示，一个科学时代结束了，那么它的继任者则迟迟没有顶替它的位置。在他的相对论发表后的几个月，阿尔伯特热切地浏览了各种杂志，寻找对它的反应，这就像一个剧作家等待着对公演第一夜的评论。*** 最后，格丁根的物理学家考夫曼在《纪事》上发表了一篇短小的评论，提及了"最近爱因斯坦先生发表的一篇关于电动力学理论的论文，得出了与洛伦兹理论在形式上完全相同的结果"。**** 除此之外，只有令人失望的沉寂，这使他回想起了德鲁德和韦伯令人心痛的拒绝。事实上，大多数物理学家都无法分辨他对电动力学的处理方法同洛伦兹的有什么区别，因为它们在数学上的结果，即洛伦兹变换，看起来是完全相同的。只有抽象的哲学原理区分了这两种处理方式——洛

---

* Albert Einstein to Mileva, Nov. 28, 1898, *CP*, vol. 1.

** Aude Einstein, personal communication.

*** Maja Winteler-Einstein, "Albert Einstein: Beitrag für sein Lebensbild."

**** Arthur I. Miller, *Albert Einstein's Special Theory of Relativity*, p. 225.

伦兹和庞加莱的经典电子理论保留了以太以及对宇宙有一种优先的参考系，而爱因斯坦的假设抛弃了以太和表面上的常识，却钟情于一种更加纯粹但难于处理的实在概念。即使是那些理解其中差别的人也不总是赞成它。慕尼黑大学一位有影响力的物理学家和电子理论家索末菲(Arnold Sommerfeld)在给洛伦兹的一封信中吐露，爱因斯坦的工作含有“不健康的教条主义”，而且这是“犹太人的抽象概念方式”的例证。*

洛伦兹本人钦佩爱因斯坦的工作，欣赏他的理论的逻辑清晰，但是他对相对时间的概念感到不安。而且，他信奉以太的存在。“不管以太跟别的普通物质有多大的不同，”他曾解释道，“我不能不认为，它具有一定程度的真实性，它及其能量和振动可能是电磁理论的基础。”** 庞加莱在抛弃以太的概念时同样也遇到了麻烦。在他以后几年发表的文章中，他只能假装爱因斯坦不存在。当他最终在1912年毫不含糊地提出相对论的问题时，可以看出，他并不理解它。***

有一位科学家不仅理解爱因斯坦的理论，而且喜欢它，那就是在不情愿的情况下发表了量子论的普朗克，他当时在柏林大学工作。爱因斯坦对普朗克著名的辐射定律的推导和对他把这个定律无把握地推广以包含原子光束的概念所提出的批评，自然引起了他的注意。根据某些记述，他们已经通过信了。**** 因此，1905年9月，在学校就快开学前，当刊有阿尔伯特的那篇电动力学论文的那期《纪事》放在普朗克桌上时，他已经准备好要认真对待了。在那年秋天举行的第一次每周一次的学术讨论会上，他排定了一次

---

* Arnold Sommerfeld to Hendrik Lorentz, Dec. 26, 1907.

** A. J. Kox, “Einstein and Lorentz,” in Mara Beller, Jürgen Renn, and Robert S. Cohen, *Einstein in Context*, p. 51.

*** 例如，派斯的《上帝难以捉摸》(pp. 169—170)。根据最近由普林斯顿高等研究院的一位数学家博雷尔(Armand Borel)所撰写的一篇专著《亨利·庞加莱和狭义相对论》，庞加莱向一位同僚承认，直到1910年，理解相对论耗费了他“最大的努力”。这一年，他在格丁根的一次演讲中，把在相对论和洛伦兹电动力学之间的选择称为是一种品位上的问题。他的这种观点到他1912年去世时仍然没有改变。

**** Albert Einstein to Solovine, May 3, 1906, *CP*, vol. 5.

关于爱因斯坦的新理论的演讲，他将这种理论称为相对论(Relativitätstheorie)。后来他又写信给阿尔伯特，要求他作几点说明。* 这是阿尔伯特收到的第一封重要信件，而它来自普朗克这样一位重要人物，这一事实让他精神非常振奋。

普朗克很快成为了发表关于相对论的论文的为数不多的几个优秀物理学家之一。这个理论跟他认为科学是对绝对真理的探索这一观念产生了共鸣。“对我来说，它的魅力在于，我可以从它的那些定理中努力推导出绝对不变的那些特征，”他解释道，“就像量子理论中的作用量子，光速是绝对的，这是相对论的中心点。”**

同时，普朗克关于相对论的学术讨论会点燃了年轻的冯·劳厄(Max von Laue)的想象力，他是普朗克的新助手，最近从斯特拉斯堡来，而他也开始给爱因斯坦写信。在接下来的1906年8月，他安排了一次旅行去瑞士，这样他就可以访问伯尔尼。冯·劳厄一到达就去了专利局。阿尔伯特到门廊处来欢迎他，但是冯·劳厄一开始错过了他，竟让他直走了过去，没想到这个长着一头黑色卷发和一双微笑的眼睛、肤色黝黑的有胖乎乎孩子脸的年轻人就是相对论之父。***

冯·劳厄对他的印象也许可以从他后来给物理学家埃伦费斯特(Paul Ehrenfest)的忠告中最好地表达出来。“你要小心，爱因斯坦会跟你没完没了地讨论，你知道，他爱那么干。”**** 关于他的访问，冯·劳厄向另一位物理学家雅各布·劳布(Jakob Laub)说：“他是一个革命派，在谈话的前两个小时里，他推翻了所有的力学和电动力学，而且这是在统计学的基础上。”*****

米列娃很快就感觉到，她和阿尔伯特的生活正在发生变化。到这时，她

---

* Winteler-Einstein.

** Pais, “*Subtle Is the Lord...*,” p. 150.

*** Ronald Clark, *Einstein: The Life and Times*, p. 109.

**** Paul Ehrenfest to Tatiana Ehrenfest, Jan. 12, 1912.

***** Max von Laue to Jakob Laub, 1907, *CP*, vol. 5, p. 74.

几乎已经完全走出了她丈夫的科学生活。重心正在改变,学术交流的人员转移到了冯·劳厄这样留着自己的八字胡、有点像阿尔伯特一样眼中闪动着冷酷光芒(虽然没有那么闪亮)的那些年轻人上去了。她发现自己出乎意料地怀念学生时代贫穷和被韦伯压迫的日子,当时对她和阿尔伯特来说,能够在一起已经是很大的胜利了。1906年12月,米列娃像往年一样,坐下来给海伦妮写圣诞卡。"除了我们都在变老以外,你有没有发现我们俩有很大的不同?"她问道。"我常常有这样的一种感觉:我正坐在苏黎世的某一间小房间里度过我那最美好的日子。这太奇怪了,在我年老的日子里,我竟会如此多地想起那段时间。"*

随着时间的流逝,米列娃就好像一个徒步旅行者,在雾中登高,最后在浮现而出的晴朗之处发现下面的景象与她长久以来所希望的完全不同。31岁时,她突然发现自己已经是一个中年妇女了,经受着双重的打击。她已经丢失了她的物理学事业和她的丽莎尔。幸好还有阿尔伯特利。现在是要开始考虑他的发展和规划他的教育的时候了。似乎是在她的不经意间,小汉斯·阿尔伯特已经从一个婴儿变成了一个有着自己的滑稽(阿尔伯特在那个年纪时,别人也是同样用这个词来描述他的)个性的独立的人了,他是这么喜欢恶作剧,以至于她和阿尔伯特不得不咬住自己舌头,才不会对他的古怪行为大笑出声。"不知道是否通常都是这样,"她告诉海伦妮,"就好像他的灵魂突然开始被唤醒;几乎是在一瞬间他就变得完全不同了。"

说到"我的丈夫",她报告说,他是难以置信地繁忙。只要他有一点点空闲的时间,他都花在跟孩子玩上。"然而,令他感到荣幸的是,"她写道,她好像是他的母亲,同他的科学生活确实距离遥远了,"我必须特别提到,那可不是他除了办公室的职位以外唯一的事情,他写的论文已经堆积如山了。"也许雾已经消散,完全能看到他在山谷对面独自攀登着另一座山。

到1907年,爱因斯坦、普朗克、冯·劳厄、洛伦兹和其他人之间通信频

---

* Mileva to Helene Savic, Dec. 1906, John Stachel, "Einstein and Maric."

繁。阿尔伯特收到的许多信件都是寄给“伯尔尼大学的阿尔伯特·爱因斯坦”而到他手里的。当时住在圣彼得堡的一位没有工作的物理学家埃伦费斯特写信来询问，相对论收缩会怎样影响将电子拉在一起的内力。阿尔伯特意识到埃伦费斯特误解了相对论的意义，对这个问题的回答使他在洛伦兹的想法与他自己的想法之间得出了明显的区别。洛伦兹的理论是关于物质结构的一种理论，其中物质是由在运动过程中因为以太的阻力而变得扁平的电子所组成的。相比之下，阿尔伯特的理论是关于运动、空间和时间的。相对论完全没有涉及物质的结构，只是增加了另一个障碍，即任何期望中的物质理论都必须清楚它是否把主张押在普遍性上：无论支配物质结构的定律是什么，它们今后都必须是洛伦兹不变的，也就是说，它们对任何自由运动的观察者来说都必须是相同的。埃伦费斯特理解了这种区别，并成为了相对论的一个狂热者和捍卫者，但他还是继续用关于所谓的刚体的收缩效应这些自相矛盾的问题来不断打扰阿尔伯特。

1905年到1909年间，阿尔伯特发表了两打以上详细说明相对论和应对评论的论文。“既然现在的情况是相对论的拥护者是由这么一小伙羞怯的人组成的，他们彼此之间意见统一就加倍重要，”普朗克在解决这样的一个问题时这样赞许地写道。*

普朗克一度不知不觉地添了乱。阿尔伯特曾对普朗克所作的量子计算有所非议，现在普朗克在某种程度上，好似反戈一击，他批评了爱因斯坦著名的质能关系的推导，然后又重新进行了计算，来说明热也同样与质量有关。汉诺威工业大学的一位物理学家斯塔克(Johannes Stark)读了普朗克的论文，他和阿尔伯特就量子理论一直在通信，甚至还请求阿尔伯特为他所编辑的《放射学与电子学年鉴》写一篇关于相对论的综述论文。斯塔克对于相对论的知识非常肤浅，这使他在后来的一篇论文中把质能关系的发明归功于普朗克。

阿尔伯特的一个新朋友劳布极力主张阿尔伯特读一读一位叫斯塔克的

* Max Planck to Albert Einstein, July 6, 1907, *CP*, vol. 5.

人在最近一期《物理学杂志》上发表的文章，敦促他采取步骤维护自己在相对论领域的地位。

“我发现有点奇怪，”阿尔伯特很快写信给斯塔克，“您没有承认我在惯性质量和能量关系方面的优先权。”*

斯塔克回信表示了歉意，解释说他误解了阿尔伯特早先的一篇论文。“尊敬的同僚，如果您觉得我对您的论文不是足够公平地对待的话，那您就大大地错了。无论何时只要我能，我都愿意拥护您，我希望很快能有机会推荐您成为德国的一位教授。”**

斯塔克的来信足以使阿尔伯特息怒，他又表示悔悟地回了信：“我甚至在收到您的信以前就感到懊悔了，我让一时的冲动驱使我作出关于所提到的问题中优先权的那段评论，您详细的来信越发使我明白了我的敏感找错对象了。被赐予享有贡献于科学进步的那些特殊的人，不应该使他们共同工作中的成果带来的喜悦被这样的一些事情破坏。”***

然而，对相对论最重大的挑战不是哲学上的，而是实验上的。根据所谓的爱因斯坦—洛伦兹理论的数学核心的变换方程，物体相对于观察者运动得越来越快时，它们似乎应该获得质量。但是根据格丁根的物理学家考夫曼的看法，结果并不是这样的。质量增加的洛伦兹预言并不是唯一的，与它相竞争的理论，例如亚伯拉罕的刚性电子理论，也作出过相似的预言，但是它对速度的依赖关系却不同。事实上，电子的发明者J·J·汤姆孙早在1881年时就曾推测，一个带电粒子的质量可能依赖于它的速度。****

前面提到的考夫曼自从1901年以来一直在通过研究所谓的β射线来寻找这种效应。β射线即是镭盐放射出的速度达到光速十分之九的一些电子。在他的装置中，很窄的一束电子横穿过电场和磁场，使它们沿相互垂直

* Albert Einstein to Johannes Stark, Feb. 17, 1908, *CP*, vol. 5.

** Johannes Stark to Albert Einstein, Feb. 19, 1908, *CP*, vol. 5.

*** Albert Einstein to Johannes Stark, Feb. 22, 1908, *CP*, vol. 5.

**** Miller, *Albert Einstein's Special Theory*, p. 48.

的方向运动，然后泼溅在一块摄影感光板上。由于这些电子初始速度有差异，它们在板上画出了一条曲线。考夫曼对电子的动力学及其在他的装置中的行为作出了某些简化的假设，他就可以计算出这条曲线每一点上的电子的速度和质量。

虽然亚伯拉罕的刚性电子模型在考夫曼看来一直很有前途，但是洛伦兹的模型也是一样。然而，在1906年，考夫曼发表了一组新的结果。这些结果把他的电子画出的曲线与亚伯拉罕的刚性电子模型的预期以及所谓的爱因斯坦—洛伦兹理论的预期作了比较。考夫曼提出，爱因斯坦—洛伦兹理论以及相对运动的原则现在都可以排除在外了。因此，他建议重新进行实验来确定"绝对静止的以太"。*

洛伦兹听到这条消息很泄气。"不幸的是，我的电子会变扁平的假设跟考夫曼的结果相抵触，我必须放弃它，"他告诉庞加莱，"因此我已经是智穷力竭了。"** 庞加莱建议他要耐心。虽然考夫曼的数据看起来很有威胁，但是仅在一个实验的基础上就抛弃15年的工作将会是一个错误，应该有人重复这些测量。尽管如此，通常都很镇静的洛伦兹还是离家去了纽约，他一会儿宣布他的理论行将崩溃，一会儿又说他得继续为它辩护。

对于普朗克来说，爱因斯坦的理论太美丽了，不可能这么快死亡。1906年9月，在斯图加特举行的一次德国科学家的会议上，他对考夫曼的数据分析提出了质疑，他提出要证实或反驳不管哪一种理论都有太多的不确定性。考夫曼坚守立场，为他的计算辩护。他指出，尽管他的数据对两种理论都不支持，但是洛伦兹的模型偏离超过10%，偏差比较"厉害"，而亚伯拉罕的误差只有3%—5%。

亚伯拉罕以他通常的尖刻方式开始了自己的谈论，特别提到洛伦兹理论与考夫曼的发现之间的偏差是他自己的刚性球形电子理论的两倍。"您也

* 出处同上，p. 231。

** Hendrik Lorentz to Henri Poincaré, March 8, 1906, Miller, *Albert Einstein's Special Theory*, p. 234.

许会说球体理论说明了β射线的偏折是相对论的两倍。”聚会的物理学家们都大声笑起来，虽然有点紧张不安。索末菲试图缓和这种紧张状态，开玩笑说似乎存在着一个代沟：40岁以下的科学家似乎更喜欢亚伯拉罕的比较激进的电子理论，而40岁以上的则倾向于洛伦兹和相对论。*

幸运的是，更多的实验已经在进行中了。在基尔，贝克尔（August Becker）测量了阴极射线大约以光速的三分之一运动时的质量。在格丁根，贝斯泰尔迈耶（Adolf Bestelmeyer）在测量用X射线轰击重金属产生的阴极射线速度的过程中，测量出电子的质量，这些测量与考夫曼在低速的那一端所作的测量部分重叠，但相互抵触，这又燃起了相对论的希望。贝斯泰尔迈耶对磁场和电场借用了20年前汤姆孙在实验中开创的一种独特的几何学，而且结果得到了一种更为清晰的测量法。相应地，波恩大学的一位研究员布赫雷尔（Alfred Bucherer）自己的电子理论在斯图加特的会议上曾被当众指责过，据推测，他也许也采用了这种技巧来开始他自己的一系列决定性的测量。

与此同时，对考夫曼明显不确定的结果的批评，使阿尔伯特增加了勇气，他对亚伯拉罕的电子理论提出了自己的评价：简直太无趣味了。就阿尔伯特的情趣而言，一个没有雄心的理论——只解决安排给它解决的问题的理论——可不怎么值得大惊小怪。也许数据**的确**是稍微偏向于亚伯拉罕或者布赫雷尔的理论，阿尔伯特在为斯塔克的《年鉴》写的一篇51页的评论文章中这样承认。那又怎么样呢？“但是，依我看来，应该将一个相当小的可能性归属于这些理论，”他写道，“因为它们关于运动电子的质量的基本假设没有得到包含更加广泛的现象复杂性的理论系统的支持。”**

另一方面，相对论是一种能给人们许多新观念的思想。阿尔伯特没有

* Miller, *Albert Einstein's Special Theory*, pp. 232—234.

** *CP*, vol. 1, p. 271.

费神去等着他的理论被证实,他已经开始考虑怎样来扩展它的领域了。* 1907年秋天,在他坐下来准备为《年鉴》写评论时,在所有让他烦恼的事情中,有一个问题是,相对论似乎适用于除了引力以外的几乎一切物理现象。这是一个逗人的反常现象,因为他相当肯定,牛顿引力的标准模型将不得不进行修改,以适应一个相对论的宇宙。首先,根据牛顿的引力定律,比如,两个行星之间的万有引力与它们的质量成正比,而与它们之间距离的平方成反比。然而,根据相对论,这些质量和距离的精确数值将取决于观察者的速度,也就是说引力将令人为难地成为相对性的。而且,在牛顿的世界中,引力在远距离物体之间的传递是瞬时的,这与相对论原理相抵触。

也许是在1907年11月的某一天,阿尔伯特在工作时得到了一个启示,后来他把这个启示描述为他一生中最快乐的想法。他也许是把他的椅子往后倾斜得太厉害了,结果摔倒在地。"我当时正坐在伯尔尼专利局办公室的一把椅子上,"他后来回忆,"突然之间出现了一个想法,'如果一个人自由下落,他就不会感觉到自身的重量了。'我吃了一惊。"

这是一个明显的顿悟,虽然这不是一个人在那种情况下通常会有很多时间深刻思考的那种洞悉。阿尔伯特意识到,一个在下落的人不会感觉到自己的重量的原因是,他身体里的每一个分子和每一根纤维都由于重力的作用而以完全相同的比率在加速。这是自从伽利略时代就已经知道的一个实验事实,而且对此没有理论上的解释。其结果就是,一个在下落的人不会感觉到重力,而且阿尔伯特认识到,他也不能对自己做任何实验来说明他是在一个重力场中。如果他从一个屋顶上跳下来的时候在耍橘子,他就可以一直耍下去,因为这些橘子会和他一起以相同的速率加速。如果他扔掉一个橘子,它就会飘浮在他的身边。所有其他的物理学定律都符合得很好。阿尔伯特总结道,这个下落者有一切理由断定他自己是静止的,而它周围的

---

* 1920年,阿尔伯特为《自然》草拟了一份手稿,他在其中描述了后来将成为广义相对论的这一理论的来源,但是从未发表,它的题目是《相对论——其基本思想和方法的发展》,这篇手稿现在保存在纽约市的皮尔蓬·摩根(Pierpont Morgan)图书馆中。

事物都在以9.8米/秒^{2}的加速度向上运动。换言之,重力似乎是相对的。

当晚他对米列娃说了什么,没有记录在案,也没有写给朋友们的"我发现了!"的信。虽然他没有系统地阐述一种引力理论,但是察觉到了这样一个理论的想法的最微弱的光芒。不过,在他发表在《年鉴》上的文章的最后一部分,阿尔伯特还是打算发挥一下他的新概念。"迄今为止,我们把相对论原理,也就是物理学定律不依赖于参考系的运动状态的假设,只应用于**非加速**参考系。是否可以想象,"他在他的引言中问道,"相对论的原理也适用于相对彼此加速的系统呢?"*

这个想法的答案就是阿尔伯特所谓的等价原理。在物理学中,对于质量总是存在着两种不同的概念:**惯性**质量,即阻碍物体被移动的量度;**引力**质量,即引力拉物体的强度量度。不能保证这两个量是相同的。举例来说,在电力或机械力的情况下,一个物体受到的力是由它的带电量决定的,但它的反应是由它的惯性质量支配的。然而,在只有引力的情况下,似乎作用在一个物体上的力及它对那个力的反应两者都是由于同一个量。如果一个正在下落的物理学家身体里的每一个原子,在不考虑其构成、带电量或者惯性质量的情况下,都以完全相同的比率往下掉,他才能感觉到失重。引力似乎可以以恰好必需的力来触及和拉动物质中的每一个单独的粒子,以克服它的固有惯性。这就是厄缶(Roland von Eotvos)男爵在1899年所做的一系列实验的结果。但是,阿尔伯特表示,把它认为是一种巧合那就太过分了。他断定,惯性质量就是引力质量。**

阿尔伯特利用这个事实作为一块跳板达到一个更为根本的命题,那就是,在引力场与均匀的加速度之间没有任何物理上的差别;在数学上它们可以相互替代。这就允许阿尔伯特用他为了相对论而建立的那些技巧——想象一些带着钟和测量杆的小人彼此相对呼啸而过——来系统地提出一个相

* *CP*, vol. 2, p. 476.

** 厄缶男爵自从1889年以来就一直在匈牙利进行一些精细的实验,测量各种物质的惯性质量与其引力质量之间的差异,并且发现它们在十亿分之几的精度上都是相同的。

对论性的引力可能有些什么性质的想法。最为著名的是,他会把他们放在两个电梯里,一个在地球的引力场中落到地上,另一个被一根缆索在空中迅速往上拉动。如果阿尔伯特是正确的,在一个电梯中正确的事情在另一个电梯中也必须是正确的,而且从这个假设将会产生出大量的结论,其中包括对于引力的和对于宇宙的。

两个初步和激进的结论马上就出现了。其中第一个是引力(或者加速度)会影响时间。我们的跳跃者离地球中心(或者说不管他所在的任何引力场中心)越远,他的钟就会走得越快。虽然在地球上,这种效应实在是太微小了,但是阿尔伯特指出,在空间中引力强度不同的地方已经散布着一些非常精确的钟——那就是原子,它们以光谱线的形式辐射出频率非常精确的光。在引力强得多的太阳表面,原子将比在地球上振动得稍微慢一点点;他计算出这些太阳上的原子放出的光比地球上的原子放出的光的波长要长大约两百万分之一。证明这个预言对一位雄心勃勃的光谱学家来说,是一个有价值、但不是不可能的挑战。

阿尔伯特承认,另一种效应则在实验科学的能力所及之外了:引力也会影响光,导致光束绕着地球弯曲一个很小的弧度,就好像它的电磁能的确(正如阿尔伯特早已提议的那样)是与质量及重量等价的。但是地球引起的偏离量太小了,他甚至没有费神去举出一个值来。

阿尔伯特希望这种推测性的新理论会产生对万有引力的其他奥秘的进一步洞察,尤其是搞清楚经典的天体力学为何不能解释水星轨道中的一个小小的奇特之处。把论文投递给斯塔克以后,他写信给哈比克特:“此刻我正在研究用相对论去分析尚无解释的水星近日点的长期改变。”* 但是他很快就在这个课题上陷入了困境,以后几年都没有再提起。

1907年春,雅各布·劳布写信询问,他是否可以来伯尔尼跟爱因斯坦一起工作一段时间。劳布是一位年轻的土耳其物理学家,是符兹堡大学的一

* Albert Einstein to Conrad Habicht, Dec. 24, 1907, *CP*, vol. 5.

位实验家。他曾是《纪事》的编辑维恩手下的一名研究生。当阿尔伯特的相对论论文出现后，他在维恩的促使下学习相对论，而且成为它的一个拥护者，经常跟爱因斯坦通信。像爱因斯坦其他科学上的新朋友（他们中除了冯·劳厄以外谁都没有真的见过他）一样，在劳布的印象中，阿尔伯特是在伯尔尼大学工作。显然他到这时候才知道阿尔伯特是专利局的一个职员。

"我必须相当坦白地告诉您，"劳布写道，"我读到您必须每天在一个办公室里坐8小时，我感到惊奇。历史充满了极为荒唐可笑之事。"*

劳布在4月份到达了爱因斯坦的公寓，发现阿尔伯特独自在家，正跪在一个炉灶前，企图往火里添加燃料，米列娃和汉斯·阿尔伯特回卡奇去探访她的家人了。接下来的几个星期，阿尔伯特和劳布过着一种单身汉的生活，每天都在一家廉价饭馆边吃中饭和晚饭边讨论求索，直到他们俩的胃都受不住了。劳布是阿尔伯特的第一个合作者，在下一年中，他们共同发表了几篇论文，论述电子在电磁场中跳相对论性的吉格舞的行为和性质。当阿尔伯特在专利局消磨时间的时候，劳布就待在家里刻苦计算。"劳布是一个非常好的人，虽然他非常雄心勃勃，几乎可以说是个贪心的人，"阿尔伯特写信给米列娃（"亲爱的珍宝"）说，"但是他在进行计算，我是没有时间做这个的，这很好。"** 他又补充道说，他很孤单，公寓很脏。

到这时，每天8个小时、每星期6天坐在专利局里"写墨水"，对阿尔伯特来说，也开始变成一种极为荒唐可笑之事。1907年6月，他又一次申请成为伯尔尼大学的私俸教师。目前就阿尔伯特这方面来说，这是战略性的一步：如果他想晋升为大学教授，并且像他的朋友冯·劳厄、劳布一样，有朝一日成为一位真正的物理学家，他就需要有做过私俸教师的资格。有了普朗克和洛伦兹这样的人重视他，这就不再那么虚无缥缈了。曾指导过阿尔伯特博士论文的苏黎世大学物理学教授克莱纳多年来也一直计划在苏黎世设立经

* Jakob Laub to Albert Einstein, March 1, 1908, *CP*, vol. 5.

** Albert Einstein to Mileva, April 17, 1908, *CP*, vol. 5.

过核准的第二个物理学教席。*他把阿尔伯特看作是可能的候选人之一，并且在远方一直指导着他的职业选择。

阿尔伯特5年前第一次与伯尔尼大学打交道时，由于没有博士学位而失败了，而且以他认为它是个猪圈因此不再考虑它而告终。这一次他的申请也几乎同样不顺利，它的一个要求是递交一篇取得大学执教资格的论文，这是一种未经发表的研究生论文原文。然而，阿尔伯特跟平常一样漫不经心，只是附加了17篇已经发表过的文章。**不出意料，当全体教员在10月份开会讨论他的候选人资格时，这就引起了一场吵嚷，他们按章进行了投票，作出了拒绝他的申请的决定，直到他完成要求的论文。

阿尔伯特的反应没有记录下来，不过毋庸置疑，他一定很失望，并且对这些心胸狭窄的人的恶意已经很习以为常了。因此他去寻找另一条教书之道。他的一个老朋友泄露消息给他，说温特图尔技术学校可能有一个位子空缺，他在1901年曾在那里做过代课教师。他写信给他的老朋友格罗斯曼，咨询怎么样去竞争这份工作。格罗斯曼当时已经是工学院的数学教授了，接替了他们原来的老师菲德勒(Fiedler)。

阿尔伯特解释说，他需要这份工作是为了有更多时间投身于科学。“所以我要问问您：我该怎么着手去做?”他问道。他应该找到一个什么人使他印象深刻吗？他怎样才能避免引起反犹太情绪呢?“而且，在这种场合称颂我的科学工作有意义吗?”***

然而，这个空缺最后没有成为现实。阿尔伯特一定觉得，1900年的情形又开始重演了，当时他用求职申请轰炸了整个欧洲，结果一无所得。尽管如此，当时还有另一个职位——是在苏黎世的一所高级中学教数学——空缺，他就尽心尽责地追逐了。

一个星期以后，他在专利局收到了来自克莱纳的一条消息，想知道他的

* Robert Schulmann, “Einstein at the Patent Office,” in Beller, Renn, and Cohen, p. 21.

** *CP*, vol. 5, p. 48.

*** Albert Einstein to Marcel Grossman, Jan. 3, 1908, *CP*, vol. 5.

家庭地址，以便把“一件重要的事情”写信到他家里。* 克莱纳可能是通过小道消息知道了他在伯尔尼的纠葛，也可能是知道了苏黎世的那个悬而未决的职位的消息。无论如何，他建议阿尔伯特忍气吞声，向伯尔尼大学递交一份大学执教资格论文。

1908年2月的第一个星期，他已经完成了一篇关于黑体辐射的论文，并把它寄给了伯尔尼大学的教务长托布勒(Gustav Tobler)。克莱纳对于阿尔伯特的神速印象深刻，但是告诫他说，对论文的评估可能会作为一种拖延战术而被耽搁下来。“我必须随时知道这件事的消息，因为如果需要的话，也就是说，如果下个学期您通过大学执教资格论文而仍得不到讲课资格的话，我必须确保您得到另一种机会来证明自己是一个讲师。”**

结果证明，克莱纳的担心是没有理由的。3个星期以后，阿尔伯特被批准成为一名私俸教师，踏上了学术阶梯的最低一级。这个职位使他可以在大学的支持下挂出大学讲师的招牌开业，他的收入虽不多，却是直接来自学生的。那就是说，这并不是一份非常能赚钱的兼职工作，而且又耗去了他在办公室以外的宝贵时间。1908年4月，3个学生注册组成了他的第一个班级，学习热力学。*** 虽然他往往会讲得深奥得让人不能理解，但是到下一个学期时，人数还是增加到了4个。

其中有一个按时出席的参加者就是贝索，阿尔伯特知道总是能指望他在课后的讨论中提出煽动性和富有成效的问题，这些问题常常会一直延续到咖啡馆和家里。另外一个是马亚，据她所说，在那段时间里，阿尔伯特对工作的沉迷开始影响他的外表。**** 长长的胡茬遮住了他的脸，头发任凭风的肆虐。“真的，”她说道，“他甚至不会意识到自己身上穿的是什么。”当时伯尔尼周围的低级裁缝师傅都被俄罗斯来的贫苦犹太学生包揽了，用马亚

---

* Alfred Kleiner to Albert Einstein, Jan. 28, 1908, *CP*, vol. 5.

** Alfred Kleiner to Albert Einstein, Feb. 8, 1908, *CP*, vol. 5.

*** Pais, "*Subtle Is the Lord...*," p. 185.

**** Maja Winteler-Einstein.

的话来说，他们"常常是些非常聪明但粗鲁的人"，从穿着整洁的瑞士人那里得不到尊重。有一次，马亚问大学的门卫，她的哥哥在哪个演讲厅演讲，他惊愕地回答道："什么，那个俄国人是您的哥哥？"

同时，那个非常被怀念的奥林匹亚科学院又获得了重生，结局令人惊奇。结果，在镇上的另一个地方，当地一所高中里的一间里屋中塞满了电线、计量器和电池，它们伸展到一个低矮、丑陋的圆筒，粗看起来像一个废纸篓。从它上面伸出了一些臂状物、喷嘴和突起，而它的内部结构则是一个由金属薄片、铁栅、电线和能旋转的盘片组成的有深刻内涵的迷宫。夜复一夜，阿尔伯特从专利局长途跋涉来到这里，用咖啡提神，卷起袖子，当房间里充满烟斗里飘出的烟时，他就把电线弯过来，启动开关，然后这台"小机器"就会转动曲柄，冒出火星，通常还会嘶嘶作响，放出新鲜空气。阿尔伯特常常咕哝着诅咒和咒骂，在其中"哈比克特"这个名字常常出现。

这台笨拙的装置实际上是奥林匹亚科学院（不包括索洛文）第二次复现时的产品，虽然在科学院的这一次复现之中，与其说它像生活放荡不羁的文化人的一个争论不休、喝酒的社团，不如说它更像一个修车厂技工的聚会。"我已经发现了另一种测量非常小的能量的新方法，"阿尔伯特曾在几个月前、1907年7月的某一天向哈比克特兄弟这样宣称，当时他召唤他们来到山地地区的一个避暑胜地同他和米列娃及汉斯·阿尔伯特会面，他们在那里度过了接下来的10天，这样他就可以解释他的新奇想法。*

在专利局度过了5年，仔细检查和想象其他人的发明，孩提时又是在父亲和叔叔的小机械中度过的，那么阿尔伯特会转而拙劣地搞起修修补补也就不足为奇了，尤其是因为其中也许有利可图。他预想的这台"小机器"是一个用电的装置，它可以放大微小的电量从而使它们可以被测量。非常小的能量是统计涨落的本质，是随机分子运动的标志，阿尔伯特用它来尝试探究实物的玻尔兹曼原子特性。而且，如果这台"小机器"成功的话，欧洲的——也许是全世界的——想要做最新型的科学实验的实验室都会需要

* Albert Einstein to Conrad and Paul Habicht, July 15, 1907, *CP*, vol. 5.

一台。

正如他所概述的那样，这台仪器模仿了18世纪用来产生静电高压的那些仪器。在原理上，它的运作方式是简单的。当两个导电板彼此移动得非常靠近时，其中一个带的电会在另一个表面感应出等量异性的电荷。在阿尔伯特的机器中，一组金属条在一个带有初始电量的固定盘周围转动，其中每一条都带上了这样的电量，然后再传递给第二个盘子，这样就集结了原来数倍的电量。另一组金属条在第二个盘子周围转动，把它的电量倍增并堆积到第三只盘子上，以此类推。这样，原来的电荷在经过几次以后就从原来的几分之一伏特成指数增长到了一个用普通的静电计容易测量的量值。

在实践中，细节就有问题了。当这群人在8月中旬回到伯尔尼时，天才的机械师保罗已经在阿尔伯特描述的基础上造成了这样的第一部样机。但是这第一台仪器却没有成功，这就开始了使阿尔伯特一直处于焦虑状态中的试验和修补，这一回合竟长达两年。1907年9月2日："亲爱的哈比克特：我被要命的好奇心驱使着来问您正在忙什么。"

一些记述表明，正是在这里，米列娃对科学作了最后一次尝试。根据西利格所撰写的传记，米列娃偶尔会投入这台"小机器"的项目。你几乎可以想象回到过去舒适的老规矩：保罗点着土耳其咖啡机；小阿尔伯特在隔壁房间睡觉；阿尔伯特用他大提琴一般的声音说着下流的笑话；米列娃又变成了一个学生，在灯光下弯腰对着电路图和电学公式。特尔布霍维奇-久里奇在她的传记中暗示，米列娃事实上是这台"小机器"的主要发明者：

> 她开始时和保罗·哈比克特一起使用一台感应器[Influenzmaschine]，通过倍增的方法来测量微小的电张力。这花费了一段很长的时间，不仅是因为她有很多事情要做，更主要是因为她对于完善这台仪器所投注的细心。当他们对它满意了以后，他们让作为专利局专家的阿尔伯特来描述这台机器。*

* Desanka Trbuhovic-Gjuric, *Im Schatten Albert Einsteins*, p. 83.

然而，米列娃的名字在阿尔伯特和哈比克特兄弟的通信中从未被提及。1907年秋，阿尔伯特正在思索有关引力的相对性时，他确实为这个装置准备了一份专利申请，但是随后又决定不把它寄出去，因为似乎没有人有兴趣从事商业化生产。与此同时，康拉德竟然被一个雪橇压了，这使圣诞节蒙上了悲伤的色彩，而且天太冷了，保罗没法再在他父母房子的地下室的车间里工作下去。

那年2月，阿尔伯特写了一篇短小的论文描述这个装置，并把它寄给了《物理学杂志》。在此基础上他找到这台"小机器"的一个可能的赞助人科瓦尔斯基(Joseph Kowalski)，他是弗里堡大学的一位物理教授。6月，阿尔伯特在那儿的一间实验室里工作了一天，但是这次特别的合作毫无结果。

1908年10月，当时保罗已经搬到了巴塞尔，他宣称已经完成了整台机器的建造，但是它不会带电，可能是因为绝缘性太差。"因此总有毛病，我无法知道问题是什么，因为我没有测量工具，"他解释道。* 接下去的那个周末，在他常规拜访时，他把机器带到了伯尔尼。

阿尔伯特采用借来的和自制的设备，以及在一名当地机械师的帮助下，征用了当地一所高中的一个实验室里的房间，草草拼凑成了一间小实验室。到11月，他设法重造了这台"小机器"，修整了它的外表，让它运行了起来，并开始用一支静电计和他制成的一个伏打电池来测试它。他告诉劳布："如果您看到我自己拼凑起来的这个壮观的东西，一定会忍俊不禁的。"** 这个完成了的产品具有六级放大。一个比较新的版本的照片显示，这台"小机器"像一个密封的圆柱体，尺寸和形状大概像一只热水器，从中有电线引出来。

那年冬天，阿尔伯特向科瓦尔斯基在弗里堡大学的同事戈克尔(Albert Gockel)报告说："迄今为止，我已经发现用这台'小机器'可以测量低

---

* Paul Habicht to Albert Einstein, Oct. 12, 1908, *CP*, vol. 5.

** Albert Einstein to Jakob Laub, Nov. 1, 1908, *CP*, vol. 5.

于1/1000伏特的电压，这在测量电量的灵敏程度上是举世无双的。"* 继续降低至这个数字的百分之一，就会使得阿尔伯特可以测试分子理论的静电方面。1910年，阿尔伯特和哈比克特在《杂志》上发表了一篇详细描述这台仪器的论文。第二年，保罗对德国物理学会演示了它，取得了巨大的成功，但是那时阿尔伯特似乎已经离开了这个项目。成为一个企业界巨头的希望，在教书、理论科学和经济现实的压力下消失殆尽。

然而，在此过程中，这个装置以爱因斯坦和哈比克特的名字获得了专利。根据特尔布霍维奇-久里奇的看法，保罗问过米列娃，为什么她不把自己的名字加入专利。据说米列娃的回答一语双关："为什么？我们俩是ein Stein［一块石头］** "***

在那以后的20年中，哈比克特生产和出售了这台"小机器"的各种改进款式，但是结果证明它太不稳定、太复杂了，一直没有真正变得流行。

当阿尔伯特和他的朋友们为建造他们的小机械受困扰的时候，相对论凭自己的力量大踏步地前进着。1908年9月，布赫雷尔写信给阿尔伯特："首先我要冒昧地告诉您，我已经毫无疑问地用仔细的实验方式证明了相对论原理的确定性。"布赫雷尔曾在波恩用他的新装置称量高速运动的电子的重量。他的新结果不仅支持洛伦兹—爱因斯坦的电子理论，而且他的研究也取代了考夫曼以前的发现，提出后者的"开拓性工作"在遇到非匀强电场时就有缺陷了。****

当来自北欧各地的物理学家们为了第80届Naturforscherversammlung，或者叫做"自然科学家会议"，而聚集在伟大的科隆大教堂的阴影之下时，阿尔伯特没有出席，但他是这次会议的一颗明星。这次会议在某种程度上相

---

* Albert Einstein to Albert Gockel, Dec. 3, 1908, *CP*, vol. 5.

** 如果把Einstein(爱因斯坦)拆开来写作Ein Stein，则这两词在德语中的意思是"一块石头"。——译者。

*** Trbuhovic-Gjuric, p. 83.

**** Alfred Bucherer to Albert Einstein, July 9, 1908, *CP*, vol. 5.

当于建立一种新的数学大教堂，以后科学家们将在其中对相对论原理顶礼膜拜。

布赫雷尔的消息在会议上得到了爱因斯坦和洛伦兹的支持者们带有慰藉和喜悦的欢迎，虽然此时离进一步的实验去获得解决合理的疑虑的现象还有好几年。据说阿尔伯特原来在工学院时的数学教授闵可夫斯基放弃了他通常的小心谨慎，因为喜悦而变得狂热起来，而此时已明确地抛弃了亚伯拉罕的不足信的理论："刚性电子在我看来是一个与麦克斯韦方程组相悖的怪物，麦克斯韦方程组最深处的和谐是相对论原理。"*

亚伯拉罕和考夫曼没有到场应答。

然而，正是因为闵可夫斯基随后的演讲，人们才多半记得那第80届会议。闵可夫斯基于1902离开工学院去了格丁根，那是数学家的瓦尔哈拉殿堂。** 正是在这里，高斯（Gauss）和他的学生黎曼曾探索过具有弯曲表面和多维空间的非欧几何，也是在这里，像希尔伯特（David Hilbert）这样的才俊重新创造了数学。闵可夫斯基以前是一个几何学方面的神童，他就像一个人走进自己的起居室那样走进了这座万神殿。

他所感兴趣的有一项是洛伦兹的电子理论。像庞加莱一样，闵可夫斯基对描述以太怎样压缩长度和拉长时间从而使光速对所有观察者来说都相同的洛伦兹变换的严格数学性质留下了深刻的印象。爱因斯坦的相对论论文给了他以下两方面的启示。第一点是，这条曾经的"懒狗"终究成才了。"哦，那个爱因斯坦，他总是打断我的讲课，"据说他这样评论道，"我本来真的不相信他能做到这些。"***

更重要的启示是，在摆脱以太的过程中，爱因斯坦使得洛伦兹变换的真正力量和对称性得到了发挥。它们在正反两个方向上都是正确的：可以完全没有矛盾和在逻辑上清楚地说，两个相对运动的旅行者都会看到**对方**缩

---

* Miller, *Albert Einstein's Special Theory*, p. 350.

** 北欧神话中主神兼死亡之神奥丁接待战死者英灵的殿堂。——译者

*** 出处同上，p. 238。

短和变慢了。他们都可以把自己看作静止的,而对方是运动的。然而,这个理论的美仍然被遮蔽在爱因斯坦笨拙的数学薄纱之下。

相对论成了闵可夫斯基的生命。有一个故事是说,他和希尔伯特一起去看了一次艺术展后,希尔伯特的妻子问他们展览怎么样。他们回答不知道,并解释说:“我们忙着讨论相对论,一直没有真正看过那些艺术。”*

闵可夫斯基着手用一种适合于迷恋优美和对称的数学家的语言来重新创造相对论——那就是用几何的语言。闵可夫斯基的空间有四个维度——通常的长、宽、高这三个空间坐标和一个时间维。到这里为止,他的公式只是常识性的,毕竟事物发生在空间,也发生在某一时间。如果没有一个约定的时间,想在“反叛者咖啡馆”会面的计划是不可能实现的。另一方面,只要四个数字——x、y、z和t——就足以明确说明发生在宇宙历史中的任何事件。闵可夫斯基把这个四维时空中的点称为事件;它们之间的距离是它们的时间和空间上的错位的结合体,被称为间隔。一个粒子或者一个人在这四维时空中穿过时留下的轨道叫做世界线。

想象这个想法的一种方式是设想一个两维的图,在其中它的纵轴表示时间,而横轴表示空间位置。一块静止的岩石或者一根灯柱就可以用一根竖直向上画的直线来表示;就算我们坐着不动,我们也在随着时间前进。一束达到一切物体所能达到的最快速度的光,是另一根与两根轴的夹角都成45°的直线。闵可夫斯基自己可以表示为一根大约包含45年时间和1000千米空间位置的线,这根线蜿蜒地伸展着,有一点弯曲,一头在俄罗斯,标志着他在1864年出生,另一头,唉,是在1909年的格丁根。

正是闵可夫斯基的天才,才看到在这个不可思议的数学空间里,洛伦兹变换就相当于简单地转动和倾斜这些空间—时间轴。相对论中所有的奥秘和看似矛盾的东西,都可以用这张图上的简单几何来阐明和解决。这个发现的一个结论尤其重要,只要在一张纸上画一定数量的点,然后再旋转这些纸,任何一位读者都可以检验它。空间—时间轴旋转时,事件点的坐标就改

* Clark, p. 123.

变了,但是这些点之间的关系——它们之间的间隔——却保持不变。在某些情况下,这个间隔也许是空间和时间的不同组合构成的。空间和时间可以相互转化,这取决于你如何看待它们,这同质量和能量之间的关系相似。在这一点上,运动杆那神秘的相对论“收缩”是一种看待它的人为产物,在某种程度上可以说,就像它是在时空中的某个角度处;所有的东西都还在那里,就像你把一把睡椅转一个角度让它穿过门廊时那样,整把睡椅仍然在那里。这种不变性是在闵可夫斯基空间和相对论核心处的魔力。

“先生们!”闵可夫斯基在科隆会议上开始发言了,“我想要呈现给你们的,对时间和空间的看法是从实验物理的温床中萌芽的,它们的力量也在于此。它们的倾向性是根本的。从现在开始,空间自身和时间自身注定只不过将消失在阴影里,只有两者的一种联合体会保持着独立的实在性。”*

但是,阿尔伯特对这一伟大的跃进却没有留下深刻印象,把它看作是“多余的深究”。他喜欢开玩笑说,自从数学家们接管了相对论,连他自己都不能理解它了。不过最终他会学着热爱它的。

3个月以后,闵可夫斯基遭受了一次阑尾炎的致命打击,据说他为自己要在相对论尚处于幼年的时候就死去而哀恸不已。** 他自己的世界线被剪断了,当时他只有45岁。

虽然闵可夫斯基的四维时空在物理学和相对论中很快变得流行,但是它没有影响到19世纪非欧几何的发现中涌现的对第四维的通俗的探索和随后由欣顿(Charles Hinton)及其他人所写的文章。除了在1895年确实把时间当作第四维的威尔斯(H. G. Wells)所著的《时间机器》以外,第四维这个概念当时变得与神秘主义的洞悉和超验性联系在一起,它是另一个能**看得见**的方向,只要能知道如何去看就行。“当一个人到达第四维的国度时,”法国人波沃夫斯基(Gaston Pawlowski)于1912年写道,“当一个人永远从时间和空间的概念中解脱出来时,那他就会用这种理解力来思想和考虑。有了这一点,

---

* Pais, “*Subtle Is the Lord...*,” p. 152.

** Clark, p. 123.

他就会发现他自己与整个宇宙交融在一起，正如同所谓的过去事件交融在一起一样，他与所谓的未来事件交融在一起。”*

1909年，《科学美国人》宣布举行一次短文竞赛，寻求对第四维的最佳解释，参赛者来自世界各地。

他们中没有一个人提到时间。

* Linda Dalrymple Henderson, *The Fourth Dimension and Non-Euclidean Geometry in Modern Art*, p. 53.

第十二章　量子的疑虑

1908年春,弗里德里希·阿德勒(Friedrich Adler)* 正徘徊在马克思(Marx)和马赫之间,对今后是从政还是治学举棋不定。阿德勒曾做过克莱纳3年助手,克莱纳是苏黎世大学的物理系主任,当时也是学校的新校长。在7年的竞争以后,这时克莱纳要求设立第二个物理学教授职位的申请已接近成功。阿德勒作为热学和力学方面的专家,是一个合情合理的候选人。而且,如果他真的需要这份工作,他就有力量去争得。他的父亲维克托·阿德勒(Victor Adler)创建了奥地利社会民主党,在整个欧洲包括由社会民主党人统治的苏黎世教育委员会在内的自由主义者圈子中很出名,并受到尊敬。然而,克莱纳却把他的目光投向了另一个候选人。

“这是一个名叫爱因斯坦的人,他与我在同一个时间学习,而且我和他一起参加过几次讲演,”阿德勒向他的父亲报告说,“我们的成长相当类似。他跟一个与我同时学习的女子结了婚,还有孩子,但是没有人供养他,他有一段时间挨过饿,工学院的教授们都对他非常藐视,他无权进入图书馆,等等。他不懂如何与人相处。”**

阿德勒苍白消瘦,有着顽固的浪漫主义性情和空谈理论家倾向,作为一

---

* 后面提到的弗里茨·阿德勒即是此人。弗里茨系弗里德里希的昵称。——译者

** Friedrich Adler to Viktor Adler, June 19, 1908.

位物理学家，他的哲学家气质更甚。他的父亲最初送他去苏黎世是要他脱离政治，但结果证明这是一个相当徒劳的做法。弗里茨从罗莎·卢森堡处租得了他的寓所，那里住着充满激进思想的学生。* 他比阿尔伯特晚一年进入工学院，并成为了他的一个仰慕者和咖啡馆里的同伴。1903年，阿德勒和一个学物理的同学卡佳·格尔马尼斯施卡亚(Katya Germanischskaya)结婚，她是一个出生于立陶宛的俄罗斯人。

在物理学上，阿德勒是一个忠实的马赫主义者。学生时代，弗里茨曾向爱因斯坦描述过他关于铬的比热的学位论文计划。阿尔伯特问他，他的假设是什么？"没有，"弗里茨回答道，"我想以纯实验方法来证明它。"**

10年以后，阶级斗争俘获了阿德勒的想象力，而物理学对他来说变得越来越沉闷。有一次他告诉他父亲，如果被迫在科学和政党之间作出选择的话，他会选择政党。"我认为我必须抛弃理论，寻找某种实用的职业，而那**只能是在政党中的活动**……这是除了认识论以外唯一对我重要的东西。" ***

弗里茨对爱因斯坦自己的职业奋斗极力地理想化，以至在他的眼中，爱因斯坦得到苏黎世的任职既是不可避免的，也是恰当的。"他们对自己以前是怎么对待他的感到内疚，"他写道，"这样一个人不得不坐在专利局里，这不仅在这里，乃至在德国，都是一种耻辱。"确实，他预言爱因斯坦不会长期属于苏黎世，而是肯定会很快地被召唤到德国去。****

那以后不久，克莱纳旅行到伯尔尼去看望他传说中的门徒是如何工作的，阿尔伯特对于这个职位的机缘几乎就要在这里终结了。此时阿尔伯特只有一个学生，没有备课的习惯，而且，可能被试用的希望弄得他难以言喻地紧张。***** 克莱纳及时到达，看到一个衣衫不整的年轻人在没有条理地漫谈着让自己的学生摸不着头脑的材料。

---

* Carl Seelig, *Albert Einstein: A Documentary Biography*, p. 95.

** 出处同上。

*** Friedrich Adler to Viktor Adler, June 19, 1908.

**** Friedrich Adler to Viktor Adler, June 19, 1908.

***** Albert Einstein to Jakob Laub, May 19, 1909, *CP*, vol. 5.

克莱纳带着破碎的幻想离开了，而最后有人传话给阿尔伯特，克莱纳公然抱怨，说他是一个不令人满意的教师。阿尔伯特安慰自己说，他从来没有要求成为苏黎世大学的一名教授。

这时看来，似乎那个不幸的阿德勒要得到这份他兴趣索然的工作了。但是后来，阿尔伯特重新考虑了这个职位，做了米列娃一直建议他做的事，即直接写信给克莱纳，指责他在背后批评他。他抱怨道，照这样的话，他将永远也不能找到一份教书的工作。

克莱纳道了歉，并说如果他能确信阿尔伯特有能力教书的话，他将很乐意为阿尔伯特提供一个教授职位。阿尔伯特建议把苏黎世物理学会作为评判的地点。

与此同时，阿德勒在继续为爱因斯坦争取。“如果我们的大学可能得到一个像爱因斯坦这样的人，”他在11月写信给管理理事会，“那么任命我将是荒谬的。”虽然据说后来阿德勒勇敢地退出，以支持爱因斯坦，但他是否曾经被正式授予过这份工作我们还不知道。现在看来克莱纳似乎对两个人都没有表示过明确的意见，而且他必定知道阿德勒是在装样子以取悦他的父亲。阿德勒报告说，最后的拒绝给他的感觉就好像搬掉了他胸口的一块大石头。对于爱因斯坦来说，他觉得阿德勒是一个具有殉教者情结的自我牺牲的傻瓜，但是在这么长时间地等待一份教书的工作以后，他决不想再断然拒绝它。*

阿尔伯特第二次接受试听是1月在苏黎世物理学会之前，正如他所说：“我很幸运，跟我的习惯相反，这一次我讲演得很好。”**

1909年2月，克莱纳正式推荐爱因斯坦成为教授，而且明确指定为理论物理方面——在他8年前开始为了这个职位而努力时，这门学科分支还未正式存在。在3月举行的一次秘密评议中，全体教员认为阿尔伯特尽管是个犹太人，但是却没有通常属于这个民族的那些令人不快的特征——比如“侵扰

* Albert Einstein to Michele Besso, April 29, 1917, *CP*, vol. 8.

** Albert Einstein to Jakob Laub, May 19, 1909, *CP*, vol. 8.

他人、厚颜无耻以及店主心理”。* 于是，他们以10比1的投票结果决定给他这份工作。

阿尔伯特马上拒绝了，因为他们提出的工资比他在专利局赚的还要少。最后苏黎世大学同意给他与伯尔尼一样的工资——4500法郎。1909年5月7日，大学的管理委员会批准任命阿尔伯特为一个特别的理论物理教授。他在学术界以外的长期流亡到此结束。

“所以，”他对劳布说，“现在我也是不讲道理行会中的正式成员之一了。”

几天后，巴塞尔的一个名叫安娜·迈耶-施密德（Anna Meyer-Schmid）** 的家庭主妇在当地报纸上读到了爱因斯坦的任命消息，这恍惚把她带回到了10年前的那个夏天，当时她在姐夫的天堂旅馆里跟一个名叫阿尔伯特的学习物理的轻浮学生嬉戏。从此以后他们彼此没有见过面。安娜幸福地嫁给一个巴塞尔官僚乔治·迈耶（George Meyer）已经有4个年头了，她寄了一封祝贺信到伯尔尼。

阿尔伯特接到安娜的信时心跳加速，立即回了信。“我也许比你更珍爱天堂旅馆的回忆，那可爱的几星期中，我被允许在你身边度过。”*** 他现在可能老了，也足够有名了，名字可以见诸报端了，但他向她保证说，他仍然那么心地单纯，不期望从这个世界上得到任何东西。也许只希望她能来苏黎世探访他，为此他给了他在拉米街的办公室地址。

安娜的答复显然被米列娃中途拦截了，她马上变得怒不可遏。是哪个女人写了这么充满深情的信给她的丈夫？米列娃让阿尔伯特把信寄回去，并要声称他看不懂它。这封信可能转而又被乔治·迈耶截获了，他查问爱因斯坦究竟发生了什么事。米列娃回复了一封充满怒气的信给迈耶，控诉他

---

* Abraham Pais, “*Subtle Is the Lord...*,” p. 185.

** 即前面提到的安内利·施密德。——译者

*** Albert Einstein to Anna Meyer-Schmid, May 12, 1909, *CP*, vol. 5.

妻子的不当行为。* 她声称，安娜不该从实际上是很简单的互致友好问候中看出什么花头来。“我们不能肯定地知道是什么误导她写了另一封相当不适宜的信。”

阿尔伯特发现米列娃所做的事以后感到很丢脸。这不是第一次阿尔伯特所谓的“吉普赛人的血液”使他和她之间陷入麻烦，尤其是当他们在学校的时候，但这是她第一次如此公然地痛骂出来。从本性上来说，阿尔伯特觉得好像自己在这场喧闹中是一个无辜的受害者。米列娃似乎总是习惯在他职业的决定性时刻制造危机——第一次是他要去专利局时的孩子问题，而现在是在他快要成为大学教授时一场喧闹的妒忌大爆发。

阿尔伯特写信给迈耶，对导致了这么多无谓的纷扰表示道歉，他解释道，他对安娜的明信片反应过度了，因为它重新唤醒了从前的感觉。但他说他的内心是纯洁的，安娜的行为也完全是诚实的。**

“错就错在我的妻子——可以宽恕她仅仅是出于极端的嫉妒——在我不知情的情况下所做的事，”他继续写道。他许诺不会再打扰他们，并说他希望迈耶不会对安娜生气，他重复道，她是无可责备的。仿佛是要强调他在这些说明上的权威性，他在信上署名“爱因斯坦博士教授”，他一生中只有很少几次签上头衔，这是其中的一次。

这次事件让阿尔伯特心有余悸。以他的观点看来，在他年少时曾诱惑和支撑他的来自一个比他年长的女子的强烈感情和挚爱正在开始令他生厌。这种激情曾经是一条救生索，是相对于他母亲令人窒息的爱的一种受欢迎的选择，现在却感觉更像一块石磨。随着米列娃的年老，她灵魂中比较隐秘的塞尔维亚部分就变得更加明显了。*** 她既不原谅，也不遗忘。事实

---

* Mileva to George Meyer, May 23, 1909, trans. Valerie Tekavec.

** Albert Einstein to George Meyer, June 7, 1909, *CP*, vol. 5.

*** 弗里达·爱因斯坦的手稿，第21页。弗里达认识米列娃，她写道：“米列娃也非常好嫉妒，当她的丈夫用他所谓的‘吉普赛人的血液’来解释时，她的嫉妒就会变成对其他女人的一种冷酷、猛烈的憎恨。她是一个斯拉夫人，有非常强烈的情感。米列娃一旦受到冒犯或者伤害，她就不可能原谅或者遗忘，这就使他们更加不可能和平共处。”

上，既然他想到了，因为她脸上年轻时的红润已消失了，米列娃实际上越来越丑了。* 她变得越愤怒，就越没有吸引力，而阿尔伯特对于那个对他除了有一个美好时光以外别无所求的甜蜜山区少女的回忆就变得越有光彩。

"10月中旬的14日那天，我们离开了伯尔尼，至今我们在那里度过了7年时光，这么多美丽的，但我也必须说是苦涩和艰难的日子，"米列娃在那年夏末写信给海伦妮。1909年，阿尔伯特30岁，米列娃34岁。在那时的一张照片中，她眼睛里机灵的光芒熄灭了，代之以一种脆弱、被烦扰得疲惫不堪的凝视。她发胖了，她的脸变得粗老。正是在伯尔尼，她失去了她的丽莎尔；在伯尔尼，她被允许作为男孩子们中的一员，安静地坐在奥林匹亚科学院的角落里，从智慧的喧嚣展示中获得她所能得到的解救；在伯尔尼，阿尔伯特利出生了，空气中充满了牙牙学语的声音；在伯尔尼，她坐在爱人对面，在油灯下徘徊在物理学边缘。正是在伯尔尼，她赢得了阿尔伯特的注意并最终成为他的伴侣；在伯尔尼，这些眼里闪着粗野的光芒、嘴里咕哝着**相对论**和**光量子**的年轻德国人开始找到他们通往问题、提议、命题、争论、论文、工作和更多拉着他远离她的工作之门。

米列娃告诉海伦妮，她对阿尔伯特的成功感到自豪和高兴。他得到了，不加夸张地说，为了它，挑灯夜战。"我只希望和祝愿，"她补充道，"这种名气不会对他的人性侧面产生不利的影响。"**

也是那年夏天的早些时候，一份雕版印刷的拉丁文文件从日内瓦大学到达专利局。阿尔伯特立即把它扔进了废纸篓。瑞士的科学界很小，该大学的校方能够在几个星期的沉默以后，调查为什么即将成为教授的爱因斯

---

* 阿尔伯特·爱因斯坦1951年7月27日给埃丽卡·迈耶(Erika Meyer)的信。他在1951年写给安内利的女儿埃丽卡的这封短笺中解释说，米列娃有一种由疾病引起的嫉妒，其特征是常常与"罕见的丑陋"联合在一起。

** Mileva to Helene Savic, Sept. 3. 1909, John Stachel, "Einstein and Maric: A Failed Collaboration."

坦博士先生没有对在这个大学即将迎来的350周年大庆典上接受名誉博士学位的邀请作出回应。

他们招募了一个朋友来确保阿尔伯特在庆典上出现。阿尔伯特在约定的那一天按时去了日内瓦，登记住进了指定的旅馆，发现自己处于为数众多的苏黎世大学的学究式人物之中，他对他们说不知道自己为什么会在这儿。因此他不是由正规渠道得到通知的——当然，要准备合适的整套服装就已经太晚了。为了纪念开尔文创建了这所大学，校方决定大肆授予学位。从玛丽·居里、奥斯特瓦尔德到名叫索尔韦(Ernest Solvay)的制药巨头，一直到当地的餐馆老板和民间诗人，差不多有110位名人能在瑞士联邦总统的发起下被授予名誉博士学位。210位从大学和其他学术机构来的代表是出席的贵宾，他们来自世界各地，身穿代表祖国和本国机构的华丽礼服。

三天的庆典过程中一直下着雨，但这却是阿尔伯特一生中最愉快的一段时光。他戴着一顶草帽，穿着一套普通的衣服，同穿着过于漂亮的显贵们肩并肩地行进在官气十足的队伍之中。庆典结束时在一家华丽的旅馆举行了一次奢侈的盛宴。这种全面的奢华驱使阿尔伯特向在宴会上坐在他旁边的一个日内瓦贵族侧过身去，问他是否知道如果开尔文在场的话会做些什么。

那位贵族感到迷惑不解，问他是什么意思。

阿尔伯特话中有刺地回答说，开尔文建立了一笔非常大的奖金，然后把它全部浪费在罪恶的奢侈铺张上。

“那个人以后再也没有跟我说一个字，”阿尔伯特后来回忆道。*

那年夏末，在邮件中出现了一份更加重要的邀请，请他在9月份去奥地利的萨尔茨堡，在德国科学家年会上讲话，正是这个年会前一年在科隆举行的会议成了闵可夫斯基和布赫雷尔使相对论神圣化的场所。它的正式名字叫做“德国自然科学家和艺术家学会”，是在1822年为了促进科学的统一而成立的—— 一个典型的启蒙运动之梦，它是世界上最古老的科学组织之一，比日耳曼帝国本身还要早半个世纪。它拥有3000名会员，是最大的组织之一。

* Seelig, p. 93.

阿尔伯特将成为德意志物理学会的贵宾。这个学会在一个更大的协会的庇护下集会。也许组织者们希望从他们的年轻奇才之中出现一颗明星，对相对论有兴趣，对闵可夫斯基新的四维时空作出出色的回应。然而，他们得到的只是一些更加令人不安的、预言性的东西。对于在相对论方面得到的所有赞扬，与其说阿尔伯特没有实际解决任何困扰物理学的基础问题，倒不如说他想得越来越多。他意识到，相对论是建立在沙子的基础之上的。阿尔伯特对于这点至少沉思了5年，在这段时间里相对论从难以领悟的教条上升到获得了喝彩的程度。相对论获得的成功越大，他就越多地沉思光的真正本质。

当然，正是普朗克的不可思议的量子损害了描述产生光波的电磁场相互交织的麦克斯韦方程组的基础，因此也就动摇了相对论和物理学中的其余大部分。相对论的基础建立在光速对所有观察者来说都是相同的这一原则上。这就是麦克斯韦方程组所表达的，虽然科学家们需要著名的迈克耳孙-莫雷实验的零结果才能完全接受它。

即使麦克斯韦的方程组如此杰出，但是在麦克斯韦方程组或者在它们之前和之后的法拉第、赫兹、洛伦兹、亥姆霍兹和玻尔兹曼的工作中，都没有一处特别说到电磁能量以普朗克称之为量子的小酒杯形式而不是以连续波的形式涌出的。没有一处有数学工具能预言光是由微粒、能量原子、光量子组成的，也不能预言其中任何一种能从一片金属中撞击出电子来。

在阿尔伯特看来，麦克斯韦方程组最好的情况也是不完整的，最坏的情况是彻底错误的。有些新的东西必须要取代电磁场的传统概念，并解释量子的存在。也许这些东西还将解释电荷本身的性质和来源(举例说，为什么只有两种电荷？例如，为什么不是3种?)，* 以及它们在物质结构中起什么作用。到萨尔茨堡开会的时候，对“这些东西”的探询已经留下了一条4年的痕迹：有悲痛、争议，还有贯穿在他思维过程的书面记录中的一些不完整想法。

1906年，阿尔伯特已经回头重新检查了普朗克对辐射定律的最初推

* 这并不是一个荒谬的问题。在现代粒子物理学中，将原子核中的粒子拉在一起的强力确实是由3种所谓的色荷所表征，它们之间都相互吸引，并被异想天开地命名为“红”、“蓝”和“绿”。

导。在他的第一篇量子论文中,他曾指出,普朗克采用经典的电磁理论将对所谓的黑体的辐射波谱得出一个错误的答案。但是普朗克却得出了适合他慎重收集起来的数据的一个奇怪的数学表达。阿尔伯特现在问道,普朗克是怎样得出正确解答的? 回答是,在计算中的一个极其重要的点上,普朗克对于如何计算能量可能在前后摇动以产生电磁波的电子(一般认为它们是存在的)中进行分配的不同可能的方法作出了一个疯狂的猜想(一开始阿尔伯特认为那是完全错误的)。阿尔伯特继续证明,普朗克的假定相当于假设只允许存在一定能量的一些倍数,这就导致了阿尔伯特在1905年的论文中所写到的同样一些量子的存在。

"在我看来,以上的考虑根本没有推翻普朗克的辐射理论,"阿尔伯特写道,"而且,我觉得它们说明,普朗克先生用他的辐射理论在物理学中引入了一个新的假设的元素:光量子的假设。"*

甚至连普朗克都不同意这个结论,因为他并不想成为一名革命者,他也不想承担破坏物理学的责任。就他而言,这种他在技术上所称的"作用量子"仅仅是一个没有物理意义的计算手段。事实上,普朗克早就试图提出,他的量子假设所依据的一条玻尔兹曼的关键性统计定律可能不适用于辐射的情况,从而为他自己从量子假设中解脱出来提出理由。**

虽然普朗克的年轻助手冯·劳厄希望能给爱因斯坦和量子更多信赖,但是他在读了阿尔伯特1906年那篇论文的一个预印本后给他回信,几乎是急迫地警告他说,他走得太远了。*** 冯·劳厄坚持,量子化是光被放出或被吸收方式的一个性质,而不是光本身的一个特征。他断然地总结道:"因此辐射并不像……你第一篇论文中所说的那样是由光量子组成的。相反,只有当它与物质交换能量时,它的行为才仿佛是由光量子组成的。"啤酒也许可

* "On the Theory of Light Production and Light Absorption," *Annalen der Physik* 20 (1906), p. 199, *CP*, vol. 2, p. 349.

** *CP*, vol. 2, p. 144.

*** Max von Laue to Albert Einstein, June 2, 1906, *CP*, vol. 5.

以论品脱卖，但在大桶里时，它全然是一体的。

然而，阿尔伯特决不后退，他倒很想知道，量子是否也是他一直在考虑的另一个问题的解答。这个问题就是热。言归1901年，当阿尔伯特在温特图尔教书期间，他彻底搜寻了整个图书馆，阅读了德鲁德和普朗克的著作，其时他曾疑惑是否一个物体的内能（你用手触摸它时所感觉到的热量）是由发生共振的电荷引起的。如果真是这样，那么在一种物质的光学性质——由于这些振动的电子也传递电磁波——与热学性质（尤其是被称为比热的那个量）之间理应存在某种联系。

比热测量的是将某种物质一定数量的原子的温度升高1开时所需要的能量值。1819年，两个法国人杜隆（Pierre Dulong）和珀蒂（Alexis Petit）在测量了多种物质以后得出结论，这个数字对于所有的元素和温度都是相同的。半个世纪以后，玻尔兹曼对这种现象给出了一个相当好的解释：原子的振动只有三个维度：上下、前后和两边。因此任何原子，无论是氢还是铁，都以同样有限的方式来使用其能量。而且，根据玻尔兹曼的看法，在每一个维度上（或者叫“自由度”）上，就平均而言，它必须花费相等的能量。

这个所谓的杜隆-珀蒂定律一直很成功，直到实验家们遇到了碳，它的比热结果很低。在这些研究这个难题的人中有韦伯——后来阿尔伯特在工学院时遇到的那个古板而让他痛苦的人——他在柏林大学时对金刚石作了广泛的测量。1875年，韦伯得出结论，碳只在低温时反常，它的比热随着温度的升高而增大，上升到1000开左右时，碳的行为就跟所有其他元素一样了——这次发现代表该理论暂时取得了胜利。事实上，韦伯是一个公然的古典派，他甚至在20年后都不会去讲授麦克斯韦方程组，而他却安置了一块基石，日后他的学生将依靠它建立起对传统的最大冒犯：量子理论。

到了阿尔伯特的时候，其他元素的比热反常现象又纷纷出现了。阿尔伯特问他自己，如果把普朗克的量子假说应用于热运动将会发生什么：原子或分子（或任何振动着的东西）将不是以任意频率上下或前后弹跳，它们是否有可能被迫以某个基频的倍数振动？如果真的是这样，那就意味着它们的能量将只会有某些分立的值。

阿尔伯特把这些假设融合到理论计算中,得到了关于比热情况的一幅非常不同的图景。在高温时比热是一个常数,这正如杜隆-珀蒂定律所表达的,但是在一个临界温度(对碳而言大约是1573开)以下时,他的方程预言比热将开始下降,并在温度一路下降到绝对零度时变成零。出现这种现象的原因是,当一种物质冷却下来并从气体变成液体再变成固体时,它的原子或分子将彼此更紧密地结合在一起,从而逐渐失去各种运动的可能性。例如,如果一旦被锁入晶格中,它们将再也不能转动了。结果,它们花费能量的方式将逐渐变得越来越少。爱因斯坦的结论说明,把某种东西冷却到绝对零度应该是不可能的,因为东西越是冷,它就越容易被某个杂散的辐射推高温度。他对碳的预言的一张图表与韦伯30年前对金刚石的测量几乎完全一致。有人这样说:这张图表标志了现代固态物理领域的开端。*

爱因斯坦的论文于1907年初发表,这是量子观点的另一次胜利。但是与通常一样,它的代价却是可怕的。弹跳的原子只能具有分立的能量值,这种概念违背了牛顿力学的那些定律——那些作为气体和热的原子运动理论基础的定律。量子理论越成功,它就变得越神秘。

阿尔伯特再加倍努力去理解量子,却是徒劳无功。"我不停地忙于辐射的问题,"阿尔伯特有一次告诉劳布说,"这个量子的问题是如此非同寻常地重要和困难,它应该关系到每一个人。"**

与此同时,普朗克已经摆脱了用他的统计学论点来除去他的量子的想法,采用了一种最低纲领主义的处理方法。在当时的一张侧面照片中,他不自然地坐在办公椅上,专心致志地注视着前方,光秃秃的前额和鹰钩鼻使他看上去像一只鹰,下垂的小胡子使他的脸部有了一种呆板的不悦表情。"绝对真空(自由以太)具有某种原子的性质吗?"他在一封信中虚夸地问阿尔伯特,特别提到"看来你相当肯定地回答了这个问题,而我将至少按照我目前

* Pais, "*Subtle Is the Lord* ...," p. 389.

** Albert Einstein to Jakob Laub, May 17, 1909, *CP*, vol. 5.

的看法来否定地回答它。因为我不寻找在真空中的作用量子(和量子一样)的意义,而是在吸收和放射的场所上,并假定真空中的这些过程可以由麦克斯韦方程组**精确地**加以描述”。*

1907年秋天,阿尔伯特毫无进展,他把这个问题放在了一边,致力于相对论和万有引力的综述论文。冯·劳厄无疑感到了宽慰,因为他误解了阿尔伯特对于物质的突然沉默,说他很高兴阿尔伯特放弃了他的光量子理论。“你知道,我一向不喜欢它。”**

冯·劳厄高兴得太早了。阿尔伯特对相对论哲学起源的不满意使他更加决心弄清量子的真相。他曾向那些他钦佩或者不那么钦佩的同行们承认,相对论从来不是一种令人满意的关于自然的理论。

他在一次同索末菲交换意见时说,其中的原因要追溯到他以前关于“推定性”理论与原理性理论之间的二分法。*** 前者是由简单、基本但又影响深远的念头构建的逻辑大厦,比如热的运动理论是建立在原子的想法基础上的。而原理性理论则是建立在一些总括性的戒律之上的,例如热力学的第二定律。相对论是一种原理性理论,这意味着它缺乏一个基本的基础。就这点来说,麦克斯韦方程组和电磁理论从总体上来看都是原理性理论。

“顺便提一句,”阿尔伯特写道,“我觉得我们离掌握令人满意的电学过程和力学过程的基本基础还很遥远。”他解释道,他得出这个悲观的看法,主要是他以各种直觉的方式来解释普朗克的量子时都得到了“无穷无尽的徒劳尝试”的结果。“我甚至认真地怀疑,”他冒险说道,“麦克斯韦方程组对于空的空间的普遍有效性是否能够维持下去。”

在1908年,这实在是一席煽动性的话。反对光量子的科学家名册上有

---

* Max Planck to Albert Einstein, July 6, 1907, *CP*, vol. 5.

** Max von Laue to Albert Einstein, Dec. 27, 1907, *CP*, vol. 5.

*** Albert Einstein to Arnold Sommerfeld, Jan. 14, 1908, *CP*, vol. 5.

很多有名的人,其中甚至还包括了和蔼而有见地的洛伦兹。* 像普朗克一样,他认为这也许是不恰当地应用了统计学的结果。他开始着手重新推出普朗克的辐射公式,但是一开始时就采用了不同的假设,并且除去了所要求的量子。然而,这一努力却产生了事与愿违的结果:洛伦兹得出了黑体光谱以前的经典答案,这与测量结果是不一致的。

当洛伦兹要求再做一轮实验来确定这个问题时,《物理学杂志》上几篇论文的强烈呼声压倒了他,因此他让步了。他在1908年承认,“如果不在电子理论的基础中作一个深邃的改变的话,想要从这一理论导出辐射定律,几乎是不太可能的。”**

阿尔伯特正在试图重新创造电磁学,他的雄心壮志真是大极了。1909年初,他要弄着将基本的电磁场方程改变成一个更加复杂而有力的形式。他希望从这样一个方程的解答中将不仅会产生出光量子,还有“电量子”,那就是说电子的带电量,对此那时的物理学家们都无从解释。他又寄了另一篇关于光量子的论文给洛伦兹,叹息说这是“多年沉思后的一些无足轻重的结果……我还无法真正领会这件事”。***

洛伦兹回复了一封长信,争辩着反对独立光量子的存在,这次是在光学的基础上。他计算出,一个单个的量子至少有5000平方厘米——因此它大到眼睛甚至大的望远镜都无法捕获其全部。这意味着必须有成千上万个量子的碎片同时出现在眼睛里才能产生视觉。“每个单独的光量子的单个实体是根本不必谈的,”他断言,“光量子的假设遇到了这样严重的困难真是一个遗憾,因为否则的话这个假设倒是非常优美的,你和斯塔克对它所做的许多应用也非常诱人。”****

斯塔克就是那个把质能关系错误地归属给普朗克但又恳求阿尔伯特在

---

* *CP*, vol. 2, p. 144.

** *CP*, vol. 2, p. 144.

*** Albert Einstein to Hendrik Lorentz, May 23, 1909, *CP*, vol. 5.

**** Henrik Lorentz to Albert Einstein, May 6, 1909, *CP*, vol. 5.

他的《年鉴》上发表关于相对论的主要综述论文的人。看来他似乎确实是被遗弃的量子理论在整个欧洲大陆除了爱因斯坦以外的唯一朋友。斯塔克正在研究X射线，他已经得出结论说，这些射线在他的实验室中穿行时更像是子弹，而不像随着距离散布的波。

阿尔伯特希望能在萨尔茨堡与斯塔克会面。“我很好奇地想知道使您把以太中的空间存在归属于量子的原因，”他说道，“关于这个问题，我正在跟普朗克进行一次愉快的通信，他仍然固执地反对物质（局部化的）量子。你无法想象我是多么艰难地试图创造出量子理论的一个令人满意的数学表述。但是我还没有成功地达到这一步。”*

在英国，量子假设受到了更认真的对待。在剑桥，三一学院的教授泰勒(Geoffrey Taylor)尝试用拍下通过一系列烟灰色玻璃屏的干涉图样的照片来分离出光量子。** 泰勒希望用足够的烟灰色玻璃，他可以将光的强度降低到某一点，使得存在的量子少到无法彼此发生干涉。这时干涉的特征亮暗条纹将消失。泰勒最后堆起来的烟灰色玻璃多到需要2000小时才能完成一次曝光。然而，即使是在最微弱的光线下，干涉图样仍然存在。在极端情况下，光仍然坚守着它的波动性。***

---

* Albert Einstein to Johannes Stark, July 31, 1909, *CP*, vol. 5.

** G. I. *Taylor*, *Proceedings of the Cambridge Philosophical Society* 15 (1909), p. 114. 我很感激约翰·惠勒记起并向我指出了这篇不引人注目的论文，然后又帮助我从普林斯顿燧石图书馆的深藏之中得到了它。

*** 要理解泰勒的实验注定会失败，将要花费几十年，还需要量子理论的另外具体化表达。根据现代量子力学，任何特定的光量子（或者用现在的术语称它为光子）通过光学仪器或烟灰色玻璃仪器时的路径是由在量子可能经过的所有路径基础上作出的概率统计决定的。不同的可能性相互干涉，就好像光波一样，从而使得一些路径比另外一些更有可能发生。即使每个小时只有一个光子通过烟灰色玻璃并打到泰勒的照相底板上，经过2000个小时以后，这2000个撞击也会叠加成就好像这2000个光子是在一瞬间通过所造成的同样的干涉图样。事实上，就好像时间甚至不曾存在过一样。在现代，泰勒实验有时是用电子做的，已经一次又一次地确证了这个怪异的结果。惠勒本人发明了一个称为延迟选择双缝的实验。这是一个特别异常的实验，它使实验者能够控制一个光子在经过干涉仪器后是否发生干涉。“怪异”在这里还不能算是一个足够好的词。

在阿尔伯特沉思的时刻,他发现自己对欧洲的物理学社团这么快就想赋予他天才的地位觉得有点害怕,因为,尤其是就他而言,他没有解决他认为当时最重要的问题。量子正在蚕食物理学的基础,但似乎只有他才是唯一一个感受到这种威胁的人。这个社团以它集体的宽容的智慧认为,爱因斯坦在给了他们相对论和原子的布朗运动证明以后,已经赢得了犯一次错误的权利。阿尔伯特觉得他们未领会他的想法,他决定要澄清一下。

萨尔茨堡坐落在横跨萨尔察赫河的奥地利一边的阿尔卑斯山麓中,是建筑和历史上的一颗瑰宝,而且是莫扎特的故乡。它也是阿尔伯特终于能会见他的同僚们的一个合适的地点。他在演说中畅所欲言。他们看到的是一个正当年华的年轻人,自信心高涨。现在他30岁了。岁月从他脸上带走了涉世未深的稚嫩,使他的黑色短髭变得浓密。他波浪状的头发仍然乌黑,他的双眼坚定而带点冷嘲。与其说他如今已不再那么漂亮了,倒不如说他现在更英俊了。在一些照片中,他流露出一种新的自信气息,就好像一个赌徒知道将发出的一些牌都会合他的意。

阿尔伯特的演讲第一次明显地把在过去9年中使他全神贯注的不同思维方面联系在了一起——统计力学、电动力学和量子假设。他在一开始提醒他的听众们,随着光的波动说和麦克斯韦方程的到来,以太的存在直到新近才似乎得到了实际的确信。现在它已被废弃了,而且甚至波动说也受到了某些新现象的挑战,这些现象用牛顿原来把光看作粒子的旧微粒说倒更容易解释。"因此我的意见就是,理论物理发展的下一个阶段将带给我们关于光的一种理论,这种理论可以设想为一种光的波动说与光的微粒说的某种融合体。"*

然后他回顾了带领他通往相对论的逻辑过程,详细论述了能量和质量

---

* "On the Development of Our Views Concerning the Nature and Constitution of Radiation," presented at the Gesellschaft Deutscher Naturforscher und Ärtze in Salzburg on September 21, 1909. The speech and the ensuing discussion were published in *Physikalische Zeitschrift* 10(1909), pp. 817—825, reprinted in *CP*, vol. 2, p. 563.

的等价关系。物体通过吸收和发射光来获得或失去质量。“因此相对论,”他指出,“就改变了我们对于光的性质的看法,并达到了这样的程度:我们不是把光看作假设的媒介的一连串状态,而是具有独立存在的某种东西,就像物质一样。”而且,这种“东西”当从一个地方被发射出来又在另一个地方被吸收时,它会运输质量。简而言之,相对论已经几乎与光的一种更具微粒性的观点一致了。

而且,波动说还不能解释诸如光电效应、各种光化学反应以及为什么阴极射线具有如此大的能量之类的现象。阿尔伯特提出了所有这些矛盾,就好像他正在打开一个装有20世纪所有奇事的口袋,并把它们倾倒在舞台之上。他断言,在这些问题的根上,是一个简单的概念。根据麦克斯韦的经典理论,一个振动着的离子或电子会产生一个向外的辐射球面。但是相反的情况当然从不可能发生:辐射球面不会从所有方向上会聚到离子或电子上从而使它们振动。事实上,光来自一个方向,并且被吸收。对于阿尔伯特来说,与通常一样,理论中的这样一个不对称性暗示了其中存在着一个基本的误解,而这就拉响了警钟。“在这里,我相信我们的波动理论是不恰当的。”更确切地,他争辩道:“**辐射的基本过程看来似乎是经过定向的**。”他提出,当它从原子中放射出来时,光不是射向所有方向,像一个球状波那样,而只朝着一个特定的方向,就像斯塔克的X射线,像子弹。暂且未谈及的是光如何决定射向哪一个方向这一问题。

当然,对光的经典波动理论最大的打击来自黑体辐射。普朗克为了得出他著名的正确描述辐射的公式,被迫作出了他著名的量子假设,即在物质的电磁振动中只允许几个特定的能量。“在我看来,”阿尔伯特说,“要接受普朗克的理论明显就意味着要抛弃我们的辐射理论的基础。”

普朗克的理论自然导向了光的量子理论。“在这个假设即光量子假设的基础上,你可以回答上述关于辐射的吸收和发射中所提出的那些问题。”看来一切都合适。

但是真的是这样吗?

阿尔伯特反问道，普朗克的公式是否有可能以某种不采用这种可怕的量子假设的方法来得出，或者至少限制其对经典辐射理论的危害？他继续说道，假设普朗克的公式是正确的，忘记它是从哪里来的，忘记被应用于其中的那些假设，是否有可能应用这个公式本身来弄清关于辐射的构成的一些问题呢？

阿尔伯特继续概述了一个设计精巧的思想实验，其中他想象有一面很小的镜子悬浮在一个黑体辐射腔中。他利用了他所有重要的、好不容易得来的统计力学技巧，从而能够计算出作用在想象中的镜子上的辐射压力所产生的涨落。当光波被反射或吸收时，会携带动量并施加压力，这是标准电磁学理论中一种普遍被接受的原则，但是阿尔伯特由普朗克的公式中得出的数学表达式中却有两个项。其中一个项很容易可以归因于经典的电磁波：光波之间的干涉导致了在镜子上的电磁强度发生了轻微的变化。

阿尔伯特指出，如果辐射是由随机落在镜子上的分立的能量块组成的，那么另一项的成形就在预期之中了。简而言之，他论述道，看来波和粒子对辐射压力的统计性质都有贡献——一个绝对不会让任何人高兴的结论。

虽然要建立一种能解释这种行为的光的正式理论，线索绝对还太少，但是阿尔伯特很容易就想到了这样的图景，因此他提出了他自己对于波粒融合的看法，其中电磁场是由相互挤压得很紧的能量点组成的，每一个点都被一个力场围绕着。从远处看或者在大尺度上，这些点总体上将变得一片模糊，成为标准的波动场，但是到了近处，这个场将分解成一些量子。

“既然这样的一个图景至今还没有导出一种确切的理论，”阿尔伯特总结道，“我确信，对于这种图景不应赋予它任何重要性，这一点就不必过于强调了。”关键之点在于光的波动图景和粒子图景毕竟并不一定是不相容的。

普朗克是第一个站起来的，他高大严肃，却又乐于助人。他先对爱因斯坦的谈话表示了感谢，说它鼓舞了听众去“进一步沉思在哪里会出现对立面”，然后他说，他将把自己的评论限定在不同意见的范围内。他承认量子是必要的。他说，主要的问题在于到哪里去寻找这些量子。尽管爱因斯坦先生想要使它们成为光本身的组成部分，普朗克却认为“在我看来这一步并非必要”。

普朗克指出，阿尔伯特的分析所依赖的放射和吸收的问题，是经典理论中最薄弱、最难以理解的几个方面。也许将量子与这些过程结合起来，物理学家们还可以构建一种保留麦克斯韦方程组的令人满意的辐射理论。“我认为最重要的是，”他的表态也许是有一点过于猛烈了，“人们应该尝试将整个量子理论的问题转到物质与辐射能量之间的**相互作用**的领域中去。”

然后斯塔克站起身来提出与普朗克不同的意见。他们开始争论爱因斯坦的量子是否与干涉现象相容。对此没有得出任何结论。

德国物理学会的钱花得值得，而且还远不止于此。并不是天天都会有人站起来预言科学的未来历程。这时离阿尔伯特的波粒辐射理论变得明了还有20多年，而且到那时是以一种他所憎恨的形式出现的。如果相对论是代表了在以太和电子理论的杂乱无章以后物理学向经典的纯粹的回归，一次规律和普遍性压倒混乱的胜利，那么现在看来，它也打开了通往某些更疯狂、更危险的东西的大门，越过了它本身的极限，直指那些出现于深水处的神秘和不祥的幽灵。暴风雨才刚刚开始。

第十三章　在细菌的陪伴下

到这一年的夏末时，阿尔伯特和米列娃之间的关系至少是在表面上得到了改善。在萨尔茨堡会议以前，他们花了一个星期在恩加丁徒步旅行，那是一个穿越南阿尔卑斯山的河谷，瑞士最美丽、最浪漫的地区之一。因河沿着由3500米高的一些山峰组成的一个长而尖的栅形山脉流动着，在其上面有一些滑雪圣地和像苏施、苏科尔这样的悦耳名字的小村庄，沐浴在温暖而干燥的地中海气候中。为了减少危险而修建的结实的缆车的路径，为远处的斜坡和山脊滚上了花边。

要不是他们的婚姻期待着他们悬而未决的重新安置，那么恩加丁是给这对夫妻休憩、可能也是修复他们的神经的好去处，现在恩加丁却是一个令人心酸的选择。周围的区域都会使人联想起与爱因斯坦家族有关的种种事情。在河谷尽头处的马亚拉山口只在施普吕根以东几千米处，8年前，当整个世界都变成白色时，米列娃和阿尔伯特在那里依偎在一个雪橇后面的一堆毛皮下。在山脊的那一边就是莱茵河的源头，他们曾在那里的雪地中跺脚，制造小型雪崩。在一些导向雾色蒙蒙的科莫湖的起伏山地的某处，阿尔伯特彻底地说出了“同意”，丽莎尔也得到了孕育。

虽然阿尔伯特和米列娃在这次过阿尔卑斯山的特别的回程途中没有再孕育一个孩子，但是他们也许已经开始了使他们很快就同意去尝试的协商。在过去，阿尔伯特能够用他们的放荡不羁的未来和他们将分享的工作——"我们的相对运动理论"——这些温暖而舒适的前景来安抚米列娃的不安全感。到现在，除了她所提供的关于始终笨拙的"小机器"的零星的意见以外，他们之间进行一次有意义的科学合作的前景已经不存在了。温暖而舒适的未来已经到来，雪崩已经全部坍塌下来。

那年10月，当他们按计划搬回苏黎世那熟悉的环境中时，米列娃的精神振奋了。到那个月末，她真的怀孕了。虽然这是计划还是意外不得而知，但是米列娃无疑享受着来自丈夫的更多的关心。

然而，阿尔伯特在内心中仍然对米列娃在安娜的事情上令人尴尬的爆发耿耿于怀。3个月过后，他还在向贝索抱怨，说米列娃破坏了他心情的平静，而他无法再恢复了。与此同时，他的专心致志被破坏了，他的进展突然化为乌有。"对于光量子只思考了一点点，还没有成功，"这是在那段时间里对他的活动的一个有代表性的阴郁总结。*

爱因斯坦家的新公寓是穆森街上的一套二楼套间，就在阿德勒一家的楼上。这个住处的特色是使用煤气灯，比他们在伯尔尼用的煤油灯要先进一步。这幢房子的另一个特征在当时的来访者的回忆录中经常被谈及，就是一只有裂缝的煤炉。里面还有一间额外的房间，似乎掌握着家里财政大权的米列娃把它租给了寄宿学生，通常是塞尔维亚人。其中一个学生的女儿瓦里查克(Svetozar Varicak)后来告诉为米列娃写传记的特尔布霍维奇-久里奇，她的父亲记得阿尔伯特帮助米列娃做家务。据说他对她感到抱歉，因为她帮他做数学计算，不得不到后半夜才能睡觉。

除了阿德勒以外，最早、最频繁地到阿尔伯特家来的访客之一还有苏黎世大学的一位名叫仓格尔的法医学博士和教授，阿尔伯特是好几年前在伯尔尼遇到他的。仓格尔比阿尔伯特大5岁，他是一个兴趣广泛的人，他那容易激动的天性可以在他的信中看出来，这些信通常是由潦草不堪的字迹和写了一半的句子组成的，这是因为他从一种想法突然跳到另一种想法造成

* Albert Einstein to Michele Besso, Nov. 17, 1909, *CP*, vol. 5.

的。仓格尔1905年在库里耶尔领导了援救100多名因为地下爆炸而被围困的法国煤矿工人的工作，因而成为了一位国际英雄。就在政府已经决定要放弃搜寻幸存者的时候，仓格尔在检查完井筒以后断言，矿工们在有空气的矿穴中可能仍然存活着。*

仓格尔也搞物理学，尤其是原子理论。对布朗运动和乳液的胶体性质的兴趣使得他认识了爱因斯坦。仓格尔和爱因斯坦一见如故。阿尔伯特对仓格尔看上去好像有无穷无尽的好奇心以及他在有限信息的基础上作出具有洞察力的判断的本领印象深刻。他喜欢说仓格尔是他所遇到过的最有趣的人之一。** 而仓格尔回到苏黎世时，也对爱因斯坦的杰出才能充满了敬畏，并且据说在激发克莱纳招聘他成为物理学教员时起到了幕后作用。***

仓格尔在救护医学方面的经验至少有一次派上了用处。有一天，仓格尔顺道走访穆森街时，发现门开着，而阿尔伯特在冒着烟的炉子前的沙发上睡着了。仓格尔意识到这是一氧化碳中毒的征兆，他打开窗，把阿尔伯特拖出了公寓，这才救了他的命。

除了作为一个教授没有选择逃课的自由之外，阿尔伯特新的生活方式在很多方面与他作为一个学生时并没有多大的不同。第一个学期，阿尔伯特被委以重任：每星期上4小时力学引论，2小时热力学，还有每周一次指导物理专题研究会。

同许多新教师一样，阿尔伯特对于编写一套高雅而又能够理解的讲义要花费的时间和精力感到意外和不愉快。作为一个演讲者，他能认真对待自己的厌烦，于是他在自己演讲的时候尽心尽责地花工夫，从各种教科书以及近期的论文中搜集信息，为此他在家里工作到夜晚，米列娃则常常在一边观看。在保存至今的爱因斯坦档案的一套讲义中间，页边有她的手迹："在这里给你可怜的[——]一个充满深情的吻。"****

---

* Heinrich A. Medicus, "The Friendship Among Three Singular Men."

** Albert Einstein to Carl Seelig, Aug. 20, 1952.

*** Medicus.

**** *CP*, vol. 3, p. 321.

但是不管要他做多少工作，阿尔伯特在教书的第一年中还是再三地重复——向他的朋友们、通信者们以及他的母亲——他是多么喜欢他的学生。这种感情并不是立即就成为相互的。阿尔伯特第一次走进教室时，穿着破旧的衣服，裤子又太短，惹人注目地戴着一根廉价的铁表链，拿着几张便条纸。不出意料，他的学生们相当惊疑。还有他的演讲风格的问题，那就是在讲课的过程中有时算出细节，有时则不算："这里一定有一个愚蠢的数学变换，此刻我想不出，你们当中有谁想到了吗？"沉默。"空出四分之一页，我们不想浪费时间，它的结果是这样的……"10分钟以后，他又会回来填上刚才遗漏的变换。*

不过在几次遭遇以后，整个班都上了瘾。根据成为爱因斯坦圈中的一名成员的年轻物理化学家赖希斯泰因(David Reichinstein)所撰写的一本回忆录，阿尔伯特把他们看作共同研究者，与他同等地位的人，他鼓励他们任何时候都可以插进来问问题，就好像他们都是奥林匹亚科学院的成员那样。下课以后，学生和助教们像一群小狗一样跟着他来到露天咖啡馆，在那里，他继续着他通常的习惯，无休止地讨论下去。**

这种谈话常常一直到咖啡馆打烊的时候还没有结束。他的一个学生坦纳(Hans Tanner)回忆起，曾在午夜时分被拖回爱因斯坦家去评论普朗克的一篇新论文，阿尔伯特确信其中有一个错误。错误被指出以后，坦纳建议为了纠正普朗克的错误，他们应该给他写信。"好主意。但是我们不要写信去告诉他犯了个错误，"阿尔伯特以一种至今还不典型的圆滑继续说道，"他的结果是正确的，但证明是错误的。我们只要写信告诉他正确的证明应该是怎样的就行。主要的是内容，而不是数学。有了数学，什么都可以证明。"***

这些集会常常还相当私人化。"爱因斯坦经常说到相当隐秘的问题，"赖

* Carl Seelig, *Albert Einstein: A Documentary Biography*, pp. 100—101.

** David Reichinstein, *Albert Einstein: A Picture of His Life and His Conception of the World*, p. 48.

*** Seelig, p. 102.

希斯泰因回忆道，“这不仅是在我们中的一个人单独和他在一起的时候，就是四五个人在一起走路时也是一样。我永远不会忘记他在一次一整天的登山旅游途中的谈话。有趣的是，只要有一位与他同级的同僚——一位苏黎世大学的教授，比如说策梅洛（Zermelo）教授——在场，爱因斯坦就会变得较为矜持。当然我们还是会嬉闹和大笑，但是谈话就不会超越一定的限度了。”*

赖希斯泰因认为，他能看到爱因斯坦在苏黎世的第一年中的心情激昂，这是因为多年以来在奋斗和被拒绝中产生的不安全感渐渐消失了。在某些方面，阿尔伯特使他想起了佛陀，佛陀有一次自比为一个因为怀着某个生命从而完全有理由避免不必要的冒险的孕妇。在阿尔伯特的情况中，他所肩负的重任是相对论。赖希斯泰因认为一个科学家把一个伟大的想法哺育成熟，他的心灵在保卫这一珍贵的事物时一定是无情的；他必须保持不被忧虑或冲突所拖累，并且准备好为了献身于他的真理承担任何来自他的对手们的羞辱。他疑惑阿尔伯特是否足够坚强，是否能够经得起他引来的那些比他智能低下的人的攻击。

他把爱因斯坦对这些利害关系的回答以一种小故事的形式阐述出来。有一天当他们徒步旅行时，赖希斯泰因开始以他通常的方式细说那些平庸之辈的恶意和嫉妒。

在那一刻，好像是在作回答，阿尔伯特把他的雪茄烟扔到了烂泥里，当时那支雪茄只剩下他的两个手指勉强能夹住的一小截烟蒂。他又把它捡了起来，掸去尘土，重新又放到嘴上。“呀！教授，您在做什么？”赖希斯泰因有异议地说道。

“那又怎样？”阿尔伯特问。

“那粘在烟上的细菌？”

阿尔伯特瞥了他一眼，咆哮着说：“我对细菌一点都不在乎。”**

---

* Reichinstein, p. 48.

** Reichinstein, p. 30.

这样的自信确实也会有其衰减之时。阿尔伯特可以在这一分钟前是一个小孩，尤其是关系到女人时，下一分钟又变成了一个愤世嫉俗的人。受他那些刺人的话奚落的人往往哭笑不得。"不时地，"赖希斯泰因写道，"我们中的一个会不得爱因斯坦的欢心。这表现在爱因斯坦会跟这个人保持距离，有时会朝他的受害者投去出其不意的一瞥，这一瞥比发怒的印度神眼中放射出来的传奇闪光更加强烈，能产生更大的精神惩罚。"*

阿尔伯特新任职时令人愉快的主要事情之一是有了一个研究助手。阿尔伯特选择霍普夫(Ludwig Hopf)担任这个职位，他是一个敦厚的巴伐利亚青年。阿尔伯特第一次遇到他是在萨尔茨堡会议上，当时他刚从阿尔伯特的朋友索末菲那里拿到哲学博士学位。霍普夫不仅是一个优秀的数学家和出色的钢琴演奏家，他还是一个狂热的精神分析迷。他研究过弗洛伊德，还曾在苏黎世追随过弗洛伊德以前的门徒荣格(Carl Jung)，当时荣格正在建立一种更加广泛的理论，这种理论后来被称为"集体无意识"。阿尔伯特陪着霍普夫去听荣格的一次演讲，随后他们俩去了荣格家用餐。虽然阿尔伯特并没有对荣格的演讲留下什么深刻的印象，但在随后几年中他又去了荣格家几次。阿尔伯特不甚成功地企图向这些精神病专家解释相对论及现代物理学的其他方面。荣格后来说，他所明白的只是留下了无法懂得的印象。**

精神分析学家们在给阿尔伯特解释他们的工作时运气更差。也许热情的霍普夫正是另一桩精神分析逸事的对象。根据赖希斯泰因的回忆录，阿尔伯特的一个同事"Y博士"计划作一次关于心理分析的演讲，并诱骗了阿尔伯特来参加。听众中全是渴望在有关爱的问题上变得开明的一些年轻男女。随后，阿尔伯特和包括霍普夫("Y博士")在内的一群人一起去用餐，同去的还有一对年轻的斯拉夫姐妹，她们来苏黎世学习科学。姐姐已经结婚了，但是妹妹还在求学，赖希斯泰因说，"正是她的双眼使研究严格的科学对于许多年轻人来说成为一件困难的事"。霍普夫正在纠缠着阿尔伯特问他

* 出处同上，p. 41。

** Seelig，p. 106.

的看法，并极力主张精神分析确实是科学。阿尔伯特感到厌烦了，他的注视转移到了这位斯拉夫美女身上，待在她那里，而霍普夫却不断地抱怨着。

最后，霍普夫发现阿尔伯特一点都没注意。他把一本书呼地猛摔在桌上并喊道："嘿，教授，要是你在谈恋爱，那么你就会相信它要比你的量子理论更重要。"

阿尔伯特窘迫地抬起头。"不，女士们、先生们，我的量子理论对我来说确实是非常重要。"*

到这一年的年底，米列娃又重新滑到了被忽略的阴影之中。由于她丈夫的演讲和科学社会活动的共同影响，她几乎见不到他，除了在音乐聚会上以及他们偶尔几次晚上在剧院里碰面。在那些晚上，她总会在包里带上三明治给他作晚餐。阿尔伯特抱怨着缺少情节，嘴里塞得满满的跟他的朋友们闲谈，面包屑四溅，而米列娃一边看着，一边担心着他。** 在家里，阿尔伯特和阿德勒很快养成了逃到阁楼去抽烟及谈论物理学和哲学的习惯。阿尔伯特对于阿德勒会让政治思想意识阻碍了他的物理学事业感到不安和不以为然。"一个有才智的人怎么会去拥护一个政党，我觉得这真是神秘之极。"***

当米列娃再次向海伦妮抱怨说她被挤出了阿尔伯特的生活时，海伦妮取笑她是在吃科学的醋。米列娃并不欣赏这个暗示中的冷嘲滋味，甚至还怀疑她的老朋友是否故意心怀不轨。但是她又能做什么呢？科学天才的珍珠是给了他，而没有给其他人。

"有这样一种人，他感觉到很多而且又充满热情，斗争得很多而且也因之而受到痛苦，以及出于骄傲，或许也出于害羞，在[我自己]相信这是真的以前，会摆出一副傲慢和神气活现的样子，"她继续道，"我常常问我自己，是否我并不是这样的一种人。"如果那是真的，而她的灵魂也"不那么骄傲"，海伦妮还会爱她吗？

---

* Reichinstein, p. 44.

** Desanka Trbuhovic-Gjuric, *Im Schatten Albert Einsteins*, p. 107.

*** Seelig, p. 96.

你知道，我非常迫切地渴望着爱，如果能听到一声肯定的回答，我将非常欣喜若狂，以致我几乎要认为缺德的科学是有罪的，而且我会很快乐地去认可谈论科学时发出的笑声。*

与此同时，天赋仍使得阿尔伯特在量子的问题上毫无进展，即使当时量子继续侵蚀着物理学的其余部分。1910年3月，一位从格丁根来的名叫能斯特(Walther Nernst)的物理化学家在苏黎世停留并拜访了爱因斯坦。他带来了一条关于光量子的重要消息。在德国物理学的圈子中，46岁的能斯特的自我中心和才气同样出名。1905年，他发表了一个假设，这个假设后来以一种更为精巧的形式被称为热力学第三定律，它考虑当物质的温度接近绝对零度时的熵。他的想法中的含义之一是物质的比热都将降低到一个固定的低值。(关于这个假设，后来普朗克的说法是：比热都应降低到零。)

能斯特和他的同事们早已开始着手通过测量一定数量的物质在低温下的比热和其他热力学量来验证这个想法。到1910年初，他们得到了答案：温度降低时，比热不仅像能斯特早先提出的那样降低，而且似乎还趋向于零。当然，这正是爱因斯坦早在3年前在量子理论的基础上提出的预言。能斯特认为这个理论"本质上是一条计算法则，你或许也可以把它说成是一条具有最奇特、实在是最怪异的一些性质的法则"。**

他决定去见一见这个爱因斯坦，因此在他去洛桑的途中顺便走访了苏黎世。"我的那些关于比热的预言明显在被出色地证实，"几天后，欢快的阿尔伯特告诉劳布，"能斯特刚来这里看过我，他和鲁本斯(Rubens)正忙于进行实验验证，因此我们很快就会知道别人是如何看待的了。"***

能斯特的数据是自从发现黑体辐射光谱以后支持量子假设的第一个铁

---

* Mileva to Helene Savic, late 1909, John Stachel, "Einstein and Maric."

** Abraham Pais, "*Subtle Is the Lord...*," p. 399.

*** Albert Einstein to Jakob Laub, March 16, 1910, *CP*, vol. 5.

证。这激发起了他对量子和爱因斯坦的热情。“我相信就物理学的发展而言，我们会非常高兴地找到了这样一位具有独特见解的年轻思想家，‘玻尔兹曼再世了’，”能斯特写信给他的一位朋友说，“爱因斯坦的‘量子假设’也许是有史以来提出的假设中最为卓越的；……如果它是错误的，它仍将永远成为一个‘美丽的回忆’！”*

能斯特在职务上与很多人有联系。他回到家里，就开始筹划一次科学会议——现在在此专业中才智最出众的一些人参加的一次峰会，来看一下如果发挥集体力量是否能够开始对这神秘的量子(似乎已经开始被普遍承认了)有所了解。他所接触的那些人中有一位布鲁塞尔的化学家索尔韦，他是一位慈善家和物理爱好者，靠制造苏打赚了一笔钱，曾经在日内瓦大学的庆典上与阿尔伯特一起受奖。

能斯特联系的另一个人是柏林的一位化学教授菲舍尔(Emil Fischer)，他会在6个月以后代表一位对辐射有热心的匿名的富有实业家写信给阿尔伯特。“他对于像您、普朗克先生和能斯特先生这样的德国研究者取得了这一基础领域中的领导地位感到非常欣喜，而且他也认为德国的富人们有责任通过提供经济支持的方式来对这项光辉的努力起到一点促进作用。”** 这也就是说，阿尔伯特将在3年中得到一笔15 000马克的资助。这时离阿尔伯特在符腾堡放弃公民权并穿过阿尔卑斯山匆匆来到米兰已经有17个年头了。现在祖国伸出了长长的钩子。阿尔伯特感激地抓住了它。

1910年5月，正是那个大宇宙，而不是这里的小天地，使得世界的其余部分都为之震动。夜复一夜，哈雷彗星那令人颤抖的奇幻光芒悬挂在跨越夜空的途中，激励着天文学家们，而令那些头脑不够聪明的人恐惧得失去了理智。在俄克拉何马，县治安长官的代理人不得不镇压了意图将一位少女献

* Walther Nernst to A. Schuster, March 17, 1910, *CP*, vol. 3, p. xxiii.

** 他是弗朗茨·奥本海姆(Franz Oppenheim)——现在叫爱克发(Agfa)——公司的创立者。*CP*, vol. 5, p. 260.

祭给这颗著名的"扫帚星"的一群暴民。全世界的人们都在5月18日的晚上封住了他们屋子的门窗,以防止地球在穿过这颗彗星的气状尾部时有毒气进入。

如果要用什么东西来代表科学的大胜利,那就是哈雷彗星。早在1705年,哈雷(Edmond Halley)第一次标定了它那76年一次的时间表,它现在又同过去的几次一样,再一次精确地飞回来了。哈雷的计算是对著名的牛顿万有引力定律的第一次证明,而这颗彗星像时钟一样准确地回归一直能激发起普遍的想象力。这颗彗星是宇宙秩序的预告者:上帝把宇宙造成一台巨型的天体钟表机构,它沿着由微分方程所表明的、在空间和时间的沟壑里滚滚而下。

但是在爱因斯坦文稿计划中所积累的为数巨大的信件和论文的卷册中,却没有一处提到这颗彗星。它出现的时候阿尔伯特正在瑞士。月初时,他在纳沙泰尔作了一次关于光量子的演讲,到了那个月的17号,当哈雷彗星正在向整整半个地球大量注入量子时,他在向他的朋友沙旺(Lucian Chavan)抱怨某个巴塞尔的公司刚刚寄错了茶叶给他。很难确实了解,是什么使得爱因斯坦似乎对这个后来被证实是哈雷彗星有记录以来最为壮观的这次现形缺乏兴趣。也许瑞士是一个多云的国家,阿尔伯特压根儿没见过这颗彗星吧。

不过就传统而言,彗星是变化和灾难的预兆,而哈雷彗星的到来,不管有没有看到,正好跟阿尔伯特和米列娃的世界中新的震颤同时发生。紧接着能斯特3月的来访,阿尔伯特在苏黎世大学仅仅待了6个月以后,布拉格的德语大学已经悄悄地与他联系上了,并问他对那里即将设立的一个教授职位是否有兴趣。这在很多理由上都是一个诱人的建议。德语大学是布拉格大学的一部分。布拉格大学创建于1348年,是中欧地区最古老的大学,自从16世纪上了年纪的第谷·布拉赫(Tycho Brahe)和年轻的开普勒(Johannes Kepler)合作重新绘制了行星的运动以来,它就是著名的科学和文化中心。第谷的数据和开普勒的想法为哥白尼铺平了道路。也正是在布拉格,伟大的马赫花费了28年的时间讲授和传播他自己对于物理学中的哲学的重新描绘。这所大学还有一个非常好的图书馆。阿尔伯特可以做一个全职教授，而不再是副教授，况且工资还会得到很大的增加。再者，至少在心理上，他将离柏林近得多。

他几乎立即将这个工作邀请吐露给了阿德勒，希望阿德勒能接替他在苏黎世的工作。其后从阿德勒和他妻子卡佳的来信中可以看出，阿尔伯特很希望去做这份工作，* 虽然按照米歇尔莫尔的说法(很可能是根据家庭传说)，阿尔伯特对于这个工作邀请感到很矛盾，在接受它或者留在苏黎世之间摇摆不定，这取决于他最后跟谁谈论了这件事。** 在所有这些说法中，米列娃却被描绘成一个勇敢的战士，鼓励阿尔伯特去做对他的事业最为有利的事，并鼓励他只要打定主意就行。

清心寡欲是所有物理学家和士兵的妻子所必须接受的命运，但是米列娃却没有理由对此感到高兴——有一切理由感到不快乐。尽管她(或者说她认为她自己)正遭受着孤独以及被忽视，但是她仍然爱着苏黎世、他们的朋友以及那些熟悉的常去之处。此外，苏黎世还是一个自由的堡垒，它对于妇女和塞尔维亚人可能比人口由捷克人和德国人组成的布拉格要来得友善，还有小汉斯·阿尔伯特就要上学的事也要操心，而最为重要的是，她已有5个月的身孕了。

米列娃的绝望也许是4月底时阿尔伯特的母亲在她儿子身上注意到的那种坏脾气的根源，他对此被迫作了道歉：“你在我身上发现的坏脾气跟你无关。你不必对此挂怀；同别人一起不断地锤打使我们沮丧或恼怒的事情，并不会帮助我们征服它们。人必须独自击败它们。”他差不多是以脚注的形式补充说，他很快将成为布拉格的一所大学中的一名大教授，但是他不允许确切说在哪所学校。***

---

* Ronald Clark, *Einstein: The Life and Times*, p. 136.

** Peter Michelmore, *Einstein: Profile of the Man*, p. 54.

*** Albert Einstein to Pauline Einstein, April 29, 1910, *CP*, vol. 5.

除了他的妹妹马亚以外，在过去的10年中保利娜和家里的其他成员似乎都没有在阿尔伯特的生活中起到什么重要的作用。自从赫尔曼去世后，阿尔伯特的母亲就一直与她妹妹范妮一家一起住在德国南部的黑兴根，其中还有阿尔伯特的堂兄弟们及以前的玩伴埃尔莎和波拉。保利娜一直没有跟米列娃和解，在她罕有的几次探访她的儿子和孙子时，如阿尔伯特所评论的，空气中"充满了火药味"。* 其结果是，汉斯·阿尔伯特简直不认识自己的祖母。然而，阿尔伯特被任命到苏黎世却把爱因斯坦一家重新带回了他的世界。

出乎意料的是，阿尔伯特发现他的亲戚们并不像他记忆中的那么糟——阿道夫叔叔曾是阿尔伯特童年时的灾星之一，他现在也并不是那么恶劣了，伊达阿姨也老了很多。米列娃发现他对他的家人变得柔和无疑是一种比搬去布拉格更危险的新情况。

阿尔伯特可能要离开的风声在校园里引起了一阵骚乱。学习物理的所有15个学生向教育部递送了一份请愿书，要求把爱因斯坦留在苏黎世。** 作为答复，教育部长海因里希·恩斯特(Heinrich Ernst)提出把爱因斯坦的薪水增加1000法郎，达到5500法郎。同时他还建议阿尔伯特的教学任务可以减轻一些，因为它已经超过了平均水平。增加工资得到了批准。7月份时，阿尔伯特在一次教员会议上宣布他将留下来。其间，阿尔伯特在6月份还了解到，虽然他是在北面的布拉格的首选，但是在南面的维也纳的奥地利教育部长选择了另一个人，原因是阿尔伯特是一个外国人。他根本得不到那份工作。***

米列娃也许暗自如释重负地松了一口气。她自己的父母1910年的夏天来看望了他们，也许是来帮忙迎接即将到来的孩子，上一次他们来到瑞士是1904年，也是在相似的情况下。回到诺维萨德后，米列娃的母亲对女儿的生

* 阿尔伯特在1913年给埃尔莎的信中提到了这些场景，例如1913年12月21日。

** *CP*, vol. 5, p. 243.

*** *CP*, vol. 5, p. 244, footnote to above.

活作了一番热情洋溢的描绘。“我不知道我的米扎在这个世界上受到了如此的珍爱，”她说，“当我在那里的时候，一些世界上最伟大、最聪明的人都来到她的家里，直到米扎露面，他们才愿意开始谈话。她通常只是坐在一边听着，不过只要她一开始说话，每个人都立即转向她，聚精会神地注意着她说的一切。”*

乱哄哄之中的7月28日，米列娃生了一个儿子爱德华(Eduard)，阿尔伯特背上背着一个摇篮褥垫，若无其事地跨过苏黎世山街。** 他们把这个男孩叫做泰特(Tete)，事实证明他是一个娇弱的孩子。米列娃在怀孕期间已经筋疲力尽了，而在分娩时就已经累垮了。“我的妻子和小孩一直感到身体不适，因此我们的音乐晚会眼下就必须中止了，”阿尔伯特8月份写信给他的一个同事说。*** 特尔布霍维奇-久里奇说过这么一件事：有一个医生曾被请来，他断言米列娃是劳累过度。他坚持，为了减轻她的压力，阿尔伯特必须赚更多钱。他的病人完全不接受这个建议，而且这导致了他的病人一场近乎歇斯底里的爆发：“难道不是任何人都清楚，我的丈夫已经工作得半死了吗？他对知识的渴求，他对于更新的理解的探索，他的工作，这是他天生的特点。”****

到夏末时，阿尔伯特到布拉格担任教授的可能性又复活了。就像前一年苏黎世的职位的情况一样，布拉格的职位在政治上变得乱成一团。***** 争论的一方是兰帕(Anton Lampa)，他是布拉格大学的实验物理教授，也是掌管推荐新人的教职员委员会的领导成员。另一方是施蒂尔克(Karl Graf von Stürgkh)伯爵，他是奥匈帝国奥地利那一半的教育部长。在这个由军队所围

* Trbuhovic-Gjuric, p. 104.

** Seelig, p. 107.

*** Albert Einstein to Ludwig Hopf, Aug. 19, 1910, *CP*, vol. 5.

**** Trbuhovic-Gjuric, p. 106.

***** 我对这段情节的叙述是基于伊利(Jozsef Illy)在《爱西斯》(*Isis*)中的叙述。伊利细察了奥地利的记录和通信，纠正了弗兰克和克拉克叙述中的错误。

成的帝国中，布拉格的地位仅次于维也纳和布达佩斯。因此布拉格是这一帝国的王冠上的宝石。在决定谁将在这一帝国的大学里任教这件事上，最后就由施蒂尔克和他的后台约瑟夫(Franz Joseph)皇帝说了算。

兰帕以前是马赫的学生，他自己曾决心寻找一位能将这位伟大的怀疑论者的传统继续下去、也能将科学辉煌带给这个帝国的候选人。* 爱因斯坦，在精神实质上(如果不是在字面形式上)忠实于马赫学说，在兰帕的名单上列于首位。第二位是布尔诺大学的尧曼(Gustav Jaumann)，他是一位有造诣的较老的物理学家，一个忠实的马赫主义者，也是一个否认原子存在的人。兰帕推荐了爱因斯坦，但是奥地利的教育官僚机构显然更倾向于用一个他们自己的人，于是施蒂尔克转而将这份工作提供给了尧曼。

不幸的是，尧曼进而在随后的合同商谈中使自己丢了脸，他要求得到的钱比部长愿意付的更多。而且，他还因为爱因斯坦排名在他之上而发怒。也许是出于害怕那个不可避免的后果，尧曼最终拒绝了这份工作，他写道，"我不愿意与一个追逐时髦而不欣赏真才实学的大学来往。"**

于是，在9月份，阿尔伯特被适时地召唤到维也纳，与兰帕、施蒂尔克伯爵、当然还有皇帝本人会见。到这时，阿德勒已经使阿尔伯特确信，他原先遭到拒绝并不是因为他的国籍，而是因为他的宗教信仰。根据阿尔伯特填交给苏黎世警察局的表格，官方认定他没有任何宗教信仰，奥地利人无疑也看到了这份表格。这个教授职位要求有奥地利公民身份，这就需要宣誓对皇帝效忠，就皇帝来说，这又转而需要一种宗教归属。任何一种宗教都可以。

在有人把这项政策告诉了阿尔伯特以后，他讲究实际地声明他是一个犹太教徒。他的审查官别无选择，只能划去他表格上的"无宗教信仰"字样，而填上"摩西教"，这是犹太教的官方用语。在他的记录上进行了这样的修改以后，布拉格的协议基本上达成了。这时，阿尔伯特只不过把这次对他的

* Philipp Frank, *Einstein: His Life and Times*, p. 78.

** 出处同上。

祖先的身份的回归看作是一种官僚主义的手续而已。

维也纳也是马赫的家乡，阿尔伯特可不能不最后会见一下他就离开这座城市，这个人现在与其说是一个物理学家，倒还不如说是一种自然的力量。马赫73岁了，住在维也纳的近郊，耳聋，半身瘫痪，而且已经半隐居了，不过年龄和疾病几乎没有驯服他著名的急躁脾气或者软化他的看法。*

事实上，马赫甚至变得更加固执己见了。当阿尔伯特到达时，他发现自己处于他的两个偶像的争斗之中。1908年，马赫和普朗克之间爆发了一次争论。表面上，它是关于原子的存在，马赫仍然固执地把它们一脚踢开，但是后来它升级成为一场有关科学的性质和意义的激烈争论。

普朗克在一次演讲中声称，由于马赫误导年轻的物理学家们不相信原子理论，因而他已经成为一个危险的影响者，从而发动了这场争斗。普朗克从他痛苦的经历开始说起：作为一个受到马赫影响的年轻人，他自己也曾拒绝承认原子的存在，直到热力学的争论才迫使他改变了看法。

普朗克还指出，更加普遍和证据确凿的是，马赫的规诫与物理学实际上是如何工作的毫无关系。根据马赫的“实证主义”哲学，物理学是关于实验结果的。科学家们的工作是要尽可能经济、合乎逻辑地描述这个世界和组织事实。但是普朗克提出，过去那些伟大的科学家没有一个曾致力于一种如此简单、无生气的事实整理：“经济上的考虑是这些人在迎战那些已被普遍接受的观念和趾高气扬的权威们时的最后武装。”更确切地，他解释道，他们是受到了对理念的一种热情的驱使。如果缺乏这种意识形态上的、甚至可以说是形而上学的驱动，马赫的追随者们将得到一种毫无趣味和发现的物理学。“你可以通过他们的成果去了解他们，”普朗克说道，这里他借用了也曾抨击过马赫的列宁的一句名言。**

* Frank, p. 104.

** Reprinted in *Physikalische Zeitschrift* 10 (1909), pp. 62—75; John L. Heilbron, *The Dilemmas of an Upright Man: Max Planck as Spokesman for German Science*, p. 47.

第二年,普朗克在哥伦比亚的一次演讲中又重复了这样的攻击,他认为自己是一个艺术家,而不是一个集邮者。他说,科学的目标是要去接触掩藏在世界的外表之下的普遍真理,这种真理对"所有地点、所有时间、所有人和所有文化"都有效。* 对他来说,马赫的那些事实的存在只为了以后被净化。"如果在需要我们身心投入的耐心而且常常是适度细致的工作过程中,有任何想法能使我们坚强和情绪振奋起来,"几个月后,普朗克说道,"那正是在物理学中,对此我们的工作不是为了今天,不是为了片刻的成功,而是为了永恒。"**

马赫终于在1910年的夏天在《物理学杂志》上发表了一篇长文进行反击。对他来说,不依赖于其发现者的科学真理这种概念是绝对愚蠢的。如果没有观测者,那就不会有观测,每一个数据都依赖于收集它的条件。"在许多日常的物理学问题还压迫着我们的时候,去关切物理学要在所有时间、对包括火星人在内的所有人都正确,这在我看来是非常草率的,甚至是可笑的。"

至于原子,马赫继续说道:"如果信仰原子的存在对你们来说是如此重要,我就再也不会与物理学思想有所瓜葛了,我将不会是一个循规蹈矩的物理学家。简而言之,我向信奉者共同体声明放弃一切科学声誉,我不要了,谢谢你们。思想的自由对我来说更为珍贵。"***

作为回应,普朗克攻击了马赫的科学能力并向他对力学和热力学的理解提出了挑战。

当阿尔伯特的良师们以争斗的方式解决问题时,阿尔伯特保持着一种沮丧的心情,就像一个父母正在闹离婚的小孩,希望他们能够解决分歧。他对普朗克的刻薄恶毒尤其感到不快,并试图抚慰马赫的感情。在寄给马赫几篇论文的同时,他告诉马赫:"您对年轻一代物理学家的认识论观点有着

---

* Heilbron, p. 51.

** 1910年秋在柯尼斯堡向自然科学家大会发表的一篇演讲,重印于*Acht Vorlesen* (1910), p. 126; Heilbron, p. 52。

*** *Physikalische Zeitschrift* 11 (1910), p. 600; Heilbron, p. 54.

如此巨大的影响，以致甚至你现在的对手，例如普朗克先生，也无疑曾由于几十年前流行的那种物理学而被宣称为‘马赫主义者’。”* 但这是其唯一的解答只能在哲学家的葬礼上出现的那种争论。

阿尔伯特自己还太年轻，并不足以获得哲学上的重要性来对科学的意义发表意见，更不必提起他太忙于与量子作奋斗而无暇过多地顾及哲学上的一致性的精美奥秘了。正如阿德勒所评述的，在原子的问题上，阿尔伯特是在玻尔兹曼的学派之中。然而，在认识论上，阿尔伯特似乎把自己看作是马赫主义者；虽然在他内心中赞同普朗克的看法，认为科学和理论建筑具有深刻创造性的努力，而不仅仅是对事实的一个经济描述。** 马赫对于空间和时间这样一些概念的独立性及根深蒂固的怀疑态度，在通往相对论的道路上起着重要的影响作用，而马赫本人则是热诚、友好的。***

这就是1910年9月阿尔伯特开始去维也纳郊区朝圣时的现状。马赫是一个长着一把灰白的硬胡子的不修边幅的人，看上去就像一个斯拉夫的农民。他的脸显示出一种由狡猾和魅力混合在一起会使人消除敌意的表情。他喜欢告诉来拜访他的人：“请对我说得大声些。除了我别的令人不快的特征以外，我还几乎是一个全聋的人。”****

阿尔伯特决定在原子和证据的规则方面从马赫那里争取到某种让步。阿尔伯特对他说，通过假设原子的存在，有可能对气体的行为作出一个新的预言，而且这种新的性质随后又可以被观察到并得到肯定。如果原子的假设是将所有这些观察到的现象联系起来的唯一方法，哪怕其中涉及艰难的计算，马赫是否会接受它呢？

马赫回答道，是的，在这些情况下，他会认为原子是一种“经济的”假设。此时数学计算有多困难并不重要，重要的是这种假设的“逻辑经济性”。

---

* Albert Einstein to Ernst Mach, Aug. 9, 1909, *CP*, vol. 5.

** Frank, p. 104: “According to Einstein’s judgment Mach did not give enough credit to the creative mind of the scientist who imagines general laws beyond a mere economic description of facts.”

*** Albert Einstein to Ernst Mach, Aug. 17, 1909, *CP*, vol. 5.

**** Frank, p. 104.

阿尔伯特感到激动不已,他跟马赫在对于什么才是一个合适的科学理论的标准上毕竟并不是相距得太远。在此后40多年,当他向历史学家科恩(I. Bernard Cohen)细述这次讨论时,他那次胜利的光芒仍然历历在目。科恩在《科学美国人》中写道:"他的脸上带着一种严肃的表情,再三告诉我这段经历,以确信我已完全理解了。"* 他不仅在哲学上战胜了马赫,还撂倒了这头老狮子,使他承认原子的概念毕竟可能还是有点好处的。

爱因斯坦和马赫友好地分手了,而在接下去的几年中,阿尔伯特常常谈到普朗克对于他的对手的"无端的批评"。有一次他写信给马赫:"到今天,我仍然无法理解普朗克怎么会对您的努力表示出如此的不理解,而在其他方面,我比任何其他人都更敬重他。"**

阿尔伯特回到家,等待着去布拉格的召唤,同时又以重续的精力,投入量子理论的研究之中,仍然在寻找避免经典电磁学毁灭的出路。在那年夏天,他和霍普夫详细研究了一种可能性,其中包括摆弄玻尔兹曼本人创造的统计力学的主要原理之一——这也许是对爱因斯坦绝望程度的一种量度。这就是我们所知的能量均分定理,它确保了能量是平等地散布出去的。但是他和霍普夫在新的一些假设下重新计算黑体公式时,他们得到的仍然是同过去一样的错误答案。*** 阿尔伯特还是没有摆脱量子的困境。

11月时,他产生了一个更加极端的念头,这个念头明显地包括了修改现代热力学和力学的支柱,即能量守恒定律。阿尔伯特的行为越来越像一个为了拯救物理学而蓄意破坏它的人。"此刻,我满怀希望我将解决这个辐射问题,"他写信给劳布,"并且我不用光量子就能做到这一点,我非常好奇,最后结果会是怎样的。"****

---

* *Scientific American* 193 (1955), p. 73, quoted in Clark, p. 160.

** Albert Einstein to Ernst Mach, Dec. 1913, *CP*, vol. 5.

*** Einstein and Hopf, "Statistical Investigation of a Resonator's Motion in a Radiation Field," *Annalen der Physik* 33 (1910), p. 1105; *CP*, vol. 3, p. 269.

**** Albert Einstein to Jakob Laub, Nov. 4, 1910, *CP*, vol. 5.

到这时，劳布、冯·劳厄、斯塔克、贝索、仓格尔、索末菲和阿尔伯特的其他朋友们收到这类的信已经有5年了。也许在一个星期以后阿尔伯特作出如下的声明也就不那么令人惊奇了："对辐射问题的解答又一无所获。魔鬼耍了我一把。"*

到了1910年底，米列娃和小爱德华身体都有所好转。泰特和小汉斯·阿尔伯特长得惊人地相似。一家人逐渐开始恢复了周六晚上去赫维茨家举行音乐会的社交活动。赫维茨是与阿尔伯特在学生时代一起演奏音乐的一位工学院的教授。赫维茨有一个女儿利斯贝特(Lisbeth)，她演奏小提琴。在一张照片上可以看到，阿尔伯特和利斯贝特肩并肩坐在赫维茨家的阳台上，手中的小提琴已经准备演奏了，背景是苏黎世，而赫维茨蓄着翘八字胡，挥动着一根指挥棒密切地注视着他们。

他们第一次聚会时，阿尔伯特和利斯贝特演奏了几首巴赫的奏鸣曲，利斯贝特发现他相当有音乐天赋。"他是一个快乐、谦逊和孩子气的人，对时间的观念有一种新的看法，"她在一篇日记中这样写道，这些日记是特尔布霍维奇-久里奇撰写的传记的一个重要来源。**

爱因斯坦一家会守信地在5点到达赫维茨那已是外套、小提琴箱和婴儿用具的一阵嘈杂声的家。他们演奏巴赫、莫扎特和韩德尔。对于米列娃来说，这种拜访是一周中的高潮，音乐是联系她的过去和阿尔伯特的一根脆弱的线索。

另一根线索是跳舞。也许是记起了她自己对于旋转和跳跃的钟情，记起了她年轻时是"受伤的小鸟"，米列娃为汉斯·阿尔伯特报名参加了一所舞蹈学校。阿尔伯特利早已长成了典型爱因斯坦家的那种矮小而结实的体形，他是这所学校里最小的男孩。

但是那年冬天2月，伟大的洛伦兹邀请阿尔伯特去做演讲，并请他住在莱顿的家中，阿尔伯特和米列娃的社交生活达到了高潮。他和米列娃悄悄

* Albert Einstein to Jakob Laub, Nov. 11, 1910, *CP*, vol. 5.

** Lisbeth Hurwitz diary, Jan. 21, 1911, Trbuhovic-Gjuric, p. 107.

地离家几天，难得地一起去了荷兰，也许带着泰特，但是很显然没有带汉斯·阿尔伯特。他们从巴塞尔给阿德勒一家拍电报："如果房子被烧成平地，或者其他像这样的好事发生"，那么打电报到洛伦兹家。*

对于阿尔伯特来说，这次旅行的诱惑并不在于演讲或者同米列娃一起度一个周末，而是有机会会见洛伦兹，并跟他讨论辐射的问题。"我现在希望预先使您放心，"阿尔伯特说，"我并不是您把我当成的那种正统的使光量子化的人。"**

洛伦兹家铺上了他们著名的红地毯。"在这里，现在我又一次坐在这修道院一般的狭窄小间之中，充满了对我有幸在您身边度过的那些奇妙日子的美好回忆，"后来阿尔伯特用一种典型的充满着感谢的口吻这样写道。***星期五时，他作了演讲。第二天晚上，他们和其他一些物理学家在洛伦兹家用了餐。

阿尔伯特和洛伦兹在他逗留的那个周末没能解决量子问题，但是他们进行了有趣的尝试，星期六晚上在其他所有人都离开以后，他们在洛伦兹华丽的书房里待到很晚。

事实上，阿尔伯特已经绞尽脑汁了。到这时，他已经花了10年中的一大半时光来思考为什么自然需要光以分立的形式一份份地包裹起来——这一点如果不是完全矛盾的，也显然是超越了一切物理学的基本定律。在试图理解为什么这个量子是必要的——这对经典物理学造成了损害，他几乎对这些基本定律中的每一条都考虑过要去修改。他曾撼动了统计学的各个定律。他曾轻率地考虑过要抛弃能量守恒定律。他曾对麦克斯韦神圣的方程组进行了各种变形，完全徒劳地写满了无数张纸。所有这些都被扔进了废纸篓。

多次演奏小提琴、散步或者航海以及草草推演，都无法给他带来任何类似于曾刺激他获得相对论的那种Gedanken（智力上的）图景。虽然在这一过

---

* Albert Einstein to Fritz Adler, Feb. 9, 1911.

** Albert Einstein to Hendrik Lorentz, Jan. 27, 1911, *CP*, vol. 5.

*** Albert Einstein to Hendrik Lorentz, Feb. 15, 1911, *CP*, vol. 5.

程中，阿尔伯特作出了重要的科学发现，阐明了黑体辐射的性质，并解决了比热的理论，但是他所挖掘的这一切只是使物理学掉进了更深的量子空洞之中。

魔鬼又一次耍了我。

阿尔伯特最终放弃了。“我再也不会问这些量子是否真的存在，”他1911年春天写信给贝索，“我也不会再试图构建它们，因为现在我知道了，这样做下去，完全是我脑力所不及的。”从这时开始，他告诉这位朋友，不会把自己仅仅局限于去理解自然界的这种奇特性质的因果关系之上了。*

碰巧的是，在阿尔伯特放弃时，他的其余同事们正在加入这场追逐。能斯特做了很好的工作，使支持量子的物理学家大大增加了。在阿尔伯特把关于他失败的短信寄给贝索一个月以后，他收到了工业家索尔韦的邀请，请他参加当年秋天在布鲁塞尔举行的一次国际“科学大会”。在来宾名单上只有来自6个国家的25个名字，他们被召集来讨论“当前关于分子理论和运动理论的一些问题”，也就是有关量子的问题。

最后，就在他的莱顿之行前，布拉格的聘请终于到了。阿尔伯特将在1911年4月1日开始工作，因此也只有不到3个月的时间了。包括业务费用在内，他的薪水将是8672克朗，实际上几乎是他在苏黎世所赚的两倍。然而，不管增加多少收入也无法补偿米列娃觉得自己和孩子们有不停奔波的感觉。他们在布拉格举目无亲，他们怎么能适应？

米列娃似乎担心这次搬迁标志着太多好运气的终结，或者也许她只是担心自己担心得太多了。“我……相信我们女人对那个叫做年轻的非凡时期的记忆的依恋时间比较长，”她写信给海伦妮，这是她能向其放心吐露自己灵魂中的斯拉夫人的阴郁的一个人，“而且不知不觉地希望事情总是保持这样。难道你没有发现这一点吗？男人们总是更容易适应现状。”

我这里一切都好，他努力工作，上的课受到喜爱，参加的人很多，还

* Albert Einstein to Michele Besso, May 13, 1911, *CP*, vol. 5.

> 有许多演讲,我一场都没拉下过。由于我们家里举行音乐会的次数相当多,因此我们实在是没什么个人时间和平静的时间。*

他们从莱顿回到家以后,米列娃又一次开始忙于整理行李。她把母亲从诺维萨德叫来,帮助她搬家。据说马里亚发现女儿被阴郁的预感困扰着,但米列娃却不想谈论。**

* Mileva to Helene Savic, early 1911, Stachel.

** Trbuhovic-Gjuric, p. 111.

第十四章　痛恨洗澡的男人

布拉格也有一只著名的古老的钟，另一个旋转着的、叮叮当当作响的、大致精确的时钟，不断地提醒你接近死亡。这只大钟的特征是，除了有一个再现行星运动的星相日历，还有一具跳舞的骷髅和一个不祥的土耳其人。它栖身在老市政厅之上，离城镇的中心老城广场只有几步远。这个镇是神圣罗马皇帝、波希米亚和德国的国王查理四世在14世纪建造而使之辉煌和壮丽的。穿过广场就是廷恩教堂，那里埋葬着第谷·布拉赫。根据当地的传说，完成于1490年的这座大钟的设计者被弄瞎了，以防止他以后再造出一个同样的钟来。对长期以来以政治需要而将谋杀做得尽善尽美的一个充满了阴谋诡计和军队占领的城市来说，这倒是一个适合的传说。在17世纪的"三十年战争"期间，布拉格和波希米亚的其余地区都沦陷在奥地利人手中，而且此后一直保持在他们冗长乏味的巴罗克式的风格之中，成为仅次于维也纳的一个艺术和文化中心。

布拉格一直被称为千塔之都，但是站在街上几乎连一个金尖塔也看不到。这个城市是由圆石铺成的弯曲的路所组成的迷宫，这些路的旁边镶嵌着石头，其正面已被几个世纪以来的工业化烟灰熏黑了。断断续续的烟雾和光线以及建筑上的杰作，就好像那个古老的"庄园大剧院"（《唐乔瓦尼》第一次在这里上演）一样，一会儿出现一会儿消失，无法预言。一个不熟悉该城市的人想在城里找到路肯定是不可能的。最好的景色是在伏尔塔瓦河上看出去，此时能看到布拉格城堡和圣维图斯大教堂。跨越从老城流出的伏尔塔瓦河是一个叫马拉斯特兰的较小山区，圣维图斯大教堂一直延伸到那里的小山顶上。爱因斯坦一家到达时，一位名叫卡夫卡(Franz Kafka)的年轻职员正住在此山下杂乱拥挤的街区中，写着奇怪的、大部分都无法出版的故事。卡夫卡短短的一生全都待在布拉格(他1924年去世时只有41岁)，你不禁会说，这是因为他找不到出路。

爱因斯坦一行人，有阿尔伯特、米列娃、阿尔伯特利、泰特和马亚，于3月底到达了这个崎岖不平的洛可可式的大都市，并住进了一家旅馆。他们住在那里的时间可能是因为别人对爱德华哭声的抱怨而缩短了，两天后他们搬进了位于沿河而下的镇上城堡里的那一侧的斯米奇韦区的一所新修葺过的公寓里。虽然他们的家具只有一辆婴儿车和一个皮箱，但是公寓里有一盏电灯——这对爱因斯坦一家来说是头等要紧的——还有另一间给米列娃的母亲住的房间(后来住了一个女仆)。

米列娃几乎从一开始就陷于不幸之中。城市的空气中充满了油烟。由于水龙头中流出的水是棕色的，在洗涤槽中留下了令人作呕的污垢，所以他们买瓶装水喝，而且阿尔伯特不得不从街上一个喷泉运回烧煮用的水，然后想办法把它煮沸。洗澡既不方便也不舒服。到处都是臭虫和跳蚤。有一次女仆房间里的床垫着了火。* 阿尔伯特用一桶棕色的水浇灭了它，不久后发现自己身上爬满了跳蚤。他惊恐万分，跳进了一个浴盆，因为在这个城市里前一年刚刚爆发过黑死病和伤寒病。除了令人作呕的水以外，阿尔伯特以前也从未真正喜欢过洗澡。**

在布拉格，米列娃在社交上也感到不愉快。三百年来的奥地利帝制统

* Peter Michelmore, *Einstein: Profile of the Man*, p. 54.

** 无数的故事都证实了这一点。彼得·布基在《不为外人所知的阿尔伯特·爱因斯坦》一书中讲述了阿尔伯特的帆船被淹没和他掉进水里的情况。在他被救起来时，他叫嚷道，这应该算是洗了一次澡。

治营造了一个严谨而复杂的等级制社会，德国人处于最顶层，而捷克人处于最底层。直到最近，德语还一直是唯一的官方语言，尽管只有百分之五的人口在使用它。德国人除了讽刺捷克人和拿他们开涮以外，几乎与他们毫无关系。通常，这种种族隔离的最热心捍卫者就是那些想要忘记自己从哪里来的人。阿尔伯特的同事兰帕事实上是一个捷克看门人的儿子，他甚至故意拒绝购买上面印有捷克语和德语两种文字的明信片。这种社会分裂的一个结果是查理大学被分裂成德国的和捷克的两个部分，它们作为两个独立的机构履行职责，两边的教员和学生们彼此完全不接触。作为斯拉夫人，米列娃几乎没有什么理由去喜欢德国人，而且她对于被限制在由征服她的民族的人所组成的那个令人窒息的社会里也感到不快。

由于城中一半的德国人都是犹太人，这就使得布拉格的社交生活变得更加复杂。为了保持捷克人的低下地位，非犹太的德国人不得不同他们的犹太同胞在学校、商店、剧院和咖啡馆里联合起来。同时，为了保持他们作为优秀的德国民族主义者的身份（尤其是在南部的德国人眼中，在那里古老的民族紧张状态再次抬头了），布拉格的德国人实在不可能对城中的犹太人太友善。犹太人的生活简直就是颠三倒四，因为对于捷克人来说，他们就是德国人，因而也就是压迫他们的人。

阿尔伯特在到达的最初几天通过四处走动了解了这座城市。这种走动是去向他的同事们致以礼节性的问候，那是很快就使他厌烦了的规定得很细的许多帝国传统之一。他迷住了他所遇到的每一个人，给人一个异国情调的印象：似乎看上去更像意大利人，而不是瑞士人，但是他却疏远了其他人，因为他一直没有完成全部的拜访。“布拉格是奇妙的，它是如此美丽，光是它本身就值得大大地旅游一番，”他告诉贝索，希望能引诱他来游览。*然而，它的人民却奇怪、无情而且冷酷，“是一种建立在阶级基础上的傲慢态度和卑躬屈膝的奇特的混合体，对于他们的同伴却没有一点点和善。虚饰的奢华和遍地蔓延的痛苦肩并着肩”。他后来还能回忆起来的还有这座城市

* Albert Einstein to Michele Besso, May 11, 1911, *CP*, vol. 5.

的音乐。空气中充满着音乐——庄严的管风琴、欢快的赞美歌、悲哀的民族挽歌、坚强的民歌、现代的协奏曲和歌剧，从教堂和音乐厅中飘出来，跟随着他走过街道，这是一种人类情感、信仰与和谐的集成曲。

在这些闲逛之间，历史正等待着去伏击他。根据他未来的女婿马里亚诺夫(Dimitri Marianoff)的一本传记，正是在这样的一次出行之中，阿尔伯特可能已经开始想起了他自己事实上是一个犹太人。沿着老城里的一条街而下，在一个转角处是一个老犹太人区。这个曾住过35 000人的犹太人居住区，由于卫生原因在10年前刚刚被夷平，只剩下散在的一些古老的犹太教会堂和犹太市政厅。这一地区的中心是一座由高高的围墙围着的墓地，几个世纪以来，犹太人被埋葬在这些倾斜得如同一堆堆正在倒下的多米诺骨牌那样薄薄的墓碑之下已有五层之深。在这些坟墓中值得注意的有贝萨勒尔(Jehuda ben Bezalel)，又名拉比·洛(Rabbi Löw)，是16世纪有生命的泥人(Golem)这一传说的创造者，也是第谷·布拉赫的朋友。

"他的这个人种一千年以来的历史就写在他面前的这些墓碑上，"马里亚诺夫这样写道，也许带着一点戏剧性，"在这些墓碑上用希伯来语所写的铭文中，用符号记载了一个部族或者一个名字。一条鱼表示菲舍尔(Fisher)，一头雄鹿表示希尔施(Hirsch)，两只手代表阿龙部落。"*

也许阿尔伯特的血液激奋了，他红着困窘的脸想起了自己在去学校的路上独自唱着赞美歌的日子。

从斯米奇夫越过河走到阿尔伯特的办公室只要20分钟，一路上风景优美。官方所指的理论物理研究所占据了大学"科学大楼"的第三层，这座大楼坐落在新城中一条名叫维尼卡那乌利斯的树叶成荫的街道上，隔壁是一家精神病院。数学系的主任皮克(George Pick)以前是马赫的学生，很方便地，他就在下面一层，阿尔伯特有很多时间都在楼梯上跑上跑下，向他请教

* 爱因斯坦对马里亚诺夫和韦恩(Wayne)所撰写的传记表示了激烈的不满(例如克拉克)，但是在柏林的多年中马里亚诺夫一直都是阿尔伯特家庭中的一员，因此他所说的话也许是有根据的。

数学上的一些问题。* 虽然阿尔伯特很快就宣称自己对学校的设备和环境(尤其是图书馆)很满意,** 但是他从未对门卫每天早晨的鞠躬作揖并自称为'您最顺从的仆人"感到适应过。*** 同样地,日常的文书工作也配得上这个有三百年历史的官僚机构。就连阿尔伯特要花55克朗请人来清扫他的那些办公室,都还得写信给波希米亚总督以获得批准。****

阿尔伯特的每个春季演讲班都大约有12个人注册就读,其中有7人(6个是女学生)参加了他每周举行一次的专题研讨会。兰帕警告他说,他们在学术上水平很低,但是阿尔伯特确信他们会对优秀的教导作出反应,就像苏黎世的那些学生一样。"我会一直(在我的办公室里)欢迎你们,"他在学期开始时告诉他们,"你们绝对不会打搅我,因为我可以在任何时刻中断我自己的工作,过后又能立即继续下去。"*****

从阿尔伯特办公室的窗口望出去可以看到一个风景如画的美丽花园。他坐在那里的时候,不禁注意到一种有趣的模式。上午时,那里全是女子,在绿树成荫的公园里无目的地转来转去,到了下午则全是男子。最后他问了皮克,才知道这个花园是一个精神病收容所的一部分。从那以后阿尔伯特就爱讲这个故事。他喜欢说,那些可**不是**研究量子理论的疯子。

大概就是在那个时候,阿尔伯特承认在量子上的失败:不管怎样,他都准备把那个疯狂的念头抛诸脑后。他对于宇宙的基础比以往感到更迷惑,于是,他略微有点清醒和谦虚了,最后又回到了他在1907年所写的有关相对论的那篇大论文中所提出的,而自那以后几乎再没有写过一个字的主题:奇怪而无所不在的引力现象。

对于电动力学这一主题,阿尔伯特介入时,欧洲最聪明的一些物理学家

---

* Jozsef Illy, "Albert Einstein in Prague."

** Albert Einstein to Marcel Grossmann, April 27, 1911, *CP*, vol. 5.

*** Albert Einstein to Alfred and Clara Stern, March 17, 1912, *CP*, vol. 5.

**** Albert Einstein to Marcel Grossmann, April 27, 1911, *CP*, vol. 5.

***** Philipp Frank, *Einstein: His Life and Times*, p. 118.

都正在提供各种一比高低的电子理论;与之不同的是,引力则是一块安静的领域。牛顿在两个半世纪以前写了一本关于引力的书,自那以后,除了在水星轨道几乎微不足道的不相符以外,就没有什么可争论的——直到相对论的问世才使事情变得复杂起来。

1907年,阿尔伯特很妙地意识到,一个正在下落的专利局职员是不会感觉到自己的重量的,这一想法就导致他怀疑是否可以用引力与惯性之间的深层联系——即意识到惯性质量(物体抵抗加速度的那种神秘性质)与引力质量(一个物体受到其他物体的吸引的量度)是完全相同的——来研究引力。对阿尔伯特来说,这种被他称为**等价原理**的联系意味着,在某些情况下,引力场可以被认为是加速运动,反过来也是一样。然而,比这更重要的是,它意味着引力可能是得出一个更加广义化的相对论的关键,在这种新的理论中,不管观察者的运动状态如何,不论他是坐在一列火车里还是在一架电梯的井道中突然下降,物理学的定律都会是相同的。

从本性上来说,1907年阿尔伯特被拉进引力的原因之一是试图解决相对论似乎在这个世界的图景中留下的一个逻辑反常:匀速运动是相对的,而非匀速的运动——加速度——似乎是绝对的。当我们在一列火车上时,只要它是在平稳地运行,我们就无法说出我们运动得多快(或者我们究竟是否真的正在运动),但是如果我们在座位上突然向前倒或向后倒,我们就很确定地知道火车已改变了速度,即已被加速或减速了。

在著名的旋转水桶讨论中,牛顿曾用速度与加速度之间的这种相对差异来作为一个论据,以证明绝对空间的存在。取一桶起初静止的水,并使它转动起来。由于水与水桶壁之间存在着摩擦力,桶中的水最终也会开始旋转起来,此时离心力会使水面变形为一个凹面。这时如果水桶停下来,里面的水会继续旋转并保持它的凹面。为什么?牛顿断言,这不是因为桶,因为它已经不再运动了。更确切地,他说,是水受到了离心力,因为它在相对于绝对空间转动。

但是在爱因斯坦更喜欢看到的世界里,应该不存在绝对空间或绝对运动这样的一些东西。既然是那样的话,引力不仅是由于引力的原因而显得重要,也许还由于它可能为一个更加完全的相对论世界提供了一个联系。在接下来的几年中,由于阿尔伯特开始着手研究引力,他就有了双重的研究事项安排——既要解释为什么苹果会掉下来及行星会旋转,还要将相对论广义化以除去牛顿绝对性的最后一些残余。这是一项重任。

回忆一下,在阿尔伯特1907年那篇相对论的综述文章最后,他已经利用了他的新原理作为一种启发性的武器去探索引力在相对论的世界里应该具有的一些独特的性质。他认为,钟应按引力变慢或变快,而光束会在引力场中弯曲。然而,当他计算到其数值时,他发现预言中的弯曲哪怕对地球这样巨大的引力体都还是微不足道的。当时他暂时抛开了这个问题,而在量子的沼泽中迷失了三年。

现在,阿尔伯特又回到了这个论题,他意识到他在做光线弯曲计算时把对象选错了。虽然地球太小了,无法产生任何有意义的影响,但是太阳也许的确能使一束来自例如一颗遥远恒星的光有高达1弧秒的弯曲——这个角度在发生日食时在天文上足以被注意到。*

这些相当冒险的念头可能具有可检验性,这种期望毕竟鼓舞着阿尔伯特去对它们展开一次更加彻底的分析,由此他就可以写出一篇天文学家能够理解的论文。在这个过程中,他被迫要使他们信服他在1907年仅仅略微提及的那种新的、有些令人不安的结论:引力不仅能使光线弯曲,而且能使光速减慢。作为相对论栋梁的光速似乎不再是不变的了,他在给他的朋友劳布的一封信中提出了这些他所谓的“严重的困难”。**

阿尔伯特的新论证建立在具有一种表面上显而易见的逻辑的一个新的思想实验基础上。他开始想象一个物理学家在一个没有窗的电梯里。***在一种情况中,电梯停留在地球表面。在第二种情况中,电梯在空的、没有

* “On the Influence of Gravitation on the Propagation of Light,” *Annalen der Physik* 35 (1911), *CP*, vol. 3, p. 485.

** Albert Einstein to Jakob Laub, Aug. 1911, *CP*, vol. 5.

*** Albert Einstein, *Relativity: The Special and General Theory.*

引力的空间中被向上拉动，其加速度大小与地球上物体下落的加速度一致。阿尔伯特这个建立在惯性质量与引力质量等价的假设基础上的命题就是：这个物理学家不能通过他在此电梯中所做的任何实验来区别出上述的两种可能性。例如说，不管在哪一种情况下，他都会感觉到他的双脚对地板的压力。如果他扔下一个扳手，在这两种情况下它都会铿然有声地砸在地板上——一种情况下是因为重力把它拉下去，而在另一种情况下是由于地板向它急冲过去。

但是如果这位物理学家扔下去的不是一个扳手，而是一束光，那么又会发生什么呢？阿尔伯特首先考虑的一种情况是，从被往上拉了的电梯天花板上的一盏向下照射的灯。光波到达地板所需的时间虽然很短暂，但是无疑总要花费一定的量。在这段时间里电梯将加速向上，因此当光线到达地板时，它将比光波离开天花板时运动得快。根据相对论，这种运动的一个结果是，到达时的光线将似乎比它离开天花板时具有更大的能量。阿尔伯特指出，根据相对论，这些额外的能量就等于如果该光束在一个引力场中从天花板**落到**地板上的话它所能获得的能量。

另一种思考它的方法，是应用每个高中学生都很熟悉的一种现象：运动影响波的性质。著名的多普勒(Doppler)频移表明，一列正在开近的火车的汽笛的音调听起来变高了，而一列正在离开的列车的汽笛音调会变低，这将使得落在一架运动的电梯地板上的波看上去要比静止的灯所发出的光波频率更高(或者波长更短)。根据阿尔伯特的类比，引力应该具有同样的效应，因此置于头顶的一盏灯发出的光将会比放在地板上的一盏灯发出的光具有更高的频率，从而看起来更蓝一些。根据量子理论，频率的增高等价于能量的增高。反过来，从下面照上来的光(例如，从置于电梯井道下方的一盏灯发出的光)看上去将比平常更红并具有较少的能量。

阿尔伯特正是沿着这一连串的想法，得出了引力会使时间变慢的结论。假设光是由原子振动产生的，这种振动的频率或颜色取决于原子的种类——钠、氮、汞——仅此而已。每一个原子事实上都是一只钟，因此这只

钟的速度就取决于它在引力场中的位置——物理学家们所谓的引力势能。引力势能只是一个数值，它表示自由下落到场的底端或者场源所需要的能量。物理学家向上看时，总是能收到来自一个比他自己的钟走得快的钟的信号，因此这束光看起来就较蓝；向下看时，他总是能获得一个比他自己的钟走得慢的钟发出的光，因此这束光看起来会较红。

这种引力时间扭曲的最重要结果是它对光速的影响。根据通常的相对论，所有的光波，对于它周围的介质和它自己的当地时钟而言，都以一个常规的光速c运动。但阿尔伯特意识到，假如这个钟被加速了，那么在这个引力场中时钟走得比较慢的任何一个地方来测量光速的话，这个速度将比c快。例如，假设我们的这位物理学家想要测量在他的天花板附近的光速。原则上，他可以在天花板上胡乱地写上一系列记号，并使一个频闪器闪光，然后在这个闪光经过某个特定的记号时咔嚓一声按下秒表。假设根据安置在天花板上的一只钟，这束光到达这个记号需要十分之一秒的时间，那么站在地板上的物理学家的秒表读数将**少于**十分之一秒，由此他就可以得出结论，光经过天花板的速度比常规速度快。相反的情况是，如果他试图在他下方的引力场中的任意一点测量光速，就会看到光显然变慢了。

从这个假设容易推出光线弯曲的结论。当一列在空间传播的波的波前遇到一个引力场时，靠近场中心的那部分波相对于远处的各部分来说将变慢。于是光波就会在引力场中心的附近发生弯曲，就像大海的波浪在一个沙堤附近弯曲那样。阿尔伯特计算出，一束从远处的恒星上发出的光线，当刚好擦过太阳的边缘时将偏转一个0.83弧秒的角——大概是满月宽度的两千分之一。*这是一个很小的量，但是天文学家们已经习惯于使恒星位置的测量达到十分之一弧秒的精度。

“由于在天空中邻近太阳的那些位置固定的恒星在日全食时将变得可以看到，因此就有可能将这个理论的结论与实际作比较，”阿尔伯特在论文

---

* 1弧分可分为60弧秒，1度又可以分为60弧分。满月所对的角度大约是半度，或者说30弧分。

结尾写道,“非常希望天文学家们能研究在这里首次提出的这个问题,即使这里所给出的这些意见看上去也许根据不充分或者甚至是危险的。”

阿尔伯特指出,另一个验证这一理论的方法,是测量光通过引力场时变红的程度。在这里,太阳再一次成为一个完美的实验场所。阳光的光谱由于太阳中的各种元素的原子吸收了光而在一些特征波长处被刻上了黑线条。在太阳的引力场深处时间变慢,这一点应该通过那些所谓的吸收谱线出现在比它们在地球上的实验室里稍长一些、红一些(频率慢一些)的波长处的移动来表现出来——即所谓的引力红移。

阿尔伯特完成了这篇论文,在6月份时把它交给了《纪事》,然后开始寻找方法来赢得天文学家参加他的事业。他不必找得太远。阿尔伯特在布拉格大学有一位名叫波拉克(Leo Pollak)的同事,是一位天文学家,他正在修爱因斯坦的一门课,并对爱因斯坦的新理论很感兴趣。他视其为己任,写信给他在柏林认识的一位天文学家,极力向他灌输在天文学上进行证实的必要。他所说的话得到了积极的响应。收到波拉克的这封信的那位天文学家是一个名叫弗罗因德利希(Erwin Finlay Freundlich)的人,他当时26岁,雄心勃勃,而对于为柏林皇家天文台主任施特鲁韦(Karl Hermann Struve)做一些实用天文学上的不起眼的繁琐小事已感到厌倦了。弗罗因德利希被派往柏林天文台以前,曾在格丁根学习过数学和天体物理学,而且他在爱因斯坦的理论中感觉到了一种事业上的机会。弗罗因德利希做了一些调查,并很快就发现了汉堡天文台收藏了一组在1905年阿尔及利亚日食时所拍摄的照相底版。他写信给阿尔伯特,说他打算去分析这些底版。阿尔伯特感到很满意,但是又对成功的机会表示出了情有可原的怀疑,这部分是由于在纠正太阳周围的带电粒子所形成的薄雾中产生的折射现象时存在着困难。“要是我们有一颗真正比木星更大的行星那有多好。但是大自然可不认为自己有责任让我们容易发现她的那些规律。”*

碰巧,大自然也不让弗罗因德利希容易做到,他从那些底版中没有得到

* Albert Einstein to Erwin Freundlich, Sept. 1, 1911, *CP*, vol. 5.

什么结论性的结果。不过这是他与阿尔伯特之间一个经久联系的开始。

那年夏天，布拉格又热又闷，阿尔伯特所进行的一切也不顺利。他原来希望在光速可变的基础上建立一个完整的引力理论，但是他一开始就进行得很缓慢。“一定是难熬的炎热减弱了我的智能，”阿尔伯特告诉仓格尔。8月份时他的胃病又一次突然发作——这是他曾在1899年向米列娃抱怨过的那个“诗一般的老毛病”。* 仓格尔的一个学医的学生正巧来访，把他当作肠胃炎患者治疗了一番，但是当一个月后仓格尔亲自来探望阿尔伯特时，他仍然病着。**

同时，一出熟悉的戏剧性事件正在爱因斯坦家上演。阿尔伯特新的工资能够负担起为家里雇用一个住家的女仆。在米列娃的母亲离开这个镇以后，他们雇用了一个名叫凡尼(Fanni)的女子。结果凡尼怀孕了，而她没有丈夫，甚至孩子也没有父亲。阿尔伯特曾经在相似的情况下听从了米列娃的父亲的话，因为他比“你的工作过度的、不谙世事的约翰尼”更了解这个世界、更有经验，此时他不得不来料理此事。*** 在几次试图通过收养或者送入孤儿院的方式为这个孩子寻找一个容身之所都无功而返以后，阿尔伯特和米列娃只能暂时把孩子带回了他们自己的家。阿尔伯特告诉了贝索：“过些时候会把他送到他的外祖母那里。”****

这个对他们年轻岁月的小小提醒很可能没有对米列娃的精神起到正面的作用，她早已由于被孤立以及因照顾她体弱多病的婴儿和身体健壮的小男孩所造成的筋疲力尽弄得情绪沮丧。米列娃本性上的沉默寡言在他们搬到布拉格后有增无减。据说，她似乎越来越消沉。由于她的跛脚和越来越忽视自己的外表，她呈现出一种相当阴郁和孤僻的形象。弗兰克是在布拉

* Albert Einstein to Heinrich Zangger, Aug. 24, 1911, *CP*, vol. 5.

** *CP*, vol. 5, p. 314, footnote 6.

*** Albert Einstein to Mileva Maric, Dec. 12, 1901, *CP*, vol. 5.

**** Albert Einstein to Michele Besso, Aug. 1911, *CP*, vol. 5.

格接替了爱因斯坦的一位物理学家,而且后来成为他的传记作者,他大约在这个时候遇到米列娃,并下结论说她可能患上了精神分裂症。*

阿尔伯特也逐渐得出了相同的结论。自从米列娃在安娜的事件上大爆发以后一直引起他怨忿的愤怒转换成了一种冷静的疏远,并认识到"她完全不是心胸狭窄,而是多疑、不善言辞和忧郁,也就是说情绪低落",这是后来阿尔伯特告诉西利格的。** "这毫无疑问可以追溯到来自她母亲家族的一种精神分裂的遗传倾向。还有,显然小时候的结核病造成的身体上的畸形也增加了她那基本的精神倾向。"

当然,具有讽刺意味的是,阿尔伯特为了米列娃拒绝了或者说没能与两个性情比较开朗的女子——玛丽、安娜——的关系继续下去。正是米列娃理解了他灵魂中黑暗的那一面,有一次他这样写道。仿佛某种易怒的阴郁,是他想要过的那种智力生活和知书达理的硬币的另一面。当然她也曾帮助过他理解运动学理论及电动力学,但那是很久以前的事了。

米列娃很聪明,并具有相当的洞察力,但是如同她曾经说过的,"对概念的形成感到困难"。*** 而阿尔伯特的工作,如果不在概念上做文章,那无疑将一无是处。现在他有了后来他称谓的Rechnenpferde(字面意思为"计算的马"),像霍普夫一样,来帮助他进行繁重的数学计算。

9月下旬,德国科学家在卡尔斯鲁厄举行年会,这使得阿尔伯特开始了几个星期的旅程。会议结束后他去了苏黎世,他答应过在那里为瑞士的中学教师们作一系列演讲。他和米列娃曾讨论过她到这个他们原来住过的镇上来与他会合,但这显然没有实现。"卡尔斯鲁厄一定非常有趣。我会喜欢得听不进一个字,也看不见所有这些好人,"她在旅行的中途写信给他,"这是我们彼此见到以来的一段漫长的时间,你还会认得出我吗?"****

由于没有什么朋友,也不大有机会出去,米列娃的生活因照顾孩子们的

---

* 弗兰克在和他的学生霍尔顿的一次谈话中吐露了他的这种印象,霍尔顿转而又告诉了我。

** Albert Einstein to Carl Seelig, May 5, 1952.

*** 出处同上。

**** Mileva to Albert Einstein, Oct. 4, 1911, *CP*, vol. 5.

时间排得满满的而兴味索然。汉斯·阿尔伯特已经长成了一个健壮的男孩，长着和他母亲一样的眼睛和嘴巴。在当时的一些照片中，他看上去像一个闷闷不乐的孩子。他那鼓起的嘴通常有沮丧的表情，带着一种意味着庄重和责任的风度。泰特的出生似乎已经在他体内激发了他对小弟弟的一种父亲般的态度。*阿尔伯特利在爱因斯坦家几乎是独一无二的，他似乎在布拉格被烟雾弄得满目疮痍的环境下过得很快乐。多年以后，当他已经是加利福尼亚大学的一位卓越的水利工程师和淤泥方面的权威时，他还记得他当时花几个小时的时间着迷地注视着伏尔塔瓦河中的漩涡和逆流，常常全神贯注得连晚饭都赶不上了。

同他的父母一样，他喜爱音乐，并开始弹奏钢琴。他可能遗传到的另一个特点是他父亲的独立性。"父亲，没有旁人和我们在一起，没有人能看到或听到我们，"他大约八岁时有一天说道，"现在你能坦白地告诉我——这种相对论的故事全是骗人的鬼话吗？"**

阿尔伯特爱在伏尔塔瓦河沿岸的那些咖啡馆里喝着牛奶咖啡滔滔不绝地大发议论来度过他的时光。每当他重复该故事时，他都会面露喜色。***他最坚定的同伴之一是皮克，皮克是一个阅历丰富的马赫主义者，喜欢追忆那位老人，尤其喜欢详细解释他在马赫主义哲学和相对论之间察觉到的联系——这也是阿尔伯特最喜欢的话题之一。阿尔伯特用他的魅力进入了皮克的音乐圈子，并开始定期跟一位梵文学教授的小姨子演奏二重奏。****

到那年夏末，阿尔伯特的助手霍普夫在布拉格待够了，于是到亚琛的技术高中任职。他的工作被诺赫尔(Emil Nohel)接替了。诺赫尔是来自捷克斯洛伐克乡下的一个农民的儿子。他当时正在学习数学，因为兰帕使他相信物理学中一切伟大的问题都已经解决了。诺赫尔与阿尔伯特一起在家中

* Albert Einstein to Heinrich Zangger, Oct. 22, 1911, *CP*, vol. 5.

** Elizabeth Roboz Einstein, *Hans Albert Einstein: Reminiscences of Our Life Together*, p. 39.

*** Dimitri Marianoff and Palma Wayne, *Einstein: An Intimate Study of a Great Man.*

**** Jozsef Illy, "Albert Einstein in Prague"; Frank, p. 83.

度过几个小时，也许是在帮助他计算，虽然他们从未共同发表过任何东西。可能因为内心中都是乡下人的缘故，诺赫尔开始喜欢米列娃。因为他同时也是犹太人，他就义不容辞地承担给爱因斯坦讲述关于波希米亚的犹太农民的困境的责任。*

星期二晚上的活动是在中心城区举行的，从老市政厅的大钟跨越广场到那里只有几步。在这里，有一家一望便可以看到的独角兽大药房，药房的老板贝尔塔（Berta）和凡塔（Otto Fanta）热情好客，一群年轻的犹太知识分子每周在此聚会，讨论哲学问题。这个沙龙只是一个更大的由一群艺术家、思想家和音乐家组成的团体的一个分支，这些人常去卢浮宫咖啡馆讨论艺术和文学。他们的领袖是一个名叫贝格曼（Hugo Bergmann）的哲学学生，他日后将成为耶路撒冷大学的一位教授。他是一个早期的非宗教性的犹太复国主义者。他和他的朋友们感兴趣的是开创出一种既非德国的也非捷克斯洛伐克的有特色的犹太文化。在不同的时期里出现在卢浮宫咖啡馆的那些人中，有卡夫卡；有布罗德（Max Brod），他是一位小说家，后来成了卡夫卡的传记作者；有雕刻家比莱克（Frantisek Bilek）；还有作曲家雅那切克（Leos Janacek）。** 阿尔伯特可能是被贝格曼拉进这个圈子的，贝格曼当时在图书馆工作，常常同他一起越过河走回家。虽然阿尔伯特对犹太复国主义这类狭隘的东西毫无兴趣，但是他喜欢与各种各样性格的人混杂在一起，友善交往。

星期二晚上在凡塔家中的聚会则是一个更加偏向于科学和哲学的集会，对阿尔伯特来说，它无疑像他心爱的奥林匹亚科学院。核心成员包括布罗德、贝格曼、一位名叫埃伦费尔斯（Baron Ehrenfels）的哲学家，以及不多几个像霍普夫这样的数学家和科学家。卡夫卡偶尔会出现，他安静地坐在角落里。布罗德把这个集会称为“康德晚会”，因为康德的著作是他们持续讨论的主要议题之一。阿尔伯特参加进来时，正值它们对黑格尔的一段很长

* Abraham Pais, “*Subtle Is the Lord...*,” p. 485.

** 布拉格的卡夫卡博物馆中展示了关于卡夫卡和布罗德在布拉格的社交圈。

时间的讨论快要结束了，并开始着手一个长达两年的对康德的《未来形而上学导言》和《纯粹理性批判》的研究，这两本书阿尔伯特孩提时曾读过，并十分赞赏。* 在整个过程中，因为不断有科学话题的加入而使得讨论充满了朝气，其中显然也包括相对论。

阿尔伯特在社交界的其他部分也风光极了。他同一个名叫克劳斯（Oscar Kraus）的严厉的法律哲学家一起参加了一系列关于相对论的公众辩论，他把它们称为"马戏表演"。** 就旁观者而言，那些晚上的高潮通常是阿尔伯特演奏小提琴。

阿尔伯特给布罗德留下了一个强烈的印象，其程度强烈到据说后来这位作家以他为原形写下了小说《第谷·布拉赫的赎罪》中伟大的天文学家开普勒这一人物。*** 开普勒于1600年左右在布拉格天文台工作，他是从赤贫和凌辱中奋斗出来的。由于爱情上的不幸，他是一个数学神秘主义者和柏拉图主义者，在这个世界的几何基础中寻求上帝。布罗德把他描述成一个像狗一样畏惧洗澡的杰出的天才，他洁身自好，并把这看成是他的护身符，似乎对自然界中的那些令人困惑的事有着有悖常情的喜悦。"他投入工作时的那种平静和对奉承者的吹捧的熟视无睹，在第谷看来几乎是一个超人。在这种情感的缺乏中有些不可理解的东西，就像来自远处冰天雪地的一阵微风……他没有心，因此在这个世界上没有任何东西会令他害怕。他没有情感或爱的能力。"****

"不，我不快乐，我从来没有快乐过，"开普勒有一次说道，带着一种阴郁的顽固。然后他又非常柔和地补充道："而且我也不希望快乐。"

布拉赫断言，开普勒太专注于他的科学，对阴谋诡计这类东西太无知了，以至于他甚至没有意识到自己是快乐的。科学以外的世界对他来说是

---

* Illy.

** Carl Seelig, *Albert Einstein: A Documentary Biography*, p. 126.

*** Frank, p. 85.

**** Quoted in Frank, p. 86.

一种梦。

"你就是开普勒这种人，"据说柏林的一位以自我为中心的化学家能斯特在读这本小说时曾经这样告诉阿尔伯特。*

至于阴谋，似乎此时刚好在阿尔伯特周围发生了，就像溪流中的水在一块岩石周围形成的漩涡。在他从卡尔斯鲁厄和苏黎世回来后，就卷入到了一场新工作的调遣和谈判之中。

夏初时，阿尔伯特曾收到荷兰乌得勒支大学的一份工作聘请，但是他拒绝了，因为当时他刚刚搬到布拉格。显然他最初拒绝乌得勒支大学的那个职位还不够有说服力，因此他的名字又一次被提了出来。

乌得勒支与洛伦兹的工作地点莱顿相邻近，这对物理研究而言，看来是个不错的地方，但是阿尔伯特期望的是另一个目标。仓格尔有希望确保阿尔伯特得到瑞士联邦工学院的一个职位，并让阿尔伯特答应他，如果接受任何工作聘请要离开布拉格的话，要事先通知他。阿尔伯特很快写信给仓格尔并告诉他："我现在真正严肃地在考虑去乌得勒支。"**

阿尔伯特回信给他在乌得勒支的联系人尤利乌斯(Willem Julius)，用养老金和搬迁费用之类的问题戏弄他，同时解释说他已答应了最早聘请他的联邦工学院。是否的确有这样一个安排，还是仅仅是虚构出来的，为了要使仓格尔看到他是否能够有一个讨价还价的机会，这一点是不清楚的。虽然仓格尔既不是物理学家也不是联邦工学院的教员，但他在医学圈中的崇高地位使他能够轻易地接近掌管该机构的那些瑞士当权者。

事实上，仓格尔在那年夏天的早些时候(也许是从格罗斯曼那里)觉察到爱因斯坦在布拉格待得不愉快以后，就开始采取行动了。***但是这所大学的校长格涅姆(Robert Gnehm)认为阿尔伯特是一个不必要的奢侈品，而且也不是一个好教师。仓格尔大胆地直接越级找到了掌管教育的瑞士联邦委

---

* Frank, p. 85.

** Albert Einstein to Heinrich Zangger, Sept. 20, 1911, *CP*, vol. 5.

*** Heinrich A. Medicus, "The Friendship Among Three Singular Men."

员会成员福雷尔(Ludwig Forrer),福雷尔的办法是想把爱因斯坦作为送给教员们的一件“礼物”从而得到他。他派仓格尔在8月份去布拉格时跟爱因斯坦商讨这件事,当时阿尔伯特正在生病。

10月份,当阿尔伯特在苏黎世演讲时,仓格尔给委员会送去了一本备忘录来支持他的提案。他指出,爱因斯坦作为一个理论家,既不需要实验室,也不需要助手,而且与流行的看法相反,他也喜欢教书。*“对于只想记满笔记本、只为了考试而死记硬背的那些懒于用脑的学生们来说,他不是一个好教师。但是如果有任何一个人想要通过诚实的方法,从深层次来学习如何发展物理学中的想法,如何小心谨慎地检验所有的假设……他将会发现爱因斯坦是一个一流的教师。”仓格尔为了强化他的辩护效果,又带爱因斯坦到伯尔尼亲自拜访福雷尔。

阿尔伯特回到布拉格时,发现尤利乌斯和乌得勒支正在极力要求他的答复,阿尔伯特请求再给他几个星期的时间以作决定,并使尤利乌斯确信,他认为联邦工学院最终不会同意录用他。然而,几天以后,仓格尔转寄来他从福雷尔那里收到的一封鼓励的电报,阿尔伯特没有拆开就交给了米列娃。“能得到像福雷尔这样的一个人的友善态度和信任,对我来说是莫大的快乐,即使我必须暗自承认,他的信任没有任何实际的基础,”阿尔伯特回信给仓格尔说。** 但是第二天,格涅姆就委任阿尔伯特向联邦委员会提出了抗议,而回到苏黎世,那里的教授们也被激怒了,他们对于作决定时被置身事外感到愤怒。

这就是10月下旬阿尔伯特登上去科隆的火车,然后又到比利时的布鲁塞尔参加能斯特和索尔韦等待已久的关于量子问题的“科学会议”时的情况——爱因斯坦的挑拨使尤利乌斯和仓格尔相争,让福雷尔出了丑,让联邦工学院出了丑。最近以来,他把演讲、旅行和同仓格尔密谋以外的时间都花在准备这次会议上。这3个月他在研究引力理论,没有任何成绩可言。看来

---

* Heinrich Zangger to Ludwig Forrer, Oct. 9, 1911. *CP*, vol. 5.

** Albert Einstein to Heinrich Zangger, Oct. 22, 1911, *CP*, vol. 5.

量子总是要缠着他了。

“不要因为我长时间的沉默而恼怒。这一次我并不觉得歉疚,因为我确实没有一刻空闲,”阿尔伯特告诉贝索,并粗略地列出了他最近的旅行和演讲清单。“除此之外,还有许多专业事务要谈,还有私人事务!但是现在——一旦布鲁塞尔每年一度的信魔者的半夜聚会日子过去以后,除了我的课之外,我就又是我自己的主人了。”*

在去科隆的中途,阿尔伯特半夜里发现了米列娃包起来给他当夜宵吃的一些火腿和几个苹果。一阵温柔和感动掠过心间。他狼吞虎咽地吃了起来。

* Albert Einstein to Michele Besso, Oct. 21, 1911, *CP*, vol. 5.

第十五章　信魔者的半夜聚会

1911年10月29日的那个星期中的某一时刻，23个男子和1个女子暂停他们的商议，在他们所在的大都市旅馆中的巨大会议桌边摆好姿势，留下一张历史性的照片。他们的首领能斯特伸出双脚，自鸣得意地坐在会议桌的一头，他秃头，戴着一副夹鼻眼镜，胡子向下垂着，看上去很顽固。普朗克坐在后排，带着一种温和的办事员的态度，而洛伦兹胡须浓密，看上去眼窝有一点凹陷，直直地越过桌子注视着前方，桌上散乱地堆放着一些论文和书。来自新西兰的高个子卢瑟福(Ernest Rutherford)正在咧着嘴对着照相机露齿而笑，旁边是他的英国同僚、看上去衣冠楚楚的金斯，他是这里唯一把胡子刮干净的男人。玛丽·居里靠在桌子上，用肘部撑着头，同庞加莱挤在一起讨论着一篇论文。庞加莱灰白的头发略微有点凌乱，他的脸被埋在阴影中。阿尔伯特站在他们后面，看起来涉世未深，表情冷淡，拇指和食指紧捏在一起，似乎在默默地下着决心。这张照片中至少有三分之一的人已经是或者将会是诺贝尔奖获得者。他们每个人都已得到1000法郎，从而到达布鲁塞尔，尝试共同努力来弄清量子问题。世界上从未有过一次集会像第一届索尔韦会议那样精英云集，物理学似乎也从来没有如此微妙地在美妙和灾难之间保持着平衡。

到这时，科学界(除了马赫以外)至少已经在微观存在本质的一个方面达成了共识——那就是原子的存在。阿尔伯特是这一努力成果中的英雄之一。他在1905年关于布朗运动的论文中已经提出,原子或分子的相互碰撞会导致悬浮在液体中的小微粒四处舞动。如果这些运动能够精确测量的话,那就可能计算出阿伏加德罗常数。这个数能告诉我们在一克物质中究竟存在着多少个原子。

接下来的几年中,一群巴黎物理学家承担了这项工作。保罗·朗之万(Paul Langevin)是在巴黎理化学院执教的一位年轻理论家,他重新进行了阿尔伯特的计算,而以更加优美的形式得出了相同的结论。他的朋友皮兰着手测量了布朗运动,并计算了阿伏加德罗常数,得到的答案与阿尔伯特的只相差15%。

皮兰的工作以及对放射现象和电子不断进行的研究,几乎结束了关于原子的争战。即使是曾在这个问题上与玻尔兹曼进行过激烈争吵的奥斯特瓦尔德,也在1908年作出了让步,承认这些结果"能够使哪怕最谨小慎微的科学家也有权利谈及填满空间的物质的原子构成的实验证据"。*

原子论作为一种物质理论也许已获得了巨大的成功,但它也同样适用于辐射现象和能量吗?索尔韦会议是第一次围绕一个特定的主题而安排的会议,这个主题就是量子理论的威胁和前景。

能斯特在与会者中精选了一部分人,他们针对不同主题准备报告,内容涉及从原子理论的地位到普朗克公式的推导,这将成为这个星期中讨论的实际议事日程。自然而然,洛伦兹作为主席,以他通常的机智和敏锐的科学洞察力主持着讨论,从说荷兰语流畅地转向说德语再转向说法语。"他真是一件活的艺术品!"阿尔伯特十分动情地向仓格尔表述道。**

阿尔伯特到布鲁塞尔时,带着一种科学的责任感,还有对将与他一起度过一星期的那些人物的好奇心,但是没有幻想会真正有希望取得进展。正如他一直说的,他自己已经放弃了试图去理解量子的基础,急于想回到他羽

* Abraham Pais, "*Subtle Is the Lord*...," p. 103.

** Albert Einstein to Heinrich Zangger, Nov. 15, 1911, *CP*, vol. 5.

翼未丰的新的引力理论上去。

随着这个星期的过去,阿尔伯特开始感觉到,所有这些论题他以前都曾听到过。例如,普朗克的顽固一如他的诚实,他仍试图坚持量子条件只适用于光的放射和吸收,而不适用于光波本身。阿尔伯特曾被指定作一个关于比热的量子理论的报告。但是,当他最终在演讲的时候,他却把演讲扩展成了对佯谬和神秘事物的一个一般的评述,讨论并否定了普朗克及其他人试图用以躲避量子飞弹的一些当时已为人熟知的论述。"我们在普朗克的理论中发现的那些如此令人困惑的不连续性,"他坚持道,"看来的确存在于自然界中。"*

正如他后来所说的,这就像是在耶路撒冷的废墟上聆听挽歌。**

与此同时,在走廊里和讨论间歇喝咖啡的休息时间里,谈话围绕着相对论展开。你也许会猜想,作为相对论创造者的阿尔伯特与几乎已经创造了它的庞加莱彼此会有很多话要说。然而,阿尔伯特惊讶且沮丧地发现,庞加莱看来似乎并不明白这个概念,只是在继续遵循他自己对于洛伦兹力学的含糊其辞。***"庞加莱总的来说是绝对消极的,"阿尔伯特告诉仓格尔,"而且,尽管他有如此的敏锐,他看上去几乎没有把握整个情况。"****

阿尔伯特发现自己跟法国代表团中比较年轻的成员朗之万、皮兰和居里夫人有更多的共同之处,他们在证明他的原子理论中起过巨大的作用,而且他们都是好朋友——后来证明是太好了。他告诉仓格尔他已经"相当为这些人所陶醉",***** 对朗之万印象尤其深刻。朗之万是一个瘦高个,留着翘八字胡,他是最先对相对论作出响应的人之一,并在1911年发表了关于这

---

* "On the Present State of the Problem of Specific Heats," presented at the Solvay Congress, Nov. 3, 1911, and reprinted in *CP*, vol. 3, p. 520.

** Albert Einstein to Michele Besso, Dec. 26, 1911, *CP*, vol. 5.

*** Arthur I. Miller, *Albert Einstein's Special Theory*, p. 255; Abraham Pais, "*Subtle Is the Lord...*," p. 167.

**** Albert Einstein to Heinrich Zangger, Nov. 15, 1911, *CP*, vol. 5.

***** Albert Einstein to Heinrich Zangger, Nov. 7, 1911, *CP*, vol. 5.

个问题的最早的通俗介绍——《时空的革命》。阿尔伯特后来对他说出了绝顶的赞美话:如果他阿尔伯特没有创造相对论的话,那么朗之万就会作出这一突破。* 然而,在会议的进行过程中,朗之万却获得了一种非常不同的、而且是很坏的名声。他跟居里夫人卷入了一场丑闻,这几乎使大会比较严肃的一面蒙上了阴影,至少就公众而言是这样。

玛丽·居里在到布鲁塞尔以前早就出名了,她是欧洲每一位女科学家的典范,但也同样受到争议。前一年,她在一次关于传统的神圣与法国妇女气质的慷慨激昂的辩论中被全部由男性组成的法国科学院拒绝。在某些圈子中,居里夫人甚至由于企图进入这个科学院而被谴责为不端庄和不温柔。相比于世人发现她与朗之万有私情以后所发生的事来说,以上的这些指责还是温和的。

1906年,曾与玛丽共享诺贝尔奖的丈夫皮埃尔在街上被一辆马车轧死了,从此她就守寡了。朗之万以前是皮埃尔的学生和被监护人,他不幸的婚姻已有一段时间了。他的妻子让娜(Jeanne)打他,还偷他的私人信件,但是他们已有4个孩子。他曾有一次带着满身的瘀伤出现在实验室里,他对皮兰承认说,他的妻子和岳母用一把铁椅子攻击他。皮埃尔死后,共同的悲伤把玛丽和保罗拉到了一起,他们开始一起消磨时间,最终变得很亲密,一直在索邦学院附近的一个临时寓所幽会。朗之万的妻子知道真相以后,几次威胁要杀掉居里夫人,但是后来无奈地叫了一个推销员破门进入这对情侣的公寓,偷到了若干能显示他们有罪的情书。

就在科学家们云集索尔韦会议期间,朗之万的岳母开始把这些信件出示给《巴黎日报》的一位记者看。"镭的火焰如此神秘地闪亮着……刚刚点亮了一位如此投入地研究它们的行为的科学家心中的火焰;而这位科学家的妻子和孩子们正在哭泣,"最后的报道这样写道,并指控朗之万和居里夫人私奔到了布鲁塞尔。很快整个新闻界开始全力追击。一份报纸甚至无视惯例,公然全文刊出了这些情书。朗之万向其编辑发出了挑战要求决斗,但是

* In a 1947 obituary, quoted in Miller, *Albert Einstein's Special Theory*, p. 388.

他们俩谁都没能使自己向对方开枪。*

这些大叫大嚷声遮盖了一个事实,就是朗之万和居里夫人在意识到接踵而来的死亡威胁及有可能公开曝光以后,早已停止了见面。阿尔伯特声称,他在布鲁塞尔所坐的座位能够把情况看得很清楚,但是他没有看出他俩之间有任何特殊关系。他首先极力坚持报纸上的那种“恐怖故事”都是胡说八道。即使他们是在恋爱,虽然他对此也表示怀疑,居里夫人和朗之万可以在他们喜欢的任何时间在巴黎相聚——他们没必要到布鲁塞尔来。不管当时的真实情况是怎样的,但从据传已被损害的妻子和儿女们的利益来看,阿尔伯特对报道连一点义愤都没有。

对他来说,玛丽似乎几乎无力成为一个引诱者。“她是一个朴实无华的、诚实的人,更何况她肩负的责任和重担已超越她的承受力,”他告诉仓格尔,“她是一个才华横溢的天才,但是尽管她生性热情,但是她的魅力还不足以对任何人形成危险。”**

就在这个星期的晚些时候,玛丽获悉自己赢得了诺贝尔化学奖。瑞典皇家科学院建议她最好能谢绝参加在斯德哥尔摩举行的庆典,并推迟接受奖金,直到朗之万即将到来的离婚审判还她清白。居里夫人宣布,她无论如何都要去斯德哥尔摩,这是有其逻辑原因的:授这个奖是因为她专业上的成就,而与她的个人问题无关。而这样一来只是更煽动了新闻界诽谤的火焰,他们毫不犹豫地指出,居里的许多护卫者仅仅在几年以前也曾是德雷福斯的支持者。

米列娃这次也许会感谢她的命运了,那就是她毕竟不是一个著名的女科学家。

回到布拉格后,阿尔伯特又一次为了玛丽的利益表示了愤慨。“但是我坚信,你应该对这些小人不屑一顾,无论他们是假装尊敬,还是企图通过您

---

* Susan Quinn, *Maric Curie: A Life*, p. 302.

** Albert Einstein to Heinrich Zangger, Nov. 7, 1911. *CP*, vol. 5.

满足他们对刺激的贪婪，"他写信给她说。*

我们很有兴趣去考虑，居里和朗之万的公开曝光会对阿尔伯特及他对自己紧张的婚姻关系的感觉产生什么影响。阿尔伯特显然站在只比他自己大几岁的、正承受着痛苦的朗之万一边，甚至到了把朗之万设想为相对论创造者的程度。朗之万和玛丽也许就是12年前的阿尔伯特和米列娃，刚刚开始他们伟大的放荡不羁的冒险。但是如果阿尔伯特觉得自己也曾为爱牺牲的话，那么米列娃并非玛丽·居里，这一点很早以前就清楚了。婚姻，阿尔伯特曾有一次讽刺地评价道，是一种企图使某件出于偶然的事持续下去的不成功的尝试。"10年以后……她将不再令你满意；你将发现婚姻是一种难以忍受的桎梏；她将会变得好嫉妒到发狂的地步。"因此10年后他会写信给自己的儿子，企图劝阻他跟一个比他年长的女子结婚。**

紧随着阿尔伯特从布鲁塞尔回来，另一件事带着他过去的回音回响了起来。就在那年11月，玛丽·温特勒跟伯尔尼郊外比伦的一家手表厂的经理阿尔伯特·米勒(Albert Müller)结婚了。9个月以后，他们有了一个小男孩。阿尔伯特对贝索说，因此他也勉强称得上是个叔叔了。这么久以来他对她感到的负罪感和那种奇怪的、在感情上易受责难的痛楚最终开始消退了。"我真诚地对玛丽的结婚感到喜悦，"阿尔伯特说，"由此我生命中的一个黑暗点日渐衰减了。现在一切都是理所当然的。"***

这个后来所谓的第一届索尔韦会议(在科学上，同样也对个人和学术风格而言)都产生了深远的影响。此后又接连举行了一系列两年一次的峰会，

---

* Albert Einstein to Maric Curie, Nov. 23, 1911, quoted in Quinn, p. 310.

** Albert Einstein to Hans Albert, Nov. 1925, quoted in "The Einstein Family Correspondence," catalog for Christie's auction, Nov. 25, 1996.

*** Albert Einstein to Michele Besso, Dec. 26, 1911, *CP*, vol. 5. 这个男孩保尔(Paoul)结果长得很像阿尔伯特。根据奥德·爱因斯坦所说，这致使在爱因斯坦、贝索和温特勒家的女人们中间至今还流传着一种谣言，说阿尔伯特是这个男孩的父亲。然而，这个孩子应该是在11月份孕育的，这正是婚礼的时候。根据利斯贝特·赫维茨的日记，那个月阿尔伯特只到瑞士去了一次，而且是由米列娃陪同去的。

这一直持续到20世纪30年代。在这些会议的促使下，一种新的国际名人科学风格开始了：会议由公司、政府机构和大学共同举办，开会的地点选在旅游胜地的旅馆，会议的内容围绕一个特定的问题或领域，吸引来自世界各地的专家们参加。虽然今天我们可以看见这些科学家乘飞机从一个小地方到另一个小地方，途中潦草地写着他们的演讲稿，但是在1911年，世界要小得多。他们乘火车从柏林到莱顿、到格丁根、到苏黎世、到巴黎、再到维也纳，享受着软垫的舒适，啜饮着咖啡，在每个边境上兑换货币和更换语言，随意得就像一个人用一条围巾去交换另一条围巾一样。虽然阿尔伯特曾经是一个没有国籍的人，但他现在是一个几乎高于国家领导阶层的成员了，具有一份由上帝——或者说至少是洛伦兹——盖章的护照，允许他与圣人、罪人、宿怨者、极端利己主义者、神经衰弱者以及崇拜者社交聚会，并赋予他与此有关的所有特权，那就是有权对宇宙发表看法，并有权遭受丢脸的挫折。

在阿尔伯特年轻的职业生涯里发表的所有看法中，数他提出的光由量子组成的主张经受了最大的质疑，而且也在经受了最大的曲折和困难后才被接受。在布鲁塞尔会议前的10年中，没有一个人比他对普朗克所发现的那堆奇怪的余烬作了更多的煽风点火之事。正如索尔韦会议标志着阿尔伯特初次登上了国际科学舞台一样，它也是量子初次正式登台的场所，并将它奉为当代的中心科学奥秘。虽然索尔韦会议并没有解决量子的奥秘，但是在会议随后的结果中有一系列进展，它们正说明了量子的奥秘是多么地奇特和深刻，以及阿尔伯特对它的担忧是多么地有先见之明。

结果是那张合影上咧着嘴笑的那个新西兰人卢瑟福迈出了通向量子内部的下一步。虽然此时原子的存在已经受到了普遍的认可，但它们的构造仍然是一个谜。根据J·J·汤姆孙提出的那种最受欢迎的理论（有时也被称为"葡萄干布丁"模型），原子是由一个巨大的没有固定形状的带正电荷的球和散布在其中的成千个带负电的电子所组成的。到索尔韦会议时，卢瑟福已经获得了某些迹象，说明这种最初的模型是不正确的，但是要在他的研究中发表任何正式的报告却还为时过早。卢瑟福在他位于曼彻斯特的实验室中一直在用一种称为α射线的放射线做实验。这种射线实际上就是带正电的氦原子,它们从居里夫妇的镭样品中像子弹般地射出来。当他转而将这些“子弹”瞄准一张金箔时,其中的大多数都通过了,就像完全没有遇到阻碍一样。但是,大约每8000个中有1个却被笔直地弹回来。

1912年初,卢瑟福得出了结论,并宣称原子——因此也就是所有的物质——实际上几乎完全是空的。他的原子结构就好像一个太阳系。盘踞在内部空间一个巨大的圆形剧场中心的,是一个极小的、紧密的、带正电的核心(他把它称为原子核),其中几乎包含了原子的全部质量,而嗡嗡作响的电子们围着它沿轨道运行。

没有人非常认真地对待卢瑟福的模型,因为它违背了物理学定律:在原子内部极强的电力作用下旋转的电子会在几分之一秒的时间里辐射出它所有的能量并坍缩到原子核内去。我们自身骨头的存在(更不用说金字塔了)说明,物质是稳定的,因此不可能遭到这样的毁灭。卢瑟福的理论在1913年举行的第二届索尔韦会议上甚至没有被提出来讨论。然而就在那时,一个名叫尼尔斯·玻尔(Niels Bohr)的羞涩的年轻丹麦人正在对它进行研究。

尼尔斯是哥本哈根大学一位生理学教授的儿子,是在他弟弟哈拉尔(Harald)的阴影下长大的,哈拉尔是一位有才气的数学家,还是赢得银牌的丹麦奥林匹克足球队的中卫。尼尔斯有一个令人遗憾的习惯,他只有大声地说出来才能系统地表述他的想法,这使得他在表述的时候会使用既不连贯又复杂的长句子,以致几乎没有人能听得懂。而且他说话还含糊不清。大约就在第一届索尔韦会议时,当时25岁的玻尔由嘉士伯酿造厂提供研究员基金去剑桥大学,同J·J·汤姆孙一起做一年的研究工作。汤姆孙的态度粗鲁而且不耐烦,玻尔无法用他结结巴巴的英语同他交流,因此他转向在曼彻斯特的喜好交际的卢瑟福,那时卢瑟福已经发表了他关于原子结构的一些结论了。

甚至连卢瑟福自己都认为由他的实验结果所揭示的这种模型是无法进行合情合理的解释的,他还警告年轻的玻尔不要试图去钻研它。然而,玻尔是一个富有冒险精神的思考者，他很想知道爱因斯坦所提出的那种量子的想法是否也可以像应用于光一样应用到物质的结构上去，并由此确保原子不会崩塌。他在1913年发表的一系列论文中提出，原子中的那些电子只允许占据某些特定的轨道。这就好像在太阳系中，行星运行的轨道只能是在地球或火星的距离处，但是不会在两者之间的什么地方。这些轨道就像能量阶梯上的横档，每一个横档都是一定量的能量的倍数。一个电子可以通过吸收一个能量恰好的光量子从而从一个较低的能级跳到一个较高的能级，或者也可以通过放出一个光量子从而向下跳跃。这种绘景解释了为什么原子不可能崩塌——这些轨道的横档确实不会达到原子核。

更重要的是，玻尔的绘景也解释了为什么原子只会吸收或放出不多的几种有独特波长的光，也就是所谓的谱线，这种谱线也可以作为从恒星上放出的光所表征的不同元素的指纹。每一个原子的轨道结构，以及它所吸收或放射的相应的特征频率，就取决于它的核的质量和带电量。玻尔将这些想法应用到氢原子中，就可以推出一个能描述所观察到的氢光谱的著名公式。

1913年，阿尔伯特在维也纳召开的一次会议上从卢瑟福的一个朋友那儿了解到了玻尔的工作。这使他回忆起了他自己曾经持有过但是从没敢于发表的一些想法。即使他一开始还有所怀疑的话，他也恰如其分地表示了鼓励。但是当他开始领会细节时，怀疑转变成了惊异。“那么，这是最伟大的发现之一，”[*] 他最后宣布。原子、光谱、光电效应、X射线、黑体辐射公式以及量子，在这里都以一个有敏锐洞察力的高招把它们卷在了一起。这是一种富于想象力的飞跃，他自己正在开始逐渐被认可。他后来在自己的自传中称玻尔的原子具有“思维领域中最美妙的旋律”。[**]

不管阿尔伯特对于玻尔关于量子化的原子的工作是如何真诚地赞美，他一定也感觉有一点像一个情人听说他很久以前求爱不成的一个女子（也许他

---

* Ronald Clark, *Einstein: The Life and Times*, p. 158. 爱因斯坦在维也纳的一次会议中听到海韦希（George de Hevesy）的工作，他写信给卢瑟福，说起了他的反应。

** “Autobiographical Notes,” p. 47.

过于体贴了)嫁给了另一个求爱者。自从阿尔伯特1900年读了普朗克关于黑体的论文并感到物理学底下的基础被抽走了,他的主要目标——他比任何其他问题都更关心的、并令他再三回来的问题——一直就是解释量子和拯救物理学。他关于黑体辐射的量子化处理已经成了他1905年的工作中的一篇论文,他称之为"革命性的"。他告诉他在布拉格的新助手斯特恩(Otto Stern):"我在量子理论上所用掉的脑力比用在相对论上的要多得多。"*

也许如果他再坚定一点的话,可能已经解开这个难题了,但是他出于对老方法的尊重而畏缩不前了。他花费的所有这些脑力使他能立即领悟玻尔成就的重要性,以及它对于物理学造成的辉煌的悲剧。玻尔理论**不能**做到的是,说出电子在轨道**之间**跳跃时,它处于什么位置,预言一个电子会在什么时候决定作这样的一次跳跃,或者甚至不能给出一个可以将这样的问题合情合理地放入其中的框架。经典的电动力学或力学中没有一条定律能够适用于原子的内部。正如他有一次告诉贝索的:"量子理论越是成功,它看上去就越是可笑。"

"我自己也很可能得出类似这样的东西,"后来当阿尔伯特与玻尔终于见面时,阿尔伯特告诉玻尔说,"不过,如果这一切都是正确的话,就意味着物理学的终结。"**

紧随着索尔韦会议以后,阿尔伯特的学术职务的调动比以前更紧张和错综复杂。在阿尔伯特这方面,他已经对布拉格感到厌倦了,他对于学生们的热情很久以来已经消逝了。

当洛伦兹在索尔韦会议期间不履行公务职责时,他就用一种颇为笨拙的方式试图游说阿尔伯特接受乌得勒支提供的职位,他说如果阿尔伯特接受这个聘任的话,"他就会高兴"。*** 不过出于礼节——他毕竟不是乌得勒

* Otto Stern to Thomas Kuhn, interview May 29, 1962. Niels Bohr Library, American Institute of Physics.

** 对爱因斯坦后来提及的玻尔的反应,Clark, p. 158详细描述了玻尔作出的解释。

*** *CP*, vol. 5, p. 348, n. 5.

支的教员——洛伦兹没有过于强调这个话题，而这正中阿尔伯特的意，因为他不想处于这样一种境地：拒绝这位他公开表示是物理学中最为钦佩的人。

在从布鲁塞尔回来以后不久，阿尔伯特和米列娃迅速而且悄悄地去了一趟苏黎世，打听被任命到联邦工学院的可能性。他们所了解的事实听上去很有希望，因为第二天阿尔伯特就写信给尤利乌斯最终谢绝了乌得勒支的那份工作。然而，在苏黎世几乎是立即发生了一个意外的障碍，那里的联邦当权者面对格涅姆的继续反对爱因斯坦，决定在任命问题上不再进一步求情。

仓格尔狂怒了。阿尔伯特建议他的朋友从这件事中抽身而退。“我刚刚写信拒绝了乌得勒支，”他抱怨道，“而亲爱的苏黎世的人们（除了你以外），能亲吻我的……”*

然而仓格尔还是坚持不懈，带着信和论据在伯尔尼和苏黎世之间穿梭。他从居里夫人和庞加莱那里恳求到了推荐信，后者在赞扬爱因斯坦的想象力的同时，也暗示了他还没有完成任何东西。**“未来会越来越说明爱因斯坦的价值，能够赢得这位年轻大师的大学必将为此获得巨大的荣誉。”

联邦工学院中的一些教员对于作决定时被置身事外感到很愤怒，因而拒绝这样一种荣誉。“许多联邦工学院的教授对我有很大的愤怒，他们攻击我，”仓格尔对于这场战斗是这样描述的，“学生们终究来帮助我了。”他们制作了一张海报：一个长着胡子的瘦男人[那就是仓格尔]盘腿坐在联邦工学院的大楼后面。他拉着一根一头通到火车站的绳子。绳子上贴着“一块石头[ein Stein]，一块大石头，他把它拉到了工学院。这一幽默对一切都很贴切”。***

阿尔伯特希望维持对联邦工学院的压力，于是他给尤利乌斯写信，请他推迟对乌得勒支的第二人选德拜（Peter Debye）的宣布，以免苏黎世失去了热

---

* Albert Einstein to Heinrich Zangger, Nov. 15, 1911, *CP*, vol. 5.

** “亨利·庞加莱和狭义相对论”，这是高等研究院的博雷尔在1998年12月3日在纽约科学院所作的一次演讲的原文；又见Clark, p. 149。

*** Heinrich A. Medicus, “The Friendship Among Three Singular Men.”

诚,而对他"永远悬而未决"。

与此同时,他还寻求与洛伦兹言归于好。"我带着沉重的心情写这封信,就像一个对自己的父亲做了某种不公平的事情的人,"阿尔伯特这样告诉这个荷兰人,"您也许感觉到了,我对您的崇敬是无法衡量的。如果我早知道您希望我去乌得勒支,那我是一定会去的。"* 洛伦兹以同样安抚的心态写了回信。这一次命运对他们都不太仁慈,要是他早一点写信给爱因斯坦那会有多好。"正如我早就说过的,我认为你在苏黎世也会取得巨大的成就,我用这样的想法来安慰自己。"**

但是两天以后洛伦兹又有信了,要求知道和苏黎世的商谈进行得怎么样了,并要求立即答复。这使阿尔伯特变得惊恐起来。毕竟洛伦兹显然正想对他施加压力要他接受乌得勒支的职位。他匆忙写信给格罗斯曼,要求他使协商加速进入"急板乐章"。

阿尔伯特特别提到"非常欣喜您对我友善的态度还是没有改变",但他还是使洛伦兹确信对苏黎世所做的一切工作都进展顺利。而且他还补充说,他有一个私人的义务,那就是仓格尔,要把联邦工学院的事办到底。***

那么为什么阿尔伯特要这么辛苦地密谋,以避免去可以同洛伦兹一起工作的乌得勒支? 每个人都喜爱洛伦兹,也许这就是问题所在。阿尔伯特有点太喜欢和尊敬洛伦兹了。洛伦兹讲话的时候,每个人都在听,这也包括阿尔伯特。但是阿尔伯特所需要的是听着他自己头脑中的小声音和看着自己头脑中的画面。一个又一个的朋友证实了爱因斯坦身上生动地表现出的那一种独自性。阿尔伯特永远是一个局外人。他知道被抑制着是什么滋味。他的整个生命是在盛气凌人的女人们的影响下逃离出来的一个过程,像他的母亲、严格训练的女教师以及专横的家教老师。总的来说,他作为一个局外人而获得了成功。在阿尔伯特的心中,他知道自己是一个没有防御

---

* Albert Einstein to Hendrik Lorentz, Nov. 23, 1911, *CP*, vol. 5.

** Hendrik Lorentz to Albert Einstein, Dec. 6, 1911, *CP*, vol. 5.

*** Albert Einstein to Hendrik Lorentz, Dec. 12, 1911, *CP*, vol. 5.

能力的男人——他对于异性、摆满菜肴的餐桌、一段优美的旋律、一个优美的念头或者建议和要求都无力自制——他害怕会很容易被牵着鼻子走。正如他在自传中所说的，如果一个人有各种欲望，他就很容易受哄骗与愚弄了。他屈服的那些时刻，只是加强了他防御甜蜜接触的决心。

在谢绝去乌得勒支时，阿尔伯特告诉洛伦兹，他觉得他似乎是拒绝了自己的父亲。但是跟洛伦兹及物理学中的其他名人打交道时保持一定的距离会让他感觉更舒服一些；一位良师的**想法**要比这位良师本人更有趣。看来，只有使心灵远离潮流，他才可以保持自我。

对于阿尔伯特来说，每一个季节都是那个巫师的季节。

就在圣诞前夕，阿尔伯特悄悄地回了一趟苏黎世，最终结束了与格涅姆的交易。“这真是一条好消息！”哈比克特说，他刚刚给柏林物理学会成功地演示了他们的“小机器”。“如果你来苏黎世，那么欧洲将又一次有一个受人尊敬的人。”*

那以后不久，仓格尔宣称一封来自联邦学校委员会的电报已给爱因斯坦寄出了。阿尔伯特将被任命为联邦工学院的教授，年薪11 000瑞士法郎，这比他原来在苏黎世的工资有了大幅度的提高。“虽然我的生活过得并不那么顺利，”仓格尔说道，“但是我仍然想要倒立起来——欢快地跳舞。”**

对此，米列娃和“两只小熊”也有同样的感觉。

3天后，阿尔伯特向冯·施蒂尔克伯爵及德语大学递交了辞呈。就在此时，洛伦兹决定泄漏他打算从他在莱顿的职位上退下来的计划，除了让阿尔伯特作为洛伦兹的接班人接替这个职位以外，那里的教员们再也想不到任何别的对这所大学以及对物理学更有利的事情了。就洛伦兹本人而言，年轻的爱因斯坦成为同事并且能够倾听他的一切想法和新工作的梦想就要成真了。“当然我知道，也许会出现一些情况而使得这一切只不过是一个美丽

---

* Paul Habicht to Albert Einstein, Dec. 27, 1911, *CP*, vol. 5.

** Heinrich Zangger to Albert Einstein, Jan. 30, 1912, *CP*, vol. 5.

的梦想而已。”*

对阿尔伯特来说，幸运的是这些情况几乎已经打破不了了。这样不去切实地考虑洛伦兹的提议，对阿尔伯特来说也是很稳妥的了。他就足以能真实地表达出一点他自己的感情来了。“现在，我们这个时代最受钦佩、最亲爱的人向我提供了一个靠近他的职位，因为他向我提供了一种友好的私人关系的前景。我再也想不出更美的了……但是，要占据您的位子，这对我来说有些无法表达的压抑感。我无法对此作出更详细的分析，但是对于我们的同僚哈泽内尔(Hasenöhrl)占据了玻尔兹曼的位子，我一直感到很不安。”**

洛伦兹很得体地接受了阿尔伯特的谢绝，而在不到一年之中把他的位子让给了曾研究过相对论的奥地利年轻理论家埃伦费斯特。出乎意料的是，这一任命实际上加强了阿尔伯特和莱顿圈子的联系，因为那时埃伦费斯特和爱因斯坦已经是挚友了。

埃伦费斯特是一个口若悬河的人，长着一把乱蓬蓬的胡须，还是一个热情洋溢的作家，保存着大量的杂志，给“更亲爱更亲爱的爱因斯坦”写很长的信。他出生在维也纳，1904年在玻尔兹曼的指导下获得博士学位，同时他还精通统计学和原子理论。他的俄罗斯妻子塔季扬娜(Tatiana)曾在格丁根学习数学，他们结婚以后，依靠他们得到的遗产为生，作为独立学者勤俭度日，在从维也纳搬迁到格丁根再到圣彼得堡的过程中发表了一系列关于统计力学的重要论文。埃伦费斯特想找一份正规的工作，但这由于他的宗教信仰而变得很困难。他是一个与教会无关的犹太人，这是在他跟从小信仰基督教的塔季扬娜结婚时，奥匈帝国的法律强迫他抛弃了他的信仰。与爱因斯坦不同，他当时固执地拒绝单单是为了得到工作而重新加入犹太教。然而，到1911年，他开始绝望了。

埃伦费斯特和爱因斯坦早已相互通信，并在物理学杂志中就相对论问题进行了交锋。埃伦费斯特对一些看起来似是而非的效应感兴趣，即在所

* Hendrik Lorentz to Albert Einstein, Feb. 13, 1912, *CP*, vol. 5.

** Albert Einstein to Hendrik Lorentz, Feb. 18, 1912, *CP*, vol. 5.

谓的刚性物体运动时，相对论收缩可能对它们产生的效应。1909年，他曾问过：一个在旋转的圆盘会发生什么现象？当它的半径保持不变的同时，它的周长难道不该收缩吗，这样不就违反了几何定律？正是这个问题在阿尔伯特渴望推广相对论时产生了深远的影响。

当埃伦费斯特决定横越欧洲寻找一个职位时，他写信给爱因斯坦询问是否可以在途中顺访。阿尔伯特回信邀请他在旅行回来的途中到他家来住上几天。正是在这趟旅行中，冯·劳厄警告埃伦费斯特，别让爱因斯坦喋喋不休地讲个没完。

阿尔伯特和埃伦费斯特一见如故。当埃伦费斯特于2月下旬到达布拉格时，阿尔伯特和米列娃去火车站接他，并直接带他去了一家咖啡馆，他们3个在那里进行了一次无关紧要的谈话。*

米列娃离开他们先回家后，谈话立刻转到了科学。

* Martin J. Klein, *Paul Ehrenfest: The Making of a Theoretical Physicist.*

第四篇

引力的彩虹

第十六章　下落中的快乐

为什么我们不让那些献身者在
疯人院里快乐地生活下去?

——爱因斯坦给仓格尔的信,1915年

1912年开始的时候,爱因斯坦至少在专业的科学圈子中已证明是一颗正在升起的新星。奥斯特瓦尔德,就是那位曾经不相信原子的奥地利化学家,已经两次提名他获得诺贝尔奖,原因是他发明了相对论。阿尔伯特这种新得到的名声也意味着他去联邦工学院的承诺还要继续经受检验。例如说,奥地利人"私底下"散布消息说,如果他来维也纳大学的话,就有20 000克朗的年薪等着他,而且最近从柏林也传来了一些窃窃私语。

布拉格的报纸在得知阿尔伯特正在打算离开德语大学重返苏黎世之后,同往常一样大惊小怪了一番。最后他不得不在当地的报纸上刊登了一则声明,否认他离开是因为宗教或者民族的歧视,或者是因为苏黎世为他建造了一个新的实验室。相反,他解释道,这只是因为作为"一家之主",他觉得苏黎世的湖光山色更加适宜于他的家人生活。而且,他还补充道,将来万一他要离开苏黎世的话,他会考虑接受邀请回到布拉格。*

从法律上来说,阿尔伯特作为奥地利的公务员,必须向雇主申请让他离职。同时他还要为委员会完成寻找他的继任者的任务。阿尔伯特的新朋友埃伦费斯特在其后的推荐名单上排名很高,但排名最高的,是一位名叫弗兰克的年轻维也纳物理学家和哲学家。弗兰克1884年生于维也纳,曾是玻尔兹曼最后的一批学生之一,并且作为一名私俸讲师,他是维也纳一些咖啡馆的常客,经常与其他积极进取的年轻知识分子一起讨论科学和哲学。这在后来就发展成了著名的“维也纳学派”。

弗兰克由于1907年所写的关于因果的一篇论文而出了名,在那篇论文中,他提出因果关系与其说是科学上的一个结论,倒还不如说是一种约定,因此它永远不能被实验证明或反驳。除了其他人以外,他的论点还引起了列宁的注意。列宁在1909年的一篇论说文中指责弗兰克是一个康德主义的唯心论者。** 阿尔伯特也看了这篇论文,而且很喜欢它,他回了一封信(显然这封信现在已经找不到了)给弗兰克,以一些更加实用的措辞重新表述了这一论证。他说,证明因果律不正确总会是成问题的,因为你永远不能确信,在任何给定的情况下,你已经严格地对所有的影响作出了说明。***

1910年,马赫意识到,他自己缺乏理解相对论所必需的数学背景,因而传出消息说,他想要某个人来向他解释这种据称他是老祖宗的理论。因为弗兰克曾连续写过几篇阐明相对论的重要论文,因此他被提名,并最终为马赫写了一篇短文,其中尽力避免了闵可夫斯基对这一理论作出的那种比较

---

* *Neue Freie Presse*, no. 17223, Aug. 5, 1912, *CP*, vol. 5.

** Gerald Holton, “Ernst Mach and the Fortunes of Positivism in America,” *Isis* 83 (1992), p. 27. 列宁的抨击发表在《唯物主义和经验主义批判》一书中。后来它在麦卡锡时代派上了用场,当时弗兰克是哈佛大学的一位教授,他受到了FBI的调查。当特工们到弗兰克家时,他拿出了这篇文章。密探们几乎敬了礼,然后愉快地离开了。

*** 弗兰克在《近代科学和哲学》中谈到了这一交换(Cambridge, Eng.: Cambridge University Press, 1949)。

深奥难解的表述。在这个过程中，弗兰克逐渐喜欢上了这位老人，成为马赫思想的一位信徒。20世纪20年代，他经常从布拉格到维也纳去，同卡尔纳普(Rudolf Carnap)、石里克(Moritz Schlick)、诺伊拉特(Otto Neurath)及其他人一起参加维也纳学派的聚会。他们试图以马赫的精神来坚持一种信念：科学必须由经验上可以证实的陈述组成——对此他们又添加了一个严格的逻辑检查这一必要条件。为了得到这些原则的详细阐述，一时间洛阳纸贵。波普尔(Karl Popper)的下列结论可以说是达到了巅峰：科学上的一个陈述是一个能被证伪的陈述，也就是说，预言可以被验证，并且被发现是错误的。如果今天你去问一位普通的物理学家科学是什么以及它是如何运作的，其答案很可能与波普尔的主题思想大同小异。*

大约就是与此同时，阿尔伯特写信给布拉格的教员们，推荐弗兰克作为他的继任者，一封采纳了上述一些想法的公开信刊登在《物理学杂志》上，上面有32位科学名人的签名，其中有弗洛伊德、马赫、爱因斯坦以及希尔伯特。标题是"Aufruf"(呼吁)，它号召那些"期望只通过本人深入地研究经验事实而获得有根据的知识的"科学家和哲学家来"参加一个实证主义哲学学会"。虽然弗兰克并未在上面签名，但是很明显他在这些圈子中既积极又颇有名气；也许是要跟这些科学家一起名列在这张名单上，他资

---

* 在这个圈子中的形而上学的死亡的一个必然结果是，为了加强科学方法及其在改善人类命运方面的运用的统一，从而强调了打破不同科学分支之间的屏障。1929年发表的一篇宣言中这样总结道："科学的概念为生活服务，并转而由生活所采纳。"这句话在霍尔顿《爱西斯》的论文中也被引用。有人也许会说，在一个坚果壳里，有现代主义者的整个方案，既有其得意的一面，又有其绝望的一层。

当纳粹恐怖分子使欧洲陷于一片混乱之中时，这一圈子中大约有三分之一的人去了美国，并且忙于组织会议和撰写围绕着科学统一这一主题的百科全书。弗兰克在哈佛找到了庇护所，他在那里是头目之一，创立了科学统一学会，并成为该学会的主席。他在1947年撰写了阿尔伯特·爱因斯坦的传记，其中强调了阿尔伯特的思想和科学中实证主义的那些方面。

由于实证主义在美国没有受到根深蒂固的形而上学的传统抵抗，因此它繁荣兴旺，并在自身的成功中消亡。它变得如此地普遍以致到达了难以觉察的程度。"对于它的批评家们来说，"霍尔顿(他是弗兰克的学生)写道，"他也许已经应用了爱因斯坦的名言，那就是他们并没有意识到他们吸收了多少自己现在正在严厉指责的那个信仰体系。"

历还不够。

弗兰克得到了这一份工作，并且一到布拉格，他就开始意识到爱因斯坦的影响力。他的学生们告诉他有关这位教授的种种轶闻。这是一位无论何时去找他都能找到的教授。弗兰克本人也有这样的经历。有一次，他们两人计划去参观波茨坦天文台，阿尔伯特建议弗兰克在某一座桥上与他碰头。弗兰克告诫他说，他对那座城市不太熟悉，也许会迟到，但是阿尔伯特回答说，他不介意等候。"哦，不，"爱因斯坦解释道，"我所做的这种工作在任何地方都能做。为什么我在波茨坦桥上就不能比在家里更好地思考我的问题呢？"*

他正在思考的问题当然是——自从他离开布鲁塞尔以来以及他在布拉格的这几个月中一直在思考的——引力。栖身在疯人院的花园之上，又有布拉格新安装的电灯对抗着即将到来的冬天的阴暗，阿尔伯特不禁被他的那些新的、已朦胧成形的理论与他为了冬季的力学课所必须复习的材料之间的悬殊打动了。"我刚刚阅读了可怜的名存实亡的力学的基础，它们是如此之美丽，"他写信给仓格尔，"它们的后继者看上去会是怎样的呢？我不停地用这个问题折磨着自己。"**

对物理学定律一种更普遍化形式的探询早已引导他假定重力和加速度是等价的。这转而导致了时间的变慢，以及光线的弯曲和红移。接下来会是什么？这与电动力学中的情况不同，在这里几乎没有任何关于重力的具体猜测或实验可以充当路标，哪怕是矛盾或错误的也好。而且几乎没有什么别的科学家愿意或者能够效法他的做法。他的老朋友冯·劳厄写信说，在阅读了阿尔伯特的光线弯曲的论文甚至就此作了演讲以后，他还是相信这可能是不正确的。***

阿尔伯特决定，下一步应该停止专注于像光线弯曲这一类的特殊效应，

---

* Philipp Frank, *Einstein: His Life and Times*, p. 118.

** Albert Einstein to Heinrich Zangger, Nov. 15, 1911, *CP*, vol. 5.

*** Max von Laue to Albert Einstein, Dec. 27, 1911, *CP*, vol. 5.

而应试图去对一个简单的引力场表述一个真正的、数学上严密的理论。他所能想到的最简单的例子，是围绕一小块物质的静止场——简单地说，这就是一个没有运动部分的世界。这个引力问题等价于计算一个电荷周围的静电场。

在过去的两百年中得以发展的经典牛顿物理学中，定义一个（例如地球的）引力场的方法是确定环绕它的空间中的每一点的势能。势能（或简称势）量度的是一个物体从一个给定的点落下来时它所获得的能量的值。这个点离引力源越远，或者说它越“高”，它的势能就越大。在一个引力场中放开一个物体（或一束光），它就会朝着势能较低的方向“下坡”。那么，阿尔伯特的问题就是，发现或者发明一个将引力势能与质量分布联系起来的方程式，而在此同时将假设的引力与加速度之间的等价关系包括进去，然后他还得解答这个方程式。

幸运的是，考虑这个问题有一个很明显的出发点。

从他早先进行的人在电梯里的思想实验中，阿尔伯特知道在引力势能与光速之间有一种简单的联系。阿尔伯特继续尝试在一个著名的经典方程式中简单地用光速代替势能。此时他曾经给霍普夫写信道：“我像马一样辛苦地工作，哪怕拉的大车总是离起点不太远。”*

一开始结果是令人满意的。从计算中自然地出现了一些简单而优美的特色。光速是可变的，这正如他认为必定应是这样的。结果，由于引力作用，光线弯曲了，钟变慢了。在不出现任何引力质量的情况下，阿尔伯特的那些公式看上去就像通常的相对论公式一样，具有恒定的光速。到2月底，他正在准备为《纪事》写一篇论文。在他向朋友们的报告中，突然出现了“惊人的”、“绝妙的”和“美丽的”这样的一些词藻。他对埃伦费斯特说：“我确实相信我已发现了一条真理。”**

然而与此同时，他得知在引力的研究上还存在着竞争。亚伯拉罕研读

---

* Albert Einstein to Ludwig Hopf, Feb. 20, 1912, *CP*, vol. 5.

** Albert Einstein to Paul Ehrenfest, March 10, 1912, *CP*, vol. 5.

了阿尔伯特关于光线弯曲的论文,受到鼓舞并开始发表他自己的理论。像阿尔伯特一样,亚伯拉罕寻求将引力定义为光速的变慢。但是在阿尔伯特寻求用通常的三维空间来详细给出光速变慢时,亚伯拉罕的方程则是建立在闵可夫斯基的四维时空的框架中的。当阿尔伯特第一次读到亚伯拉罕的论文时,恰如是他得出了自己的理论,他后来告诉贝索说,这种方法的明晰性使他惊呆了。*

然而,在更仔细地检查以后,阿尔伯特改变了想法。亚伯拉罕的理论看来似乎是无中生有,除了具有数学上的优美以外一无是处。"亚伯拉罕的理论是完全错误的,"他告诉他以前的助手霍普夫,"我们也许会在期刊上有一次重大的会战。"**

2月底,阿尔伯特最终将他自己的论文寄给了《纪事》的编辑维恩。他承认,由于他允许光速可变并要求物理学定律对处于任何运动状态下的观察者都相同,这就意味着他正在打开一个潘多拉魔盒。原来的相对论的简洁和优美一定会失去,时间和空间本身的概念也许会变得成问题。***

两个星期以后,他又有了进一步的考虑。事实证明他的几个方程式与物理学的一些标准真理不一致。在爱因斯坦的新宇宙中,似乎一对相互钩在一起的砝码本身会自发地突然开始运动,这与牛顿原来的作用力和反作用力定律相违背。总而言之,爱因斯坦的理论与神圣不可侵犯的能量和动量守恒定律不符合。他写信给维恩,请他不要理会那篇论文,但是几个小时以后,他又写信告诉维恩:干吧,发表它。他解释道,它的一些部分也许是错误的,但是读者们也许会很有兴趣看到这些方程式是从哪里来的。

写了这些信以后,阿尔伯特又写了另一篇论文,解释为什么第一篇论文最终没有奏效。最后的结论是他必须在他原来所谓的场方程中增加一个

* Albert Einstein to Michele Besso, March 26, 1912, *CP*, vol. 5.

** Albert Einstein to Ludwig Hopf, Feb. 20, 1912, *CP*, vol. 5.

*** "The Speed of Light and the Statics of the Gravitational Field", *Annalen der Physik* 38 (1912), reprinted in *CP*, vol. 4, p. 129.

项。这种调整的本质是引力与相对论相结合后将产生的那种完全颠倒的迷乱现象的最初体现。普通相对论的结论之一是质量和能量可以相互转换：一个正在运动的物体获得质量，一个放射性的物体失去质量。甚至一束难以捉摸的光束——阿尔伯特的一个光量子——由于具有纯能量，也表现为等价的质量，因而会受引力场作用而发生弯曲。阿尔伯特在第一次场方程的尝试中所忘记的，或者说至少是没能说明的是，引力场**自身**也是能量，因此也代表了一些质量，它们当然也会产生自己的引力。而这当然也给该场增加了更多的能量和质量，使它的吸引力更加强烈，诸如此类等等。甚至引力也不能逃脱其自身的手掌。

阿尔伯特很好地吸取了这个教训。为了避免发表违背守恒定律以及类似这样的常识性错误的理论，阿尔伯特把这些考虑作为他的思维检查清单的一部分，以确保将来的理论在被展示给他的同僚们看之前必须遵守这一限制。

然而，结果证明他用一个问题换了另一个问题。从数学上来看，他的理论的新调整产生了一种始料未及且使人费解的结果。现在看来，似乎引力与加速度之间的等价关系只在无限小的系统中才成立。这至少可以说是不可思议的，因为正是这种等价关系形成了这种理论的基础。“现在我还不清楚，为什么这种等效原理在**有限**场中就失效了，”阿尔伯特向埃伦费斯特吐露说。*

亚伯拉罕抓住了这一新情况的机遇，反击了阿尔伯特对他的理论的批评，在《纪事》上发布了一篇激烈的短文。他认为阿尔伯特最近对自己理论的修改已经破坏了相对论本身的正确性。“因此爱因斯坦最新近的理论也建立在不可靠的基础上。”**

阿尔伯特很快就向《纪事》作出了回答，保证相对论没有任何被破坏的

---

* Albert Einstein to Paul Ehrenfest, June 20, 1912, *CP*, vol. 5.

** Max Abraham, “Relativität und Gravitation. Erwiderung auf eine Bemerkung des Hrn. A. Einstein,” *Annalen der Physik* 38 (1912), pp. 1056—1058, quoted in *CP*, vol. 4, p. 126.

风险。他无法使等价关系在小的系统以外成立，但这并不能成为完全抛弃这一原理的原因。“没有人能够否认，这一原理是物理学中最为普遍的经验定律的自然外推之一。另一方面，等效原理向我们揭示了一个有趣的看法，根据这个看法，包含了引力的那些相对论的方程式相对于加速度（和转动）也可能是不变的……我想请我所有的同僚们也去尝试一下这个重要的问题！”*

阿尔伯特毕竟还是期望有比仅仅只是引力理论更伟大的东西。他希望完成以相对论为起点的马赫主义的宇宙观。正是马赫天才地坚持科学应避开抽象和形而上学，支持具体化。他认为，宇宙、空间和时间都只不过由物体和物体之间的联系所构成。在这样的一个宇宙中，应该不存在优先的观察者或状态；无论你走得多快，或者你是否正在从山上掉下来，坐在一把扶手椅上，还是在苏黎世湖边的旋转木马上转动，物理学的定律应该都是相同的。正是想把相对论推广为这样一种普遍的物理学定律的探索，导致了阿尔伯特首先将引力与加速度等价起来。出于某种未知的原因，引力是我们对宇宙有一个相对论看法的关键。反过来也是一样。

马赫的一个想法似乎跟阿尔伯特特别有关系。在马赫对牛顿的旋转水桶实验的著名辩驳中，他曾提出旋转本身也是相对的。回忆一下这个实验：使一桶水转动，比如说，把它放在一个转盘上。为什么桶里的水会形成一个凹面，并且如果桶本身的运动停止了，它还会继续旋转？牛顿提出，这是由于水相对于绝对空间旋转而产生的离心力之故。而马赫却说，水只是相对于固定的恒星旋转，而且他还提出，如果水桶的桶壁厚度被扩展到好几里格**的话，实验的结果就可能会有所不同。他暗示的是，水的惯性出于某种原因是由它与宇宙中其余一切之间的某种怪异的相互作用决定的；如果桶壁足够厚实，水也许就会只受到它们的影响，从而保持平坦。（当然，思考这

---

* “Relativity and Gravitation, Reply to a Comment by M. Abraham,” *Annalen der Physik* 38 (1912), p. 1059—1064, *CP*, vol. 4, p. 180.

** 里格，旧时长度单位，约为4.8千米。——译者

种怪异的相互作用的性质或者一个无法实施的实验，其本身无疑是非马赫主义的。）

虽然马赫再也没有把这一情况更清晰地表述出来，但是认为一个物体的惯性取决于它周围的一切的这种想法成为阿尔伯特寻求一种合情合理的理论时的指导原则之一。电子、原子、行星、几乎无质量的试探粒子，它们在大量的思想实验中担任着主角：从想象中的塔上被扔下来，或者飞掠过电磁场——它们都是所参与的宇宙中的社会生物、居民和天地万物。这种后来被阿尔伯特称为惯性相对性的想法，后来又被称为“马赫原理”，总有一天会在他尝试构建一种关于整个宇宙的理论时起到重要的作用。

早先的迹象说明阿尔伯特是在正确的轨道上。3月下旬，在纠正了他的静止质量的场方程后，阿尔伯特着手处理困难得多的运动物体的引力场问题。他开始时先考虑一个质点——比如说一个单独的原子——悬浮在一个很重的球形壳中，当这个壳运动时，这个原子会发生什么情况？阿尔伯特的计算说明，里面的粒子趋向于被一起拉动，虽然它并没有经受到什么直接的力——似乎它的惯性场是由周围的质量控制的。你可以把它想象成是电磁感应在引力中的类似现象。在电磁感应现象中，一个导体板上的电荷会在附近的另一个板上感应出相反的电荷。或者正如阿尔伯特在他的论文中的一个脚注中所指出的，它也可以被看成是暂时性地证实了马赫那些怪异的想法。*

另一方面，这一理论对转动的物体不适用。爱因斯坦和埃伦费斯特用了好几封信讨论了一个简单的例子，即从一个旋转的环上弹射出来的光，但是他们都认为，得出的结论总是错误的。

在夏季来临之时，阿尔伯特还没有取得什么进展，而亚伯拉罕还在攻击，在挑战爱因斯坦的理论的同时，他还不断提出自己的理论的新版本。9

* “Is There a Gravitational Effect Which Is Analogous to Electrodynamic Induction?” *Vierteljahresschcrift für Gerichtliche Medizin und Öffentliche Sanitätswesen* 44 (1912), pp. 37—40, *CP*, vol. 4, p. 174.

月时，下面这篇短文出现在《纪事》上。*

对亚伯拉罕先前的讨论的评注

"再来一次，相对论和引力"

A·爱因斯坦

因为我们都以必要的详细程度提出了自己的观点，因此我认为没有必要再对亚伯拉罕目前的短文作出反应。就目前而言，我只想请读者不要把我的缄默解释为同意。

苏黎世，1912年8月

阿尔伯特也喜欢有一场鏖战，而且令人惊讶的是，这场战斗并没有减弱他对于亚伯拉罕作为物理学家的尊敬。4月，当苏黎世大学就其物理系的一个空缺（原来是爱因斯坦的职位）的人选来请教他的意见时，阿尔伯特推荐了埃伦费斯特和劳厄，然后又写信说，他本来还应该提到亚伯拉罕："这个真正重要的人，因为几年前放纵地说了几句自负的讽刺话而被避之如瘟疫，这真是无法理解。难道你仍然不能接受他到苏黎世吗？当然我不知道他是不是会接受。"**

就在这几星期以后的1912年春假期间，阿尔伯特开始了他计划已久的去柏林的旅程。到这时他在那座城市已经有很多朋友和一大堆要参与的事情了，有科学方面的，也有其他方面的。瓦尔堡（Emil Warburg）是一位物理学家，并且是皇家物理技术学院（黑体辐射就是在那里第一次被精确测量的）的主席，他一直在跟阿尔伯特通信讨论量子光化学。他希望和阿尔伯特讨论一下来他的研究院工作的事，并邀请阿尔伯特这个星期住在他的公寓里。索尔韦背后的动力能斯特，想讨论他关于比热的新结果。这一工作对

* *CP*, vol. 4, p. 189.

** Albert Einstein to Alfred Kleiner, April 3, 1912, *CP*, vol. 5.

阿尔伯特来说只是使他确信量子理论是何等愚蠢。他向仓格尔吐露说："现在如果非物理学家们能够追随这种发展的奇特过程，他们定将会嘲弄一番。"* 阿尔伯特先前在卡尔斯鲁厄的一次会议上认识的弗里茨·哈伯(Fritz Haber)，现在是新组建的威廉皇帝物理化学和电化学研究所的头，他希望讲讲量子化学。至于他是否也去了天文台跟弗罗因德利希谈话，却没有记录可查。弗罗因德利希当时正在彻底搜查天文学记录，寻找光线弯曲的证据。**

在这一个星期的逗留期间，阿尔伯特有时间进行所有这些访问和处理一些私事。柏林对爱因斯坦大家庭来说曾是一个连接中心。几年前他的母亲在搬回海尔布隆当女管家前，曾同他的姨母范妮和叔叔鲁道夫在这里短暂住过一段时间。范妮和鲁道夫当时正住在舍讷贝格，那是该城南边近郊的一个古老的中产阶级居住区。*** 阿尔伯特在道义上必须去探望他们，在此过程中他又熟悉了他的堂姐埃尔莎。

埃尔莎比阿尔伯特大3岁，跟他几乎就像家人一样亲近。她和她妹妹保拉(Paula)的频繁来访仍然是阿尔伯特在慕尼黑的青少年时期存有的愉快印

---

* Albert Einstein to Heinrich Zangger, May 20, 1912, *CP*, vol. 5.

** 当阿尔伯特在柏林时，光线弯曲理论的另一个暗示显然对他造成了影响。如果两颗恒星沿着视线排成一条直线，即比较远的那一颗几乎恰好在比较近的一颗的后面，那么较近的那颗恒星的引力场也许就会起到一个透镜的作用，使它后面的那颗恒星发出的光发生聚集和扭曲。按照精确的几何学，比较远的恒星也许看起来会有几重影像、单个的变亮了的影像，或者甚至是一个圆圈。据 Jürgen Renn, Tilman Sauer, and John Stachel, *Science* 275 (Jan. 10, 1975)报告，那些年中阿尔伯特随身携带的那本笔记本中，除了各处都散布着提醒他在柏林的约会的种种标记外，还包括了8页的计算和公式，描述由这样的引力透镜造成的恒星影像亮度增强和扭曲。显然，阿尔伯特得出的结论是，观察到这种效应的机会比日食造成的光线弯曲机会更渺茫，因为一直到1936年，他才提及这个主题，当时他发表了一篇论文以回答一位天文学业余爱好者曼德尔(Rudi Mandl)的强烈要求。文中差不多包括了他在1912年曾得出的那个公式。天文学家们在1979年发现了第一个引力透镜，一个被一群星系聚集了两次的类星体。1994年，修缮一新的哈勃空间望远镜记录下了Abell 2218星系团的壮观影像，其中包括了表示背景星系的透镜影像的许多光线弧。现在，对这样的影像的观察和分析已经成为天文学中的日益增长的一个分支。

*** 舍讷贝格现在以它的市政厅(或者也叫市议会厅)而闻名，肯尼迪(John Kennedy)1963年在那里发表了他的著名演说"我是一个柏林人"。

象的一部分。* 埃尔莎长着蓝色的眼睛、蜷曲的玉米穗丝色头发，态度友善，她的光亮反衬了米列娃的黯淡。他们家在哈伯兰德街的一位常客、后来跟埃尔莎的女儿玛戈结了婚的马里亚诺夫在第一次遇到她时，就被她清澈的"蓝眼睛"迷住了，"这一对眼睛在她的一生中都有能力以一种几乎不可思议的精确性对人们做出评价。"** [这里还有阿尔伯特收养的孙女伊夫琳·爱因斯坦(Evelyn Einstein)的证言，她很有代表性地把埃尔莎称为"那个结交权贵向上爬的母狗"。]***

1896年，20岁的埃尔莎与住在柏林的一个施瓦本棉花商人勒文塔尔(Max Löwenthal)结了婚，尽管他的生意在更远的南方的黑兴根。他们于1908年离了婚，自那以后，埃尔莎一直跟父母住在一起，同他们一起住的还有她的两个女儿：伊尔塞(Ilse)，她当时已经13岁了，长成了一个安静任性、有着天鹅般脖子的美女；还有玛戈，11岁，具有艺术家气质，但是她的害羞声名远扬，有陌生人走进房间时，她会突然躲到桌子底下。

埃尔莎在柏林的社交舞台上成为一个重要人物，在戏剧、文学、商业、政治、甚至科学圈中都有大批熟人。有时她会在剧院里生动地朗诵德国诗篇。她在当地也因她的虚荣心而闻名，虽然她的视力很糟糕，她也不愿意在人面前戴眼镜。有一个时常被讲起的故事是说，在一次宴会上，她错把一朵装饰用的花当成色拉吃了起来。

阿尔伯特和埃尔莎一起到附近的万塞作了一天的旅行，那是交织在整个大柏林内外的许多湖和水路之一。结果似乎是一段短暂的罗曼史。没有留下细节：根据埃尔莎的命令，阿尔伯特一收到她后来寄来的信，就很快把

---

* 这如烟雾般的过往显然包括阿尔伯特和保拉之间的某个浪漫插曲——节日夜晚在古老的有围墙的花园的灌木丛后面的羞涩触摸？——18年以后当阿尔伯特站在埃尔莎面前时，这些回忆令他胆寒。他在保拉那里看到了什么？"她是一个年轻、体贴的女孩，"他解释道，"这就够了，其余的东西就使甜蜜的幻想落空了。不管是谁，如果没有被她骗过，就不会知道幸福的意义。"阿尔伯特·爱因斯坦1912年4月30日给埃尔莎的信，泰卡韦茨(Valerie Tekavec)译。

** Dimitri Marianoff and Palma Wayne, *Einstein: An Intimate Study of a Great Man*, p. 5.

*** Evelyn Einstein, personal communication.

它们烧掉了。

我们只能想象阿尔伯特当时的思想状态。他也许感觉到，自从上一次有一个女子向他微笑，而且似乎很快乐地和他在一起，到现在已经有10年了——没有要求，没有失望、抱怨、沮丧或者苛求，只有快乐。一个疲倦的饱经风霜的旅行者从他自己的不毛之地逃离出来，还没有踏上下船的跳板或者踏出火车的月台，便闻到了似乎是来自天国的轻微的意大利苦杏酒的气味，感觉到自己有一种新的激动；心里还没有想到自己可以是一个更好的人，一个更高贵、更明智、更健康、更热情、更可爱的男人，是一个更快乐和更富有的人；在这里更多的只是灵魂逗留，在这里晒着日光、拥抱……，而在你微笑的阳光里，那么此时会产生什么呢？

阿尔伯特是一个容易上钩的人。当遇到女人的问题时，他就会显得像个孩子。阿尔伯特知道得很清楚，这是他的魅力之一，一个“阴”来补充他那个性冷漠的“阳”，正是这种冷漠使他有了电荷一般的吸引力。你也许永远不会知道他在想什么，但是任何时候你都可以用一块小甜饼来取悦他。反抗和郁积渴望不是他的风格；用阴谋和诡计去赢得一个女人不是他的性格，他也不会把他应得的青睐事后记录在一本黑色的小本子里，他毫不抵抗地接受天性所给予他的一切。可以确信在布拉格一定没有什么甜饼去指示他的方向。以阿尔伯特看来，米列娃已经抛弃他了。“我受了巨大的痛苦，是因为不允许我真正地去爱。”他这样告诉埃尔莎。*

就埃尔莎来说，她无疑从她母亲那儿听说了保利娜憎恶米列娃并从而导致了家庭中她婶婶这一方面的紧张状态的故事。阿尔伯特在33岁那一年重新大步跨进了她的起居室和她的生活，带着傲慢的眼神，知道他已经拥有了一些这个世界无法从他身上拿走的东西，这与她青年时期所熟悉的那个诚实的平庸之辈大相径庭了。

“就像硬币在某些特殊的情况下已经不流通了一样，像他那样的脸也已经消失几个世纪了，”马里亚诺夫后来写道，“你第一眼看到的是那颗稀有且

* Albert Einstein to Elsa, May 7, 1912, *CP*, vol. 5.

强健有力的头颅。这种力量存在于一种仁爱的巨大光辉之中，而这一表情以光芒四射的温情包含了整个面容。鼻子并不是希伯来式的，但是宽而多肉。保持脸部骨架的肌肉在嘴边放松了，从那儿到下巴在感觉上已明显地变得女子气。但是眼睛是明亮的、有民族特点，一看就知道是一双犹太人的眼睛。”*

然而，她的堂弟已经结婚了，对埃尔莎来说与阿尔伯特结婚是毫无希望的。她处于困境之中，既受她年少的女儿们的困扰，又受她的父母的困扰。但是，一个星期以后她还是发现自己在给他写信，在信中她提出一条妙计，使他们能够既保持联系，又避开他们各自家庭对邮件的“审查”。

阿尔伯特对再次见到她早已绝望了。“今天当我看到你的信，知道你找到了一个能使我们保持联系的方法时，我是多么地高兴，”他惊呼道，“当我想到我们到万塞的旅行时，我仿佛是到了天外天了。如果我能再去一次，不管什么代价我都肯给。”** 事实上，他正在考虑在学期末时再去看她，那个时候别的人都会离去。

埃尔莎的信显然并不完全只是一味地浪漫；其中阿尔伯特的家庭以及他同母亲、同米列娃的关系也被无情地解剖了一番。她指责他怕老婆，阿尔伯特对此激烈地予以否认。“但是我承认我所做的一切都是出于对她的同情和对……以致我自己在她面前形成了这样一种印象……让我向你明确地保证，我认为自己是一个完全够格的男人。”

至于他的母亲，阿尔伯特承认她是一个可怜的巫婆，而在她这样的年纪是不可能再改变的了。“我过去习惯于承受巨大的苦难，是因为我无法真正地爱她。当我想到我妻子和马亚或者我母亲之间的糟糕关系时，我必须悲伤地向自己承认，我发现她们三个都不值得喜爱，真不幸！但是我还是有人可以去爱，否则生命将是悲惨的。而这个人就是你；你对此无能为力，因为我并没有请求你的允许。我是我想象中的阴间的绝对统治者，或者说至少

---

* Marianoff and Wayne, p. 5.

** Albert Einstein to Elsa, April 30, 1912, *CP*, vol. 5.

我宁愿这样去想。”

汉斯·阿尔伯特后来回忆，正是在1912年的春天，那时他大约8岁，他第一次注意到了他父母之间的混乱和紧张状态。* 担忧的不只是他。根据米歇尔莫尔撰写的传记，阿尔伯特和米列娃的朋友们都开始担心米列娃阴郁的心境会持续更长时间，并且变得更频繁。她实在是太内向了，从来不谈论自己。根据汉斯·阿尔伯特所说，哪怕是在最亲密的家人中间，她也几乎无话可说。

这种举止行为究竟是阿尔伯特被吸引去柏林的原因还是结果，这个问题最好还是留给读者吧。阿尔伯特在柏林这样一个有许多姓爱因斯坦的人的地方度过假期，而不是同她及孩子们在一起，这只能带来伤害。而他吹着口哨回来，只会使情况更恶化。

在接下来的几个星期中，以及他们在一轮通信以后，埃尔莎和阿尔伯特都已经开始对他们的情况有了一个更持重的估计。她的下一封书信令他感到悲伤。“我们都是被无情的职责所束缚的可怜人。”他回答道。** 如果他们屈服于对彼此的感情，结果只能是混乱和忧愁。“只要在您身边走过几步，我就会非常高兴了，或者以别的某种方式看到你出现，我就会觉得愉快。”他断言，他的痛苦比她更甚，因为她只是因为她所没有的而感到痛苦。而阿尔伯特还得和米列娃抗争。“我和你一样深受折磨，还必须总是采取新的方法以免成为尖酸刻薄话的受害者。”

两个星期以后的5月底，就在他们在柏林度过轻松欢乐的生活后的一个月，阿尔伯特写信断绝了这段罗曼史。“我感觉到，如果我们建立更紧密的依恋，这对我们两个人和所有其他的人都没有任何好处。因此，我今天最后一次写信给你，再次使自己听任于这一无法避免的事，你也必须同样去做。你知道，并不是心里的冷酷或者缺乏感情才使我这样说，因为你知道，跟你一样，我也无望地背负着我的十字架。”

---

* Elizabeth Roboz Einstein, p. 18.

** Albert Einstein to Elsa, May 7, 1912, *CP*, vol. 5.

他说希望她仍会体贴地念着他，他许诺会一直有怀念她的热情。“如果你有困难的时候，或者除此以外你觉得需要向什么人吐露心声，请记起你还有一个堂弟，无论是什么问题，他都会同情你。”*

---

* Albert Einstein to Elsa, May 21, 1912, *CP*, vol. 5.

第十七章　山中之王

1912年8月，阿尔伯特、米列娃和他们的孩子们搬回到苏黎世，在霍夫街116号住了下来。这是在从联邦工学院到高耸入云的陡峭的苏黎世霍夫的半路上，可以汗流浃背地走着去，也可以坐不断转弯的电车过去。仿佛是在反映阿尔伯特在这个世界上的稳步上升，他和米列娃在苏黎世的每一个住处比他们以前学生时代的住处越来越高了。他们的新公寓在一幢用灰泥粉饰过的五层楼房中，今天它已经被粉刷成了黄绿色，还有与之相配的墙和铁门，以及墙角的凸窗和铺了红瓦的复折式屋顶。它像一座小城堡一样栖息在山的悬崖上一座教堂的对面。从它的屋顶上能看到的景色包括苏黎世湖、苏黎世城和周围的群山，直到远处的阿尔卑斯山。他们一家人用一天的时间在山里庆祝他们回到家乡。米列娃和爱德华采挖蘑菇，而阿尔伯特和阿尔伯特利则去勘探冰川。然而，在阿尔卑斯山构成的壁垒的另一侧，世界正变得越来越不安。

自从米列娃离开家乡在瑞士求学和求职的这些年中，由于奥斯曼帝国和奥匈帝国不断分裂，塞尔维亚人对自由前景的向往以及与这些分裂出来的小地区一起，形成了南斯拉夫这个独立的国家，因此欧洲东南部的地图几乎每年都要重画。下列形象的说法简要地表明了大约在阿尔伯特和米列娃重返苏黎世的那年夏天时的情况：那是由国家、地区和管辖区随意缝合在一起的用不规则的碎块拼成的一床被子，所用的线则是看不见的忠诚、叛逆、民族主义、野心和任何其他充实了这些国家的生命的一些品质。希腊自1829年就获得了独立。塞尔维亚直接处于巴尔干半岛内陆的中心地带，在1878年俄国和土耳其的战争以后，柏林会议承认了它的独立，正如罗马尼亚以及亚得里亚海沿岸的黑山小国一样。土耳其人仍拥有横跨半岛、自君士坦丁堡到亚得里亚海的一条长而宽的地带，其中包括马其顿和阿尔巴尼亚。保加利亚在法律上来说是奥斯曼帝国的一部分，它被分成了三个具有不同自治权的地区。米列娃的老家伏伊伏丁那地区与克罗地亚一样，仍然是奥匈帝国的一部分。波斯尼亚虽然被奥匈帝国占领了，但在法律上仍然是土耳其的一部分，直到1908年奥地利完全霸占了它。

欧洲的大部分国家很久以来一直把他们的某一部分运气押在这些小块地区的命运上。这开始于俾斯麦，他在19世纪末为了寻求对新生的德意志帝国的保护，与奥匈帝国结成了一个联盟，这多少使德国对南斯拉夫人在南面的企图表示了明确的反对。意大利当时成为了一个国家，后来加入了以后所谓的“三国同盟”。出于对德国不断增长的影响力的担心，法国和俄国建立了一个松散的联盟。俄国想要的是通过博斯普鲁斯海峡获得某个到地中海的永久通道。这种靠不住的同盟的一个结果是，像来自享有盛誉的俄罗斯芭蕾舞团的流芳百世的尼金斯基(Nijinsky)那样的舞者，以及像斯特拉温斯基(Stravinsky)这样的俄国音乐家很快占据了巴黎的大街小巷，造成了艺术和文化的混乱。俄国作为一个斯拉夫国家，与塞尔维亚有着民族上的联系，在赶走匈牙利人方面也有着相同的地缘政治利益。英国忙于发展海军与德国竞争，耗资巨大，最终在1907年同意取消殖民竞争行为，并减弱了其不介入欧洲大陆的传统，同法国和俄国一起建立了所谓的“三国协约”。这当然只是加重了德国人的妄想症，认为他们渴望达到的目的正被卡在一个“铁圈”之中。

这些紧张状态在1912年这一年达到了一个危机时刻。意大利于前一年侵袭了土耳其，并且又赢得了意大利半岛上的几块土地，把它们称为自己的。土耳其人的软弱增加了塞尔维亚、希腊和保加利亚的勇气，后来也开始了各自对土耳其的侵犯。战争结束时，塞尔维亚占领了阿尔巴尼亚相当大

的一部分，对此几乎人人都有领土要求。如果塞尔维亚能保住它，塞尔维亚人就会获得通往亚得里亚海的通道，而这一前景是奥地利人尤为畏惧的。所以他们就调动各种军力来攻击塞尔维亚人，而俄罗斯人马上赶来支援。1912年12月17日，一次和平会议召开了，在会议上俄罗斯作了让步，在两年中第二次遗弃了塞尔维亚。阿尔巴尼亚成为了又一个自由国度。

在苏黎世，阿尔伯特和米列娃忧虑地注视着这些事件。“只要奥地利人愿意保持平静，那么与奥地利的冲突对塞尔维亚只有坏处，哪怕是取得了胜利，”阿尔伯特向他们的“塞尔维亚女英雄”海伦妮评论道，她已经回到了贝尔格莱德，“但是我相信战争叫嚣并没有太大的意义。”*

阿尔伯特和米列娃又重新开始了他们以前有规律的日常生活，这包括星期日下午在赫维茨家举行的音乐会。“爱因斯坦家的一整窝来了。”阿尔伯特总是在台阶上这样宣布。** 到这时，这些聚会已经在社会圈子和学术圈子中得到了相当的威信；重要的科学家以及当地的名人开始顺便走访或者寻找机会被邀请来这里同这位教授及他的朋友们一起坐。此时，汉斯·阿尔伯特已经长大到能有时弹弹钢琴。

然而，没过多久，利斯贝特·赫维茨就注意到米列娃心不在焉。有几次她完全不出现，或者如果她到场了，在整个欢庆中她也只是郁闷地坐着。“自从他们在布拉格度过的那段时间以后，她有点不一样了，但是这会过去的，”赫维茨写道，“这只是布拉格那一段不愉快的日子所遗留下来的悲伤。”*** 赫维茨的日记中记叙了他们时常安排完全演奏舒曼的音乐会，企图把米列娃从她自己的矜持里拉出来。有时候这个手段会奏效，而在另一些场合中这样的宣布只能得到沉默的反应。

在家里，阿尔伯特只能在自己的小提琴中找到安慰。当天气转凉时，米列娃开始感到腿部酸疼，她认为这是由风湿病引起的。她走路有困难，对于

---

* Albert Einstein to Helene Savic, Dec. 17, 1912, *CP*, vol. 5.

** Desanka Trbuhovic-Gjuric, *Im Schatten Albert Einsteins*, p. 121.

*** Lisbeth Hurwitz diary, Oct. 19, 1912, Trbuhovic-Gjuric, p. 120.

城中各处结冰而又多山坡的路感到害怕。赫维茨回忆起，有一天下午米列娃到达音乐会场时，绝望地紧紧抓住阿尔伯特的手臂。

从专业上来说，苏黎世对阿尔伯特几乎是再适宜不过了。在他的推荐下，他的老朋友冯·劳厄受聘担任了苏黎世大学的一个空缺的职位。（与此同时，埃伦费斯特在莱顿被任命为一个原来属于洛伦兹的位子，这促使阿尔伯特作出评论："现在你生活在一个无与伦比的科学环境中，当然这也将对你有一个极严的要求。以前当洛伦兹提供出一份工作给我时，这真的让我毛骨悚然。"）* 联邦工学院常常会有来宾作演讲，这成了观看这些年轻的名人在相对论及原子的量子问题上彼此针锋相对的场合。"真奇怪，"有一次在阿尔伯特演讲后，埃伦费斯特以听众的立场作出评价，"爱因斯坦总是能从他的工作中得到他想得到的结果。"**

阿尔伯特也把他年轻的新助手斯特恩从布拉格带来了。斯特恩是一个磨坊主的儿子，在布雷斯劳大学拿到了物理化学的博士学位，他沿途在慕尼黑停留了一段时间，在那里给高傲的索末菲做学徒（他承认，那段时间大部分花在啤酒上）。在布拉格，他受到了阿尔伯特兄弟般的欢迎，在那儿阿尔伯特似乎没有其他人能跟他谈论物理。50年以后，斯特恩已经是伯克利的一位显要的老人了，据说他还流着泪回忆起"同爱因斯坦一起在布拉格共度的美好时光"。***

在苏黎世，这些美好时光继续着。根据至少一篇报道，他们不仅是畅饮和讨论量子理论，偶尔也会去去妓院。除了搬到巴黎去弄个情妇以外，去妓院也许是一个独身男人或一个婚姻不幸的男人为避免失望而能采取的最被

---

* Albert Einstein to Paul Ehrenfest, Dec. 20, 1912, *CP*, vol. 5.

** David Reichinstein, *Albert Einstein: A Picture of His Life and His Conception of the World*, p. 47.

*** 派斯，《上帝难以捉摸》，p. 486。在1962年5月29日由库恩（Thomas S. Kuhn）为美国物理学会的尼尔斯·玻尔图书馆所作的一次口头历史访问中，斯特恩回忆起，爱因斯坦的上司乔治·皮克曾因为他们俩谈论原子而嘲笑他们。令人惊讶的是，即使是在苏黎世，一种马赫主义的态度仍在持续着，那里的一位物理化学系的教授告诉斯特恩，他相信原子论会令他得不到博士学位的资格。

社会接受的方式。*

斯特恩、冯·劳厄和埃伦费斯特以后都将是诺贝尔奖得主**，但是就阿尔伯特而言，苏黎世最有价值的人还是他的老朋友格罗斯曼。在阿尔伯特还是个年轻学生的时候，他曾经借阅过他的笔记，此时他已经是工学院数学系的系主任了。格罗斯曼对于物理学只有粗浅的了解。有一次他回忆起，当他坐在一个刚刚被人坐过还留着余温的座位上时，他总是觉得不舒服，直到阿尔伯特向他解释说，这种热量只是分子在运动——与个人无关，这才减轻了他恶心的程度。不过事实表明格罗斯曼掌握了相对论中所需要的东西，至少从数学上来说是这样。

阿尔伯特在布拉格关于这个课题的最后一项工作中，由于他决定把引力定义为光的速度，这就导致了一些数学的奥秘和并未料到的一些结果，为此他挣扎了许久。这次当他再次在苏黎世居住下来的时候，他已经放弃了这个简单的方法，而去寻求一个更加有力但也更加复杂的概念。他的新想法是，引力就是几何。

这是一种观念，其推理结果将证明是无穷无尽的，但是阿尔伯特从未详细地解释过他是如何作出这一飞跃的。然而，在爱因斯坦后来的通信及通俗讲演的基础上，"爱因斯坦文稿计划"最初的主编施塔赫尔已经给出了一个有力的说法：阿尔伯特思维中的这个"缺环"是在思考所谓的旋转盘这个相对论佯谬时产生的。***这听上去不太像那种能改变物理学方向的范式问题；这不是对于银河起源的一种思考，甚至也不像想象乘坐在一束光柱上那么有诗意的一种构想。事实上这个问题相当平凡无奇，也简单乏味，但是

---

* 据 Roger Highfield and Paul Carter, *The Private Lives of Albert Einstein*, p. 284 披露，瑞士物理学家约斯特（Res Jost）对斯特恩的一次访谈，包含一家妓院的材料，但被删去。

** 斯特恩由于发展原子（分子）束方法和测量质子磁矩方面的贡献，获1943年诺贝尔物理学奖；冯·劳厄因发现伦琴射线在晶体中的衍射，获1914年诺贝尔物理学奖；埃伦费斯特没有得到过诺贝尔奖。——译者

*** John Stachel, "Einstein and the Rigidly Rotating Disk," in *Einstein and the History of General Relativity*, ed. D. Howard and J. Stachel (Boston: Birkhüuser, 1989).

阿尔伯特的天才就在于能够从思考中——**真正地**从思考普通的事物中——萃取出奇迹。

旋转盘问题也被称为埃伦费斯特佯谬，这是自从1909年（从此时起，科学界开始认真对待相对论了）以来突然出现在信件中和像索尔韦会议这样的一些场所的门厅里的几个难题之一。* 这个问题在表面上是简单的：一个正在旋转的圆盘的周长与其直径的比值是多少？任何一个学童都知道答案是π——一个神圣的、永远算不完的无理数，它的值大约是3.14159265…，由神圣的欧几里得几何的一些定律所规定。像这些定律一样，π也是一个柏拉图式的、先验的真理，但是阿尔伯特和别的年轻的相对论者声称，从这个盘上的居民的立场来看，就像是从一个留声机转盘上旋转的小精灵们看来，这个永恒的真理就不再是正确了。如果一个正在旋转的小精灵测量了他所在的盘的周长和直径，他就会发现它们之间的比值要大于规定的3. 14159。

这是一个难以捉摸的论点，阿尔伯特的余生都在回复那些第一次尽力思考它时认为它是错了的人们的来信。爱因斯坦有一次在这样的一种场合下解释道，假设你从一个正在旋转的圆盘的正上方拍了一张照片。** 在这张照片中，盘的边缘将是一个简单的圆，对于它，一般的几何学公理都适用。如果我们对这个圆进行测量，假设它的直径是10英寸，那么它的周长大约是31英寸。然而，由于这个盘在转动，于是根据相对论，它一定会在其运动的方向上，也就是说沿着它的周长方向发生收缩。因此照片中所测量的周长一定比乘坐在盘边缘上的一个小精灵所测得的周长要小。同时，由于直径与旋转运动方向垂直，它将不会产生相对论性的变化。结果是，这个小精灵将会发现一个不同的、更大的、非欧几里得的π值。

---

* 另一个则是1909年由洛伦兹首先提出的著名的“双生子佯谬”，它产生了如此多的争论，以至于《自然》杂志在1939年宣布暂停发表关于它的论文。

** 1939—1940年冬季，爱因斯坦在给莱维（Hyman Levy）的信中提出到这一论据。这总结在施塔赫尔所撰写的“刚性旋转盘”一文中。

这里发生了什么事？在他早期的某一篇关于静电理论的论文中，阿尔伯特曾附带提到，对于一个均匀转动的系统，通常的几何定律可能不成立。当然，圆盘上随盘旋转的小精灵还将发现另一件特别的事：这个小精灵必须承受一个巨大的将他向外推向圆盘边缘的离心力。但是根据等价原理，他有权把这种力想象成一个引力场，而盘的边缘“下降了”。这就给阿尔伯特留下了一个引力场，以及一个异常的几何学。

那年夏天的某个时候，阿尔伯特把这两种情况放在了一起。旋转圆盘令他确信“在引力场中欧氏几何不可能成立”，这是他后来所说的。引力会在正常的时空几何中造成扭曲，或者说扭曲了的几何会产生所谓的引力这一效果：它们是手携手地并进的。从他在大学里的那些日子以及在奥林匹亚科学院的博览中，阿尔伯特知道，追溯到19世纪20年代，非欧几何方面已有着大量的工作，当时洛巴切夫斯基和高斯通过暂时抛开或者修改欧几里得关于平行线的、有争议的“第5公理”，创造了一些“虚构的”几何。这些几何的每一种变种都可以被认为是用以描述某个特定曲面的性质的，而这些奇特的形状就像异域的花朵一样盛开在19世纪数学家们的想象中：看上去像喇叭的唇；马鞍状的双曲面；圆环面；默比乌斯带；以及克莱因瓶。

有一个早已为数学家和勘测员们所熟悉的非欧几何形状就是地球的球形表面。高斯也是一个勘测员。他建立了一系列公式，根据这些公式，勘测员通过测量他所站的地方——比如说地球——的一个三角形的边长和面积就可以断定它是哪一种曲面。

于是有了所谓的高斯曲率，它表明了对普通的平面几何预期的一种偏离。有“正的”曲率，就像在一个球面上的那样，此时三角形的面积会超过欧氏几何的预期；还有“负的”曲率，就像在一个双曲面中的那样，此时它的面积比预期的数值小。在这些公式中，曲面还有一个“半径”R：这个半径越小，该曲面的弯曲度就越大。

阿尔伯特意识到，他对下落中的粒子的运动的解答同高斯已建立起来用以描述弯曲表面的数学有惊人的相似之处。引力导致物体（如碗中的弹子）沿着时空中的曲线运动。光线的弯曲是引力最根本的几何性质的另一条线索。在闵可夫斯基对相对论的表述中，光束就是直线的定义，即所谓的测地线。如果它发生了弯曲，那么空间本身也必定是弯曲的。这个结论是不可避免的。引力就是几何，但是，弯曲的几何，是非欧几何，时空在宇宙中的物质和能量这些沉重的睡眠者的压力之下像下陷的床垫那样发生了扭曲。

然而，得出这个结论与在数学上把它表述出来完全是两码事。这就是1912年夏天阿尔伯特带给格罗斯曼的数学问题，他恳求道："你一定要帮助我，否则我会疯掉的。"* 格罗斯曼同意去图书馆为阿尔伯特作一点研究。

他带回来的名字是黎曼，不管如何来衡量，这个人都是历史上最伟大的数学家之一。黎曼在格丁根接替了高斯，甚至还搬进了高斯以前在天文台的住处。他是一个沉思的人、一个至善论者，一直在完善和改进他的工作，却很少与别人分享。他整个一生所发表的论文叠在一起只有1英寸厚。但是黎曼1854年在格丁根做了一系列演讲，其中所迸发出来的想法足以让天文学家和数学家们忙上一百年。

黎曼在许多方面都大大超过了高斯。他将高斯曲率的概念从二维平面扩展到了三维和四维体积。在这个过程中，曲率概念的直观性变得少了一些，而抽象性却增加了许多。用专业的语言来说，黎曼曲率是一个空间的几何与欧几里得几何这一典范的偏离程度和偏离类型。要想象一个弯曲的二维曲面（比如说一个苹果的曲面）是很容易的，因为苹果本身就存在于三维空间中，我们可以看到和感觉到它是圆形的。但是我们却不能以同样的方法充分领悟三维空间中的曲率或者它的非欧几里得性质，因为在我们的想象中或者在具体的世界中不存在第四维从而使我们看到它。黎曼指出，这种缺乏并不意味着我们就不能用高斯的方法来测量宇宙的形状。他认为，要发现我们究竟生活在怎样一种几何中，我们在测量宇宙时就不应该抱着先入之见："将空间与其他可以想象的三维之外的尺度区别开来的那些性质

---

* Abraham Pais, "*Subtle Is the Lord...*," p. 212.

只能从经验中推测出来。”*

黎曼甚至还创造了他自己的一种可能的时空几何理论，这是仿效球面的，不过是在四维之中。它被称为超球面，不可能将它描绘出来，而只能跟它低维度的表兄弟作类比。说得专业一些，它是一个有着恒定的正曲率的世界；说得有诗意一些，它是一个没有尽头或边界的世界，因为就像在一个球面上那样，向任何方向延伸的一根直线或者一束光线最终都会自己弯回来（通过神秘的第四维），并回到起点。如果一个人有一架足够强大的望远镜，并且有很多时间静静地坐下来，向任何一个方向看出去，最终他会看到自己的后脑勺。

黎曼说，有各种实验可以证明空间—时间几何系统确实是一个超球面。举例来说，在一个通常的球上，假如你站在北极点上，并画一系列半径越来越大的圆圈，就会出现一种奇特的图案。这些圆圈会越来越大，一直到赤道，然后又变得越来越小，即使此时所谓的半径** 还在增大。最后，当这些半径一路到达南极点时，这个圆就收缩成一个点了。在黎曼几何中，与圆相类比的是球面。如果你在你自己周围画一些半径越来越大的球面，也会看到相同的现象。球的体积变得越来越大，到达一个最大值，然后开始缩小。在该点我们将会看到宇宙的背部，而当球的半径最终延伸到宇宙中与你自己相对的那个点，即**对映**点时，这个球面将最终收缩成零。***

当然，实际上宇宙不一定这么规则。高斯和黎曼在他们的数学中都允

---

* Charles W. Misner, Kip S. Thorne, and John Archibald Wheeler, *Gravitation*, p. 220.

** 这里的半径指的是从北极点到圆圈的距离。——译者

*** 如果黎曼当时愿意把时间作为他的第四维，他也许早已发明了宇宙的大爆炸理论，这种理论现在经常被霍金（Stephen Hawking）等人用在理论计算中，其中包括用一个对映点来表示宇宙的产生，这即是大爆炸本身。斯坦福大学的数学家奥塞曼（Robert Osserman）在《宇宙的诗篇》一书中指出，这种对黎曼宇宙的解释和但丁的《神曲》中“天堂”一部分中的维吉尔（Virgil）的旅程不管怎样有着诗一般的雷同之处。在比阿特丽斯（Beatrice）的引导下，这位诗人向上攀爬通过了第十层天，也就是行星的王国，直到他突然发现自己向下窥视到了天使们在九天的王国，在那中间展现出令人眼花缭乱的天顶。“我看到一个点，它辐射出的光如此强烈，看着它的眼睛必须要闭起来才行……。”（《天堂》，第28篇，1—129行）

许空间的曲率有随着点变化的可能性。阿尔伯特需要的正是这种特征，可以利用它在一个凹凸不平的宇宙中模拟引力。

黎曼的光辉在1866年由于肺结核而熄灭了，时年仅40岁。他去世前，一直在试图系统地建立一套理论，来统一电、磁和引力的定律。7年以后，麦克斯韦将踏出他自己在这一方面努力的最初几步。

在这以后的半个世纪中，黎曼几何变成了一种小而深奥微妙的专题。除了其他人以外，意大利数学家里奇(Gregorio Ricci)和他学生列维-奇维塔(Tullio Levi-Civita)追随着黎曼的脚步，发展了数学中的一个新的分支，称为绝对微分，用以探索这些多维空间(称为流形)的性质以及其中的生命。这恰好就是阿尔伯特需要用来表述他的新理论的语言。

格罗斯曼同意，只要他不必对任何物理部分负责，他就参与合作。正如爱因斯坦所说："格罗斯曼立刻就着火了。"*

在一个星期内，阿尔伯特就获得了重大的进展。"关于引力的工作现在进行得非常好。"8月中旬时他这样告诉霍普夫。"除非我完全错了，否则我现在已经发现了最普遍的方程组。"** 对他来说，这一工作的一部分优美之处就在于所涉及的方程几乎是纯几何的。所有的东西都是由基本原理开始的，没有一个地方是用任意的系数"拼凑"起来的，这就意味着，这个理论要么是正确的，要么是错误的。

这并不是说要做到优美是很容易的。到10月，阿尔伯特还在奋斗。"但是有一件事是确定无疑的，"他以进展情况报告的方式向索末菲报告，"在我的一生中从来没有任何其他事让我自己如此烦恼过，我对数学产生了崇高的敬意，对于其中一些更为精妙的部分，由于我的无知，至今我还认为它们纯粹是奢侈品！跟这个问题相比，原来的相对论只是儿戏而已。"***

---

* Albert Einstein, "Errinerungen—Souvenirs," *Schweizersiche Hochschulzeitung* 28 (Sonderheft) (1955), quoted in John Stachel, "Einstein's Search for General Covariance 1912—1915," in Don Howard and John Stachel, eds., *Einstein and the History of General Relativity*, pp. 63—100.

** Albert Einstein to Ludwig Hopf, Aug. 16, 1912, *CP*, vol. 5.

*** Albert Einstein to Arnold Sommerfeld, Oct. 29, 1912, *CP*, vol. 5.

在黎曼几何中，像高斯曲率这样简单的一个数再也不足以定义空间在某一点处的曲率。对于这种新情况，现在这样的一种信息要由称为张量的一些更加复杂的数学实体来表示。张量是向量的一种推广，而向量指的是某种数学实体，它的基本数学性质并不依赖于你如何看它。例如，说波士顿在纽约西北200英里(约320千米)处，这就给出了一个向量：这是一个箭头，它有方向和大小，而且这两者都不依赖于它们如何命名。我们可以重新对地球进行标记，使南极变成北极，并将英里转换成千米，但是这些并不会影响我们从纽约跋涉到波士顿我们的脚会有多酸痛，也不会影响我们出城要用到什么地界标。张量以一种有些类似但又更加抽象的方式，将例如说关于一个曲面的这种性质的信息编成码，使其用的方法是与这个曲面上的点无论如何标记都无关的。对张量的运算和转变就是这种新的微积分所关注的一切。

阿尔伯特所研究的那种四维时空的几何是由所谓的度规张量表示的。这是由16个数排成的一个阵列，其中6个是重复的，其形式如下：

$$\begin{matrix} a & e & f & g \\ e & b & h & i \\ f & h & c & j \\ g & i & j & d \end{matrix}$$

度规张量是用来计算空间的几何性质的一种工具。例如，如果你打入相互靠近的两个点的坐标，那么度规张量将会给出这两个点之间的、在通过它们的最短距离的测地线上的空间距离。与度规张量联系密切的另外一种张量称为黎曼张量，它表示了空间的曲率。这时的阿尔伯特，离试图在头脑中想象着同一束光一起奔跑或者甚至在一个电梯里到处照闪光灯的时候，已经很远了。事实上，根本不存在能有所帮助的任何形象。

度规张量中有10个不同的数字，这意味着有10个不同的引力势能来描述时空中的每一点，而不是如他前一年天真而满怀希望地假定的那样只有一个——对于时空中的每一个点，从10个不同的方程式能得出10个不同的解。其中每一个都构成了时空的引力这个问题的一部分答案。

因此，能描述引力与几何之间联系的伟大的"场方程"在阿尔伯特的脑海中作为张量之间的一个联系而成形了。方程式的左边是表示对空间弯曲有重要作用的质量和能量分布的一系列数字或符号的一个阵列。它被称为应力—能量张量。方程式的另一边是另一个张量，是度规张量的某种变形，也许它表示几何系统，即本身弯曲的空间。很久以后，惠勒(John Wheeler)创造了一句警句，巧妙地表达了物质和时空这两个量有着一种阴阳关系：物质使空间弯曲，而空间给物质行进的命令。物质既主宰了时空，也是囚犯，它扭曲了几何系统，然后又被由此安排了的可能性囚禁在其中。引力本身也有引力，几何是一种天意。

到1912年冬天，阿尔伯特获得他的圣杯的舞台似乎已经确定了：一种"广义化的"理论，它不仅解释了引力，还将相对论原理推广到一切观察者，不管他们是在运动、下落、旋转还是彼此朝着相反方向跳跃。于是阿尔伯特认为，物理学的定律将是真正普适的，并且当他能将它们以这种不依赖于任何一个特定观察者所采用的坐标系统的张量形式写出来时，它们对于一切观察者来说就都是相同的了——这是一种在专业上被称为**协变性**的性质。协变性是阿尔伯特早在1907年就表明过的一个目标，当时他刚刚创造了等效原理。事实上，它似乎已成为引力与加速度等价这一概念中的一个组成部分了。

因此，9个月以后，当阿尔伯特和马塞尔宣布他们失败时，真是令人震惊。在他们出版的一本名为《广义相对论和引力理论纲要》的小册子中，在没有预告的情况下，文过一半他们便承认失败了。这篇报告通常也根据德语中的"纲要"一词而称之为Entwurf。* "我们没有找到解答这个问题[指引力]的方法，"阿尔伯特写道。他们所能做的最好的事就是系统地建立一种与原来的、通常的、没有广义化的相对论相一致的理论，这至少相对于牛顿重力**有所**提高。虽然他们无法证明不存在一个更加通用的解答，但他们也

* Albert Einstein and Marcel Grossmann, *Outline of a Generalized Theory of Relativity and of a Theory of Gravitation* (Leipzig: Teubner, 1913); reprinted in *CP*, vol. 4, p. 302.

无法证明其**确实**存在。

简而言之，看来宇宙似乎并不支持阿尔伯特梦想的普适相对论。在他的理论中有他所谓的“丑陋的黑暗点”。*

虽然这是一个悲惨的结局，但不是因为阿尔伯特想到的那个原因。结果将证明，阿尔伯特承认失败是错误的。满足他的伟大期望的解答不仅存在，而且在他9个月的计算过程中的某个时间，阿尔伯特确实已把它写下来了。答案已经在他的掌握之中，但是又被他抛弃了，等到他再一次发现它，就已经是3年以后了。

关于阿尔伯特究竟怎么会以及为什么会犯下这么大一个错误，这个问题在最近的几年引发了历史学家和广义相对论学者的争论，并一窝蜂地写出了大量论文。他和格罗斯曼是不是犯了一个简单的数学大错误？或者，是不是在物理学的迷雾中，有一个更深刻、更精微的问题令阿尔伯特走入了歧途？

这些问题的答案，似乎存在于爱因斯坦于1955年在普林斯顿去世后留下来的一本题为“演讲笔记，1909—1915”的用蓝封面包住的笔记本中，其中有一系列潦草而无标号的计算，还散置着演讲笔记和无关的量子方程式。它在爱因斯坦图书馆中被忽略了几年，直到施塔赫尔意识到它曾见证了两种职责。在封底上，阿尔伯特写上了“相对论”一词，并在里面从后向前开始工作，进行的是看来与引力和《纲要》有关的数学计算。在过去的几年中，一个由物理学家、历史学家和哲学家组成的国际小组**，为了探究阿尔伯特通过数学和物理学的迷宫并最终通向广义相对论的脚步，一直在仔细研究这本笔记。虽然许多细节和精妙之处现在仍然有争议（也许会永远争论下去），不过最近，关于这个故事的轮廓已经有了一个基本一致的意见。

---

* Albert Einstein to Hendrik Lorentz, Aug. 14, 1913, *CP*, vol. 5.

** 除了施塔赫尔以外，成员还包括匹兹堡大学的约翰·诺顿、柏林马克斯·普朗克科学史学会的雷恩、格丁根大学的索尔，还有明尼阿波利斯大学的米歇尔·詹森。一本以他们的工作为基础的书将由柏克豪泽（Birkhäuser）出版社出版。我尤其感激米歇尔·詹森，因为他和我对爱因斯坦探索广义相对论的异乎寻常的经历作了多次的讨论。

大体上来说，阿尔伯特在这多维物理的迷雾中找到出路的方法是用牛顿作为一盏灯笼。在雷恩(Jürgen Renn)所戏称的“双重策略”中，他首先去寻找一些方程式，它们要具有在他的理论中所期望的那些数学性质，那就是协变性。然后他会进行一次尝试性的计算，来检查对某个他自认为能理解的简单而直接的情况，看看它的结果是否与牛顿式的解答相一致。通过在物理学和数学之间——或者说是在直觉和优美之间——的往返，他可以逐渐达到一种最终的理论。但是在现在的这一情况下，他的直觉却使他弄巧成拙了。

开始构建他所谓的场方程的合理出发点是现在所称的里奇张量，它是由黎曼的曲率张量构造出来的，后者又转而与基本的度规张量有关。阿尔伯特进而用这个张量写下了方程式。在这个节骨眼上，正如匹兹堡大学的哲学家和历史学家诺顿(John Norton)所说，他正在通往他所寻求的一般协变解的“辉煌道路”上。* 虽然距离最终的答案只有几个相当简单的数学步骤，但是阿尔伯特为了确定自己是否在正确的轨道上，最初还不得不求助于他的策略中的物理学一边。他试图在一种非常简单的情况下解答他的方程，也就是针对一个非常弱而且不变的引力场来解方程。

然而，在这宗例子中，他过于认真地对待与牛顿情况的类比了。他假设(以后的结果证明这是错误的)在一个静止的、微弱的场中，空间是“平坦”的。这是一个合情合理的假设。空间在没有引力的情况下是平坦的；如果你只加上一个很小的不变的引力场，空间应该仍是平坦的。在这种情况下，他的10个微分引力方程应该简化为一个我们熟悉的描述原来的相对论——闵可夫斯基时空——的那个单个方程。

阿尔伯特没有得到他所期望的简单答案，于是下结论说，他终究用了一个错误的张量。通过一系列巧妙的数学运算，他分解了里奇张量，又得到了

---

* John Norton, “How Einstein Found His Field Equations,” pp. 101—159, in Stachel and Howard. See also Stachel, “Einstein's Search for General Covariance, 1912—1915,” and, more recently, Jürgen Renn, “The Third Way to General Relativity: Einstein and Mach in Context,” to appear in *Mach's Principle from Newton's Bucket to Quantum Gravity*, ed. Julian Banbour and Herbert Pfister, Einstein Studies (Boston: Birkhäuser, forthcoming).

引力张量的另一个候选者，并把它解答了出来。当他用牛顿物理来检验它时，他又一次得到了他认为错误的答案。

阿尔伯特受挫折了，他改变了他的方法。这一次，他不再担心他的张量的数学性质，相反，他首次寻找一个满足物理学基本要求的张量：能量和动量必须守恒（他不想再重复前一年春天的大灾难），以及一个弱引力场应该产生一个平坦的空间。阿尔伯特脑海中还有第三个物理要求，那就是物理学定律应该不受观察者转动的影响。但是有一次阿尔伯特找到了一个能满足前两个条件的张量，但他却忽略了去检查它是否对旋转也有效，只是假设它会以某种方式做到这一点。就这一次，阿尔伯特的直觉引导他走岔了路。

受到显而易见的成功的打动，阿尔伯特把他的新发现选定为他的引力张量。此时唯一的问题在于，它不是协变的。就引力而言，其结果是新的爱因斯坦—格罗斯曼理论只有通常相对论所特有的那种有限的不变性特征。他惆怅地总结出：它对正在旋转的观察者或者那些以任何速度稳定运动的观察者都是正确的，但是对除此以外的其他人都不成立。虽然他的确成功地找到了其他场（例如电磁场）的协变张量，但是，尽管阿尔伯特自己有最大的意愿和最火热的希望，他没能以一种对宇宙中的一切观察者来说都相同的形式写出**所有**物理学的定律。但这是一种引力的理论，也许是所能取得的最好的一种。

那时已经是1913年3月了。“过去的半年，是我整个一生中工作得最努力的时期，”他告诉埃尔莎，“最后，在几个星期前，我解决了这个问题。除了是一个引力理论以外，这还是对相对论的一个大胆的延续。现在我必须允许自己休息一下，否则很快我就会完蛋的。”*

阿尔伯特立誓远离埃尔莎已经快一年了。到2月份，不管米列娃（和阿尔伯特）对回到苏黎世重建他们之间的关系抱有什么样的希望，这些希望都随着冰雪消融了。米列娃的腿变得如此疼痛，以致她几乎无法离开家门。她冷冰冰地告诉海伦妮，阿尔伯特消失在里奇张量中，无视她的存在：“我的

* Albert Einstein to Elsa, March 21, 1913, *CP*, vol. 5, trans. Valerie Tekavec.

伟大的阿尔伯特在此期间已经成了一位著名的物理学家，在物理学的世界中受到尊敬和钦佩。他不屈不挠地研究着他的问题。你可以一点不假地说，他就是为了它们而活着的。"*

爱因斯坦一家去参加赫维茨家周日下午的音乐会也变得越来越飘忽不定了。**2月14日，阿尔伯特独自演奏他的小提琴。为了诱惑米列娃走出屋子，他和埃娃计划在下一个星期举行另一次音乐会演奏舒曼的乐曲。米列娃对这条消息的反应是无言的瞪视，但她还是出席了，由于疼痛，她几乎无法动弹。

接下去的那个星期，28日，阿尔伯特和米列娃都没有出席。会上排定阿尔伯特的一个研究生奥古斯特·皮卡德(August Piccard)同他们一起演奏，阿尔伯特叫人把他的小提琴送了过来，这样皮卡德就可以使用了。在接下去的那个星期日，阿尔伯特独自到来，并没有解释上个星期没有出席的原因。

再下去一个星期日是3月14日，那天是阿尔伯特的生日，埃尔莎利用这个机会趁机结束了他俩之间9个月的沉默。

阿尔伯特立即回了信，提出要亲自给她解释相对论。"关于相对论，没有一本是为外行写的内容广泛又可以理解的书；但是你有一个搞相对论的堂弟是用来干什么的？如果你能来苏黎世，我们可以好好地散散步(不带我那令人遗憾的嫉妒的妻子)。"他承认，他更愿意去她那里，只是他太忙了。跟他的名声联系在一起的还有某种苦衷。

> 如果你想令我非常高兴，就安排来这儿住上几天。***

这个生日的下午，阿尔伯特和米列娃都没有在赫维茨家出现，不过阿尔伯特传话来为自己解释说是因为"家庭事务"。在当天晚上写给克拉拉·施特恩(Clara Stern)的一张便条中，他写道，米列娃牙疼。第二天，赫维茨和她

---

* Trbuhovic-Gjuric, p. 122.

** 出处同上，pp. 120—122。

*** Albert Einstein to Elsa, March 14, 1913, *CP*, vol. 5, trans. Valerie Tekavec.

的母亲前往霍夫街去看望米列娃,发现她的脸肿了。*

不管阿尔伯特和米列娃之间的关系如何,到他的生日以及埃尔莎来信之际,阿尔伯特的想法似乎已经超越了一定的界限。不管他曾对继续保持和埃尔莎的关系是否明智存在过什么疑惑,现在都已经消失,或者看起来已是无关紧要了。"如果我能和你一起度过几天的时光,而不带着我的十字架,我愿意付出任何东西。"一个星期以后,他这样写道,这里的十字架是指米列娃。他提出,如果埃尔莎在秋天不离开的话,他将去拜访她。"那时我的同事们都不在,我们可以不受打扰。"**

复活节期间,阿尔伯特和米列娃去了巴黎,阿尔伯特同意在那里向法国物理学会作关于光化学和热力学方面的演讲。(用法语!)这是阿尔伯特第一次访问这座光明之城,而他完全陶醉了。"荣誉使我激动得不知如何是好,我觉得自己会因羞愧而死。"*** 爱因斯坦一家同玛丽·居里及她的家人住在一起,而米列娃终于见到了她学习的典范。她和玛丽(原来都是波兰人)之间似乎已经建立了一种联系;他们两家商定,在即将到来的假期里一起去阿尔卑斯山徒步旅行。在旅行过程中,他看到了皮兰的"奇迹厨房",也就是他的布朗运动理论得到验证和确证的那个实验室。

朗之万事件的激情冷却已久,居里夫人已退缩到了一种屈从的无性的生活中。如果阿尔伯特对她和自己的情况感觉到有任何怪异的相似之处的

---

* Albert Einstein to Clara Stern, March 14, 1913, *CP*, vol. 5. 确实牙疼了吗? 还是利斯贝特用她典型的瑞士式谨慎方式有针对性地提到米列娃肿胀的下颚,暗示阿尔伯特打了她? 这一事件成为了试图证明爱因斯坦殴打妻子的罪行时的证据甲,其论据如下:阿尔伯特早已经受了来自他的引力研究的极大压力,又要与发现了埃尔莎的来信后的米列娃当面对证。米列娃又一次嫉妒地大怒,就像她在安内利的那件事中一样,也许甚至还打了他。阿尔伯特被她病态的疯狂举动激怒了,也发脾气还了手。

6年以后,作为他的离婚证词的一部分,阿尔伯特在给他的律师齐歇尔(Emil Zürcher)的一封电报中承认,这样的大声吵闹曾在家庭中发生过。但是如果他曾经打过她,那只是因为她先打了他:"在这场婚姻中有许多由于意见分歧而导致的情景,由于原告方也有诅咒和身体上的暴力,对此我在愤怒的情况下,也会还击。"(1918年11月18日,苏黎世地区法庭第二处,协议1386/1918)

** Albert Einstein to Elsa, March 21, 1913, *CP*, vol. 5, trans. Valerie Tekavec.

*** Albert Einstein to Elsa, April 3, 1913, *CP*, vol. 5, trans. Valerie Tekavec.

话，他也并没有对此有所评说。阿尔伯特这位擅长写感谢信的能手后来写道："看到像你们这样高贵的人能如此完善地生活在一起，我真想不到还有什么会更加鼓舞人心。你家中的一切看上去都那么自然，就像一件美丽的艺术作品中不同部分配合得如此之好。"*

回到家后，阿尔伯特和格罗斯曼开始狂热地起草他们期待已久的引力和相对论理论。5月，阿尔伯特打破了与埃伦费斯特之间长久以来的沉寂，以一种独特的方式道了歉："但是我的辩解是，我投入到引力问题中的那种努力真正是非凡的。现在我深深相信我已经彻底搞清楚了，而且，几个星期以后，当这篇论文发表时，在我们的各级同事们中会传播一种愤慨的低语。"**

这份报告于一个月以后发表了。它由两个部分组成，一个是由爱因斯坦撰写的物理学部分，还有一个数学部分，以它自身的价值而言也是一个令人印象深刻的部分，格罗斯曼把其中曾经是分开来的张量分析与非欧几何这两个学科联合成为一个统一的整体。

阿尔伯特的那一部分开头足够自信："下面将要详细说明的这种理论来自一种信念，即确信物体的惯性质量与引力质量之间的互成比例是自然界的一条精确成立的定律，这必定已经在理论物理的基础中找到表达方式。"他特别提出，这种同一性已经于世纪之交由匈牙利的厄缶男爵在巴拉顿湖的冰面上进行了验证。厄缶采用一个精巧的扭秤，测量了由于地球的旋转而产生的离心力（惯性质量）相对于由于若干个不同组分和质量的物体的引力质量而产生的万有引力的比率。厄缶发现这两个量在他的精度范围内是完全相同的。

阿尔伯特报告了他如何进一步利用这一结论作为推广相对论的基础，以及他怎样能够从除了引力以外的大部分物理学定律中得出协变的表达

* Albert Einstein to Marie Curie, April 3, 1913, in Susan Quinn, *Marie Curie: A Life*.

** Albert Einstein to Paul Ehrenfest, May 28, 1913, *CP*, vol. 5.

式,在引力中他不得不选择一个不那么普遍化的张量。

虽然存在着这个丑陋的瑕疵,阿尔伯特还是对他的新理论的许多特色感到满足。例如,这个理论似乎把马赫关于惯性的一些看法并入其中了。如果你加速一个空心的球,那么在里面自由浮动的质量也将感觉到加速。而且,如果你使这个球转动,里面的一个钟摆也会开始转动,就好像它的自然的“静止参考系”也被它周围的环境拉着转动了——这就使人联想起牛顿和马赫关于旋转水桶之争。当然,这个新理论也预言了光线的弯曲,爱因斯坦还希望能够应用空间和时间在巨大的太阳附近的蜷曲来解释长期以来关于水星近日点移动的奥秘。

6月,在苏黎世召开了一次实足一个月长的万有引力峰会。这时贝索仍然在格洛里亚工作,阿尔伯特招募他来用这种新理论计算水星的近日点运动。贝索搬进了霍夫街的公寓,尽管有胃炎,他还是坚持不懈地进行着复杂得惊人的计算。这个月过半时,他必须回格洛里亚参加一次商务会议,所以把草稿留给了阿尔伯特。埃伦费斯特和他的家人来这里在一座供膳的寄宿公寓住了一个月。那个月的某个时候,阿尔伯特还联系了弗罗因德利希。虽然这位天文学家几乎要放弃在以前的日食照片中寻找光线弯曲的证据,但是据测算1914年8月21日在克里米亚将出现一次日全食,弗罗因德利希提议由他亲自去测量那些可视的恒星的位置。

那个月中的另一个来访者是一位名叫努德斯特伦(Gunnar Nördstrom)的芬兰物理学家,在过去的一年中,他一直在从事他自己的关于引力的相对性理论。到1913年夏天,尽管亚伯拉罕理论是“一匹少了三条腿的雄伟马”,但它仍然是阿尔伯特的理论的最重要对手。努德斯特伦的理论中没有光线弯曲,这就使得弗罗因德利希探索日食的前景更加诱人。于是光线弯曲是否出现就会对这两个理论作出一个明确的判定。

6月底,阿尔伯特给马赫寄去了《纲要》的一个复本,歌颂了这个理论的马赫式大胜利。“明年,在日食期间,我们就会知道光线是否会受到太阳的影响而偏转。”他宣布道:

> 如果答案是肯定的——尽管有普朗克的不公正的批评——你对于力学基础的杰出研究将得到一次辉煌的证实。因为此时必然可以得出,**惯性**起源于物体间的某种**相互作用**,这与您关于牛顿的水桶实验的论述完全一致。*

碰巧马赫当时正忙于为一本新书《物理光学原理》撰写序言,这本书直到1921年才得以出版。到那时马赫已经去世了,他的声音正从坟墓里冒出来嘲笑和谴责相对论:

> 我从我所收到的出版物,尤其是从给我的信件中得出印象,我逐渐被认为是相对论的先驱。我甚至现在就可以大致描绘我这本关于力学的书中所表述的许多想法在未来——从相对论的观点来看——将得到什么新的评注和解释。
>
> 过去有人指望,哲学家和物理学家应该对我展开一场圣战,因为正如我再三说过的,我只是一个无偏见的涉猎者,在各个知识领域中具有一些独到的想法。但是,我必须像我不支持当今的原子论信条一样,我也确定无疑否定自己是相对论者的先驱。**

他并不十分孤独。爱因斯坦的新理论,普朗克向维恩承认说,"丝毫不能让我动心。"***

---

* Albert Einstein to Ernst Mach, June 25, 1913, *CP*, vol. 5.

** Quoted in Ronald Clark, *Einstein: The Life and Times*, pp. 160—161.

*** Max Planck to Wilhelm Wien, June 29, 1913, quoted in *CP*, vol. 5, footnote, p. 584.

第十八章　最后的华尔兹

1913年7月11日，普朗克和能斯特在柏林站登上了火车，前往苏黎世，使命是为了科学也为了德国。他们的任务是要说服爱因斯坦去柏林。这个想法一度看来似乎会是很牵强的，任何人只要花工夫去调查的话，就会知道阿尔伯特在15岁时就很出名地离别了德国及其所代表的一切。但是，为了引诱他回去，普朗克和能斯特准备向爱因斯坦提供一份终生的工作。

这次听上去不大可能成功的远征，源自一种地缘政治的、专业上的以及个人需要的独特凑合。能斯特早在索尔韦会议时就开始追踪爱因斯坦的工作，他具有一种企业家的精神，这很适应那个时代。德国威廉皇帝意识到科学和技术对于发展经济的重要性，因此于1911年批准成立了威廉皇帝协会，它是由一些研究机构组成的，并主要由一些工业企业和爱国的个人资助，为此他们也得到了那些常见的荣誉。跨出第一步的人中有一位名叫科佩尔(Leopold Koppel)的金融家，他捐献了一百万马克用于建立第一个研究所，致力于化学研究。它的头头是来自卡尔斯鲁厄工业学院的一个名叫哈伯的新会员。他曾发明了一种工序，能从空气中萃取氮来制造氨，氨是制造肥料和炸药的关键成分。同时制造枪炮和黄油——完全是无中生有——恰恰正好形象地表明了“为了公众利益的科学”这句话所取得的成就。

哈伯就像一个没煮透的鸡蛋一样光秃而脆弱，他是一个有才气的、有紧迫感的人，渴望被接纳进入德国军事工业精英的行列。他天生是犹太人，曾在24岁时声明放弃了他的宗教信仰。他的第一个妻子自杀了，第二个又同他离了婚。过度工作和雄心带来的紧张使他易于感到沮丧和内疚。1913年1月，正是在一次请假休养期间，哈伯在阳光普照的恩加丁山谷之上的一座度假城堡里，系统地制定了一个把阿尔伯特·爱因斯坦弄回柏林的计划。虽然当时还没有物理研究所，但是阿尔伯特曾倡导的量子理论却是未来化学和技术的关键。

在新的研究所里为爱因斯坦设立一个位置的想法早就由哈伯在教育部的上级提出过了，但是哈伯遵照其行事时的动作却慢了。"当我在头脑中将这个想法再三思索了相当长一段时间以后，我已经确信，实现这个想法对于研究所将会产生最大的利益，并且从个人的角度来说，这也很可能以某种成功的机会来尝试一下，"他给他的朋友、教育部的克吕斯(Hugo Krüss)写信说，"这是一个非常稀有的巧合，不仅有这样的人选，而且他的年纪(34岁)以及他的其他品质也令我非常确信会有一个有利的联系。"哈伯估计15 000马克将足以支付爱因斯坦的薪水及开支；作为一位理论家，他也不会需要什么设备。*

哈伯也许曾经受到某人的鼓励而写了这封信，这个人不是别人，正是爱因斯坦标致的堂姐埃尔莎。那段时期中的某个时候，在不为阿尔伯特所知的情况下，有一天埃尔莎显然"顺便拜访"了哈伯。** 我们不知道此事发生的确切时间以及他们说了些什么，埃尔莎只是在很久以后才将这次会面告诉阿尔伯特，而她的信被销毁了。但是，埃尔莎显然让哈伯知道——通过他又让德国科学机构知道——到柏林来对阿尔伯特来说是愿意的，也会顺从的，而不像对他过去的一次粗疏的考察所提到的那样。

当时普朗克被找来作为中间人。不管普朗克个人对于新的引力理论和光量子假设的判断如何，他知道爱因斯坦具有他这一代人中最独特、最敏锐的思维。到6月时，哈伯、普朗克、能斯特和他们的同谋者们已经把承诺提高

---

* Fritz Haber to Hugo Kreuss, Jan. 4, 1913, *CP*, vol. 5.

** 阿尔伯特于1913年8月11日前后两次写信给埃尔莎谈到这次会面。

到足以保证爱因斯坦能得到12 000马克的年薪——其中一半是来自慷慨而爱国的科佩尔先生。随着时间的推移,原来的计划改变了:爱因斯坦不是被任命到哈伯的化学研究所中,而是将被指定为他自己的威廉皇帝物理研究所的所长(也是唯一的成员)。他还将被任命为柏林大学的教授,但是没有任何教学任务。普朗克迈出了第一步,在一封由能斯特、鲁本斯和瓦尔堡联合署名的信中,他建议爱因斯坦担任普鲁士科学院中一个近来空缺的职位。

> 总而言之,在现代物理学如此丰富的重要问题中,可以说几乎没有一个问题爱因斯坦不曾以一种令人注目的方式占有一席之地。虽然他有时候在思考时会越过了目标,例如他的光量子假设,但这也不应该看作是对他太过分的不利。因为如果没有时不时的冒险,哪怕是在最精确的自然科学中,要进行真正的创新也是不可能的。*

除诺贝尔奖之外,欧洲大陆再也没有比入选普鲁士科学院更大的荣誉了。对于一位34岁的科学家来说,这更是闻所未闻,但是该科学院的物理学和化学部门很快就赞同了这个任命。到这时,阿尔伯特一定已经注意到了自己正在被考虑,因为普鲁士教育部在整个欧洲进行着调查。

7月的第2个星期,普朗克和能斯特坐火车去了苏黎世。阿尔伯特会见了他们,并把他们带到了工学院,他们在那里说出了愿意提供的条件。这个著名的故事接下来的情节是,他无法立即作决定,因此送他们去瑞士著名的齿轨铁路,上里吉山顶作一次短途旅行。并告诉他们,当他们回来的时候,他会到火车站来接他们,如果他带着一朵红玫瑰,就表示他的回答是肯定的,如果回答是否定的,他就带一朵白玫瑰。

当阿尔伯特坐下来思考这件不可思议的事情时,他在心里可能估计过的资产负债表看上去也许是这样的:

---

* M. Planck, W. Nernst, H. Rubens, E. Warburg, "Proposal for Einstein's Membership in the Prussian Academy of Sciences," June 12, 1913, *CP*, vol. 5, p. 526.

他在苏黎世赚的钱不少;他在柏林可以赚更多钱。在柏林,他可以把哈伯当作当地的一个友善的大叔;在苏黎世他有仓格尔。在柏林大学他将没有教学任务,而在工学院他得教电磁学、光学,组织每个星期的专题研讨会,还要管理实验室。在柏林他有埃尔莎,在苏黎世他有米列娃。在柏林他离普朗克只有几分钟路程;在苏黎世他离他母亲有半小时的路程。

当普朗克和能斯特从山上回来时,阿尔伯特拿着一朵红色的玫瑰。*

很自然,这件好事离成功还很遥远。整个科学院还要批准他的院士资格,然后他的任命还必须由政府本身以皇家法令的形式加以确认。然而,最初阿尔伯特希望这一切能在秋天以前全部结束,他是如此突然地渴望逃往北方。与此同时,阿尔伯特还安排邮局把他的邮件送到他的办公室,以免米列娃有机会中途截取复兴的、来自埃尔莎的大量邮件。

“前几天,普朗克和能斯特来拜访了我,”他悄悄告诉埃尔莎,并告诫她保守秘密,** “最迟在明年春天,我就会永远地来到柏林。”

米列娃对这个消息的反应是预料之中的阴沉。她就要回到阿尔伯特那些可怕的亲戚的包围中。她一直对他们感到害怕,尤其是现在又多了一个新的需要提防的人。***

同居里一家的徒步旅行从8月初就开始计划了。然而在最后一刻,爱德华病得非常严重,因此米列娃不得不留下来照顾他,而阿尔伯特就独自上路了。他在萨梅丹会见了玛丽·居里、她的两个女儿伊夫(Eve)、艾琳(Irene)和一名家庭女教师。萨梅丹是在北恩加丁山区的圣莫里茨河下游的一个主要市镇,他们从那里开始步行出发。

恩加丁向着马洛亚山口和意大利边界逐渐上升,经过一系列绵长蜿蜒的湖泊和阶梯状的村庄。当他们到达山口时,米列娃和阿尔伯特利加入了

---

* Ronald Clark, *Einstein: The Life and Times*, for example, p. 168.

** Albert Einstein to Elsa, July 14, 1913, *CP*, vol. 5, trans. Valerie Tekavec.

*** Albert Einstein to Elsa, Aug. 11, 1913, *CP*, vol. 5, trans. Valerie Tekavec. 阿尔伯特谈论了米列娃的疑惑。

他们的征途。但是，根据伊夫为她母亲所写的传记，米列娃没有参加徒步旅行。* 米列娃的腿在5个月前还酸痛得出不了家门，这时竟然能够去山里旅行，这是有些令人惊讶的。伊夫在对这次旅行的叙述中，描绘了当阿尔伯特和玛丽在他们的行程中一起闲逛，谈论着从群山的地质情况到万有引力和相对论的一切时，孩子们在山脊和山坡上嬉戏雀跃，沿着悬崖爬上风景如画的村庄。有一次玛丽开玩笑地向阿尔伯特挑战，让他识别视力所及的所有山峰，以此来证明他是个真正的山里人。还有一次，当他们在越过一个岩架时，他抓住了她的手腕，并说他想要了解那个在电梯中下落的人。玛丽在她的笔记本中记下了她愉快的经历。

在阿尔伯特向埃尔莎的报告中，则对他的冒险描绘出了一幅略微有些不同的图景。“居里夫人非常聪明，但是她有一种鲱鱼般的心灵，也就是说，她的喜怒不形于色。实际上她唯一情绪化的表现就是咒骂她不喜欢的东西。她还有一个更加糟糕的女儿——就像一个掷弹兵。”**

这次旅行在科莫湖结束。12年以前，阿尔伯特和米列娃就是在这里开始了他们坐雪橇上施普吕根山口的决定性的旅程。不过这一次，他们是坐火车回家。

埃尔莎决定不能置身事外，因此她开始从柏林稳固地敲打出新闻和评论的鼓声。在训诫阿尔伯特需要更加有规律地洗澡、纠缠着他来看望她以及计划着如何与阿尔伯特的母亲和睦相处的一系列活动的过程中，她还无意中讲出那令人不安的消息，说自己被诊断出心脏肥大。

阿尔伯特一再向她保证说，休息几个月就会好的。“任何女性都可能患心脏肥大，就连女医生也可能患心脏肥大！”他写道，“如果我在你那里，通过一个小小的吻或者别的某种甜蜜的方式就让你好转了的话，我可要嘲笑你了。”

我已经下定了决心，当我的末日到来时，我一定只吃草，接受最低

---

* Susan Quinn, *Marie Curie: A Life*, p. 348.

** Albert Einstein to Elsa, Aug. 11. 1913, *CP*, vol. 5, trans. Valerie Tekavec.

限度的医疗帮助。但是在那以前，我还是计划按照像我邪恶的灵魂命令我的那样过着罪恶的生活。特种饮食：像烟囱一样抽烟，像马一样工作，不加考虑和不加选择地吃，**只在**有真正舒适的陪伴下走路，也就是说，遗憾的是，很少走路，睡觉没有规律，等等。*

阿尔伯特继续为他的新的引力理论烦恼着，苦苦思考着这一理论为何奇怪地不能满足他所期望的协变性。最后一个方程式具有两个部分，一部分描述弯曲的空间如何影响物质，另一部分则描述物质如何使空间弯曲。第一部分所包括的运动学和电磁学定律，满足阿尔伯特最初的规定，即它们对作任何运动的观察者都相同——简而言之，它们是协变的。但是，阿尔伯特为这个理论的第二部分曾错误选定的那个张量却并不适用。"因此这个理论自相矛盾，"他向洛伦兹抱怨道。为什么呢？**

8月中旬，阿尔伯特已经确信自己知道答案了。他向洛伦兹解释说，由于要使得他的理论符合物理学最基本的定律之一，即能量和动量守恒定律，其必然的一个数学结果就造成了他理论的局限性。前一年，当他第一次尝试引力理论，而其结果违背了这些原理时，他感到局促不安。这一次他一开始就把它们作为理论的一个固有的部分，事实上就是把他的理论限制在守恒定律看来都成立的那些参考系中。当理论在某种意义上用守恒定律这样的生命基本支柱为基础而限制了其自身时，还会有什么比它更美丽呢？

阿尔伯特终于声称自己愉快和满意了。"只有现在，当这个丑陋的黑暗的瑕疵似乎已被消除了以后，这个理论才能给我带来快乐。"***

然而，阿尔伯特并没有说出他所知道的一切，因为这个理论比他所愿意承认的要成问题得多。当他和米凯莱用它来计算神秘的水星近日点运动时，得出的一些结果却是灾难性的。他们的尝试被记录在一份56页厚的草

---

* Albert Einstein to Elsa, after Aug. 11, 1913, *CP*, vol. 5, trans. Valerie Tekavec.

** Albert Einstein to Hendrik Lorentz, Aug. 16, 1913, *CP*, vol. 5.

*** Albert Einstein to Paul Ehrenfest, Nov. 7, 1913, *CP*, vol. 5.

稿中。这份草稿直到1995年才为学者们所知。当时它在欧洲被发现,并被仓促地收编进了《爱因斯坦全集》的第4卷。* 这些论文只是证明了阿尔伯特实在是多么狡猾或者难以对付,并揭示了他在把自己束缚于他的理论的那个自欺欺人的网中又织进了另一条线。

到20世纪的20年代,天文学家们以令人恼怒的精确度知道了水星并不是以一个固定的轨道围绕着太阳运行的。更确切地说,描述其轨道形状的椭圆本身也在以每2 273 684年一圈的速度旋转,或者说是每个世纪大约570弧秒。结果是,几千年的时间中,这个行星将在太阳周围描绘出一个玫瑰花饰形的图案。在使用了牛顿的引力,并把其他行星的影响计算在内以后,仍然存在着一个总计每世纪41弧秒的这一顽固而微小的不合之处。** 天文学家们曾求助于利用一颗假设的行星(祝融星)和行星间的尘埃带来解释它,而在此10年以前,洛伦兹也曾尝试用他的基于以太的引力理论来计算这种运动。阿尔伯特却是借助于时空的弯曲来解释水星轨道的偏差。

但是当他们最终将数字代入他们艰辛地得到的公式中时,阿尔伯特和米凯莱得到的水星运动的答案是1821弧秒(大于30弧分),因此使他们有了一个40多倍的偏差。但是结果证明他们用的太阳质量是错的。现在阿尔伯特独自继续进行这项工作,他放进了正确的质量,重新进行了计算,得到的新答案是18弧秒——比较接近,但是现在又实在太小了。

这使得爱因斯坦陷入了一种棘手的境地中。他的理论给出了错误的答案,而且由于这些方程式中没有可供调整的得以蒙混过关的因子,他本来就有充分的理由抛弃它。此时最好的情况也不过是,他将坚决认为那些尚未曾发现的尘埃带造成了水星运动的这种差异——这是一种他所厌恶的理论。最坏的情况是,在亚伯拉罕的手中,这些结果将被用来攻击《纲要》。不

* "Einstein and Besso: Manuscript on the Motion of the Perihelion of Mercury," June 1913, *CP*, vol. 4, p. 360. 1996年12月,该手稿由西海岸的一位收藏家以360 000美元在纽约市的克里斯蒂拍卖行中购得。

** 由纽科姆(Simon Newcomb)在1895年得出,近代数值是43。

过亚伯拉罕和万有引力圈中的其他人一直都没有发现这些结论,因为阿尔伯特从来没有发表它们。*

阿尔伯特对这种不符合也许只有**一点点**担心,他又投入了一种完全不同的计算中,计划检验他的理论中的中心原则之一:马赫曾提出过的甚至转动也是相对的这一概念。根据马赫对转动水桶的论点,是水桶在转还是周围的宇宙在围着它转动应该完全没有区别。水旋转的纯效应是一样的。在爱因斯坦的理论中,这就意味着有可能构建一个模拟旋转效应的引力场。阿尔伯特断言,这确实是事实。但是,又一次,在得到了他所期盼和希望的答案以后,阿尔伯特没有仔细地去检查计算过程。当他意识到自己犯了一个错误的时候,已经是两年以后了。**

与此同时,计划用其他实验(光线弯曲)来检验这一理论正在断断续续地进行着。弗罗因德利希得到了他的老板施特鲁韦的允许,在下一年去往克里米亚观看日食,但是不给资金。阿尔伯特邀请他9月份来苏黎世。正巧当时弗罗因德利希正要结婚,并计划去阿尔卑斯山度蜜月,因此当他们到达苏黎世时,阿尔伯特和哈伯在火车站迎接了他们。阿尔伯特戴着一顶下垂的草帽,而哈伯当时正好来访。***

阿尔伯特马上带他们去了几千米以外的弗劳恩费尔德,瑞士自然科学

---

* 根据扣留的不利证据,是否可以认为爱因斯坦在这一情况下作为法庭官员渎职了?这似乎是詹森(Michel Janssen)所写的克里斯蒂拍卖目录中的一篇论爱因斯坦—贝索的计算的短文中所要暗示的,詹森是一位和蔼可亲的年轻荷兰物理学家,他也是爱因斯坦文稿计划的成员。詹森原先来自阿姆斯特丹大学,他在匹兹堡大学的诺顿手下得到博士学位以后,作为广义相对论的专家加入了文稿计划,而诺顿曾在阐述爱因斯坦的笔记本时起过作用。

"我确信爱因斯坦可以对这个18弧秒的惨败更加直言不讳一些,"詹森说道,"但是我也认为让这18弧秒曝光不会对《纲要》的理论产生如此大的伤害。在广义相对论以前的任何一种理论都没有如此正确过。"詹森指出,努德斯特伦的理论预言了在相反方向有7秒的结果,**增大**了这种不符合。至少《纲要》的理论让事情好转了。对于阿尔伯特自己来说,他似乎决定不再理会这种有矛盾的水星计算。——作者

** Michel Janssen, "The Einstein-Besso Working Manuscript," Christie's auction catalog for November 25, 1996.

*** Clark, p. 162.

学会正在那里聚会。他为他们买了午饭,然后又发现自己没带钱。斯特恩在桌子下面塞给他一张一百法郎的钞票。后来阿尔伯特作了一个关于引力的报告,并向大家介绍弗罗因德利希,说他是“明年就要检验这一理论的人”,这令他羞愧不已。

在回苏黎世的路上,阿尔伯特和弗罗因德利希谈论着日食,而弗罗因德利希的新娘克特(Käthe)真实地感受到了婚后的科学生活,在一旁仔细欣赏着风景。基本的计划是很简单易懂的:在日全食过程中,弗罗因德利希将拍摄下包括发生日食的太阳和看得见的恒星的天空。将这张照片与另一张包括同样的恒星区域但没有太阳的照片相比较。光线发生弯曲的那些恒星与它们正常的位置相比,看上去将相对于太阳稍稍向外移位。这个移动的量真的是非常小——在太阳边界之处或“边缘”附近只有0.8弧秒。

然而,阿尔伯特的头脑里还有些好主意。他建议,他们也许需要使用两台照相机,用机械把它们连接在一起,这样发生日食的太阳就可以处于一个视场的中心,而他们所感兴趣的那些恒星则处于另一个视场的中心,这样就可以避免虚假的光学效应。他还写信给加利福尼亚威尔逊山天文台的台长、著名的研究太阳的天文学家海尔(George Hale),请教他的意见,想知道是不是真的有必要等到一次日食。海尔证实了爱因斯坦的怀疑,认为要在白昼去拍摄太阳附近的恒星是不可能的。他还把爱因斯坦的信转给了坎贝尔(W. W. Campbell),坎贝尔是加利福尼亚州北部的利克天文台台长,也是一位很有经验的研究日食的天文学家。* 随后弗罗因德利希和坎贝尔之间也进行了一次通信。坎贝尔同意,如果在克里米亚日食期间他能设法到那里的话,他会拍摄恒星区域的照片——一个很成问题的**如果**。弗罗因德利希开始制订自己做这个实验的计划。

在弗劳恩费尔德之旅以后,爱因斯坦一家又进行了另一次旅行。这一次旅游部分是应职业之需,部分也是家庭娱乐,而对阿尔伯特来说,这次出

* George Ellery Hale to Albert Einstein, Nov. 8, 1913, *CP*, vol. 5.

游的高潮是与埃尔莎的一次幽会——这个计划显然不为米列娃所知。

他们的第一站是卡奇,卡奇仍然仅仅是古老的、正在衰落的匈牙利帝国的一部分,他们在那里同米列娃的家人在他们乡村老屋“螺壳”中度过了一个星期。天气很热,仓格尔曾警告过他要提防霍乱,但是阿尔伯特报告说什么都没看到。他说,他们在“田园诗般的宁静中”度过了逗留在这里的这段时间,沉醉在他们8年前来访时他所喜爱的那种与亲戚们和镇民们的天真的戏谑之中。* 这是泰特第一次东行见到了他的外祖父母。米列娃的弟弟米洛斯一直在瑞士学习医学,这时也在那里。

米列娃经不住她的父亲和其他各位祖父母和教母们的恳求,有一天把孩子们带到了镇上,让他们在希腊正教的教堂里受了洗礼。阿尔伯特没有参加这场洗礼。**

他们从卡奇出发去了维也纳,阿尔伯特按照安排在那里的第85届自然科学大会上表演他的“高空荡秋千动作”。这是一年一度的大会,每次的会址都在变动。到此时,这次大会几乎是为了阿尔伯特而召开的了——这是他获得许多大胜利的场合。但是这一次,他获悉了一个不属于他的胜利,当时海韦西(Georg Hevesy)轻声地跟他说了玻尔提出的电子在轨道和轨道之间产生量子跃迁的原子理论。这件出乎意料的事毋庸置疑对阿尔伯特不会毫无影响。在会上,他就要宣布他的最激进、影响最深远的理论并为它辩护,那就是对空间、时间、引力以及整个宇宙的真正重建,一个令人窒息的逻辑和美的大胜利,不料却得知有一些关于存在于宇宙中的原子的固有而怪异可笑的东西。

我也可以做到类似这样的事情,不过那将是物理学的终结。

维也纳是马赫和莫扎特以及阿尔伯特的老朋友阿德勒的城市,当时它仍然是东欧的闪亮的首府。演讲大厅里挤满了那些长着使人望而生畏的短髭和严肃的大胡子的同僚们,他们渴望看到爱因斯坦亲自提出他的新理论,

---

* Albert Einstein to Heinrich Zangger, Sept. 30, 1913, *CP*, vol. 5.

** Dord Krstic, in Elizabeth Roboz Einstein, *Hans Albert Einstein: Reminiscences of Our Life Together*, p. 97; Desanka Trbuhovic-Gjuric, *Im Schatten Albert Einsteins*, pp. 124—125.

如果没有必要无保留地接受它的话。

阿尔伯特一开始先比较了引力理论的发展和电磁学的历史。假设我们关于电所知道的一切只有静止电荷之间的静电吸引和排斥的库仑定律。“谁会能够从这些数据中建立起麦克斯韦的电磁理论来?”而在引力中的情况恰好也正是这样:“我们所知道的一切只有静止质量之间的相互作用。”那么,牛顿定律怎样才能扩展成一个更加广泛的理论呢?如果没有相对论作为一条引导和启蒙的原理,理论家们的想象就完全不会有任何限制。

他继续概要叙述了在竞争中的两种基于相对论的理论。努德斯特伦的理论基本上是普通的相对论,再把引力作为一个额外的力塞进里面。它并不满足等效原理。光的速度是恒定的;光线不会发生弯曲,时空也没有曲率,配不上称为一种更加广义化的相对论。“只有一件事还不令人满意,”阿尔伯特总结道,“那就是,根据这个理论看来,物体的惯性虽然的确受到其他物体的**影响**,但这一情况却不是由它们**引起**的,因为根据这种理论,我们将其他物体越远离一个物体,它的惯性却越大。”

然后阿尔伯特又通过概要叙述箱子里的物理学家的经历介绍了他自己的理论:这个物理学家无法说出自己是坐在地球上还是在被拖曳着穿过太空。“如果原则上这两个物理学家确实无法决定这两种观点中的哪一种是正确的,那么**加速度**就和**速度**一样几乎没有什么绝对的意义。”说明引力质量与惯性质量一致的厄缶实验对于加速度的关系,就像迈克耳孙—莫雷实验对于匀速运动的关系。这就意味着从数学的立场来看,自然界的定律必须不仅关于匀速运动是协变的,按照相对论的方式,它关于有加速度的非匀速运动也必须是协变的。阿尔伯特断言,他和格罗斯曼的不完全协变的理论是在合情合理的物理框架内构造出的最为接近的一种理论。

演讲快结束时,阿尔伯特说道:“为了避免误解,让我在这里重复一下,正如马赫一样,我并不认为惯性的相对性是一个逻辑的必然。”但是他又承认,这样一来它的确比较美。他总结道,努德斯特伦的理论虽然简单而且协调一致,但是却不满足这个条件。而爱因斯坦—格罗斯曼理论能满足这个条件。"在这种情况下你确实得到了一些相当复杂的方程,但是与此相交换的是,得出这些方程的基本前提是在少得令人惊讶的假设的帮助下得到的,并且这个理论满足惯性的相对性概念。

> 究竟是[努德斯特伦的]第一种途径还是[爱因斯坦的]第二种途径在本质上与大自然相符,这就必须由显示日食期间太阳附近恒星的照片来决定了。让我们希望,1914年的日食会作出这个重要的决定。*

爱因斯坦结束了他的演讲以后,格赖夫斯瓦尔德大学的一位教授米(Gustav Mie)突然跳了起来。他是这样表态的:"首先,我想对这个理论的历史发展再讲几句话,来使爱因斯坦先生这个有趣的演讲更完善。"很明显,爱因斯坦先生并没有看过米自己的引力理论。"不,不,"阿尔伯特抗议道。米说,而且,难道不是亚伯拉罕第一个建立了一组合情合理的引力方程组,而努德斯特伦就是从那里开始的吗?

"从心理上来说是这样的,但是逻辑上却不是,"阿尔伯特对前面一个问题如此回答道,因为正如他所解释的,这两个理论是根本不同的。至于米自己的理论,则没有将等效原理贯彻到底。"对我来说,从某些基本要求出发,却又不坚持它们,这是不合逻辑的。" **

米宣布,他很快就会发表一篇论文,说明爱因斯坦—格罗斯曼的理论本身也没有遵守等效原理。讨论从这里开始变得热烈。在一个特别紧张的时刻,有人按下了按钮,把黑板从房间的一边移到了另一边,并说道:"看,黑板在相对于演讲厅移动,而不是演讲厅相对于黑板移动。"***

正是这种喧闹最终把阿尔伯特和相对论推入了大众传播媒介。3天以

---

* "On the Present State of the Problem of Gravitation," reprinted in *Physikalische Zeitschrift* 14 (1913), pp. 1249—1262, *CP*, vol. 4, p. 486.

** *CP*, vol. 4, p. 504.

*** Felix Ehrenhaft, "My Experiences with Einstein," quoted in Clark, p. 150.

后，一篇题为“危险时刻：数学科学的轰动事件”的文章出现在维也纳的一张报纸上。*尽管爱因斯坦在科学圈中享有盛名，外行还几乎很少有人听说过他。这是相对论的第一篇报道，它的前沿发展在10年之内将成为新闻业的一个兴旺的支流。

离开维也纳以后，米列娃前往苏黎世。在接下来的几天里，她在那里全神贯注地带着一位乡亲在镇周围各处转转。与此同时，阿尔伯特独自巡访了亲戚们，旅行去了海尔布隆、乌尔姆，最后去了柏林。

埃尔莎后来深情地回忆起，在他这次来访期间，她曾为他烹饪蘑菇和烤鹅，这原来是过去的一年中他所期盼的一切。埃尔莎也许是受到了哈伯的怂恿要帮阿尔伯特弄得整洁一些，因此她送他回家时送给了他一把发刷——按照他所说的，是一位“长满刺毛的女朋友”——和一把牙刷，同时还告诫他要更加按时地洗澡。

他一回去，就马上给她写信了。“我又在苏黎世了，但是再也不同以往了。现在我有了某个可以以真正的乐趣想起并为她而生存的人了。”**

经过柏林的愉悦以后，家看上去比以往更加糟了。不用说任何话，似乎所有有关的各方都知道，阿尔伯特在柏林逗留以后的结果是，有些事情已经改变了。米列娃的反应是一种冰冷的沉默。阿尔伯特告诉埃尔莎，他搬进了一间单独的房间，并且避免同他的妻子单独在一起。他也越来越少地谈论他的亲戚们，尤其是埃尔莎。

阿尔伯特在一月一月地倒计时间，等着与埃尔莎能够在一起，自由地会面和安逸地散步、谈话，同时，他把他的情感活力以一种渴望与愤怒的别扭的混合投向了北方。“我俩都是巡游的人们，接受命运的选择，从平庸人群中的一员变成了钢丝绳上的舞蹈者，不过——感谢上帝——并不是在一根真

* Linda Dalrymple Henderson, *The Fourth Dimension and Non-Euclidean Geometry in Modern Art*, p. 362.

** Albert Einstein to Elsa, Oct. 10, 1913, *CP*, vol. 5.

正的钢丝绳上，而是在人类的疯狂行为的上空之上！"*

10月中旬，他写道："今天我才刚刚收到你的来信，就已经坐下来准备给你写回信了，这真有点丢脸了。但是我和你一起心满意足地度过的那些时间，给我留下的是对愉快的交谈和亲密的共聚如此的渴望，以至于我无法抗拒地要伸手去拿那些能代替现实的可怜的纸……"

> 如果有一天我们能一起营造一个吉普赛式的小家庭，那该多么美啊。你完全不会知道这样一种只有微薄的需要、不必伟大的生活会有多迷人。谁会说我们不可能实现这样的一天？**

一个半月以后："你用你的信来令我苦恼，但是又用烤鹅来安抚我。多么美味啊……你有没有意识到，我们要分离的这段时间就要过去一半了？我彻底厌倦了这种深陷于孤独的悲伤。"***

至于米列娃呢，这种一连串的发泄还在继续着。"她是一个不友善的、缺乏幽默感的人，她自己在生活中一无所得，而且只要她一出现，别人生活中的喜悦一下子就被控制住了(malocchio！)[带来不幸的目光！]"****

如果说这些信实在太令人联想起阿尔伯特在大学里和读研究生时写给米列娃的那些求爱信的话(当时阻碍他幸福的一派是他的母亲)，那么阿尔伯特此时对埃尔莎的热情与其说是对她能赐予的甜蜜的吻，还不如说似乎更集中在她厨房里的产品。他和埃尔莎之间的通信，总的来说，很奇怪地没有涉及性，这也许是引力带来的损失。

1913年11月初，阿尔伯特前往布鲁塞尔参加第二届索尔韦会议，在那

---

* Albert Einstein to Elsa, Nov. 22, 1913, *CP*, vol. 5.

** Albert Einstein to Elsa, Oct. 16, 1913, *CP*, vol. 5.

*** Albert Einstein to Elsa, before Dec. 2, 1913, *CP*, vol. 5.

**** Albert Einstein to Elsa, after Dec. 2, 1913, *CP*, vol. 5.

里，他和能斯特讨论热力学，而在最后一次的宴会上，他没有把向创建者索尔韦祝酒的事做好。“所有的那些认为我是一个毫无惧色又很得体的、机灵的辩论家的人都会发现这样的一个有趣的现象，那就是每当我有吃有喝的时候，我会变得完全语无伦次。”*

一个星期以后，皇帝威廉二世最终批准爱因斯坦入选普鲁士科学院，阿尔伯特也正式向联邦学校委员会申请解除他的合同。委员会的答复是提出给他加薪、终生任期、不分配教学任务，甚至还增加额外的研究经费，希望用这些引诱他改变主意而留下来，但是结果这一切全都是徒劳。仓格尔正在请病假，这个学期都在意大利的里维埃拉休养，没法叫他来动摇他的朋友。搬迁的日子定在4月1日，就在3年前的同一天，阿尔伯特离开苏黎世来到了布拉格。

许诺以后，自然就会重新考虑了。爱因斯坦告诉斯特恩，说他觉得自己好像珍稀邮票那样被收藏。“柏林人在我的身上打赌，就好像我是一只最好的下蛋母鸡。我吃不准我是否还能下蛋。”** 他突然想起了自己似乎从未真正喜欢过德国人。例如，哈伯（在他的研究所里到处挂的都是他的照片）似乎屈从于一种无味的个人虚荣，他向埃尔莎抱怨过这种缺点。“不幸的是，这种有失文雅的方式正是柏林人的习惯。当这些人跟英国人及法国人在一起时，会有多大的不同！他们看上去是多么粗鄙和幼稚。虚荣，但是又没有真正的自尊。文明（刷得很干净的牙、雅致的领带、梳洗整洁的小胡子、无可挑剔的整套衣服），但是没有个人修养（谈吐、行为、声音、感觉都很粗鲁）。”

阿尔伯特早已采取了步骤把自己和这些俗人区分开来，那就是扔掉埃尔莎给他的牙刷，理由是它是危险的。毕竟猪鬃也能钻透钻石。埃尔莎越是责骂他，他似乎越是任性地对自己的立场感到骄傲。“因此，一只无可救药的、污秽的臭猪在一个风和日丽的远方吻你的手，”他以此结束了他长篇激烈的演说。***

---

* Albert Einstein to Elsa, Nov. 17, 1913, *CP*, vol. 5.

** *CP*, vol. 5, p. 582.

*** Albert Einstein to Elsa, after Dec. 2, 1913, *CP*, vol. 5.

一个搬到柏林去的计划早已在进行中了，这个计划反映了爱因斯坦家里的紧张状态。圣诞节假期中，阿尔伯特让米列娃独自去柏林寻找住处，原因正如他向埃尔莎解释的："我对公寓之事并不关心。她应该自己去找一套适合她品位的。如果你尽心尽力，她也不知好歹。"* 阿尔伯特强调，她没有义务访问他的亲戚们，因此将同哈伯一家——弗里茨和克拉拉(Clara)——住在一起。这样的安排使阿尔伯特和埃尔莎能够计划在新年相聚，但不幸的是，埃尔莎早就表态她跟亲戚们一起在慕尼黑过这个节。

"真遗憾，"阿尔伯特对此谈道，"不过我们俩都习惯了去看一些愉快的事，而它们注定只能属于他人。你知道布施(Busch)的那一句美丽的诗句吗：'避开那些我们肯定得不到的东西是快乐的'？"**

事实上，埃尔莎实在是一个太精明的女人，她不肯只因为她的仰慕者(一个已婚男人！)住在另一个国家就放弃快乐的东西。她在艺术剧院安排了诗歌朗诵会，尽管《福斯日报》对她一年前举行的前一次朗诵会只有一个不冷不热的评论。批评家抱怨她缺乏有力且有戏剧性的音域，但又承认她的表演获得了响亮的掌声。

更重要的是，埃尔莎还跟一个名叫尼古拉(Georg Nicolai)的人很合拍，尼古拉是一个有才气的内科医师和生理学家、心电图的倡导者，同时也是柏林最臭名昭著的登徒子之一。关于尼古拉的一切(他将在本书的后面占有一席之地)都富有传奇色彩，从他作为一个狂热的决斗者和花花公子的经历，到他的科学经历[其中包括他跟巴甫洛夫(Pavlov)一起学习心理学]，再到他的艳遇和私生子女的清单。也许是为了挑逗爱因斯坦，埃尔莎问他是否允许她继续见尼古拉。然而，阿尔伯特并没有上她的圈套，还告诉她只要尼古拉"行为规矩"，埃尔莎就可以继续享受和他交往的乐趣。

埃尔莎还提出了离婚的事情，对此阿尔伯特的反应确实很奇怪。"如果

* Albert Einstein to Elsa, Dec. 21, 1913, *CP*, vol. 5.

** Albert Einstein to Elsa, before Dec. 2, 1913, *CP*, vol. 5.

你没有对方的任何犯罪证据，如果对方很精明而且——尽管对阁下尊敬之至，恕我直言——惯于说谎，你以为离婚就这么容易吗？事实上，我甚至一条能令我自己信服的关于这种行为——法庭唯一认可的‘通奸’行为——的证据都没有。”他写道，就好像正是米列娃被怀疑有不贞的行为。

阿尔伯特实际上是把他对她所做的事想象成是别人对他做的，这并非是第一次。例如，阿尔伯特曾指责可怜的玛丽离开了他，而当时却是他离开了她，去往苏黎世学习，于是就终结了他们之间的关系。当然，在阿尔伯特的想法中，过去的几年也是米列娃离弃了他，收回了她的爱情，把自己藏进了一个沮丧和嫉妒的壳里，而不是他因为贝索、哈比克特、冯·劳厄、普朗克、埃伦费斯特、安娜和埃尔莎而离弃了她。对于一个有想象力并且有一点经历的男人来说，阴暗中挤满了危险的意图。

“另一方面，我把我的妻子看作一个我不能解雇的雇员，”他继续写道。但是因为他有自己的卧室，“我很能忍受我们以这种方式‘住在一起’。事实上，我并不明白你为什么会对此感到心烦意乱。我是我自己的主人，如果你不想和我在一起，我也是我自己的——妻子。”*

随着搬迁临近，米列娃的疑惧也在增长，而阿尔伯特对于想象这两个不同个性的女子灾难性的相遇似乎会有一种反常的快感。“我的妻子不断地向我哀诉她对于柏林以及亲戚们的害怕，”他说，“她感觉受到迫害，害怕3月末将是她最后几天宁静的日子了。这的确有点道理……啊，而米扎是有史以来脾气最坏、最面无笑容的人。我一想到她和**你**在一起的情形就浑身战栗。”

“哪怕是从远处见到你，她就会像一条蠕虫那样扭动不安。”**

米列娃和他生命中的另一个女人——他的母亲——之间几乎不可能再好转了。保利娜一旦意识到了阿尔伯特和埃尔莎之间关系的可能性，似乎就暗暗地予以怂恿，主动地提出他们若能在柏林重聚那将会有多好。

---

* Albert Einstein to Elsa, before Dec. 2, 1913, *CP*, vol. 5.

** Albert Einstein to Elsa, Dec. 21, 1913, *CP*, vol. 5.

保利娜故伎重演，在那年的圣诞节时寄了一张只致阿尔伯特的短笺，声称马上有一些包裹要送到。但是，她是通过在卢塞恩的马亚寄给他们的，一个给阿尔伯特和米列娃的枕头以及给孩子们的一些玩具。米列娃对自己被置身事外感到狂怒不已，她把那些礼物寄了回去，一起寄去的还有一封信，宣布从此以后不管她还是孩子们都跟保利娜无关。阿尔伯特与这种敌对状态保持着距离，他相信她们俩活该遭受这种她们共同造成的痛苦。"无疑在这种情况下，对科学的爱就茁壮成长起来了，因为它能把我从泪水的深谷拉向宁静的天地，既不受个人感情影响，也没有抱怨和哀泣。"*

圣诞节以后不久，米列娃去了柏林。哈伯一家住在达莱姆，那是镇西南面的一个受到学者们喜欢的郊区地方，而且靠近法拉第韦格(Faradayweg)那座新建的化学研究所。寻找了几天以后，米列娃租下了镇上同一区的一条公寓，在埃伦贝格街33号。

正如阿尔伯特预言过的，柏林的一切进行得并不顺利。按照老一套，米列娃去拜访了她的姻亲们；而且，埃尔莎提出要帮助米列娃找住处，这就冒犯了她。阿尔伯特承认，他很高兴在苏黎世的家中以局外人的姿态对待这些事情，在那里她可以"非常平静地看着这些可鄙的人如何彼此争斗……介入这些家务事只能不断带给我烦恼。我不让米扎干预我的私事，而我也不干涉她的。米扎不在家里，我觉得很高兴。你知道，除了我的婚姻，我也能得到快乐"。**

与爱因斯坦的描述相反，在所谓的宁静科学天地里也不见得没有波澜。1914年初，亚伯拉罕对相对论又开始了新一轮的攻击，他写了一篇题为"新力学"的评述文章，娴熟地解剖了爱因斯坦—格罗斯曼理论的逻辑矛盾和数学矛盾，并将其摈弃。他总结道："相对论者的想法显然不够广泛，不足以作为这个世界的完整图景的一个框架。但是空间和时间概念的批判历史

---

* 出处同上。

** Albert Einstein to Elsa, Dec. 27, 1913, *CP*, vol. 5.

仍然为相对性的理论留有一席之地……这个事实保证了相对论将有一个风光的葬礼。"*

"确实,他谴责科学世界中的一切相对论,但是他是在很通晓的情况下才这样做的,"阿尔伯特研究了他的同僚们对他的工作的态度后告诉贝索。朗之万和洛伦兹很感兴趣;冯·劳厄和普朗克都在基本的立场上反对它。索末菲正在偏向相信其他理论。他抱怨道,德国人根本不具有无拘束的、没有偏见的看待事物的特征。**

此后不久,米早先许诺过的反驳就放在了阿尔伯特的桌子上,它是以《物理学杂志》上的一篇文章的面貌出现的。辩驳很激昂,但并不十分致命,这主要是因为米还搞不清楚这个理论——也许这是阿尔伯特在写《纲要》时本身混乱不清之故。阿尔伯特把整个1月都花在苦心地反驳对他的批评上。

"我喜欢争论,"阿尔伯特向仓格尔承认,"采用费加罗(Figaro)的说法:'我尊贵的大人会敢于来跳一次小小的舞蹈吗?他应该告诉我!我将开始为他演奏乐曲。'"***

与此同时,弗罗因德利希一直在尝试着进行相对论事业的另一端。12月,他向普鲁士科学院递交了一份正式的建议,提出于8月份去克里米亚进行日食勘探。普朗克当时是该科学院的物理学和化学分部的秘书,同时也是柏林大学理论物理研究所所长,阿尔伯特写信给他,询问他是否能帮助为这次核准的旅程筹集资金。

弗罗因德利希的上司、柏林天文台的台长施特鲁韦就是另外一回事了。"我不会写信给施特鲁韦,"阿尔伯特强调地对弗罗因德利希说,他实在是太了解这位求实主义的台长不可能赞成爱因斯坦的理论,而且对弗罗因德利希在其中投入的大量时间已经表示了气愤,"如果科学院回避这个问

---

* Quoted by Carlo Cattani and Michelangelo De Maria, "Abraham and Relativity in Italy," in Don Howard and John Stachel, eds., *Einstein and the History of General Relativity*, pp. 160—174.

** Albert Einstein to Michele Besso, Jan. 1, 1914, *CP*, vol. 5.

*** Albert Einstein to Heinrich Zangger, Jan. 20, 1914, *CP*, vol. 5.

题,我们只能从私人那里得到那么一点点钱财。"他允诺请哈伯帮助他们说服科佩尔。如果其他的一切都失败了,阿尔伯特答应会拿出他自己的钱——至少要达到2000马克。他力劝弗罗因德利希不要再为担心浪费时间了,只要放手去做,订购必需的照相底片。*

虽然普朗克不喜欢阿尔伯特理论中马赫主义的那些方面,这一点是意料之中的,不过他还是去跟施瓦茨席尔德(Karl Schwarzschild)商量了,施瓦茨席尔德是距柏林25千米处的波茨坦天文台的台长,是一位领先于他那个时代的天体物理学家,他曾同希尔伯特、闵可夫斯基一起在格丁根任教,并且早在1900年就出版了他自己的关于宇宙中可能存在着弯曲几何的推测。他也曾对日食做过观察。

据推测,施瓦茨席尔德表示了支持,因为虽然所有人都存在着疑虑,但是弗罗因德利希的提议是提交到拨款委员会的,这个委员会最终批准了它。1月份,科学院也跟着批准了,根据的是教育部的确认。爱因斯坦和弗罗因德利希大喜过望,每个人都表现得很体面,尤其是那位固执的老人普朗克。"脱帽致敬!"阿尔伯特向仓格尔大叫起来。**

但是,阿尔伯特跟米打交道的经历使他确信,他可以把他的理论弄得更清楚一些,因此他回过去重新进行了他的引力计算,直到他非常满意。事实上,他对于自己所做的工作是如此满意,以至于他告诉贝索说,日食的结果不再重要了;这个理论的逻辑性实在是太明显了,根本无法驳回。"这个理论中的相互关系现在是如此地和谐,而我对于其正确性再也不存在一点点怀疑了,"他告诉仓格尔,"大自然只向我们展示了狮子的尾巴。但是在我的脑海里无疑这头狮子应跟它那根尾巴有同样的地位,哪怕它无法一下子把自己从头到尾展示出来,因为它的尺度太大了。我们看它的时候就好像它身上的一只虱子所看到的那样。"***

---

* Albert Einstein to Erwin Freundlich, Dec. 7, 1913, *CP*, vol. 5.

** Albert Einstein to Heinrich Zangger, Jan. 20, 1913, *CP*, vol. 5.

*** Albert Einstein to Heinrich Zangger, March 10, 1914, *CP*, vol. 5.

埃尔莎又寄了一包烤鹅给阿尔伯特，但是邮包到达时剩下的只有包装盒子的封皮以及在上面留下的一些油渍了。* 阿尔伯特对这件礼物装出一副“纯粹的精神上的快乐”的样子，而没有被庸俗的食欲所玷污。“在成佛之路上，又胜利地通过了一块里程碑。”

米列娃从柏林回来时，对爱因斯坦家的亲戚们比以往更不信任了。“我注意到，她闻出了你身上的危险气息。”** 阿尔伯特告诉埃尔莎。从米列娃的观点看来，情况正在变得更糟。2月份，阿尔伯特最不喜欢的婶婶尤丽叶(Julie)去世了，他的母亲决定同新鳏的雅各布叔叔一起搬到柏林。在她将要去居住的城市里，危险的姻亲已经达到了危险的数量，就像一群乌鸦在卧室外面的树上嘈杂不已地做了窝。

米列娃一回来，泰特马上就病倒了，他得了百日咳、流感、中耳炎，以及全身虚弱。医生建议，等天气一转好并且他的健康状况足以应付旅行的时候，这个男孩应该去南方的某个矿泉疗养地作一次长期的休养。米列娃计划带他去洛迦诺，那是在瑞士和意大利交界处另一个蜿蜒的观光湖泊马焦雷湖沿岸的一个游览胜地。这就意味着，3月底当阿尔伯特搬去柏林时，米列娃和孩子们将不能同他一起去了。他立刻决定放弃一次在巴黎召开的物理学会议，这样他就能早日到达柏林，跟埃尔莎一起消磨时光。

1914年3月16日，星期日，利斯贝特·赫维茨在她的日记中记录道，爱因斯坦教授最后一次来与他们聚会并演奏了小提琴。*** 为了向米列娃表示敬意，他们在演奏莫扎特的同时也演奏了舒曼。米列娃独自坐着，在整个晚会期间一言不发。两个星期以后，她带着泰特和阿尔伯特利一起去了洛迦诺，他们计划在那里一直待到4月中旬。

---

* Albert Einstein to Elsa, Jan. 28, 1914, *CP*, vol. 5, trans. Valerie Tekavec.

** Albert Einstein to Elsa, Feb. 1914, *CP*, vol. 5, trans. Valerie Tekavec.

*** Trbuhovic-Gjuric, p. 126.

阿尔伯特早已去了安特卫普，并拜访了他的叔叔凯撒，然后又去了莱顿。在路上，他寄了一张明信片给他的家人，明信片上画了一只鸭子和一艘烟囱里袅袅地冒着烟的轮船。

“我希望你们一切顺利，”他写道，然后又补充道，“泰特应该多吃一点。来自你父亲的衷心问候。”*

一个星期以后他到达了柏林，在那里他收到了科佩尔送来的一件礼物——落地大座钟。

---

* Albert Einstein to Mileva, Hans Albert, and Eduard, March 23, 1914, *CP*, vol. 5.

第十九章　噩梦中的风景

被炸毁的威廉皇帝纪念教堂之塔在夜晚一直沐浴在泛光灯的照明中，耸立在柏林的宽鞘广场上，如同一颗锯齿状的金牙，黑色的洞和阴影为它留下了刻痕和伤疤。这幢钟楼并非指示时间的流逝，而是永远地停在一个凝固不动的天启的时刻，整个欧洲的所有其他这样的钟楼上的骷髅和跳着舞的土耳其人在所有这些世纪以来都在试图警告着这一个时刻。皇帝纪念教堂位于现代的西柏林中心位置，是旅行者们走出班霍夫动物园火车站时第一眼就能看到的东西。向北是第亚花园，那里曾经是腓特烈大帝的私人狩猎园，现在变成了柏林的中央公园。向西南面拐则是库坦大道，今天它已经成为西柏林的一颗明珠，以21世纪资本主义的一切霓虹和喧嚣闪亮着，虽然在阿尔伯特那个时代，这一带有着名声不好的夜总会和酒吧。

在第亚花园东面边缘处的德意志帝国国会大厦，是德国国会的所在地，它是一幢灰色的石质建筑，看上去永远惹人讨厌，它从天空中榨取着色彩，又碾压着地球。在柏林被摧毁的老马路中最为壮观的是菩提树下大道，它现在从布兰登堡门向东，经过重新开张的阿德龙旅馆，以及普鲁士和腓特烈光辉时期留下的一些遗迹（一些新古典主义的大厦，它们用诸神装饰其屋顶），最终辉煌地到达了厚重的柏林大教堂，那是一座19世纪的大教堂。它高耸在上，旁边下面有一群博物馆。其中的一个包括了一座完整的希腊神殿，其砖瓦是一片一片地从土耳其运来的。古老的柏林大学以前是一个宫殿，现在被重新命名为洪堡大学，它面对着大路，通过铁制的大门凝视着对面古老的普鲁士皇家图书馆。列宁曾在那里攻读过，大学前面的广场上布满了小汽车和公共汽车，1933年希特勒(Hitler)曾在这里焚烧书籍，其中包括爱因斯坦所写的著作。

1914年3月底，阿尔伯特到达了柏林，发现他的新公寓正在修葺中，于是他就临时性地搬去夏洛腾堡区同他的叔叔雅各布一起住。米列娃带着汉斯·阿尔伯特和泰特在4月底才到达，此时泰特的耳朵感染已经治愈了。

阿尔伯特的新工作开始了，他把他的时间劈成了两半，一半是在附近达勒姆的哈伯研究所里的一间小办公室，还有一半是在普鲁士皇家图书馆中，在那里有科学院的房间。他发现他的新同事们大体上相当通情达理，除了他所说的"在写作时高傲得像某种孔雀似的好炫耀"，* 但是在他们表面的友好之下，有一种令他苦恼的漠然。"他们对别人没有一种心理上的理解，"他向弗兰克吐露，"每件事都必须向他们解释得非常明确。"** 甚至与普朗克之间，他也觉得有所保留，再多的友谊或者科学的同志之情也不能沟通他们之间存在的一种内在的屏障。直到后来，他才总结出，这是因为普朗克不是犹太人。***

使阿尔伯特进入科学院的几位发起人——普朗克、哈伯和能斯特——显然期望他能建立量子理论方面的一个研究项目，特别是因为这一理论与化学和比热有关，虽然他们从未正式地提出过这一点。然而，阿尔伯特主要的兴趣却在于找到能够证实新的爱因斯坦—格罗斯曼引力理论的实验。在这一努力过程中，他发现弗罗因德利希心甘情愿为此跑龙套。爱因斯坦一家在柏林定居下来以后不久，弗罗因德利希家举行了一次晚宴，晚宴结束时

---

* Albert Einstein to Adolf Hurwitz, May 14, 1914, *CP*, vol. 8.

** Philipp Frank, *Einstein: His Life and Times*, p. 113.

*** 出自穆森(Minna Mühsam)对爱因斯坦的回忆，藏于耶路撒冷的希伯来大学的爱因斯坦档案之中。泰卡韦茨译。

克特最好的桌布上已经被阿尔伯特潦草地写满了方程。(多年以后她会后悔把它给洗掉了。)*

但是,他们从前生活的这种残存对爱因斯坦一家来说将变得越来越稀少。到达柏林后不久,米列娃对于搬迁最担心的事就开始成真了。此时已经习惯了在柏林自由自在的阿尔伯特,还是继续这样做,就好像米列娃不在时一样,有一次消失了几个星期,而且没有告诉她去了哪里。20年来,他一直在告诉米列娃,说她胜过他的家庭,因为他知道,他可以带她到任何地方而不必担心她会"喋喋不休地唠叨蠢事",而他现在却向哈伯吐露说,他觉得跟他的家人们在一起比同他的妻子在一起更舒服。

米列娃相当肯定,这段时间的一大部分,阿尔伯特是跟埃尔莎一起度过的。家里的气氛变得越来越紧张,甚至汉斯·阿尔伯特也在指责父亲自从搬到柏林来以后变得令人厌恶了。

最后一根稻草似乎是在7月份来到了,当时阿尔伯特没有和米列娃商量,就开始找人要把他们的公寓转租出去,米列娃相信,这是为了要逼她离开。**

接着发生了一场大争吵。米列娃指责阿尔伯特被人牵着鼻子团团转。"你一定知道,人们对于伟人的行为很感兴趣,"她警告他。阿尔伯特对这些指责感到非常刺痛,以至于几天以后他把它们以"糟糕的玩笑"为题涂写在一张给米列娃的表示出内心极度恼怒的便条反面,可以说他还在跟自己咕哝着这句话。*** 在这些含沙射影中有一条提到了克拉拉·哈伯,暗示米列娃也许曾向城中最亲密的一个人抱怨过他。当然,说到底把阿尔伯特弄到柏林来,弗里茨·哈伯是起到作用的,因为在某种意义上他是阿尔伯特的老板。

阿尔伯特感到被侮辱,无疑也感到被出卖了,因此他逃离了那所公寓,

---

* Ronald Clark, *Einstein: His Life and Times*, p. 175.

** 安娜·贝索1918年2月20日致仓格尔的信,*CP*, vol. 8, p. 1032,基于与米列娃的多次谈话而记述了这一破裂,还有阿尔伯特写给埃尔莎的信同时作为这个记述的基础。泰卡韦茨译。

*** 在一份给米列娃的未标注日期的备忘录中,阿尔伯特列举了他回家的条件。在其中他重复地提及他所谓的"糟糕的玩笑",这显然是由他的家人告诉他的。泰卡韦茨译。

重又回到他叔叔那里。与此同时，为了避开这种紧张状态，米列娃同意了克拉拉·哈伯的恳求，带着孩子们搬去同她一起住。接下来的几天里，阿尔伯特和米列娃之间唯一的交流形式就是由弗里茨·哈伯手递的便条。*

由于思念他的孩子们，阿尔伯特开了一张单子，列举了他愿意和米列娃重新开始生活的条件。这些条件像合同中的条款一样被编号和细分，或者说像一个实验的计划，其中包括要求他送洗的衣物和各种衣着用品要以整齐的方式保管，要求米列娃每天向他的房间提供三顿饭，还要求她不准弄乱他的书桌。她还必须放弃与他的所有个人关系，并且不能在孩子们面前批评他。他不会跟她一起旅行或者出现在公众场合，除非是装装门面而已。他的指示几乎不容置疑："你要明确地迫使你自己遵守以下与我有关的几点：1. 你不要希望从我这里看到什么心软，也不要对我有任何指责。2. 当你对我讲话时，如果我要求，你必须马上终止。3. 在我的要求下，你必须马上离开我的卧室或办公室，不得反对。"**

米列娃通过哈伯送来一封信，表示她愿意遵守这些规则，但是她这种表面上的默许对阿尔伯特来说还是不够，他又回信要求一个更明确的回答。"我准备要回到我们的公寓中去，因为我不想失去孩子们，我也不想他们失去我，但只是为了这个原因。经过发生了所有这些事情以后，我们之间要维持同志般的关系已经不可能了。"他警告她说，如果她不能保持他们之间公事公办的关系，他会要寻求分居。***

第二天，哈伯劝他说话口气要稍微柔和一点，他同意了。"这并不是不可能的，"阿尔伯特告诉米列娃，"如果你那边行为正确的话，我也许会再次给你更大的信任。尽管这样，但是没人知道未来会怎样。不管怎样我都认为对此议论不会有什么用处。"他再一次向她要一个清楚的回答。****

面对这样的无情，米列娃如果要想保持精神正常，除了放弃这段婚姻之

---

* 哈伯对于这样的痛苦并不陌生。他的第一个妻子自杀了，而他当时的妻子克拉拉最终也将与他离婚。

** 阿尔伯特未注明日期的备忘录。泰卡韦茨译。

*** Albert Einstein to Mileva, July 18, 1914, *CP*, vol. 8.

**** 出处同上。

外，实在是别无选择——至少眼下是这样。7月24日，星期五，阿尔伯特到哈伯家小坐片刻，在此期间，弗里茨草拟了一份正式分居的契约。阿尔伯特每年将付给米列娃5600马克（即7000瑞士法郎）。孩子们仍然跟米列娃在一起，她的条件之一是永远不能要求她将孩子们交给阿尔伯特的亲戚们。阿尔伯特只在一个要求上犹豫不决，那就是要求增加他的人寿保险费，但是后来他也让步了。他们约好了一位律师，但是阿尔伯特没有出席，他把米凯莱特地从的里雅斯特招来代替他。*

两天以后的那个星期天，米列娃和阿尔伯特进行了一次长达三小时的会面，据阿尔伯特对埃尔莎所说，这次会面确定了一些细节，铺平了离婚的道路。米列娃将带着孩子们去苏黎世。以后阿尔伯特可以去看他们，但只能在"中立的地方"，而不是在埃尔莎的家里。"现在你有了我可以为你作出牺牲的证据了，"他写信给埃尔莎。此时她已经离开该市同她的女儿们一起去度假了。"这样的事有点像一次谋杀！"**

会面后阿尔伯特从哈伯家直接去了埃尔莎家，尽管埃尔莎并不在那里，他把这个消息告诉了她的父母，而他们是以一种矛盾交加的心情来听这个消息的。然后他到埃尔莎的床上睡觉，困惑地发现床很舒服，"得到一种温柔的安心"。***

接下来的日子里，他常常把这次同哈伯和米列娃的会面称为"那个倒运日（星期五）"，因为那一天让他失去了孩子们。"过去，当我走进家门时，他们总是欢乐地大叫，"他告诉埃尔莎。现在他们一去不复返了，而他们对于他们父亲的印象将彻底地被诋毁。尽管如此，当米列娃最后一次试图和解时，他还是立场坚定。

7月29日，阿尔伯特带着米列娃、汉斯·阿尔伯特和泰特去火车站。离别是冷酷无情的。米列娃再一次清楚地表示，他的行为是对她和孩子们的犯

---

* Anna Besso to Heinrich Zangger Feb. 20, 1918, *CP*, vol. 8, trans. Valerie Tekavec.

** Albert Einstein to Elsa, July 26, 1914, *CP*, vol. 8.

*** 出处同上。

罪。阿尔伯特吻了孩子们，这一天接下来的时间，他就像个孩子一样大哭大叫着。哈伯不得不搀扶着他从火车站回家。第二天，阿尔伯特把大部分家具包装起来，紧随其后给她运去。

虽然他们出于慎重的考虑，在一段时间内不该彼此相见，但是阿尔伯特还是向埃尔莎保证说，她最终会成为他的妻子，这显然是一种连哈伯都同意的结合。但是，几天以后他就退缩了，他告诉米列娃他并不要求离婚——这就引起了一场小小的风暴，尤其是对埃尔莎的父母。他们早已对阿尔伯特在与米列娃分居时所作出的财产分割上的太过慷慨感到恼怒了。

尽管如此，他还是提醒埃尔莎，说他并没有别的女人。“并不是因为缺少真实的钟爱之情才让我一次又一次地被婚姻吓走！”他告诉她，“这是因为害怕家中陈设良好的舒适生活，还是害怕我自己所背负着的臭名，或者甚至是害怕成为某种心满意足的中产阶级？我自己也不知道，但是你将会看到，我对你的依恋却是天长地久的。”*

在爱因斯坦的家庭如此崩溃的同时，半个世纪以来欧洲外交建立起来的“纸牌屋”终于也遭此厄运。6月28日，在古老的历史名城萨拉热窝（当时它仍是奥匈帝国的一部分），一个塞尔维亚的恐怖分子暗杀了古老的哈布斯堡王朝的继承人斐迪南（Francis Ferdinand）大公。在形成巴尔干历史的几件具有讽刺意味的事情中的一件里出现的斐迪南是一个温和派，他将可以使事情好转，但是对于受压抑的巴尔干人来说还不够好。奥地利有德国撑腰，于是对塞尔维亚下了最后通牒，要求参与给那个胆怯的刺客应有的惩处。塞尔维亚与其被公认的大哥俄罗斯商量，俄罗斯转而又与其盟国法国商量以后，拒绝了这个要求。

奥地利以对塞尔维亚宣战作为回答。由于俄罗斯在过去的5年中有两次在关键时刻食言，因此这一次它就不能拒绝给予支持，于是它调动了在德国和奥地利边界上的部队。“铁圈”被收紧和磨利了。德国对这一军队调动表示了抗议，而且在没有得到答复的情况下，它就向俄罗斯宣战了。两天以

* Albert Einstein to Elsa, Aug. 3, 1914, *CP*, vol. 8.

后，德国又向法国宣战。就德国而言，它的行动确实是一种正当防卫的结果。几十年以来，德国人一直在被提醒着，他们也许必须再一次为他们国家的存在而战。德国最高司令部在很久以前就曾为这样的一种紧急情况设计了一个计划；他们的策略是在东边阻住俄罗斯，同时在西边集中他们的大部分兵力通过中立的小国比利时对法国进行一次快速的扫荡。因此，8月4日，德国军队侵入了索尔韦会议所在国的比利时，焚烧了在卢万的图书馆，大大地震惊了其余的文明世界。英国别无选择，只能参战，加入它的缔约伙伴法国和俄罗斯一边。意大利同时受到两边的游说，最终决心与后三者共命运。

但是德国的计划被证明是失败的。结果是，即使是对弱小的比利时的占领也没能按照原来的总方案实现。然而，德国人却是最后才知道这一切的，因为他们的最高司令部关于战争的进程一开始就在说谎。9月份，德国的进攻在巴黎附近的马恩河战役中陷入困境。两边都在挖壕固守，这场僵持将持续四年。西线——这是一条跨越法国北部的由战壕、有刺铁丝网和弹坑、鲜血、喧闹、粪便以及硝烟构成的长而宽的地带——成为了一部杀人机器。

对于阿尔伯特来说，现在他独自住在他又大又空的公寓里，享受着他刚刚发现的宁静、孤独和不需要负任何责任，战争一开始就像是某种发生在别人身上的灾难，在很远很远的地方。“欧洲疯狂了，一些难以置信的事情开始了。在这样的时期中，你将会认清你属于哪一种可悲的动物，”他写信给埃伦费斯特说道，“我安静地继续着我宁静的研究工作和沉思，只是感到怜悯和厌恶。”*

他说，它害怕的一件事情是关于弗罗因德利希，他已经到了克里米亚，为日食做准备。“弗罗因德利希（我的优秀的天文学家）将体验到战争的开始，而不是日食。”

因此，原本可能是这个世纪初最为激动人心的科学实验，却成了这场刚开始的战争中的第一批受害者之一。弗罗因德利希被当成间谍抓了起来，

* Albert Einstein to Paul Ehrenfest Aug. 19, 1914, *CP*, vol. 8.

他和他的助手们被送往敖德萨的一个战俘集中营。随后用了一队俄罗斯军官才把他们交换回来。他在圣诞节时回到了柏林,但是他的装备留在那里了。第二次探险由来自加利福尼亚的利克天文台的巴纳德(E. E. Barnard)率领,他们也成功地到达了克里米亚,但是遭遇并不比前一次好多少;日食的那一天,天下雨了。然后他们特别为日食制造的照相机被俄国人扣留了,三年以后巴纳德才把它拿回来,这就使巴纳德在1917年的下一次日食中去探测爱因斯坦效应的机会破灭了。*

米列娃和男孩们在苏黎世火车站对面的奥古斯特饭店短暂地逗留以后,他们搬进了沿班霍夫大街而下的一个膳宿公寓。在那里她既没有工作,心里又愤怒,除了等着来自阿尔伯特的钱和消息以外别无选择。汉斯·阿尔伯特后来回忆说,这是他一生中过得最糟糕的一段时间。** 没有人知道未来会带来什么。他们要继续待在瑞士吗?他们要回到柏林去吗?爸爸会来和他们在一起吗?他们什么时候才能再见到他?

到9月份,米列娃用尽了她所有的资金,于是向阿尔伯特要更多的钱。她坚定地说,否则的话她就会被迫“寻求他人的援助”。

阿尔伯特把她的短笺看成是一种恐吓,并以一种恼怒的口吻回了信,列举出他已经寄给她的所有金额——这里100马克,那里150法郎——以及他送钱的方式。他提醒她说,他还为搬家付了钱,还有他母亲动的一次手术。他自己也没有钱了,但是他还答应在10月份的下一次薪水中拿出400法郎给她。同时,他还告诉她:“从你以往的所作所为来看,就算你不写那张条子,我也很清楚地知道你的心思。”

---

* John Earman and Clark Glymour, “Relativity and Eclipses: The British Eclipse Expeditions of 1919 and Their Predecessors.”

** Dord Krstic in Elizabeth Roboz Einstein, *Hans Albert Einstein*, p. 27, and Peter Michelmore, *Einstein: Profile of the Man*, p. 67,提及汉斯·阿尔伯特的反应。

你把我的孩子们从我身边带走，然后要使得他们对他们父亲的感情被伤害。其他跟我亲近的人，你也会把他们从我身边带走。你会想尽一切办法试图伤害维持我生活中的快乐的一切东西。这是对我的软弱的一个非常应得的惩罚，这种软弱将我的生活和你的生活拴在一起了。

我再重复一遍：你做的任何事，都不会让我感到惊奇。*

钱一流到苏黎世，就好像雪花一样消失在米列娃的手掌里。作为一条权宜之计，她从赫维茨那里借了一些活页乐谱，相信她能够通过上音乐课来赚一点钱。米列娃和男孩们搬进了沃尔塔街她原来所住的地方附近的一套在二层楼上的公寓，就在苏黎世大学沿山而上的地方。这一套间有着自身的秀人之处，因为在它的前面是一个有着铸铁栏杆的小阳台，从那里向外可以俯瞰山坡和苏黎世湖。不久，除了教音乐以外，米列娃只有等待，当冬天的云朵抹黑了远处闪亮的湖水之际，她又开始了一份数学家教的新工作。

在跟家人离别后的几个星期中，阿尔伯特搬出了达勒姆的公寓，搬进了市中心一套比较小的单身住宅。有一个来访者回忆起，那里有一番简朴的景象，家徒四壁，到处乱扔着一堆堆的纸，还有阿尔伯特老是在这些纸堆中翻来翻去，寻找他所需要的某一篇科学文章。正是在这些极其孤寂的房间里，他再一次投入战斗，投入到他那非常麻烦又有着完完全全的雄心壮志的引力理论中。

“因为他的思维是无边无际的，所以他的身体也就没有确定的规则可循了，”他的朋友普莱斯彻(Janos Plesch)医生报告说，“他睡觉睡到自然醒过来；有人告诉他要上床他才去睡觉；没人给他吃东西他就挨饿；然后又一直吃到有人阻止他为止。”**

爱因斯坦的名字虽然在学术圈、艺术圈中早已广为人知，但是有了埃尔

* Albert Einstein to Mileva, Sept. 15, 1914, *CP*, vol. 8.

** Plesch quoted in Clark, p. 191.

莎做他的社交向导，他认识的人的圈子又迅速扩大了。阿尔伯特最亲密的新朋友之一是一个名叫汉斯·穆森(Hans Mühsam)的医生，他在犹太医院工作。他的兄弟埃里克(Eric)是一个有名的作家，在战争开始后不久曾因为他的反战主义观点被送进监狱。穆森很关心科学上的发展，1915年的某一天，有人把他偶尔介绍给了埃尔莎。他注意到她有一个著名的姓氏，就问她是否曾听说过阿尔伯特·爱因斯坦。当阿尔伯特听到这个故事后，觉得很好奇，并竭力找到了穆森。他们很快就开始共度星期日的下午，徒步旅行，并讨论物理学和生物学。

明娜·穆森(Minna Mühsam)后来回忆起，在很长的一段时间里，阿尔伯特每天都来看他们。"你的丈夫第一个来，"有一次他告诉她，"然后很长一段时间里谁也没来，然后才是所有其他的人都来了。"*

汉斯和明娜同阿尔伯特和埃尔莎成为紧密的一伙。在明娜指责阿尔伯特除了《圣经》以外几乎一切的一切都懂以后，他们就读《圣经》来度过星期五的晚上。这些集会——大体上就是穆森一家——为阿尔伯特打开了一扇窗，通向一个他曾经忽视了的或者也许从未真正了解过的世界。他告诉明娜，他自己的受教育方式是如此强硬地反对宗教，因而穆森一家就是他曾遇到过的第一个有意识的犹太家庭。他突然明白了，在以前的整个一生中他都被陌生人包围着。

不过，即使在犹太人中，阿尔伯特也总是孤独的。他曾经对明娜承认："如果一个人离我太近，我就无法忍受了。那时我就会缩回到我自己的壳里去。"**

阿尔伯特的同僚们一个接一个都被征召入伍，为支持国家的战事努力。斯特恩很快从东边的前线给阿尔伯特寄来了明信片。玻恩(Max Born)曾在格丁根艺术博物馆同希尔伯特一起漫步，全神贯注地谈论相对论，最近他已被征募回到了柏林，发现自己正在研究炮弹轨道的物理学。阿尔伯特

---

* Abraham Pais, "*Subtle Is the Lord...*," p. 489.

** Minna Mühsam.

在苏黎世的第一个助手霍普夫加入了德国空军部，协助设计飞行器。波茨坦的那位大有可为的数学天文学家施瓦茨席尔德，也被送到了东线。能斯特暂时中止了对他的热学定理的改进，接受委任成为一名军官，开始为弹药筒的化学弹头出谋划策。

总是很热心的弗里茨·哈伯志愿立即去服兵役，但是却没有通过体格检查。这次拒绝令他很沮丧，但是结果证明他在化学上的发明对战事如此至关重要，这使他很快就穿上了制服，成为氨制造方面的顾问。哈伯监督氯的制造，这就有了德国在1915年的第一次毒气攻击，后来他又作为化学战机构的头目研制了芥子气。*

连普朗克也不能把这种席卷德国社会各阶层的爱国热情置之度外。普朗克通常除了对那些需要纪律与牺牲的更崇高的事业有热情以外，他还很高兴看到他一直漂泊无定而且沮丧的长子卡尔重新振作起来并投身于这一事业。“我们生活在一个多么光荣的时代中，”普朗克写信给他的姐姐，“能够自称是一个德国人是一种伟大的感情。”**

因此，普朗克的名字，还有哈伯及能斯特的名字就一起出现在一份由93位科学家、艺术家和学者组成的名单上，他们签署了一份“给文明世界的宣言”，这份宣言于1914年10月4日发表在德国所有的主要报纸上。在这份由两位作家和柏林的一位副市长起草的文件中，德国的知识分子们清脆响亮地宣布了他们和德国军队的团结一致，并试图批判由德国种族主义的反对者所散布的关于所谓德军在占领比利时有野蛮行径的谎言。*** 这毕竟是贝多芬、康德和歌德的祖国。这份宣言及其他类似的东西——两个星期以后又出现了“德国大学教师宣言”——加剧了德国科学家与他们的外国同僚

---

* 结果证明，这无论对德国来说还是对哈伯本人来说，都不是一条吉祥的研究路线，因为其长远的结果之一是氢氰酸气体。在第二次世界大战中，哈伯的亲人以及上百万的其他人都将在纳粹集中营中被这种气体杀害。

** John L. Heilbron, *The Dilemmas of an Upright Man*, p. 72.

*** Hubert Gönner and Giuseppe Castegnetti, “Albert Einstein as a Pacifist and Democrat During the First World War.”

之间的紧张关系。普朗克的老朋友维恩草拟了他自己的宣言,要求德国物理学家和英国科学期刊划清界线,因为英国物理学家总是在剽窃德国的发现。虽然普朗克对维恩的观点表示了赞同,但他还是拒绝在这份声明上签字,而且事实上他对于已经签署的第一份宣言也改变了想法。普朗克的一些疑虑是洛伦兹鼓动出来的,洛伦兹早已开始给普朗克寄关于德国军队的冷酷无情的新闻和其他的一些报道。一开始普朗克争辩说,两边都受到了伤害,这是因为那时他的外甥被杀了,他的小儿子也被俘虏了,能斯特的两个儿子都死了。然而,不到一年,普朗克对签署了那份宣言而私下向他科学上的朋友们道了歉。他说,他只是想支持他的国家,并不一定要为它的军队所做的一切行为辩护。*

阿尔伯特同他在格丁根的支持者希尔伯特一样,也拒绝签署这份宣言。作为一名瑞士公民,阿尔伯特几乎没有风险被称为叛国者或者甚至也不会掀起什么了不起的骚乱。然而事实并不完全是这样,因为他的确签署了一个宣言,那是由埃尔莎以前的内科医生和朋友尼古拉起草的一份反战的长篇大论。

这样,就有一个人进入了世界舞台和爱因斯坦的家庭事务,他几乎是对尼采式的超人的拙劣模仿,有才气、有胆识、英俊、彻底的利己主义者、贪色之徒,并且彻底地反对德国所谓的元首提出的国家利益。他出生在柏林,当时的名字叫莱文斯坦(Georg Lewinstein),他的双亲是知识分子和政治自由主义者,他曾因为打架、决斗而被德国各处的寄宿学校和大学开除过,在他途经之处留下了私生子和心碎的女子。最终他得到了医学和动物学的学位,住在巴黎,同时是莱比锡的戏剧批评家,在远东旅行过,在圣彼得堡同巴甫洛夫一起工作过,还成了世界上关于心电图方面的最杰出的几个专家之一。**

在1914年以前,战争与和平主义在尼古拉的生活中都不是很重大的问

---

* Heilbron, p. 74.

** 沃尔夫·朱尔泽的 *The Nicolai Case* (Detroit: Wayne State University Press, 1982)对尼古拉的故事进行了生动的描述。

题。可能是利用了家庭的关系，他不知怎的设法完全逃避了一切兵役或训练。在战争爆发之际，尼古拉是柏林大学的一位教授，他筹划安排使自己成为位于滕珀尔霍夫区的一家大型军事医院里的心脏科主任。

包括尼古拉在内的一些人最先意识到，长久看来，在西线上的新屠杀战场上，货真价实的子弹、装甲和给养将比传统战士的骁勇善战这一类长处更为关系重大。他寄了一封信给总参谋部，里面有一张画着两条曲线的简单图表，其中一条代表德国的工业产量，而另一条则表示它的敌对联盟的工业产量。德国的曲线一开始上升比较快，他解释道，这是因为它的战备就绪之故，但是随着战争切断了它的资源通道，这条曲线很快就会下降。同时，敌对联盟的能力将上升，直到两条曲线最终相交。他提出，在达到那一点时，德国将失去谈判和平的能力。*

那份由93人签署的宣言以及其中自鸣得意的对歌德、康德和贝多芬的滥用激起了尼古拉的愤怒。对他来说，这只是一种理智上的背叛行为。战士和大众可以歌颂战争和国家的分裂，但是艺术家和学者则是一种更伟大、更神圣的文化传统的一部分。尼古拉把他的反宣言取名为“向欧洲人的呼吁”。在其中，他把战争描述为一场破坏国家之间纽带的灾难，而技术的发展正在使这些纽带比以往更必要、更不可避免。不会有胜利者，只会有受害者。用一种异乎寻常的预言性的口气，他警告说：“因此，所有国家的受过教育的人应该让人们感觉到他们的影响，从而知道不管这场战争的后果是什么，和平的条件不能成为未来战争的源泉，这不仅是可取的，而且是极端必需的。”**

尼古拉把这份文件交给了阿尔伯特，还交给了一位上了年纪的天文学家福斯特（Wilhelm Förster，他很后悔成为“九十三人”之一），他们两人都同意作为共同执笔者签名。然而，此外只有一个人愿意签署这份文件：尼古拉的朋友布埃克（Otto Buek），他是一位作家和私人学者。

* Wolf Zuelzer, *The Nicolai Case* (Detroit: Wayne State University Press, 1982), p. 21.

** 出处同上，p. 25。

不出意料，尼古拉没能使得他的"呼吁"在德国发表，而仅仅在几年以后它才作为一本书的一部分在瑞士出版了。这份呼吁的最直接结果是，尼古拉（他也在他的生物学课程中进行反战演讲）被调出了柏林，到了格劳顿兹这一要塞，他是许多这样的调动中的第一个。虽然他是一名普通老百姓，但是他和军队有合同，因此必须服从他们的命令。

尼古拉在同他往昔的狱卒和政敌、营地的司令官一起去猎狐时，随身带着他的演讲笔记，并开始把它们扩展成一本书：《战争生物学》。同时，许多不同的爱因斯坦——阿尔伯特、埃尔莎和伊尔塞——都给他寄来鼓励的明信片。其中一份这样的信件特载了所谓的同盟国的三个巨头，即德国皇帝、土耳其苏丹和弗朗茨·约瑟夫皇帝；在这三个肖像的上方，阿尔伯特辛辣地潦草写着："团结就是力量。"*

然而，尼古拉的主张还在不断使他陷入麻烦之中，经过一连串的不幸的遭遇、起诉和被起诉，其中涉及一系列名流，包括他曾治疗过的皇帝的妻子，尼古拉的合同被终止了。1916年，他被征召入伍做了一名列兵，并被指派做一项羞辱性的工作，那就是当一名卫生员。

埃尔莎当然早就是尼古拉的朋友和病人了。不管他们的关系是否曾远不止这些——**"只要尼古拉行为规矩，你就享受和他的交往"**——这已经同他的一本记录着他的"征服"的俄语笔记本一起丢失了。** 埃尔莎的女儿们也知道他，她们对他的反应如同她们的个性一样迥然不同。玛戈是最小的，也是最有艺术家气质和最害羞的，她恨尼古拉。她回忆时说他漂亮但是没有吸引力，而且她也不明白有这么多的女人究竟看中了他什么。她还记得她12岁时的一次骇人的经历，尼古拉把她放在大腿上，双手在她身上乱摸。还有一次，尼古拉试图对她施行催眠术，但是没有成功，于是他变得很恼怒，

---

* Wolf Zuelzer, *The Nicolai Case* (Detroit: Wayne State University Press, 1982), p. 28.

** 尼古拉对于女人有一种特殊的魅力，即使是对那些足够聪明比较有头脑的也是一样。他在俄国较晚的一次逗留期间记有笔记，在其中他列了两张清单——一张是按时间顺序排列的，另一张是按字母顺序——记录了曾和他睡过觉的106个女人。根据尼古拉的传记作者朱尔泽所说，这些名单还不是完全的，但是尽管如此，其中就有两对母女。——作者

并把她锁在地下室里，就在一部发出噪音的X光机器下面。她不得不大声尖叫求救，叫人把她放出去。*

玛戈的姐姐伊尔塞对他的魅力则脆弱得多了。

战争爆发时伊尔塞是17岁，用尼古拉的传记作者朱尔泽的话来说，是“一个充满生气的理想主义的年轻女子”，并且有着某种天鹅般优雅的美丽。** 孩提时的一次意外事故使她的一只眼睛丧失了视力。伊尔塞的政见属于坚定的左翼。她最好的朋友之一列齐耶斯卡(Fanja Lezierska)是由李卜克内西(Karl Liebknecht)和卢森堡领导的激进的斯巴达克思同盟的成员。伊尔塞头脑也非常清醒，因为我们将会看到，她顺利克服了与这个国家的两个最危险的男人保持亲密关系而具有的潜在危险，却没有受到明显的伤害。

伊尔塞在尼古拉的一些政治圣战和艰难之中变得神魂颠倒，根据玛戈所说，他们两人至少有一段时间成为了恋人。*** 伊尔塞对尼古拉的钦佩简直就是一种英雄崇拜，她在他的某些冒险中还成为了他的同谋和同志——打印他的抗议信，在柏林各处的地铁下散发传单，把他介绍给社会主义者的同志们，还为了他的事业游说阿尔伯特。也许同样重要的是，她还起到了尼古拉(他一直在策划反战活动)与阿尔伯特(他有可能被说服来参加他们的一些计划)之间的直接沟通作用。1915年初，阿尔伯特和埃尔莎开始参加一个称为Bund Neues Vaterland(为了一个新的祖国联盟)的高雅的反战俱乐部在柏林的一些集会。这个名字为的是在政治上给出一个伪装。创建该联盟的是学者、作家、政治家、商人、律师和退休的外交官等各色人物，他们都具有和平思想，并希望在该系统中工作，不仅是为了使战争早日结束，而且为了促进普选权、民主改革，并提高工人的权利。他们散发请愿书，并用很长的备忘录游说一些政府成员。联盟还用自己的印刷机构出版小册子。这个

---

* 这个故事是玛戈·爱因斯坦在1972年普林斯顿的一次面谈中告诉尼古拉的传记作者朱尔泽的。朱尔泽的记录藏于他在怀俄明大学的档案中。

** Zuelzer, p. 228.

*** 玛戈·爱因斯坦1972年在与朱尔泽面谈时承认了这一点。

团体很活跃，受到了日益增多的新闻审查，它的第一次集会是在1914年11月11日，直到1916年初军队将它封闭。

根据该联盟的会议记录，阿尔伯特和埃尔莎于1915年3月作为"来宾"出席，也许受到了一位物理学家、发明家和商人冯·阿尔科（Georg von Arco）伯爵的恳求。* 以后他们就作为正式成员加入了。不久以后阿尔伯特就交了一个新朋友。通过国际和平的秘密传递途径，"联盟"曾与著名的法国小说家罗曼·罗兰（Romain Rolland）通过信。罗曼·罗兰的和平主义信念使他流亡瑞士，在那里他为红十字会工作（他即将获得诺贝尔文学奖）。在充分地谴责德军的暴行的同时，罗兰还认为所有国家的统治阶级对战争都负有责任，他说，帝国主义是真正的罪魁祸首。

阿尔伯特感觉到一种志趣相投的情绪，于是写信给罗兰，将当前的民族主义者的疯狂比拟为宗教上的狂热。"即使是各个国家中有学问的人，他们的行为也有如他们的大脑在8个月前就已经被切除掉了一样，"他抱怨道，"万一您觉得我也许会给您帮点什么忙，我就会献上我的微薄之力——不管是用我的地位，还是用我和德国及外国精密科学代表之间的联系。"**

仅仅几个月以后，阿尔伯特就有了为这一事业作贡献的机会。6月份，可能是在阿尔伯特的建议下，"联盟"决定安排一次由知识分子和学者组成的支持国际相互谅解的呼吁。阿尔伯特和他的朋友冯·阿尔科都是负责撰写一份宣言的委员会的成员。这个计划是要各个国家的同僚们签署它，然后再以他们各自的名字发表出去。表面上，"联盟"将不牵涉在内，因为它早已处于一个脆弱的地位了。"联盟"的一位成员写了一封信，批评了对比利时中立的侵犯，这封信曾刊登在"联盟"的一份机密函件中，不知什么原因后来被登在报纸上，这使得那位作者被烙上了叛国者的污名。

自然，阿尔伯特首先写信给洛伦兹，洛伦兹比较理智，拒绝了他。这是

* Gönner and Castagnetti.

** Quoted in Gönner and Castagnetti.

人们听到的国际知识分子的最后一次呼吁。阿尔伯特总结说，它是一个天真的想法，虽然他还在继续沉思默想他能够做些什么才能把不同"祖国"的同僚们团结起来。正如他告诉埃伦费斯特的，这一小群刻苦的思想者是他能产生热情的唯一"祖国"。*

尽管阿尔伯特与和平主义者有联系，但是就连他也至少无法逃脱战事外围的影响。1915年初，他作为物理学家和经验丰富的专利检验者，被招募去解决安许茨-肯普费(Hermann Anschütz-Kämpfe)与美国发明家斯佩里(Elmer Sperry)之间的专利纠纷。安许茨-肯普费是一位工业家，他为了一次提议到北极的潜水艇探险，根据陀螺仪原理设计了一个罗盘——这是今天的内部导航系统的先驱，而斯佩里正想为德国海军提供一个回转罗盘，与安许茨-肯普费竞争，而两者的罗盘又极其相似。阿尔伯特从这项工作中得到了1000马克的服务费——这笔钱他当然可以马上使用。**

也许是因为阿尔伯特习惯于通过阅读专利申请表对发明物的描述来想象它们，他在法庭上的最初几次支支吾吾地作证时，依仗了专利档案和设计蓝图，因而他的裁决倾向于斯佩里。但是法庭不满意，命令他亲自去检查双方的罗盘。因此，7月，阿尔伯特带着斯佩里的罗盘到了安许茨-肯普费在基尔的工厂，进行了一系列试验，这使他确信安许茨是正确的。

法庭随后吊销了斯佩里的合同，并把它判给了安许茨-肯普费。在这个过程中，阿尔伯特和安许茨-肯普费成为了非常好的朋友，而且从那以后阿尔伯特常常在基尔工厂里的一间公寓里度假，工厂的位置便于扬帆航行。

罗盘的这个插曲在阿尔伯特的科学生活中产生了一个有趣的影响。一个回转罗盘由于其旋转而能尽力保持其在空间中的方向性。阿尔伯特很想知道，在原子尺度上的这样一种效果是否可能解释铁磁性现象。早在6岁时，他已对这个问题着迷了。根据新的量子观念，每个原子在电子围绕它转

* Albert Einstein to Paul Ehrenfest, Aug. 23, 1915, quoted in Gönner and Castagnetti.

** Thomas P. Hughes, "Einstein, Inventors, and Invention," in Mara Beller, Jürgen Renn, and Robert S. *Cohen, Einstein in Context*.

动时，都是一个小的电磁石，而当物质中所有原子的旋转都排齐时，就会产生磁性。如果这是真的，那就有可能测量出一个磁体中的电流产生的角动量，这一观念最初是由法国物理学家安培(André Marie Ampère)在1820年提出的。

为此，1915年年初，阿尔伯特就同一位荷兰物理学家、洛伦兹的女婿德哈斯(Wander Johannes de Haas)在德国物理技术研究所(阿尔伯特在那里有一个访问学者的位置)用一个从天花板上挂下来的像钟乳石一般的巨大铁制圆柱体进行了一系列实验。阿尔伯特开玩笑说他在年老的时候发现了自己对于实验的热情。他报告说，这个圆柱体在响应来自一个通电螺线管的脉冲时进行了一系列“冒险活动”。但是分子电流还是没被测到，这个实验最后只是使爱因斯坦在引力方面的努力和正在吞噬着他生命的动荡暂缓了一下。*

爱因斯坦家里的内战也不比大战好多少。随着1914年年底和假期的临近，阿尔伯特在近期内不会去苏黎世的事实已经很明显了。分割他们的财产花费了一段时间。最后要处理的事是一些属于佐尔卡的花边。阿尔伯特宣称，从那以后他再也不想被这种琐事打扰。他答应给米列娃每年5600马克的赡养费，按季度支付，“不管怎样，只要我的收入不会比目前的情况有大幅度的下降。”他送给孩子们的一些室内游戏会在利斯贝特·赫维茨的新年来访前及时到达。**

同时，汉斯·阿尔伯特通过拒绝答复他父亲的几封亲切来信表示了自己的抗议。这个男孩虽然只有10岁，但是他的童年已经结束了。在苏黎世的第一年开始投下今后将形成的一个长长的阴影。50年以后，他会厉声地对他女儿伊夫琳说：“没有人有权力盼望一个快乐的童年。”*** 阿尔伯特相信，

---

* Albert Einstein to Michele Besso, Feb. 12, 1915, *CP*, vol. 8.

** Albert Einstein to Mileva, Dec. 12, 1914, *CP*, vol. 8.

*** Evelyn Einstein, personal communication.

他知道谁该为中断通信而受到责备。“看来我寄给孩子们的问候并没有被传递到，因为在这么长的时间里他们肯定会给我寄来问候的。继续寄去问候看来已经没有用处了。”

米列娃给她的大儿子施加了压力，于是通信接着以一种紧张、不对称的形式继续下去，一边是阿尔伯特寄来几何难题，愉快地许诺夏季的徒步旅行，并且告诫他要继续上钢琴课，而另一边是汉斯·阿尔伯特（“阿尔伯特利”或者“阿杜”）勉强地挤出一点点情况来，中间还夹杂着突然爆发出来的粗鲁和怨恨，这使他亲爱的父亲陷入一种震惊的状态。

这样的事件加强了阿尔伯特的恐惧，他害怕米列娃会把孩子们教得同他敌对起来。他告诉她，他想念他们，但是他不会容忍他们被某种妇人之别有用心所利用和伤害。如果她真的不想破坏他和孩子们的关系，阿尔伯特提出建议，她就不应该和孩子们讨论他给他们写的信，而是应该让阿尔伯特利（以及最终还有泰特）在没有监督或者审查的情况下自己回信。阿尔伯特警告说，如果他感觉到任何相反的迹象，他就会完全停止写信。米列娃的反应是让孩子们拍了一些新的照片，给他寄去了一套。

米列娃的抱怨方式更属常见。她犯了一个错误，在阿尔伯特即将额外得到的1000法郎中，她想要一部分。不料得到的是狂怒的反应。他提醒她，作为他的妻子，她总是有权要求他给“一点点钱”，但是他不打算把他的科学奖金的收益给她。“我已经给了你足够的赡养费，你一直试图从我的手里为你自己榨取一切，我觉得这是非常不可取的。假如我12年前就像现在这样了解你，我当时对你的责任就会有完全不同的判断。”*

这个冬天苏黎世很罕见地多雪，深深的积雪一直持续到了3月底。米列娃有了家教的工作以后，经济上已经稳定了，虽然家里的情况还谈不上舒服。在利斯贝特的日记中断断续续记录下了勇敢而又贫困的生活：米列娃站在有轨电车上，背着给她远方丈夫的沉甸甸的生日包裹，在向利斯贝特借了一本书以后，她考虑着是否应该开始教意大利语。她宣布那年她不会有

* Albert Einstein to Mileva, Jan. 12, 1915, *CP*, vol. 8.

暑假了。米列娃的弟弟米洛斯也参了军,而现在在俄国的前线失踪了,这使她的母亲悲伤得病倒了。*

泰特身体健康了一阵子,开始得到应有的声誉了。他惊人的智力早熟仍然没有减弱,而当他开始显示出对音乐的特殊爱好后,米列娃为他安排了课程,这就使她的财力更加紧张了。"孩子们是如此可爱,"利斯贝特记录道,"尤其是小的那个,他是如此活泼和有趣。"**

与此同时,阿尔伯特开始逼迫米列娃安排一个合适的时间,可以让他访问苏黎世和孩子们,并带阿尔伯特利去徒步旅行一次。她闪烁其辞。与她自己穷困、不确定和缺乏信心的背景相对照,阿尔伯特这头柏林的雄狮作为一种对她仅剩的属于她自己的东西的潜在破坏力突然隐现了。"我希望能很快收到你的来信,要知道我是否能跟小阿尔伯特一起去短途旅行一趟,"阿尔伯特提醒她。阿尔伯特想象自己正在受到惩罚,他还担心他的老朋友们可能会由于他的婚姻破裂而对他严加批评。

他尤其渴望向仓格尔解释发生在他身上的无法容忍的事情。"我强烈地希望我亲爱的孩子们能重回我的怀抱,"阿尔伯特告诉仓格尔,"尽管与他们分离,现在对我来说是很难忍受的,但是在当时这对我却是一个生死攸关的问题。"***

至少有两次,已经决定了他到访的日期,但是后来又推迟了。第二次是因为汉斯·阿尔伯特突然拒绝同他父亲一起去徒步旅行,据此米列娃采取她的行动步骤,安排了一次跟男孩们一起出城的旅行。

阿尔伯特眼下不间断的家庭问题,没有提高他的同事们对他的赏识或者期待。不管是不是巧合,一种实用主义或者悲观主义最近已经开始逐渐削弱曾经渗透在他的反战行动中的那种几乎广大无边的乐观主义精神。"为什么我们不该让那些献身者在疯人院里快乐地生活下去?"他问仓格尔。这就解

---

* Desanka Trbuhovic-Gjuric, *Im Schatten Albert Einsteins*, p. 134.

** Trbuhovic-Gjuric, p. 132.

*** Albert Einstein to Heinrich Zangger, May 17, 1915, *CP*, vol. 8.

释了他开始甘愿与那种使大众忙碌的“疯狂的骚乱”分离开来的原因。*

作为一个外国人和犹太人，只要阿尔伯特不是太公然地说出他的立场，他也可以不支持战争而逃避惩罚的。而且，那些他表示了支持的宣言也没有任何效果。事实上，7月份由于德国的挑衅性和有争议的潜水艇作战计划而造成的“路西塔尼亚号”远洋班轮的沉没将美国也拉入了战争，这给德国带来了更大的压力，尼古拉的图表上两条线相交的那一天就提早到来了。

因此，阿尔伯特从科学院（在那里他的同僚们忙着换上军官的制服）跋涉到“联盟”安静的小咖啡厅参加聚会，在这里他可以很安全地对欧洲的毁灭大发牢骚，同时避免被卷进曾吸引尼古拉、阿德勒这样的人的殉难大漩涡之中。他满足于从远处赞美这种大牺牲。作为一个缺乏组织能力或组织意愿的、傻得教人难以置信的人，他知道自己对于统治集团不会构成威胁。在这些界限中，他会签署任何东西——包括一份反对并吞比利时（而不是波罗的海或者某个非洲的国家）的请愿书，其中令人不可思议但又充满爱国心地预言了德国的完全胜利——而且他也会加入任何组织，尤其是那些明显从来不抽出时间来集会的组织，比如“大国际理事会”，以及战争后期的“团结同盟”或者“意见相同者联盟”。“把我列入你们的名单里，这样我就会感到安慰：dixi et salvavi animam meam［我说，并拯救我的灵魂］。”他接到一个这样的恳求以后说道。**

他对贝索和仓格尔最为坦诚地表达了自己的感情。“在这一刻，你会看到这个世界上唯一真正值得追求的东西，就是同杰出和自由的人们的友谊，他们不可能因为所阅读过的任何胡言乱语的印刷品而产生最为有悖常理的精神态度，”他于1915年春天写信给仓格尔，“人们并不像他们看上去那样在一切问题上，包括憎恨和不友善在内，都那么顺理成章。考虑别人时带一点公正性，也许能帮助你轻而易举地克服它。

我总以不得罪为本，尽量做得最好，这里有20%是故意的。只要你

---

* Albert Einstein to Heinrich Zangger, April 15, 1915, *CP*, vol. 8.

** Gönner and Castagnetti.

对你亲爱的同胞们的感情漠不关心，这就很容易做到——但是你对他们永远不会像他们应得的那样漠不关心。

他继续说道："就我本人而言，我从来没有像现在这样平静和快乐。我完全离群地生活着，但我并不孤单，这得感谢一位堂姐的亲切照料，她就是吸引我来柏林的那个人。"*

夏季过去时，米列娃已无钱来支付租金了，不得不避开她的房东。9月时，阿尔伯特等待已久的苏黎世之行最终成行了，但是他和孩子们的重逢是一次失败。在让他带男孩们离开的问题上，米列娃显然不合作。汉斯·阿尔伯特无论如何都不想让他的朋友们看到他跟父亲在一起。家庭状况的暧昧和紧张状态是毁灭性的。他们一家要回到柏林去吗？阿尔伯特不知道。他和米列娃要一起回去吗？说到未来的问题时，阿尔伯特就像冰河一样默不出声。

爱因斯坦在瑞士时，他和仓格尔一起坐火车去了日内瓦湖边上的沃韦，在那里过着流亡生活的罗曼·罗兰接见了仰慕者。在这位伟大的和平主义者对这次会面的描述中，他把阿尔伯特说成是一个个子不高的年轻人，"有着宽阔的体形，漂亮的长而密的头发有一点鬈曲和干燥，非常乌黑，但又夹杂着灰色，它们从高高的前额上冒出来。"

那个下午，他们一直在湖边讨论战争和德国政治。罗兰对阿尔伯特的独立性和直言不讳感到很吃惊。"爱因斯坦对于他所生活的德国的评价令人难以置信地自由。没有一个德国人具有这样一种自由。在这场可怕的战争中，除了他以外，如果任何一个人在思想上如此独特，都会遭受苦难。但是他不会，他会大笑。"他还被阿尔伯特的宿命论震惊了。阿尔伯特说，德国太沉醉于最近在东线上取得的一些胜利，因此很快就会灭亡。现在只有一次毁灭性的失败才能使他们来到谈判桌上。在离开时，阿尔伯特吐露，他希望的正是这样一次失败，这会打倒政府，并瓦解普鲁士王朝。**

---

* Albert Einstein to Heinrich Zangger, May 17, 1915, *CP*, vol. 8.

** Clark, p. 184.

回到柏林后，阿尔伯特得到了一个同样能坦率地对德国社会说话的机会。歌德学会计划出版一本名为《歌德的祖国(1914—1916年)》的书，邀请他撰写一篇不加制约的随笔，谈谈他对战争的看法。这是一个好得不能错过的提议，而且结果说明，它也好得无法实现——这本书一直没有出版。阿尔伯特的短文的第一稿开头表明了战争是人类发展的敌人这样一种信念，以及在未来将需要一个由欧洲国家组成的国际组织来阻止它。这个观念对他的编辑来说是可以接受的，但是接下来的几段就对民族主义进行了猛力的攻击。他认为这是一种"在战争发生时，由顺民发泄并使用的兽性的憎恨和大规模谋杀的"战舰，结果证明这种说法太过分了。

"我再不会变得不诚实，也不必被迫谈到爱国主义的前提下，尽量满足你们的意图，"11月时他写信给编辑们，同意了他们的删节要求，"万一你们的崇高感情(这是由于与这里存在的那种仁爱相接触而产生的)发现经修改后的文章具有攻击性的话，请告诉我。"

最终的版本在结尾处斩钉截铁地宣布阿尔伯特是局外之人。"为什么我用一句话能说清的一切，要说这么多话呢？而且，对于作为一个犹太人的我，用的是这一句：'不仅要用言语和歌声来对你的主耶稣基督表示敬意，而且最重要的是要用你的行为。'"*

这是一份他最后将付出昂贵代价的宣告，但是在这一刻，他有一切权利自命不凡。就在那个月，1915年的11月，在8年数学上的折磨、虚假的希望、错误的假定和误导的解答以后，在把战争的犯罪者和这个世界看得一清二楚以后，阿尔伯特最终撬开了引力、空间和时间的问题。阿尔伯特在扔满了草稿和计算的维特尔斯巴赫街的孤独舞台上倔强地站立着，他黑色的眼睛闪耀着光芒，他浓密的黑色鬈发在牛顿宇宙的破碎蛋壳中间乱成一团。军事主义者的出纳员科佩尔花的钱值得了。这只金母鸡成功了。一个新的世界、一个新的宇宙初露端倪。

* Gönner and Castagnetti.

第二十章　十一月革命

“理论家会走上两条歧途，”1915年初，阿尔伯特写信给洛伦兹，当时他在沉思引导他长久以来对一种新的引力理论的探索中到达一个关键的转折点的迂回曲折过程，“（1）魔鬼用错误的假设牵着他的鼻子走（对此他值得同情）；（2）他的论证错误而且荒谬（对此他该挨打）。”*

在过去的10年中，阿尔伯特当然已经有很多次招来了同情和打击。早在1907年，他已开始单单去寻找一种修改牛顿引力理论的方法，从而使它可以适用于相对论。他意识到正在下落的物体不会感觉到自身的重力，这个愉快的发现使他的雄心壮志更大了。可能相对论本身可以被推广，从而使物理学定律不仅仅对于那些具有足够的特权能居住在所谓的惯性参考系中的人看上去是相同的，而且对于处于任何运动状态下的观察者看来也都是相同的——这就是协变性原理。

阿尔伯特通过想象一位物理学家在一个电梯中被向上拉的思想实验，在引力和加速度之间创造了一个类比或者“等价”，这样他就能够推断出引力应该具有的某些相对论性质：在引力场中光线会弯曲，钟表会变慢。甚至光速也是可变的。事实上，阿尔伯特曾短暂且徒劳地试图建立起一种理论，其中引力势能用光速来代表——这是魔鬼在这出戏剧中的第一次出现。这

* Albert Einstein to Hendrik Lorentz, Feb. 2, 1915, *CP*, vol. 8.

个电梯的类比在1912年夏天最终导致了阿尔伯特的第二次大突破，当时他断言，引力可以被定义为在正常的欧几里得时空几何中的一种弯曲。

但是如何将一些洞察和基于直觉的想法编织到一个现实的、完善的理论中去呢？数学上的思考将他和格罗斯曼引向了黎曼张量，作为他们引力方程的可能基础。一个基于黎曼张量或者它并缩后的堂兄弟里奇张量的方程，将产生出协变的（对任何观察者都成立的）定律——这是一个数学上的奇迹，但是它跟引力有什么关系吗？显然没有，当里奇张量对某些简单的引力问题给出了他认为——这里魔鬼又出现了——错误的答案后，阿尔伯特这样断言。为了另辟蹊径，他表述了一个新的张量理论，即《纲要》，就他而言，这确实给出了正确的答案。

虽然爱因斯坦—格罗斯曼理论与（爱因斯坦于1905年所定义的）相对性一致，但它不是协变的，这令人失望。（更不用说它甚至不完全满足等效原理，这令人极为尴尬，而且不久以后它也没能给出水星近日点进动的正确答案。）阿尔伯特很快就发现了一些关于他为什么必须选择他所选择的这个张量的很好的原因——例如动量守恒，但是尽管他要洛伦兹放心，他还是被他的理论缺乏协变性这个问题困扰着，他继续不断地拨弄着，就像一个多疑的就餐者。

在1913年的9月，阿尔伯特终于发现了一个令他满意的答案：这是一个深邃且基本的原因，它解释了引力的协变理论为何是不可能存在的。此时的问题不在于张量或者牛顿物理学，而在于协变性的想法本身。阿尔伯特现在认为自己可以证明它违反了因果概念，而没有这个概念，不管是物理学还是这个世界都不可能是通情达理的。在那个月的月底，阿尔伯特第一次在维也纳科学大会上提到了这种新论点的可能性。* 经过两个月在数学上的苦思冥想以后，他向埃伦费斯特报告说："引力理论已经得到阐明了，令我**十分满意**……它可以被证明，也就是说，决定**完全**由物质张量产生的场的**广**

* Don Howard and John Stachel, eds., *Einstein and the History of General Relativity*, p. 71.

义协变方程是根本不存在的。”*

阿尔伯特是通过他所谓的“空洞论证”的一个微妙的悖论方法得出这个根本而意义深远的结论的。他在其中设法使协变性的意义和它自身对立起来，从而得出结论：在一个协变的宇宙中，原则上对于相同的质量布局可能存在着无限多种不同的引力场，或者反过来，质量的许多不同排列将会产生同一种引力场。

这是一个荒唐而且令人不满的结果，尤其是如果你相信，宇宙的性质是唯一且完全由它所包含的物质之间的关系所决定的。这一点，在惯性的相对性中，早已由马赫讲授过，而阿尔伯特正在努力证明之中。

爱因斯坦的推理引出了关于时空意义的一些基本问题，而哲学家和物理学家们至今仍在为它争论不休。接下来我们并不打算对这个空洞论证做一个确切的诠释，而仅仅想用一个困难而微妙的问题来增添一些情趣。

原则上，有无数种方法来对时空中的点加以标记和编组。例如，想象我们正在规划一座城市。我们可以选择在一张坐标方格上来对它编组，这就像曼哈顿，大路南北向，街道东西向，或者我们也可以用一种辐射状的安排方式来对它编组，这里大路从某个中心点向外，而街道围绕着它形成一系列同心圆环。我们可以让街道倾斜着相交，也可以让它们波浪般地起伏，或者把这些想法中的几个或者全部组合起来。我们甚至可以坐在城中央一座塔顶上的一家旋转餐厅中，并通过我们桌子旁的窗户掌握外面的事件发生的时间和地点，这有点类似于地球上的天文学家们试图掌握天空的活动的情况。

协变性的诱惑力在于，不管用什么坐标系来表述物理学的定律，它们应具有相同的形式。在时空中的任何一点，不管它是如何被标记的，爱因斯坦方程将根据此处质量和能量的密度给出引力场的量值——度规。阿尔伯特认为，我们如何去安排时空的城市并不重要，现实应该是一样的。在这里就存在着这个悖论。

---

* Albert Einstein to Paul Ehrenfest, late 1913, *CP*, vol. 5.

把宇宙看作是一座城市，它的布局是由街道和大路组成的一个无限大的坐标方格——或者说可以由它们在笛卡儿坐标中的等价量 x 和 y 来表示——这些量一直均匀而且成直角地向外扩展，直到没有路的太虚之中，或者至少是到更外面的村镇。阿尔伯特明示了，在允许的坐标系中，有另一个坐标方格，它与第一个完全相同，只是除了在某些地方，例如在第59街和第110街及第5路和第8路之间，那里没有建筑物——只有天然的泥土——以及想象出来的、偏离了完美的坐标方格的街道——这些街区逐渐变得很大，然后再变得稍大一些，或者说街道围绕着某个中心区域发生凹或者凸的弯曲。在这个阿尔伯特所谓的“空洞”的外面，想象中的街道和坐标方格又排齐了，但在其中它们是不同的。

用现代的数学用语来说，阿尔伯特所谈到的这种重新绘制地图——在其中直的街道弯曲成了曲线，街区变大或缩小了——被称为微分同胚*。斯莫林(Lee Smolin)是宾夕法尼亚州立大学的一位量子引力理论专家，他研究了爱因斯坦的论证。他解释说，这与简单地改变时空中的点的地址不同。“思考它的最好方法是想象只有有限数量的一组点。想象一下按字母顺序排列的街区，它们上面都漆上了字母。坐标的变换就像是在同一组街区上漆以各种不同的字母。而微分同胚就像变换这些街区各自的位置。”协变性的意思就是，当按字母标记的各街区被重新排列时，物理学的定律应该是不变的。(只要这些街区是以某种数学上定义的模式来重新安排的，而不是任意地胡乱摆弄一番。)正是在这里，阿尔伯特认为自己发现了一个明显的矛盾。

现在既然假设这是一个宇宙，代替建筑物的是散布在其中的恒星，它们结合在一起产生某种复杂的引力场。这个宇宙存在着无限数量的不同地图，它们在空洞外面的部分是一致的，而在里面的部分则不同。阿尔伯特认为，既然这个洞是空的，那么从一个地图转换成另一个地图则不应改变这个

---

* 对这一方面有兴趣的读者可以参考《数学物理中的几何方法》，B·F·舒茨著，冯承天等译，上海科学技术文献出版社，1986年。——译者

空洞中的引力场——这就是协变性的意思。

开始时，阿尔伯特想象我们可以按这个空洞的某一个地址（例如说，根据这样一张地图，它的地址是第76街和第6路）来解此时的引力场方程。然后再思考在另一张地图或者是一个不同的坐标系中的观点来看这个解答应该是怎样的。通过在这些地图之间来回切换并巧妙地应用协变性的性质，阿尔伯特说明在一张地图上指定为第76街和第6路的引力场的值可以被重新指定为另一张地图上与第76街和第6路相对应的那一点，而这在时空中是完全不同的一点。

阿尔伯特提出，这是一个大灾难，因为它意味着现在有了两个完全不同而又同样有效的引力场，它们在空洞的外面相一致，但在其内部则相异。如果可能存在着两个场，就有可能存在无数个场——所有这些场都是由同一种恒星分布产生的。

这就意味着这个空洞外面的场不能决定洞里面发生的事情。而毕竟，物理学的定律除了能够将结果和它们的原因独一无二地区别开来，或者将场和它们的源独一无二地区分开以外，还有什么其他的核心思想呢？原则上，这个想象的空洞可以存在于任何地方，而且有任何尺寸——小到一个原子或者大到一个太阳系，只要它是空的。因此，这就意味着决定论在任何地方或者任何既定的时间在原则上都不成立。在协变的世界中，引力是一个有着一百万个解答的问题，这就跟完全没有答案一样。

阿尔伯特确信，这个空洞论证给一种真正普遍化的相对论的探索画上了句号。如果协变性消除了因和果，那它恰恰有一点**太**具魔力了，因此可以安全地把它抛弃掉。在论证的迷雾中，他下结论说，他不可能以一种对宇宙中的任何人和任何地方都正确的形式来写出引力定律。

最后，他对他的理论的局限性感到满意或者至少是无可奈何了，于是在他即将搬到柏林的那年冬天以及整个1914年，阿尔伯特将他的精力转到探索他的理论**确实**具有的那些特征上。例如，他希望建立至少能扩展到正在旋转的观察者的相对性概念。到那年秋天，他已经完成了一系列计算，结果似乎说明了后者确实如此——在爱因斯坦—格罗斯曼的世界中，至少旋转是相对的。这是一种愉快的情况。这个理论协变到足以支持等效原理，因此支持了引力质量与惯性质量的同一性，但是它还没有协变到能决定因和果。

阿尔伯特感到欢欣鼓舞，于是在10月为自己在科学院登记了一次演讲。这将是包括对空洞论证进行一些优雅而正式的解释在内的、关于爱因斯坦—格罗斯曼理论的一个最可靠的阐述。* 他的同僚们的反应眼下和往常一样，缄默不语，暗中又发出令人不快的嘟哝声。但是阿尔伯特却是百折不回的。

“现在我完全满意了，对这个系统的正确性再也不会有任何怀疑，不管对日食的观察是否会取得成功。这件事的逻辑性太明显了。”阿尔伯特对贝索宣布，由于显然的成功而脸上泛着红光，“由不变量组成的普遍理论只是一种障碍。结果证明直接的路线才是唯一行得通的。困难的只是要理解为什么我在发现近在眼前的东西以前不得不摸索这么长时间？”**

稍晚一点的时候，在1月份，洛伦兹作出了一次具有典型洞察力的观察，那就是，以太在爱因斯坦的新理论中是充满生机和可取的。这个理论并不是完全协变的，这一事实意味着爱因斯坦的理论对某些坐标系比另一些更偏爱。洛伦兹对此没有提出反对，因为它毕竟至少提出了存在某种通用的参考系的可能性。“你所说的是正确的，”洛伦兹阐明道，“这只是因为你根本不想听到以太。”***

正是在对这个邪恶而又可以理解的混乱状态的回应中，阿尔伯特作出了关于魔鬼和错误论证的著名评论，以此来说明这条他已横越过的、从而使

---

* “The Formal Foundation of the General Theory of Relativity,” presented to the Prussian Academy of Sciences, October 29, 1914, and reprinted in *CP*, vol. 6, p. 72, discussed in Howard and Stachel, p. 73.

** Albert Einstein to Michele Besso, March 10, 1914, *CP*, vol. 8.

*** Hendrik Lorentz to Albert Einstein, Jan. 1915, quoted in A. J. Kox, “Hendrik Antoon Lorentz, the Ether, and the General Theory of Relativity,” in Hovard and Stachel, p. 202.

他达到了目前理解的明晰的道路。这条道路变化莫测又费力，且常常有数学上和认识论上的恶魔出没其中。

但是魔鬼是不会放过他的。引力理论，他认为已经解决了，证明并非这么回事。就像狐狸累了，猎人们能逼近一些一样，对他的《纲要》的批评也正在逼近了。

其中之一就是他的老对手亚伯拉罕，他到米兰大学工作已经很久了，这样，如果谈不上安宁的话，至少终于获得了一份安定。那些意大利人仍然相信以太。虽然阿尔伯特不断地给他寄信和寄论文，但是亚伯拉罕仍然继续缠结在他特有的态度中，认为阿尔伯特的理论毫无意义。意大利也是列维-奇维塔的家乡。他是作为阿尔伯特的理论基础的张量分析的发明者之一。事实上，列维-奇维塔（帕多瓦大学教授）在招募亚伯拉罕时是起到过作用的。*

1915年2月，亚伯拉罕又收到了爱因斯坦的另一封难以理解的信件，把它转交给了他的朋友列维-奇维塔，并表达了他的惊恐。

列维-奇维塔确实看到了在阿尔伯特的数学中有些需要关切的东西。阿尔伯特在1914年的论文中以及在科学院的报告中，他曾使用了一个强大而优美的数学技巧来为他的理论答辩，这个数学技巧称为变分原理。列维-奇维塔写信给阿尔伯特，批评了他的计算方法，这就有可能破坏整个《纲要》的基础。

阿尔伯特对他的关心在一定程度上很感激。“但是我看到您攻击了我的理论中最重要的论证，这是我流了无数的汗水才得到的，因此我变得相当惊恐了。”他说。** 阿尔伯特用反论证作出了回答，但是到这时列维-奇维塔早已提出了另一个批评，在接下去的两个月中情况都是这样：针锋相对。

---

* See Carlo Cattani and Michelangelo De Maria, “Max Abraham and the Reception of Relativity in Italy: His 1912 and 1914 Controversies with Einstein,” and “The 1915 Epistolary Controversy Between Einstein and Tullion Levi-Civita,” in Hovard and Stachel, pp. 160—174 and 175—200.

** Albert Einstein to Tullio Levi-Civita, March 5, 1915, quoted by Cattani and De Maria, “Epistolary Controversy,” p. 186.

1915年4月2日:“在一天半的时间里,我必须不停地思考,直到我明白了怎样才能使您的例子和我的证明取得一致……”*

1915年4月8日:“我真的必须承认,我在您那些有趣的信的激发下进行了更深入的推理,而这使我更加深信这个证明……在原则上是正确的。”**

只有这一次,阿尔伯特完全被一个对手吸引住了,以至于没有采用他通常的尖刻旁白。“只有帕多瓦的列维-奇维塔保持着清醒的头脑,因为他熟悉这里所用的数学,”阿尔伯特向仓格尔报告,“与他通信非同寻常地有趣,这是我现在最喜欢专注去做的事情。”***

“现在,这个问题中有一种非常合理的趣味,”他亲自告诉列维-奇维塔,“奇怪的是,我们在这个领域中的同僚们对有一种**真正的**相对论这一内在必要性的认识是如此肤浅。不幸的是,那些不在这个领域中工作的同胞们的态度则无与伦比地更加奇怪。因此,能够更好地了解您这样的一个人对我来说是一种加倍的快乐。”****

这场争论两个月后在双方都绞尽脑汁的情况下结束,结果是阿尔伯特仍然坚持他的理论是正确的,但同时也承认他不能给出完整的证明。“我愿意承认,你碰到了我的证明中最为疼痛的地方,”阿尔伯特承认,“在这里我的说明缺乏一点聪明。我也认为,就我们目前的认识水平而言,我们在这个问题上已经到达了允许的极限。”那么,就眼前而言,这个理论还是成立的,但是,就像一座经受住了可怕的洪水的桥一样,现在它的数学基础的完整性则受到了怀疑。*****

一个月以后的6月份,阿尔伯特到格丁根去了一周,做了6次每次两小

---

* Albert Einstein to Tullio Levi-Civita, April 2, 1915, Cattani and De Maria, "Epistolary Controversy," p. 190.

** 出处同上, p. 192。

*** Albert Einstein to Heinrich Zangger, April 10, 1915, *CP*, vol. 8.

**** Albert Einstein to Tullio Levi-Civita, April 14, 1915, Cattani and De Maria, "Epistolary Controversy," p. 193.

***** 出处同上, April 20, 1915, Cattani and De Maria, "Epistolary Controversy," p. 193。

时的系列演讲。格丁根是希尔伯特的家乡，在德国也许没有一位科学家会比他与阿尔伯特的思考方式更合拍。希尔伯特很早就是相对论的一个狂热爱好者，他也是闵可夫斯基的一个朋友，还是尼古拉的宣言上仅有的几个签名者之一。令阿尔伯特高兴的是，希尔伯特马上就理解了广义化后的相对论。实际上，事实将证明，他实在是太理解了。

阿尔伯特结束他的旅程回来时，对希尔伯特的支持和友情感到兴奋不已。“我极其欣喜地看到，在格丁根，每一个细枝末节都得到了彻底的理解。我对希尔伯特感到狂喜不已。希尔伯特坚信广义相对论，”他告诉仓格尔，“索末菲也开始同意了。”* 然而，对于阿尔伯特的数学能力，在格丁根人中广泛地流传着一种傲慢的态度，并且怀疑他作为一个“苏黎世传统”的产物，是否能完成他的理论。克莱因（Felix Klein）的评论很典型，他说“爱因斯坦天生不是一个数学家，而更确切地说，他是在朦胧的物理哲学驱使下工作的。”** 事实上，阿尔伯特自己早已开始起疑惑了。当索末菲请他为一本新书写几段关于广义相对论的章节时，阿尔伯特借故推辞了，抱怨说目前对这个理论的任何一种阐述都是不正确的。

阿尔伯特把夏天的大部分时间都花在计划和推迟去瑞士的旅程，以及同埃尔莎和她的女儿们去波罗的海度假。直到他跟罗曼·罗兰在日内瓦湖会面回来以后，他才回到他的相对论计算上。他越来越怀疑他的场方程也许是错误的，这种感觉撕咬着他。就像他告诉洛伦兹的，他“过着糟糕的日子”。***

有很多事情令人不满，除了仍然令他焦虑的列维-奇维塔的批评以外，荷兰物理学家德罗斯特（Johannes Droste）应用爱因斯坦的理论计算水星的近日点进动，得到了相同的错误答案——每个世纪18弧秒，而不是45弧

---

* Albert Einstein to Heinrich Zangger, July 1915, *CP*, vol. 8.

** Don Howard and John Norton “Out of the Labyrinth? Einstein, Hertz, and the Göttingen Answer to the Hole Argument,” in John Earman, Michel Janssen, and J. D. Norton, *The Attraction of Gravitation*, p. 30.

*** Albert Einstein to Hendrik Lorentz, Jan. 1, 1916, Howard and Stachel, p. 138.

秒。*但仅仅是这些还不足以让阿尔伯特抛弃《纲要》。

只有当阿尔伯特重新进行了一年前令他如此快乐的计算并发现自己犯了一个错误以后，他才突然并最终意识到《纲要》是难逃厄运了。爱因斯坦—格罗斯曼方程组对于正在旋转的观察者根本不成立，旋转仍然不是相对的。他意识到，事实上这个理论有可能对任何一种加速运动都不成立。最后，无疑是带着低落的心情，阿尔伯特重复了他得出场方程组的整个过程，并且又发现了另一个错误。他以前曾对那些场方程看来似乎是从一些基本的数学原理中突然冒出来的地方感到如此自豪，现在他看到了它们被关于引力的不言而喻的假设和所用的恰当的坐标系弄得千疮百孔。没有这些假设，选择这些方程就是完全任意的了，它们可以表示任何意思。唉，列维-奇维塔的怀疑是正确的。阿尔伯特对于协变的要求和坐标系的所有优美处理，他对引力理论的所有精妙和直觉的细微变化，3年来想破脑袋的剧烈思想活动，结果使他一无所获。

而且，并不单单是他认识到他的理论现在有麻烦。希尔伯特对广义相对论非常热心，在他去度假时还在思考它，于是，根据索末菲所说，他也在这个理论中发现了一些并未具体列举的缺陷。

留给阿尔伯特唯一能做的事只能是咽下自己的骄傲，重新回到3年前被他否决了的里奇张量上。因为里奇张量是真正协变性的，所以它就具有阿尔伯特所需要的一切性质，而且还远不止这些。虽说是这样，但是当时他还必须考虑到所有使自己确信协变性在物理上是不可能的或者会给出错误答案的那些论证。在一个方面，战术的转换是容易的。里奇张量是一头困兽，他花了3年的时间来避开它，因此现在他对它是相当了解的。在数学上，他所要做的只有一件他还未尝试过的事情。

为最后的一出四幕剧设置了舞台，这是一场由张量、证明、变换和计算参加的，长达一个月而又不易察觉的世界末日最终大决战。落幕前，铃声响

* Michel Janssen, "The Einstein-Besso manuscript," Christie's catalog, November 1996.

了，宣告了牛顿宇宙末日的来临。演讲将在普鲁士科学院进行，它的成员们面色苍白、心烦意乱，其中一半人穿着制服或像是被派遣到那个充满冲突帝国中的一些地狱般王国中去，还有一位数学天才在3个小时车程以外的绿树成荫的格丁根，等待在邮箱旁。

碰巧，希尔伯特也开始着手去寻求这些最终的神奇场方程组。如他自己向阿尔伯特描述的，是他自己“对您的伟大问题的公理性解答”。* 在这个项目中，他在两个方面比阿尔伯特更有优势。首先，他是一位优秀数学家。其次，他不是一位物理学家，而且，由于他对引力一无所知，因此他不会被关于解答应该怎样才能与经典的牛顿引力交融在一起或者甚至关于因果关系的一些先入之见束缚住。所以他可以长驱直入符合数学逻辑的、最协变的理论。希尔伯特喜欢开玩笑说，物理学太复杂了，不能只留给物理学家去研究。

帷幕在11月4日那一天拉开了，那是一个星期五，阿尔伯特在聚集在一起的科学院绅士们面前踱着步，他宣布，他对刚刚在一年前给他们演讲过的理论已经“完全失去了信心”。他承认，这个理论是基于一个错觉，一个错误的论证。因此，他解释道，他终究被引导到寻找普遍协变的新的场方程组，“这是3年前我在和我的朋友格罗斯曼的合作过程中怀着沉重的心情抛弃了的一个要求。”

阿尔伯特简要提出了一个最终基于里奇张量的新理论。这是向着相对论的真正普遍化迈出的一大步，但是它在某种程度上仍然依赖于一些特殊的参考系。“任何人如果真正掌握了这种理论，都无法逃脱它的魔力。”他宣布。**

一个星期以后，阿尔伯特带着他修改后的方程方案回到科学院成员面

* David Hilbert to Albert Einstein, Nov. 13, 1915, in Abraham Pais, "*Subtle Is the Lord...*," p. 259.

** "On the General Theory of Relativity," presented to the Prussian Academy of Sciences, Nov. 4, 1915, reprinted in *CP*, vol. 8, p. 214; also in Pais, "*Subtle Is the Lord...*," p. 250.

前，他相信，这个方案会使他们更接近于协变性这个最终目标。“同时，这个问题也前进了一步，”第二天他告诉希尔伯特，“如果能证明我目前的修改……是有道理的，那么引力必须在物质的结构中起到一个基础作用。好奇心是努力工作的动力！”*

阿尔伯特有了这些新方程作为武器，于是重新开始计算关于广义相对论对两个伟大的实验所预期的结果：光线弯曲和水星近日点的进动。相对来说，第一个的计算是简单的：光线弯曲的量结果是原来的理论所预言的两倍。一束刚巧掠过太阳边缘的光线会偏转1.7弧秒。

计算水星进动原则上是一个复杂得多的过程，但是阿尔伯特早已和贝索一起在爱因斯坦—格罗斯曼理论的框架下做过一次了，这一点，还不为世人所知，却是阿尔伯特的有利条件。那一次的结果对《纲要》很难说是一次胜利。水星的轨道由于各种行星的影响而发生进动，但是将所有其他的因子考虑在内以后，这颗行星离太阳最近的那一点的位置每世纪改变41弧秒仍然无法解释。根据阿尔伯特和米凯莱的计算，爱因斯坦—格罗斯曼理论对此只预言了18弧秒。

有了他先前的经验为基础，阿尔伯特开始有条理地进行重新计算。我们可以想象他独自坐在他简朴的、遍地都是纸的单身公寓中，身处一片香烟产生的烟雾中，旁边的一杯咖啡正在变冷，小甜饼的碎屑散落在脚下。他很可能一直在没有写过字的旧信纸背面乱涂乱画——计算过程都没有保留下来。他可能在白天或晚上的任何时候工作，由于是一个人生活，阿尔伯特不知不觉地进入了一种随心所欲的境界。他后来告诉贝索，一个人竟能承受得住像他这么发奋地工作，这真是奇怪。**

这次特别的计算中，一个最干净利落但也最令人气馁的方面是没有东

* Albert Einstein to David Hilbert, Nov. 18, 1915, quoted in Pais, "*Subtle Is the Lord...*," p. 243.

** Albert Einstein to Michele Besso, Nov. 17, 1915, quoted in Heinrich Medicus, "A Comment on the Relations Between Einstein and Hilbert," *American Journal of Physics* 52, no. 3 (March 1984), p. 206.

西可以用来调整：这个理论中没有哪一个参数在摆弄一番以后，一旦将太阳和水星的质量代入方程组——新的、接近协变的方程组——就可以得出正确的答案。这一次，得出的答案恰好是43弧秒。

当阿尔伯特看到这个数值时，他的心急速地跳动起来。他后来说，他确实感觉到似乎有什么东西在他心里啃咬着。*“在以后的几天时间里，我因为高兴激动而欣喜若狂。”他告诉埃伦费斯特。** 上帝曾用一种只有极少数凡人能有特权听到的方式来说话，而且是一种阿尔伯特永远不会忘记的方式。一次纯思维的历险刺入了实在的最中心处。在那一瞬间，带着一种后来仓格尔所谓的“原始的确定性”，*** 广义相对论作为关于引力的真理在他的脑海中根深蒂固。当时，阿尔伯特36岁半。

18年后，当他对苏格兰的一些听众做报告时，这个时刻仍然留在他的脑海中，就像钟楼上的钟声一样清晰地响着。“在黑暗中寻找真理的那些年份只可意会不可言传，强烈的心愿和信心同忧虑之间的交替，直到豁然开朗，只有亲身经历过的人才能理解。”****

阿尔伯特在11月18日正式地向窃窃私语的科学院解释了他的结论。在那里反应甚微，但是远在格丁根，希尔伯特却对阿尔伯特能够这么迅速地解决了水星轨道的问题感到惊愕。“如果我能像你一样计算得这么快，”第二天他写道，“那么电子就只能在我的方程组面前投降了，同时氢原子也必须为它不发生辐射这个事实提出辩解了。”*****

但是，这项工作并没有完全干完。在进行水星计算的过程中，阿尔伯特意识到，他再也不需要给他的引力方程组强加上任何限制或者一些特殊条件了。早先在苏黎世的那些日子里，为了使解答看上去符合经典牛顿引力

* Albert Einstein to de Haas, quoted in Pais, “*Subtle Is the Lord...*,” p. 253.

** Albert Einstein to Paul Ehrenfest, Jan. 17, 1916, quoted in Pais, “*Subtle Is the Lord...*,” p. 253.

*** Albert Einstein to Heinrich Zangger, Oct. 22, 1919, trans. Valerie Tekavec.

**** Pais, “*Subtle Is the Lord...*,” p. 257.

***** David Hilbert to Albert Einstein, Nov. 17, 1915, quoted in Medicus, “A Comment.”

理论在特殊的简单情况下所作出的预言，他曾设计了许多这样的调节手段。

因此，在他的水星计算中，阿尔伯特全力以赴于最后一次决定性地重写他的方程组。同时希尔伯特也越来越接近于完成他的计算了，他和爱因斯坦之间的通信频繁往来。几天以前的11月13日，希尔伯特对自己近在眼前的解答感到很兴奋，于是写信邀请阿尔伯特去听他16日在格丁根的演讲。阿尔伯特谢绝了，借口说胃很不舒服，但是鼓励他前进："您的那些明信片表明着您的巨大前景。"*

某种程度上来说，是太巨大了。18日，也就是阿尔伯特向科学院宣布他的水星结论的同一天，他收到了希尔伯特的新论文的一个复本，这是一大堆定理和数学，其中包含了基于完全相同的里奇张量的一组引力方程组。阿尔伯特察看了以后，被它的熟悉程度震惊了，尽管他和希尔伯特一直遵循着不同的思维轨迹，使用着不同的数学工具。在他看来，希尔伯特是在试图偷窃他的理论。"你所给出的(方程)组——就我所能看到的——跟我最近几个星期发现并递交给科学院的完全相同。"他简洁扼要地给希尔伯特回了信。**

11月20日，希尔伯特把一篇基于这些方程组的论文寄给了格丁根的科学协会。他把这篇论文谦虚地冠名为"物理学基础"。

阿尔伯特继续向前迈进，改动他自己的方程组。在接下去的那个星期，他花了大部分的时间才得到最后的答案。11月25日，他最后一次重又出现在科学院面前，宣布他已经找到了最后的、完全协变的、没有附加因素的引力场方程组版本。

在张量记号的紧凑的语言中，上标和下标对整个宇宙作出了平行的表达，而这样得到的方程看上去简单得令人难以置信——真的甚至不足以填满当今的一件T恤衫。在"等号"的左边是代表里奇张量的大写字母R，它表示了几何时空的扭曲和卷翘。在等号的另一边，有几个项组成了应力—能

---

* Albert Einstein to David Hilbert, Nov. 15, 1915, quoted in Pais, "*Subtle Is the Lord...*," p. 260.

** Albert Einstein to David Hilbert, Nov. 19, 1916, Pais, "*Subtle Is the Lord...*," p. 253.

量张量(大写字母T),表示质量和能量,还有度规g,它表示引力。这个表达式所表示的也同样简单,以一种阴阳的方式说出了:物质、能量、空间和时间在一个没有尽头的优美的环中被联系在一起。

度规g出现在等式的"源"一边,这个事实说明引力本身就是能量,因此空间的弯曲本身就是空间更进一步弯曲的原因,以此类推。这意味着,空间越是弯曲,它就越想弯曲。引力就像时空中的一个疥疮,越搔越糟。除了别的影响以外,这个搔痒暗示着引力与时空极不可能达到平衡,这对于恒星的命运和宇宙本身将产生意味深长的一系列结果。它也使爱因斯坦的引力方程组需要异乎寻常的技巧来解答,尽管它们看上去很简单。

广义相对论是用上帝的语言写就的:一条不受特殊坐标系限制或不偏爱特殊坐标系的定律,它对宇宙中的任何人都成立,不管他们的运动或加速度的情况如何——无论是怎样的。"最后,"阿尔伯特宣布,"广义相对论作为一个逻辑结构是自洽的。"*

"我很满意,但是彻底完蛋了。"阿尔伯特后来告诉贝索,并补充说他很惊奇这项工作进行得这么顺利。** 在接下来的几天里,卡片和信件散发到爱因斯坦的朋友们手中,宣告了前一代黎曼和高斯在对第四维的热情的欢欣鼓舞中所开创的革命胜利了。贝索把他的宣布转交给了仓格尔:"我随信附上爱因斯坦的这张历史性的卡片,他报告了一个由牛顿的苹果开始的纪元的顶点确立了。"***

然而,一切并不都是香槟和庆典。阿尔伯特作出他的伟大宣告的那一天,他愤慨地写信给仓格尔,是关于他感觉到希尔伯特剽窃了他在格丁根的演讲。他说,这个理论是一件美丽的东西,"但是只有**一位**同僚真正理解它,

* "The Field Equations of Gravitation," presented to the Prussian Academy of Sciences, Nov. 25, 1915, *CP*, vol. 8, p. 244.

** Albert Einstein to Michele Besso, Dec. 10, 1915, *CP*, vol. 8.

*** Medicus, "A Comment."

而这个人企图用聪明的方法来将它‘占为己有’*(亚伯拉罕的说法)。在我自己的经历中,很少有机会比在这个理论中更能知道人的阴暗面。但是它没有让我觉得烦恼。”**

关于广义相对论,阿尔伯特早已开始显示出有点烦躁了,希尔伯特事件只是引起了越来越强烈的暴躁,甚至有一点被迫害的情结。在那以后不久写给索末菲的信中,他抱怨说,只有不多几个微不足道的小人正在阴谋阻碍天文学家弗罗因德利希通过测量木星光线的弯曲来对这个理论进行一次伟大的验证——充其量也不过是一次困难的测量。他告诉贝索:“在这件事中,同僚们的行为恶劣。我告诉你的时候你会觉得好笑的。”***

对于希尔伯特,阿尔伯特曾经几乎每隔一天就要和他互寄明信片和短笺,但这时阿尔伯特却突然一语不发了。最后,希尔伯特写信致歉,说他并不是有意要侵入阿尔伯特的地盘,而且事实上也已经忘记了格丁根的那些演讲。****阿尔伯特回信说,他们俩之间曾有某种“怨恨”,“其原因我不想谈论。”但是现在,他解释道,他已经克服了他的苦涩。“我重新以未被扰乱的友情来看待您,并请您尝试同样地对待我。如果两个在某种程度上摆脱了这个拙劣的世界的真正同胞,竟然不会相互欣赏,那真是件憾事。”*****

---

* “nostrificate”这个词是一位退休的物理学家、仓格尔的女儿吉娜(Gina)以前的邻居梅迪库斯(Heinrich Medicus)说的,意思是“占为己有”,是他找到了这封信。亚伯拉罕把它作为一个代名词,表示把别人的理论拿来,然后把它改变一下,使它正好看起来像是自己的。事实上,直到最近有些学者还在争论,说也许是爱因斯坦剽窃了希尔伯特的理论。希尔伯特在11月20日呈交的论文是在下一年3月份出版的,其中就包括了阿尔伯特最终在11月25日得到的完全相同的场方程组,那是5天以后。然而,在1997年,三位历史学家科里(Leo Corry)、雷恩和施塔赫尔报告说,他们找到了希尔伯特的论文的长条校样,说明了希尔伯特曾在12月份插入了正确的方程组,那是在爱因斯坦惊人的宣布之后。——作者

** Albert Einstein to Heinrich Zangger, Nov. 26, 1915, quoted in Medicus, “A Comment.”

*** Albert Einstein to Michele Besso, Nov. 30, 1915, *CP*, vol. 8.

**** 这是施特劳斯(E. G. Strauss)告诉派斯的。施特劳斯是20世纪40年代爱因斯坦在普林斯顿的助手。

***** Albert Einstein to David Hilbert, Dec. 20, 1915, quoted in Pais, “*Subtle Is the Lord...*,” p. 260.

事实上,阿尔伯特也许在看了希尔伯特最后刊登出来的论文以后,已经平静下来了。这篇论文3月份发表,在付印前曾经过修改,而将爱因斯坦最终的场方程组包括在内。它开头是这样叙述的:“由爱因斯坦提出的伟大问题,他设计出来解决它们的足智多谋的方法,以及他的具有独创性和洞察力的观念……提供了探索物理学基础的新方法。”*

在接下去那年春天,爱因斯坦和希尔伯特又在彼此互访了。但是如果这个世界上最伟大的数学家和最伟大的物理学家又继续了他们的友谊,那么他们一直没能横越他们各自的世界观之间的理智鸿沟。当希尔伯特宣布说,他比爱因斯坦本人更理解爱因斯坦的工作时,阿尔伯特仍然完全不理解希尔伯特的工作。他觉得它含糊不清,甚至在希尔伯特从头到尾指导了他一番以后还是如此。他向埃伦费斯特抱怨说,希尔伯特“奢望成为一个超人”。**希尔伯特太胆大妄为了,他想要描绘一幅整个世界的图景。但是作为一位物理学家,阿尔伯特知道还有奥秘要去迎战——例如,在量子的王国中。

随着广义相对论的出现,旧的牛顿物理的确定性第二次死去了。阿尔伯特喜欢说,在他的新理论中,时间和空间最终被剥去了最后一丝客观实在的痕迹,它们仅仅是引力场的制造物,也就是说,是那个度规使几何必须建立在无定形的可能性之上。阿尔伯特为了将自己从他那个声名狼藉的空洞论证中解脱出来,不得不通过一些思维上的技巧,从而得出这个不可避免的结论。

这个命题对阿尔伯特原来未能构造出一个协变的理论涂抹了一层圆滑的哲学光辉,但是毕竟一旦他决定了要继续追逐他的协变性,他就不打算让哲学上的顾虑挡住他前进的道路。

事实上,另一位格丁根的数学家保罗·赫兹(Paul Hertz)早就向阿尔伯特

* Medicus, “A Comment.”

** Albert Einstein to Paul Ehrenfest, May 24, 1915, in J. D. Norton, Howard and Stachel.

提出了一种走出空洞论证的方法，那是在1915年那个决定性的夏天。赫兹提出，空洞中的不同引力场解答并不是真正截然不同的，而事实上它们在数学上是有联系的。* 它们可以通过一种数学变换彼此映射，因此在某种意义上它们代表了同一种**物理**情况。换句话说，如果一个系统能够转换成另一个系统，那么它们就都表示同一种实在，因此空洞问题就根本不成问题。但是阿尔伯特仍然认为他能够拯救《纲要》理论，所以他几乎没有准备好要接受一种空洞论证的解决方法，而只是粗暴地拒绝了赫兹的建议。

在这个归功于赫兹的论证中，有着牛顿最伟大的对手、微积分学的共同发明者和马赫的激励者莱布尼兹的哲学体系的回音。莱布尼兹通过询问为什么宇宙就在它现在所在的地方而不是向左一英寸，从而抛弃了绝对空间的概念。不管给予宇宙哪些任意的和明显是人为的空间坐标，显而易见它仍是同一宇宙。莱布尼兹的要点是，宇宙的重要问题不是它在哪里，而是在它里面发生着什么。如果一种差别无法被察觉，那它就是没有意义的，也就根本没有差别。

这种思路在1915年夏天被一个名叫克雷奇曼(Erich Kretschmann)的年轻物理学家发扬光大，他在普朗克那里拿到博士学位后，就一直待在他的家乡柯尼斯堡。他提出，坐标是我们观察不到的抽象实体。在物理学中，重要的不是某个点在坐标系中的地址，而是在那一点所发生的事情。以纽约市来作类比，如果一个名叫加兰(Garland)的音乐家住在曼哈顿的西边，一个名叫凯特(Kate)的作家住在东边，而他们每天早上上班途中都要穿过中央公园的那些道路，重要的不是他们的交会处叫什么名称或者这些道路如何延伸。重要的只是他们相遇了。其他的一切都不重要，其余的一切都是一种矫饰。

在一篇关于坐标系和测量的漫长而杂乱的论说文中，克雷奇曼以一种

---

* 赫兹的提议是由唐·霍华德(Don Howard)和约翰·诺顿从爱因斯坦给他的回答中推想出来的，他们关于这点的那篇论文的题目是《走出迷宫？爱因斯坦、赫兹和格丁根对空洞论证的回答》，收录在厄尔曼、詹森和诺顿的《引力的吸引力》一书中。我很感谢诺顿向我指出这一点。

更加正式的方式提出了这个论点,他说科学家们观察到的是“测量工具的某些部分和被测物体的某些部分在时空上的重合”。*

克雷奇曼的论文于1915年12月21日出现在《物理学纪事》上,显然拨动了爱因斯坦的心弦。到这时,空洞论证当然已使阿尔伯特难堪,他急切地希望找到一个解决的方法。5天以后,阿尔伯特回信给在空洞问题上一直跟他纠缠不休的埃伦费斯特,给出了一个几乎与克雷奇曼完全相同的答案。他说,时空中的点不是从它们的坐标中得到身份,而是从它们那里所发生的事情中得到识别。他所用的短语是“时空中的重合”。**

“在事件世界中的物理实在(与那些取决于参考系选择的东西相反)存在于**时空上的重合**……别无其他!”他这样告诉埃伦费斯特。他又向贝索重复说,实在完全就是这样的点重合的总和,在这里比如说两个电子的轨道或者一条光线和一粒感光颗粒相遇了。***

在他1916年3月初写成的关于新的广义相对论的巨著中,阿尔伯特几乎是逐字逐句地与克雷奇曼雷同。“我们所有关于时空的确认总是相当于一种时空重合的决定……而且,我们测量的结果也只不过是确认了我们的测量工具上的物质点和其他物质点之间的交会,钟的指针和钟面上的点的重合,以及发生在同一个地方同一个时间的观察到的点事件。”****

那么光线或者电子的世界线不发生相交的那些点的情况又是如何的呢?纽约街道地图上那些空地呢?那些没有引力、没有光线、没有物质的区域的情况又如何呢?然而,认为空间和时间在那里等待着被填充和画上方格,以及事实上有些空的舞台在等着被占据的想法,都是牛顿式的错觉。阿尔伯特认为,广义相对论的意义是,在没有度规——也就是说,没有引力、物

* Howard and Norton, “Out of the Labyrinth?”

** Albert Einstein to Paul Ehrenfest, Dec. 26, 1915, *CP*, vol. 8.

*** Albert Einstein to Michele Besso, Jan. 3, 1916, John Stachel, “Einstein and the Rigidly Rotating Disk,” in Howard and Stachel.

**** “The Foundation of the General Theory of Relativity,” *Annalen der Physik* 49 (1916), reprinted in *CP*, vol. 6, p. 283.

质和能量——的情况下，也就不存在几何，因此也就没有空间，没有时间。在许多现代学者的眼中，空洞论证对作为一件独立事物、作为一个等待着被填充的容器的一种经典的时空观造成了最后的破坏。更精确地说，真的像莱布尼兹和马赫曾极力说教的那样，它出现于物质对象的相互作用之中。“爱因斯坦文稿计划”的相对论专家詹森说，这里有着某种出乎意料的事。爱因斯坦开始想通过广义相对论消去绝对运动的概念，但是结果却证明不存在绝对空间。在讨论这个问题时，一些哲学家常常使用一种相当朴实的类比，他们把宇宙比作一个比萨饼，其中的饼皮代表时空，而上面的配料代表宇宙的内容——物质和能量。在爱因斯坦和马赫的世界里，饼皮不能独立于它上面的配料而存在；而且，意大利重辣硬香肠的每一种排列方式就决定了一种不同的饼皮，也就是一个独特的时空。城市不能独立于其建筑和人民而存在。

空的空间不是空间，或者用数学专业的话来说，它不是“流形”* 。你可以把这种非空间中的点看成学校开始上课前聚在人行道上的一些乱哄哄的孩子们。没有指定教室或者年级，就没法知道谁应该在谁的旁边、前面还是后面。度规或者引力场此时就像学校体系本身，它告诉学生们到哪里去、坐在哪里。但是，如果没有度规，所谓流形中的那些点，也就是那些时空的孩子们，将什么也不是，也不在任何地方。正如一个棒球本垒裁判员曾对棒球投掷的判定作出过著名的解释：“有些是臭球，有些是好球，但是在我判定它们以前，它们什么都不是。”**

“在某种意义上，”普林斯顿的大物理学家惠勒揭示，“广义相对论告诉我们，空间和时间并不是宇宙中的基本方面。”什么会比空间和时间更基本呢？直到我写到此刻，在阿尔伯特摧毁神殿的80年以后，物理学家们不切实

---

* 想继续深入的读者，可以参考如《物理学中的几何方法》，余扬政、冯承天著，高等教育出版社，施普林格出版社，1998年。——译者

** 这是很微妙的一点。根据约翰·诺顿所说，即使是伟大的希尔伯特也在空洞论证上失败了。诺顿研究了最近发现的希尔伯特的引力论文的那些版面校样（即他在最后一刻插入了爱因斯坦的场方程的那些版面校样）。

际的猜想仍然还只有为数不多的几种。

令人好奇的是,通常都很慷慨的阿尔伯特一直没有提到克雷奇曼的论文是他关于时空重合的灵感的来源。* 没有任何记录显示克雷奇曼曾对他的工作被占有而有所抱怨,但是他当然也明白自己在历史上的地位。在后来的一篇关于爱因斯坦的空洞论证的文章中,克雷奇曼把他自己在1915年撰写的论文列为主要参考文献。**

在事物的时空安排上,这时已经到了12月末的柏林了。随着世界大战进入了第二年,雪花开始降落在欧洲的战壕中。这个城市中那些灰色的公寓楼都被烛光点亮了,人们思念着"在那里"的孩子们。狂喜但是彻底完蛋了的阿尔伯特希望能去一次苏黎世,同他的孩子们一起度过一段时间,并且早已开始试图软化米列娃,让他把汉斯·阿尔伯特带走一个月。然而,汉斯·阿尔伯特却又一次闷闷不乐,害得阿尔伯特恳求道:"请快点写信吧! 你几乎跟你的老爸一样懒得写信。"***

阿尔伯特利回信了,无情地要求一份昂贵得令人无法容忍的——70瑞士法郎——圣诞礼物。阿尔伯特愤怒极了,并再一次怀疑是米列娃又插了手,于是他放弃了这次旅程。他给儿子写信说:"除非你请求,否则我再也不会来看你了。"****

仓格尔为了汉斯·阿尔伯特而感到忧虑,并对米列娃的不支持感到愤

---

* 克雷奇曼的论文与阿尔伯特向埃伦费斯特提到的"时空中的重合"在时间上的接近,使霍华德和诺顿下结论说,阿尔伯特盗用了克雷奇曼的想法。他们指出,直到12月14日,就在这篇论文快要发表前,阿尔伯特还在向石里克重复着他的"符咒",说空间和时间丢失了它们最后一丝实在的痕迹,但没有提到时空中的重合这一论点。"从这些事实可以得出几乎无法抗拒的结论,就是爱因斯坦阅读了克雷奇曼的论文,或者是在它成文后知道了它的内容,并发现关于重合的想法非常中意,于是开始对它们进行精炼和开发,用来向与他有通信来往的埃伦费斯特解释他的空洞论证错在何处。"——作者

** Howard and Norton, "Out of the Labyrinth?"

*** Albert Einstein to Hans Albert, Nov. 23, 1915, *CP*, vol. 8.

**** Albert Einstein to Hans Albert, Nov. 30, 1915, *CP*, vol. 8.

怒，于是他就出面干预，他答应只要阿尔伯特能来，就会帮助他和他的孩子团聚。阿尔伯特的态度变得温和了。“如果我去看望小阿尔伯特，他会高兴的，这种隐约的可能性仍然存在，”他对米列娃说，“把这告诉他，而且务必让他见到我时至少会感到一些快乐。”*

阿尔伯特在圣诞节前几天前往苏黎世，但是瑞士边境关闭了。在等待了几个小时并注意到人们被拒绝进入以后，他独自回去了。他向汉斯·阿尔伯特保证，即使他不得不在边境上露营，他也会在复活节去看他。

---

* Albert Einstein to Mileva, Dec. 10, 1915, *CP*, vol. 8.

第二十一章　量子时代

战争在欧洲其他地区继续蔓延着，后方苏黎世的咖啡馆和酒吧里却挤满了艺术家、革命者、和平主义者以及形形色色的流亡者，他们对阿尔伯特希望称之为瑞士的"嘴的自由"感到十分喜悦。列宁在苏黎世公共图书馆里安营扎寨。越过利马特河，在一个低等的乡村酒吧中，一群画家、诗人和其他表演者开始定期地聚会在一起。他们把这些奇异的晚会戏称为"伏尔泰夜总会"。组织者之一鲍尔（Hugo Ball）随意地用一把小刀翻着词典，寻找一个措辞，就这样找到了这项运动的名字：达达（Dada）。

在格洛肯街的小山上，米列娃和孩子们进入了他们远离阿尔伯特的第二个冬天。虽然除了阿尔伯特支付的钱以外，还有教音乐和数学的薪酬作为补充，米列娃仍然仅能勉强糊口。幸运的是，她还有许多老朋友，他们是一些来自于东欧地区的同学。泰特快到上学的年龄了，并显现出是一个敏锐而聪明的男孩。事实上，米列娃对他的早慧感到如此震惊，根据特尔布霍维奇-久里奇所说，她怀疑她是否应该试图将它减慢下来。尽管她经济拮据，米列娃还是为他聘了个专门的音乐教师。与此同时，他的哥哥正开始迷恋上了几何学。

没有迹象表明米列娃在注视着1915年11月的那些伟大发现和突破，除非她是从仓格尔和贝索那里听说的。在苏黎世的家中，它们已经成为阿尔伯特老是答应有一天要告诉男孩们的那些“关于科学的有趣和美丽的事情”。而正在进行的关于阿尔伯特的意愿及他对阿尔伯特利的计划的神经之战使之失色和遮蔽了。米列娃仍然害怕孩子们会被阿尔伯特恶毒的亲戚们抓走，但是在1915年秋天，她得到了两个未必靠得住的卫士，那就是米凯莱·贝索和仓格尔。

尽管阿尔伯特偶然会试图让贝索和仓格尔聚到一起，但这两个他最好的朋友在那个秋天以前还从未见过面。阿尔伯特和仓格尔第一次关系密切，是阿尔伯特在苏黎世开始教书的时候。但是那时，贝索已经离开了专利局，搬到了意大利边界上当时还属于奥地利的的里雅斯特，并在一家纺织厂里任职。意大利最终加入了战争，反对德国和奥地利，的里雅斯特也卷入了战乱，米凯莱携家眷回到了苏黎世。在那里他们没有工作，最后就住进了温特勒夏季的简易小屋里，它在苏黎世以东30英里（约48千米）处，而米凯莱在温特图尔技术学校兼职教物理。后来他得到工学院的一个私俸讲师职位，并重新进入了专利局。他的黑色胡须在此期间变成了雪白色，再加上他的橄榄色的皮肤、高高的颧骨以及像炭一样黑的眼睛，给他的容貌赋予了一种异国人的凶猛样子。贝索一回来就把要与仓格尔会面放到他的议事日程之中，两人终于会面了，而且一见如故。使他们与爱因斯坦变得亲密的那些同样古怪的业余物理学家思维让他们彼此息息相关。

他们取得一致意见的第一件事就是，他们亲爱的朋友阿尔伯特对他的家庭尤其是对他的孩子们行为恶劣。

“我对此有一种令人恐惧的不安，”仓格尔写道。这表明阿尔伯特和埃尔莎之间与日俱增的纠缠正折磨着他。“他站在两个幼小的孩子的命运之间，也许还对此毫无知觉，而他又如此依赖于他们。”阿尔伯特对汉斯·阿尔伯特鲁莽、无感情的要求，尤其是要这个孩子去柏林看望他，触犯了仓格尔讲究正当得体的天性。*

---

* Heinrich Zangger to Michele Besso, late 1915, Heinrich A. Medicus, “The Friendship Among Three Singular Men.”

贝索回答说，他们应该表明立场。“重要的是要让爱因斯坦明白，他最忠诚的朋友们……会把离婚及随后的再婚视为重大的罪恶，实在是一场灾难。” 而且，贝索还硬起心肠，反对孩子们去探访爱因斯坦在柏林的爱巢。“如果我因此不得不与亲爱的老朋友爱因斯坦绝交，我也能因为尽了我对他的最大责任而感到慰藉了。”*

阿尔伯特向他们保证，尽管她父母施加了压力，但是他并没有娶埃尔莎的意图，他把这归因于中产阶级的虚荣心。“如果我自己被她俘虏了，我的生活将变得复杂，我的孩子们也许会非常悲痛。”但是他承认，无论他多么爱他们，他都无法忍受再与米列娃生活下去。**

1916年2月，他把下列坏消息告诉了米列娃：“至今我们的分居已经经历了考验，为此我请你以离婚来改变现状，因此我们基本上可以遵照我们的朋友哈伯的计划去做。用这种方式可以明确我们彼此的权利和义务，这样我们可以在情况允许之下各自独立地安排自己的余生，我相信这是同时符合我们两个人的利益的。”一旦她同意，就可以定出具体细节。***

阿尔伯特接下去的行动是拜访了一位律师，这位律师向他建议说，如果米列娃对**他**提出起诉，并且整个事件能在柏林得到处理的话，这个过程可以进行得简单，而且更顺利——据估测还能更便宜。****

米列娃没有任何做这类事情的意图。她用手中仅有的一张王牌来回敬，即不让阿尔伯特接近孩子们，这引起了阿尔伯特一阵愤怒的喊叫。他说，她不让他把阿尔伯特利带到柏林是出于一种“不合正义的恼怒”。为了折衷起见，也许也是为了能顺利离婚，他决定不在这个问题上施加压力，但他警告米列娃，在他复活节来苏黎世时，不要试图使用类似的手段。他发誓说，否则他将很长时间不再来访。“我不想被迫乞求和我的孩子们在一起的

---

* Michele Besso to Heinrich Zangger, late 1915, quoted in Medicus.

** Albet Einstein to Heinrich Zangger, Nov. 26, 1915, *CP*, vol. 8.

*** Albert Einstein to Mileva, Feb. 6, 1916, *CP*, vol. 8.

**** Albert Einstein to Mileva, April 1, 1916, *CP*, vol. 8.

权利。”他告诉她。

> 我自己不能和你一起生活，这一点与我和孩子们的关系无关，也不会对此产生任何影响……而我把他们留给你照顾的这一事实，对我而言与其说我缺乏做父亲的感情，倒还不如说我作了巨大的牺牲。*

当阿尔伯特在4月的第一周到达苏黎世时，他已经有一年半没有见到孩子们了。这趟旅程开始时很顺利。令阿尔伯特感到安慰的是，孩子们准时出现在仓格尔的家里，他们很斯文，甚至还很高兴。**但是当阿尔伯特和米列娃最终聚到一起，灾难就随之而来了。阿尔伯特明确地提出了离婚，而米列娃则变得歇斯底里。最后什么也没有决定下来，阿尔伯特绝望地返回德国，他怀疑自己以后是否还能再次面对她。

他离开以后，米列娃进入了一种混乱状态，并达到了身心完全崩溃的顶点。7月，她经受了一连串心脏病发作（当时她年仅41岁），被监护在一家由天主教护士经营的、名叫Theodosianum的医院中。孩子们被送到贝索那里，后来又去了洛桑，那时海伦妮·萨维奇和她的丈夫正在那里逃难。***

没有人十分有把握地确切知道米列娃得了什么病。她的症状从精神上的抑郁到手指莫名的疼痛都有。依照保利娜·爱因斯坦的说法——她是从马亚那里听说的，而马亚据猜想是从她的姻亲贝索家听来的——米列娃大部分的病是装出来的。保利娜告诉埃尔莎：“米列娃从没病重到你想的那样。”****

阿尔伯特从贝索和仓格尔定期的通报中不断获悉她的情况。起初，他相信她的问题是心理上的。“米列娃的头脑似乎真的有病，”他对米凯莱说，

---

* Albert Einstein to Mileva, April 1, 1916, *CP*, vol. 8.

** Albert Einstein to Mileva, April 8, 1916, *CP*, vol. 8.

*** Desanka Trbuhovic-Gjuric, *Im Schatten Albert Einsteins*, p. 138.

**** Pauline Einstein to Elsa, Aug. 6, 1916, Einstein Archives, Hebrew University of Jerusalem.

感谢他“真正帮了忙”。阿尔伯特请求贝索持续不断地告诉他米列娃的情况,即使她的行为看上去是没有道理的。

“在这个量子理论的时代,”他补充说,“这并不是那么惊人。”*

到这时,安娜·贝索已经受够了阿尔伯特。早在1896年,阿尔伯特抛弃了她的姐姐玛丽时,她已经经历了类似的情况。在米凯莱的下一个报告中,她又附笔写了几句,用断然的语句表达了她的愤怒。阿尔伯特没有注意到这是由安娜写的,而不是米凯莱的笔迹,而且被那尖刻的语调以及他的称呼突然由正式的“您”代替了原本比较亲密的“你”大大震惊了。他们之间的友谊减退到这样的程度了吗?

阿尔伯特写了一封长信,试图为自己的行为辩护,这封信有点类似于一篇在他眼中的男女关系的论文。“亲爱的米凯莱,”他叹息道,“我们男人是可怜的、充满依赖性的动物,我会愉快地向任何人承认这一点,但是同这些女人相比,我们每一个都是国王:因为一个男人几乎是自食其力的,不用总是等待着依附于身外的什么东西。可她们却总是在等待,直到有某人(一个家伙)出现,根据他自己的斟酌决定如何来处置她们。如果这一切没有发生,她们就会完全崩溃。”

他认为,米列娃过着无忧无虑的生活,与两个身材高大健壮的孩子在一起,有一个环境很好的家,还有大量的自由时间,而且她现在仍然处于“围绕在她往日的单纯的光辉之中”,只是缺少一个对她称王称霸的人。这真的这么糟糕,使他最终像躲避令人作呕的气味一样逃走吗?

最后他来处理他认为是米凯莱愤怒的附笔了。“亲爱的米凯莱,”他恳求道,“我们是20多年的好朋友了。而现在我看到,因为一个对你来说是无关痛痒的女人,你却对我产生了一种与日俱增的愤怒。你要防御这点。即使她是十万倍地正确有理,也不值得你这样做。”**

当阿尔伯特刚一寄出这一冗长的信件后,他终于意识到这令人不快的

---

* Albert Einstein to Michele Besso, July 14, 1916, *CP*, vol. 8.

** Albert Einstein to Michele Besso, July 21, 1916, *CP*, vol. 8.

附笔的作者是安娜而不是米凯莱。他很快又写了一封信去谢罪:“请想一想,这样的事竟然会发生在一个科学家的身上。”*

仓格尔在此期间亲自对米列娃作了检查,并告诉阿尔伯特她可能患上了脑结核。阿尔伯特想,如果真是那样,快速的了结比绵长、持久的苦难要好些。不过,现在他清楚她真的是病了,而且在短期内不会康复,这使他进退维谷。为了他的孩子们从海伦妮·萨维奇家中回来时能和他在一起,他是否应该回到苏黎世?除了宇宙和高深莫测的量子以外,他在柏林没有紧迫的事务。而事实是,前往苏黎世是他在这个世界上最不愿做的一件事。他向仓格尔解释说,如果他去看他的孩子们,米列娃无疑也会要求见他。在这种境况下,他就不可能拒绝她了,而她也许会利用她的有利条件。“在这样的情形下,我会被迫作出一些关于孩子们的允诺,”他神秘地说,“由此,如果我的妻子死了,孩子们会从我这里被夺走。我为此感到深深的恐惧,但是如果你认为这是明智的,那么我就会来。”同时,他让仓格尔给她一切她想要的东西,并为她设法去找一名护士。

“我的孩子们必须不能有他们没有得到父亲的支持的那种悲伤的感觉,”他声明。如果米列娃死了,他会带他们去柏林,并亲自在家中教他们。阿尔伯特说,没有他的朋友们的帮助,他会失去理智。“我对我的妻子表示遗憾,我也相信,她的重病至少部分是由于她和我共同度过的以及由我带给她的苦难经历所造成的。”**

最后,阿尔伯特仍然留在了柏林,整个夏天他都在做一些关于相对论和量子理论的琐碎的事。

米列娃的健康状况逐渐好转,作为两人的一种共同的康复手段,她甚至尝试带泰特去了德国海滨,但是当地的生活条件很差,食物也很缺乏。他们在三星期后离开时比他们到达那会儿更感疲惫。不过,她的病情对爱因斯坦产生了影响。到夏末时,爱因斯坦放弃了离婚,至少是临时放弃。他的亲

---

* Albert Einstein to Michele Besso, later on July 21, 1916, *CP*, vol. 8.

** Albert Einstein to Heinrich Zangger, July 26, 1916, *CP*, vol. 8.

戚们会悲叹和抱怨他们想要的一切。他告诉贝索,他早就学会将眼泪往肚子里咽了。

其间,汉斯·阿尔伯特再一次不写信了。阿尔伯特呻吟道:“我相信他的情绪已经跌落到冰点以下了。”* 海伦妮·萨维奇寄给他一封友好而又使他放心的信,向他报告了孩子们最近怎么样。此时他就向她抱怨说:他们好像对他怀恨在心,并且相信他放弃的日子最终已经到来了。

“我认为,即使那是痛苦的,他们的父亲还是不要再见他们为好。”如果他们能成长为诚实和受人喜欢的人,他就感到满意了,他们身上的一切迹象也显示他们会成为那样的人,哪怕他也许不在他们附近给予监护。他明白,对海伦妮说了那就很可能相当于间接对他的妻子说了,于是他故意强调了那些在面对面谈话的烦乱中米列娃不能听或不愿听的话。“与米扎分开对我来说大概是一件生死攸关的事,”他解释说,“我们在一起生活真的已经变得不可能,事实上使人压抑。至于为什么,我没法说清……尽管如此,她现在和以后都将一直是从我身上已经切除的一部分。我再也不会接近她。我的余生将不再有她。”**

他说,米列娃会需要帮助。她至少有一段时间将承受痛苦。至于他自己,则不需要怜悯。他声称,尽管有战争和家庭问题,他的生活仍是非常和谐的。“我的头脑完全用来思考,”他写道,“我就像一个对宽阔的见识范围感到惊诧不已的人,只是当一个不透明的物体挡住了视线时,才会觉得心神不安。”

在对阿尔伯特的生活长期观察中会出现的模式之一——以及有条理地描写他的生活时会遇到的问题之一——是他所有的成功似乎是相辅相成的。在物理学的一个领域中的一些发现,似乎伴随着在其他领域中的一些发现;在整个科学领域中的前进快速涌现。其结果是导致一系列历史性的

---

* Albert Einstein to Michele Besso, Sept. 6, 1916, *CP*, vol. 8.

** Albert Einstein to Helene Savic, Sept. 8, 1916, John Stachel, “Einstein and Maric.”

科学发现的喷涌。他创立了相对论，同时也创立了光量子，发展了关于自然性质的两种相互矛盾的概念，就好像他一直在下不同的赌注以避免造成损失。在1916年的夏天和秋天就发生过一次这样的喷涌。同时，他又根据广义相对论重新创造了宇宙，他还就高深莫测的量子酝酿了一种新的、强有力的想法。

在这个量子的时代，这并不是那么惊人的。

在阿尔伯特明确表达了光是由分立的小能量包（或者称为光子）组成的这一思想后10年，对大多数物理学家来说，这种观点仍然骇人听闻。其中典型的就有密立根的评论。这位芝加哥大学的科学家为了驳斥爱因斯坦关于被发射的电子的速率与光的频率成正比的预言，花了10年时间用光照射电极。1915年他宣布："爱因斯坦的光电方程……似乎在任何情况下都精确地预言了观察到的结果……然而爱因斯坦用以得到他的方程所依靠的半微粒理论现在看来完全是站不住脚的。"*

阿尔伯特对量子论问题的兴趣从未真正减退，即使是在长期研究广义相对论时仍然如此。1916年1月，他偶然看到了理论家泰特罗德（Hugo Tetrode）** 和萨克尔（Otto Sackur）的一个让人感兴趣的计算，这显然又一次给了他灵感，虽然一直到夏天他才写信给贝索，谈到他刚刚想到一个关于光的发射和吸收的"绝妙的主意"："Alles ganz quantisch［一切都是量子］。"***

他的新发现涉及怎样去计算著名的黑体辐射光谱，这个问题导致了其后的一系列发现。普朗克曾通过假定辐射光线仅仅是以分立的小包来发射或吸收从而得到了正确的答案，但是他的计算存在着缺陷，而且黑体光谱的普朗克公式从未完整地被导出过。阿尔伯特现在看到了一种计算方法，能

---

* Abraham Pais, "*Subtle Is the Lord...*," p. 357.

** 泰特罗德（1895—1931）生活在阿姆斯特丹。他非常有才气，同时也是一个羞涩得恼人的遁世者。埃伦费斯特曾经试图招聘他到莱顿去，但是失败了。爱因斯坦极为仰慕泰特罗德，曾和埃伦费斯特一起去过他家。泰特罗德不愿意来应门。卡西米尔（Heinich Casimir）1994年6月在耶鲁举行的一次纪念马丁·克莱因的报告会上讲述了这个故事。

*** Albert Einstein to Michele Besso, Aug. 11, 1916, *CP*, vol. 8.

够摆脱关于熵之类的一些形而上学的假定。他设想整个房间的原子都沐浴在辐射中。根据玻尔的新理论,这些原子中的一个可以从周围的辐射中吸收能量,它捕获的能量刚好够使它的一个电子从一个允许的轨道(或能级)跃迁到另一个轨道。同样,一个电子从一个能级掉到较低的能级时,将以发光的形式刚好发射出与上述相等的能量。阿尔伯特的计算表明,如果原子能量阶梯中的每一次上窜和下跳都相当于发射或吸收单个的光量子,那么在该房间里的发射光谱就是普朗克光谱,即黑体光谱。就是这个古怪的理论现在同时解释了在一束纯净的闪光中的光学和物质的重大奥秘,即黑体辐射和光谱线。"惊人简单地导出了普朗克公式,"阿尔伯特对贝索评论说,"我很想把它称为是一个推导。"*

但阿尔伯特没有在此停滞不前,他下一步所取得的成就开启了此后对他再也没有关闭的大门。这次量子经历即将以其全部随意性的、赤裸裸的令人不快,第一次展现在他面前。光量子也许在携带能量的同时也携带动量,这个念头总是萦绕在他的脑海深处,虽然他从没有在他的任何论文或讲演中明确地谈到过这一点。派斯(Abraham Pais)在他撰写的传记《上帝难以捉摸——爱因斯坦的科学和生活》一书中指出,这里涉及的简单的数学处理早在1905年就可以完成了。但是在进行最后的数学计算中,也许甚至连阿尔伯特也没有足够认真地将他的光子视为物理实体,而是作为一些计算上的虚构。在经典电磁理论中,光波会产生压力。这一观点仅仅在几年以前,当哈雷彗星在中途扫过天空时,才由它的彗尾——由被阳光吹着的微小尘埃组成——壮观地得到了证实。然而,动量和能量是不同的,因为它除了有数量以外还有方向。这一点就提出了一个问题,即当一个原子发射或吸收光时会发生什么。这会产生反冲作用吗?量子的喷射是否有某一特定的方向?或者是否如同经典理论所描述的,光从原子脉冲地放出,立刻在所有的方向上形成一个球形的能量壳,因此总的动量就为零或者没有反冲作用?

阿尔伯特知道,答案早已在他的面前,就以某种方式暗藏在普朗克那难

* 出处同上。

以理解而现在已经稳固地建立起来的描述黑体辐射的公式中。早在1909年,通过研究普朗克公式中的统计学,他从辐射涨落的表达式中同时梳理出粒子和波这两者的数学特征,从而得出结论:光同时具有这两者的一些性质。现在,阿尔伯特继续用类似的工具来仔细审查原子被量子撞击时的特征的普朗克涨落统计,这与他曾经用来详细审查被分子轻轻碰撞下的尘埃微粒的运动的方法非常相似。阿尔伯特发现,仅当来自于原子的辐射确实具有方向性时——即以所谓的针状射线——而不是球状地发射出来时,这些方程式才是一致的。量子有动量和方向。如果你扔出一个量子,你会受到反冲力;如果你接住一个量子,你会受到一个反冲力。简而言之,光子是真实存在的。

"根据这一点,光量子的存在实际上已经得到了证实。"他这样告诉贝索。*

但是,我们却无从得知一个原子投射出的量子会向哪个方向运动——这是一个历史上一直没有解决的问题,就此而言,我们也无法确切地知道这个事件会在何时发生。阿尔伯特在他的论文中承认,"这一理论的一个弱点是……它把基本过程的时间和方向留给了偶然性。不过,我对于我所采用的研究方向有充分的信心。"**

条条道路都通向真实性的崩溃。尽管广义相对论如此不可思议,它也是经典物理的一个常规理论:它在因果关系下起作用;只要所有相关的时钟和测量杆设置恰当,一件事就可以用另一件事来预测。在那些优先的逻辑思维的限制下,宇宙及其中的每一个粒子,从无限的过去到无限的未来,其整个历史原则上都可以推算出来。但如果这个新的结果是正确的,那么量子就是这个确定性之梦的一个例外,是对它的一种嘲笑。因为在量子的世界里,诸如量子发射的时间和方向这样的一些重要元素都被留给了偶然

* Albert Einstein to Michele Besso, Sept. 6, 1916, *CP*, vol. 8.

** "On the Quantum Theory of Radiation," *Physikalische Zeitschrift* 18 (1917), pp. 121—128, *CP*, vol. 6, p. 381.

性。在放射性半衰期这一概念中，偶然性早就侵入了物理学。任何放射性样品中的一半原子都会在一个半衰期内发生衰变，但却没有人能说出是哪些原子在什么时候发生衰变。在阿尔伯特早先与贝索的通信中，他实际上已经想象把一个将要发射光子的原子比喻为一个放射性原子。* 在1916年，也许可以说物理学本身也具有放射性，等待着某种神秘的、看不见的命令让它自我毁灭。如果在实在之最基本的层面上**是**没有规则的，那么物理学如何能洞察宇宙的法则呢？

"我觉得，谜团的永恒创造者向我们提出的真正的玩笑，至今绝对还没有被理解。"阿尔伯特评论道。**

1916年夏天，阿尔伯特的两只脚犹如踩在一对飞奔的雄马上。量子就是爱因斯坦的孩子，要么根本就不是任何人的孩子。广义相对论也是如此。虽然这时离发现这两种理论中的任一种的最根本的和影响最深远的含义还有很多年，但是他早已清楚它们面临着不同的道路，也清楚它们实际上描述的是完全不同的宇宙和世界观。它们在一起体现了西方思想中的一些敌对的范式。在相对论中，自然界是连续的，而且是符合因果关系的；它的引力场和电磁场可以很容易地用那些绝妙的微分方程描述出来，而这些方程曾使从牛顿到麦克斯韦的物理学家们欣喜若狂。在原子理论和量子理论里，自然是分立的，而且只能用统计来描述，即用计数的方法。这两种对世界的看法从基本的数学上来说是不相容的。哪一种理论正确呢？怎样才能使它们相互一致呢？正是这个矛盾，在他还是伯尔尼的一位年轻人时就已经被这个魔咒搞得忐忑不安了。***

物理学以外的世界的疯狂错乱继续显示自己的权威。在1916年10月，

---

* Albert Einstein to Michele Besso, Sept. 11, 1911, *CP*, vol. 8.

** Albert Einstein to Michele Besso, March 9, 1917, *CP*, vol. 8.

*** See Albert Einstein to Walter Dallenbach, Nov. 1916, *CP*, vol. 8, also quoted in John Stachel, "The Other Einstein: Einstein Contra Field Theory," in Mara Beller, Jürgen Renn, and Robert S. Cohen, *Einstein in Context*.

阿尔伯特的一对老相识冲突了起来，其结果是致命的。他的老社会主义者邻居、具有献身精神的朋友阿德勒走近正在维也纳一家旅馆的奥地利首相，开枪打死了首相，原因是他拒绝召开国会，这样就使这场战争经受了一次民主的考验。(他杀死的人是冯·施蒂尔克伯爵，6年前此人是教育部长，他招聘了阿尔伯特在布拉格任教。)阿德勒被捕时未受伤害，他的审讯被安排在春天。

毋庸置疑，阿德勒的行动对阻止这个巨大的屠杀机器没有起到任何作用。德国和法国在西线的凡尔登6个月的对峙中各死去了30多万人。就在协约国军队放弃在索姆的反攻前的那个秋天，另有100多万人被杀害。奥地利侵占了塞尔维亚和罗马尼亚。100万俄国人在东线阵亡。紧随着美国对“路西塔尼亚号”沉没的愤怒，德国断然放弃了全部潜水艇作战，因此当英国享受着相对自由的海路时，德国却被海上封锁围困了。一年以后潜艇将重返航道，它们的威力因装有安许茨罗盘而得以加强，而这种罗盘的专利鉴定人正是阿尔伯特。

奇怪的是，原来这个回转罗盘还不只是阿尔伯特对德国军事工业体系的唯一贡献。1916年，在一桩与他对战争的憎恶相矛盾的事件中，他曾一试身手，设计了一架航行器，而且发展到了足以试飞的阶段。空气动力学和流体动力学是一种小到难以觉察到的家族兴趣，这可以追溯到阿尔伯特还是在慕尼黑时，他孩提时期的那艘水桶里的帆船。韦罗·贝索回忆起在伯尔尼放风筝时，阿尔伯特非常详细地解释过风筝的飞行原理。阿尔伯特可能也受到了在伯尔尼的那些日子中哈比克特想设计一个飞行机器的尝试的激发。物理学史家特里德(Hans-Jürgen Treder)基于普鲁士科学院档案中的一份未具体说明的材料，甚至在1979年提出，阿尔伯特被招募到柏林的原因至少部分是因为他在航空技术上的专长。* 如果这的确是事实，那么下面这段鲜为人知的片断说明了招募他来的人犯了严重的判断错误。

---

* V. Ya. Frenkel and B. E. Yavelov, “What May Happen to the Person Who Thinks a Great Deal but Reads Very little,”约瑟夫·伊利(Jozsef Illy)提供的手稿。

故事开始于1916年6月，当时阿尔伯特对德国物理学会发表了一次关于波和飞行的演讲。这项工作起源于他对统计力学由来已久的热爱——特别是一个称为伯努利原理的特性，这条原理阐明，流动的空气比静止的空气产生的压强小。（看到这一效应起作用的一个方法是，用细绳把两个苹果悬挂在距离几英寸的地方，朝它们中间吹气，这两个苹果就会相互靠近。）“使飞机和鸟类飞起来的上升力从哪里来？”他的演讲发表在《自然科学》上，在文中他说他在文献中甚至没有找到“最原始的答案”。*接着他提出，伯努利原理就是飞行的奥秘的答案——翅膀或者机翼表面向外的弯曲使空气在其上方的流动速度比在下方快，这就造成了一个压强差（事实上这种理论在俄国和德国的航空学杂志中早已被阐明了）。

那以后不久，故事继续讲下去，一封充满了公式的长信放到了埃哈特（Paul Georg Erhardt）的桌上，他是一家名叫航空运输集团（LVG）的航天器公司的试验部老总。阿尔伯特在其中建议使用一种新颖的中间凸起的机翼，形状就像猫的背部，来增加上升力。埃哈特是一位飞行员，是德国的第一批飞行英雄之一，他为了能跟莱特（Orville Wright）一起飞行，一次曾付过500个金法郎。他从未听说过伯努利，于是把这封信转交给了他的工程师们，他们邀请爱因斯坦来谈一下。阿尔伯特解释说，他的设计会从一个最小的推力中产生最大的上升力。

几个星期以后，一对“猫背式”机翼就安装到了LVG的一架双翼飞机的机身上。在埃哈特观察这个装置成型的过程中，他变得越来越怀疑。“我们来看看这只野兔打算怎么跑，”他坐进驾驶员座舱的位置时向阿尔伯特发着牢骚。**

结果证明这位飞行员的怀疑是很有根据的。在很长的起飞以后，飞机尾部下沉，埃哈特发现自己就像“一只怀孕的鸭子”一样悬挂在空中。飞机

---

* “Elementary Theory of Water Waves and of Flight,” *Die Naturwissenschaften* 4 (1916), *CP*, vol. 6, p. 399.

** Carl Seelig, *Albert Einstein: Leben und Werk eines Genies unserer Zeit* (Zurich: Europa Verlag, 1960), quoted in Frenkel and Yavelov.

重又安全地降落在地面上，差一点要撞到跑道的栅栏上，这使他万分高兴。第二个飞行员也遭遇了同样令人毛骨悚然的经历。这架飞机最初的构造甚至连转个弯都不安全，进一步的修补也只是稍微地提高了一点它的可操作性。

阿尔伯特后来承认他对自己的傻事感到很难堪。“这就是一个想得多看得少的人身上可能发生的事情，”他在一封写给埃哈特的茫然的信中这样评论道。他唯一的遗憾是，他没有完成他的副业。*

这是对阿尔伯特的和平主义原则的违背吗？学者们指出，飞机在这次大战中起到了一个相对来说无关紧要的作用。对阿尔伯特来说，飞行似乎是一个技术问题，而不是军事问题，同他以前及以后的许多科学家一样，他也无法抗拒科技上求得解答的甜蜜引诱。至于可能在战时得到应用这个要素，他完全把自己和它隔绝了，他设法隔绝得如此彻底，因为他害怕自己会被卷入其中。毕竟，他的原则也没有影响他继续同哈伯（他正忙着发明毒气）和安许茨-肯普费（他在潜水艇战争中获利）做好朋友，或者从科佩尔（军事工业联合企业体系总指挥）那里拿科学院的工资。就阿尔伯特而言，只要钱在流通，用在他的研究上总比付给其他人要好。

11月，米列娃写信给米拉娜·博塔，说一切进行得不顺利。她的心脏稳定下来了，但是她仍然被大大小小的健康问题折磨着，从疼痛的手指和花粉热到泰特的耳朵问题。他的怪病之一是耳朵一再复发的疼痛。“因此人总是不断有苦事，”她说，“只要我能，我就会扮演这个英雄，但是总有一天我不得不屈服……因为所有的疾病，哪怕是无关紧要的小病，也会引起一场巨大的混乱。”**

这一天很快就来了。那以后不久，米列娃又一次崩溃了。根据贝索的说法，这次新的冲击发生时，正好碰上了汉斯·阿尔伯特拒绝把一封他刚刚

---

* Albert Einstein to Paul Georg Erhardt, Sept. 7, 1954, quoted by Frenkel and Yavelov.

** Trbuhovic-Gjuric, p. 155.

收到的阿尔伯特寄来的信给她看。她再一次被囚禁在床上，心情非常沮丧。仓格尔和另一位医生准备请来一位神经科专门医师。此间，汉斯·阿尔伯特去了贝索家，米凯莱在那里给他上代数课，让他看到得到正确的答案是多么高兴的一件事。然后他们都团团坐下来谈论科学。可惜的是，这些聚会不能经常重复，因为这可能对米列娃的性情产生不可预知的效果。*

阿尔伯特很感激米凯莱能像平常一样插手帮助，但是他没有什么幻想，知道他的援助只不过是权宜之计。随着冬季渐渐过去，他第一次开始考虑带着汉斯·阿尔伯特离开米列娃去柏林，在那里他可以亲自照顾这个男孩。虽然他很快意识到，他不能逆着米列娃的意愿带走孩子，但是在米列娃没有能力看管的情况下孩子的困境继续折磨着阿尔伯特。** 至少现在他们很好。汉斯·阿尔伯特有一些朋友，似乎在苏黎世进展得很好，再加上不管怎样，如果阿尔伯特监护汉斯·阿尔伯特的话，这将会迫使他从工作中抽出时间来做家务，而正在那时，宇宙变得比他任何时候曾梦想过的都有趣。

---

* Michele Besso to Albert Einstein, Dec. 5, 1916, *CP*, vol. 8.

** Albert Einstein to Michele Besso, March 9, 1917, *CP*, vol. 8.

第五篇

宇宙的主人

第二十二章　马赫雪耻了，或者说关于世界物质的一场论战

一个人可以做他所想做的，
但是他不可以想要他所想要的。

——叔本华，爱因斯坦1929年摘录

到1916年初，牛顿宇宙死亡的消息还没有传播出去，只有相对少数的几个德国和荷兰科学家知道，也就是说普鲁士科学院和阿尔伯特的一些朋友。但是哪一种宇宙将接替牛顿宇宙的问题早已迷住了一些勇敢的头脑。在柏林，阿尔伯特在游说洛伦兹为他操刀没能成功以后，正忙于利用假期以后的空间不太情愿地为《物理学纪事》撰写一篇关于他的新理论的有条理的详细论述，并对有人提议写一本书仔细反复地考虑着。与此同时，洛伦兹和埃伦费斯特正坐在他们各自相距10英里(约16千米)的书房中，竞相确切地理解爱因斯坦做了些什么。洛伦兹声明他终于领悟了，这引来了埃伦费斯特一阵羡慕的叹息。“您所谈到的‘我恭喜爱因斯坦的杰出结论’，对我有着相似的意义，就像共济会会员彼此用一个秘密的手势来互认那样。”*

马赫并不是这个理论的信徒，他于1916年2月去世，享年78岁。到他去

* Paul Ehrenfest to Hendrik Lorentz, Jan. 1916, quoted in Abraham Pais. “*Subtle Is the Lord...*,” p. 271.

世以前,他对原子的轻蔑仍然铁了心而且不思悔改。但是,他确实给阿尔伯特留下了一个惊奇,虽然直到1921年他的光学著作在他死后出版了以后,世界才知道,原来相对论同样也受到了马赫的蔑视。"我从我所收到的出版物,尤其是从给我的信件中得出印象,我逐渐被认为是相对论的先驱,"他在一篇标示日期为1913年的前言中抱怨道,"但是,必须像我不支持当今的原子论信条一样,我也确定无疑地否定自己是相对论者的先驱。"* 他许诺会在下一本书中详细解释他的理由,但那本书再也没有写出来。

在阿尔伯特为《物理学杂志》写的马赫讣告中,他没有提到原子的问题:"对他而言,在看到和理解中所获得的直接的快乐——斯宾诺莎(Spinoza)的amor dei intellectualis(智力之爱)——是如此强烈,因此他用孩子般的好奇眼睛来看待这个世界,直到年老,这样他就可以在理解万物的联系中找到喜悦和满足。"**

然而,即使在死后,马赫仍然影响深远。

对阿尔伯特来说,在对相对论的推广中,没有一种想法比惯性相对性这一概念更具有导向性的影响了,后来他把这称为"马赫原理"——这个概念指一个物体的惯性由于某种原因是由它和宇宙中其余一切物体的相互作用决定的。用广义相对论的语言,阿尔伯特总结道,这个原理意味着时空的弯曲应该仅仅是由宇宙中的物质和能量决定的,而不是由任何外部的影响或者初始条件——物理学家们所谓的边界条件——决定的。阿尔伯特认为,其结果之一是,对于宇宙中的孤立物体的情况——一个原子或者一颗恒星——解答场方程组应该是不可能的,因为那里没有东西会与它发生相互作用。但是一旦其他的理论家开始研究他的方程组,阿尔伯特将免不了会有几次惊讶。后来当他试图把马赫原理建立成一种自然定律时,这就将带

---

* 选自霍尔顿的《科学思想的基旨来源》, p. 248。马赫的那些论文被他的儿子路德维希毁掉了。1987年,历史学家沃尔特斯(Gereon Wolters)提出,路德维希曾伪造了该序文,这也许是在他的一个朋友、痛恨相对论的哲学家丁勒(Hugo Dingler)的影响之下。现代的学者们不同意他的看法。参见霍尔顿的《科学与反科学》(剑桥,麻省:哈佛大学出版社, 1993)。

** *The Quotable Einstein*, p. 72.

领他去重新创造整个宇宙。

这开始于东线的俄国，在那里，波茨坦天体物理学天文台杰出的台长施瓦茨席尔德在战争开始时自愿参军，此后一直在计算弹道轨迹。施瓦茨席尔德在较年轻时，已涉猎了黎曼几何，也很关心广义相对论发展的最初阶段。十一月学会召开的会议的报告从柏林来到以后，施瓦茨席尔德抓住了阿尔伯特的新方程组，作为解决下列简单的天文学问题的方法：在空的空间中一个质点周围的引力场是什么？

到1月份，他得到了答案，并把它寄给了阿尔伯特。施瓦茨席尔德评论说，这项工作"使爱因斯坦先生的结论闪耀得更加纯净"。* 阿尔伯特把施瓦茨席尔德的报告呈交科学院。几个月以后，施瓦茨席尔德又发动了另一次冲击，这一次他解决了一个特别简单的恒星模型的**内部**场的方程组。

除了这些解确实存在这一事实以外，施瓦茨席尔德的解还有些奇特的东西。在上述两种情况下都有一个特定的半径，一个"魔法圈"，在其中数学计算会变得毫无意义。规定如何计算时空中两个点之间的距离的度规变成无穷多种；恒星中心处的压强也增大到无穷大。就好像"施瓦茨席尔德半径"标志了时空的某种内部的边界。这显然不是一个令人愉快的结论。"如果这个结果是真实的，那就会产生一个真正的灾难，"阿尔伯特警告说，"很难先验地说出在物理上会发生什么，因为这个公式再也不适用了。"**

这里最重要的一个词是"如果"。这些新生的相对论专家中产生的分歧在于，这个特征是由进行这些计算所选择的坐标系引起的一个数学上的臆造物呢，还是它表现了自然界所做出的真正的、潜在的不正当行为。这个灾难表现自己的那个半径取决于它所包围的质量的总和，而据我们所知，所有

* "Regarding the Gravitational Field of a Point Mass According to Einsteinian Theory," presented to the Prussian Academy of Sciences and published in their *Proceedings*, 1916, pp. 189—196, quoted in *Dictionary of Scientific Biography*, p. 251.

** Quoted in Jean Eisenstaedt, "The Early Interpretation of the Schwarzschild Solution," in Don Howard and John Starchel, eds., *Einstein and the History of General Relativity*, p. 216.

的真实物体，甚至原子都因为太大而不会受其影响。它指出，对于太阳来说，这个魔法半径是1.47千米，这意味着整个太阳系的质量都必须被挤压到一个直径只有3千米的球之中。对于地球来说，必需的引力半径仅仅是5毫米。洛伦兹的一个学生德罗斯特曾用一种更加简单的数学形式得到了同样的结论，他建议理论家们只要忽略施瓦茨席尔德半径里面的区域即可。*

在那些赞同自然不会允许这样极端的状况存在的人中，有一位名叫爱丁顿(Arthur Stanley Eddington)的英格兰年轻天文学家和相对论的狂热爱好者。在他的《恒星内部结构》一书中，他通过列举这些状况的一次荒谬结果，总结了他对这种可能性的反对。下面是他关于这些压缩得非常紧密的物体的一些想法："它们的引力是如此巨大，以至于光线也不能逃脱，光线落回到这颗恒星上，就像石头落到地球上一样，"而且，"这个质量会使时空的度规产生如此巨大的弯曲，以至于空间会在这颗恒星周围闭合，而把我们留在外面(也就是说，不在任何地方)。"**

施瓦茨席尔德自己对于这个问题再也不会有话可说了，因为他得了一种自身免疫性疾病，在5月份去世了，享年43岁。像闵可夫斯基(他很遗憾在相对论刚刚诞生时就死去)和黎曼(他的数学在他那个时代领先于物理学

---

* 出处同上，p. 217。

** 半个世纪以后，对被称为类星体的神秘的高能物体所作的天文学观察使天文学家们确信，如此高密度的、古怪收缩的物体的确存在于遥远的大片天际之中，这将被认为是对于黑洞的一种有点夸张的描述。这个名字是约翰·惠勒在1968年凭空想出来的，是为了戏剧性地表现他所认为的物理学中最大的危机和机遇。到那时，理论上的计算已表明，一颗质量足够大的恒星一旦耗尽了它的热核能量，就会向内坍缩而小于它的施瓦茨席尔德半径，而且事实上会永远地坍缩下去。在通过这一个点时，这颗恒星将如此剧烈地使空间弯曲，以至于光线只能绕着它作轨道运行，再也不能逃逸出去，因此就有了"黑洞"这一名称。在这种意义上，施瓦茨席尔德半径实际上就是时空边界，因为任何跨越了它的东西就再也无法回去了：没有光线，没有宇宙飞船，也没有信息。惠勒总爱指出，现在所知的物理学还不可能说出在黑洞中心发生了什么，在那里密度和压强都将是无限大，而爱因斯坦方程组也将失效。它们将毁掉时空、物质和物理学的其余部分。"计算机中涌出烟来，"他喜欢这么说。争论无疑就在于宇宙的灭绝和创生。不管什么理论，如果能解释黑洞中心的时空消亡，也许就能解释时空的创生——为什么会有些东西存在，而不是一无所有，这个古老又热烈争论的谜。也许正如惠勒常常说的那样，这需要利用广义相对论和量子理论的"火热联姻"才能解决。到1999年为止，黑洞仍然是通向物理学家们的梦想的隐秘入口。

50年)一样,施瓦茨席尔德死在希望之乡的边缘,只被赐予向里面奇异而美丽的风景瞥了一眼,这是另一个被无关紧要的、平凡的情况摧毁了的天才。

施瓦茨席尔德的结论一开始让阿尔伯特吃了一惊——这倒不是因为所谓的奇异性,而是因为根本没有解来描述在一个空的(除了该物体外)宇宙中的一个单一的、孤立的物体。"我以前从没想到有人能以这样一种简单的方法来表述这个问题的精确解,"阿尔伯特向施瓦茨席尔德坦白地说。根据现在被阿尔伯特堂而皇之地指称的"马赫原理",一个物体自身没有任何性质。我们所知道的一切都是相对的——没有一个原子是一个孤岛,孤掌难鸣。这是他已经追随了10年的看法的起点。阿尔伯特和马赫都没有能够详细说明任何理论来解释这些神秘的相互作用是如何奏效的,不过阿尔伯特曾希望和假定,广义相对论由于某种原因包含了或者至少是说明了这种机制。"你可以把这种方式当作一个笑话来表达它,"他在向施瓦茨席尔德解释物体**应该**如何起作用时这样说道,"如果所有的一切都从这个世界上消失,那么,根据牛顿的说法,伽利略惯性空间将仍然存在。然而,根据我的观念,**什么都不会**留下。"*

而且根据这些方程,在这里会有一颗恒星完全由其本身会使空间弯曲并限定空间,而整个宇宙都在它自己那个并不完全一无所有的小小坚果壳中。

当然,宇宙不是一个坚果壳。或者它真的是?整个宇宙是一个谜。它是无限的吗?如果不是,它的另一边是什么?天堂?上帝?龙?真的是一个坚果壳。在这个相当肤浅的比喻之中有一个关于在宇宙中研究物理学的深刻问题——一个将要让阿尔伯特全神贯注的问题。事实是,宇宙可能是也可能不是什么,而阿尔伯特意识到,这个什么也许就是可以使宇宙重建其马赫秩序的那个缺环。

阿尔伯特知道,在物理学中,单单求解运动定律来作为描述某种系

---

* Albert Einstein to Karl Schwarzschild, Jan. 9, 1916, quoted in Eisenstaedt, "The Early Interpretation."

统——不管是太阳系还是宇宙——演变的一种方法是不够的。你还需要知道它最初的设置,即它所谓的边界条件。对于太阳系来说,边界条件也许就是所有行星、卫星和小行星及彗星团在过去某个特定的时刻它们共同在引力场边缘舞蹈时的位置和速度。在广义相对论中,决定宇宙的边界条件包括:从这里和现在,在直接的考虑下,在大尺度和遥远的时间内对度规(即时空的几何)所发生的事情作出假设。没有人能在此过程中不对外部的宇宙作出选择而做出像施瓦茨席尔德那样的计算,正如一个人在描述山的高度时要用海平面作为参考点一样。

在1916年,宇宙看起来表面上是很简单的。它只局部地包括8颗行星和附属它们的卫星、小行星和彗星,它们在太阳的周围盘绕(虽然最远的行星海王星的轨道存在着所谓的差异,暗示着可能存在第九颗行星)。而说到太阳,它也仅仅是被称为银河系的、构成圆盘状的云中的数百万颗恒星中的一颗。最近,加利福尼亚的威尔逊山天文台的美国天文学家沙普利(Harlow Shapley)通过具有独创性的观测计算出了这个所谓的星系的直径,大约是250 000光年,而太阳距离其中心大约是50 000光年。* 至于银河的外面是否存在着什么东西,没有人知道。在这些恒星之间存在着成千上万个发光的小云块,称为星云,有些没有固定形状,纠缠在一起,另一些的形状就像玩具小纸风车。正是康德提出过,这些小风车就是另外的银河系,越过太虚散布在难以置信的远处。然而,大多数的天文学家赞成法国人拉普拉斯(Pierre Laplace)所支持的概念,即这些漩涡状的云就在附近,并代表着正在形成中的新恒星。的确,在1885年,一颗新恒星** 突然在巨大的仙女座星云中心闪耀起来,就在漩涡理论所说的一颗新恒星应该出现的那个地方,然后又暗淡了下来,可能由此开始了沉寂而又普普通通的一生。争论盛行一时,

---

* 现代的观察认为银河系的直径大约是100 000光年。太阳距离其中心大约30 000光年,相对来说,在较边缘的地区。

** 天文学家们后来意识到,这一爆炸是一种超新星,是一颗恒星在激烈的死亡过程中会短暂地发出强烈的光芒,超过整个星系的光亮。

尤其是在美国,但阿尔伯特不是天文学家,因此也不知道其中的详情。

由于许多原因,无限宇宙的想法一直困扰着阿尔伯特。如果其中充满了恒星,那么一个简单的论证就可以说明,由所有其他恒星施加在一颗恒星上的引力将是无限的,于是宇宙将会坍缩。另一方面,如果银河系只是空的空间中的一个孤岛,那么就没有东西能够阻止不时地有一颗恒星从银河系中逃脱,并飘流到无穷远处去,而根据马赫原理,它将在那里失去其所有的惯性质量。阿尔伯特总结道,在一个合乎情理的宇宙中,这是不可能发生的。在一个合乎情理的宇宙中,空间必须以某种方式围绕起来。

关于这一系列思想通向何方的第一条线索出现在1916年3月,就在施瓦茨席尔德的发现后不久。当时阿尔伯特完成了他的广义相对论论文并开始把它寄出去。在其中,阿尔伯特通过想象一群住在一个在空的空间里旋转着的球中的科学家,阐明了旋转的相对性这一概念——这是从这个理论推出来的一个特征。从远处看,这个球看上去在赤道处是凸起的,这是因为离心力的作用。但这个球体上的居民认为,他们是静止的,他们会将他们世界中的这种凸起(或者更专业地说,是在他们当地的时空度规中的一些额外的数学项)归因于另外一个因素,也就是"远处的质量"产生的引力拉力。

这些质量是什么呢?阿尔伯特没有说,但是既然正常宇宙中的恒星、星云、尘埃和行星这些填充物已经由定义排除在他的思想实验之外了,那么这些质量就必须表现为别的某些东西,某些宇宙论上的、而且希望是马赫式的东西。某些与宇宙的边界条件有关的东西。也许它们就是最终将使马赫的想法起作用的那个坚果壳。

1916年春天,阿尔伯特准备好做一项新工作,这就是将远处的质量这一概念并入一种将与马赫原则相一致的宇宙理论中。在他的一封关于度规的数学形式的信中,他表达了他的方案,即这些质量将形成宇宙的边界,使银河以外的空间卷曲起来,从而把恒星都围在其中,就像一块桌布卷起来把桌上的面包屑都包在里面。这样就不再会存在没有物质的空间,也不存在没有参考点的物质,任何原子或恒星都不可能独自存在,而这样就逃脱了它的邻居对它的影响以及避免了神秘的囊括一切的马赫网络系统。

某个物理学家为了保护一种优美的理论而假定一种全新的、出乎意料的现象——像这里的质量形成宇宙边界的现象——不是第一次,也不是最后一次。虽然这是阿尔伯特以马赫自己的原理的名义做的一件相当非马赫主义的事情,但是他正处于一段成功的时期,在水星近日点的经历以后,对于理论思考的力量仍然有点轻率。但是,他在这个想法上还没有走远,就遇到了一位**真正**的天文学家的友善批评。

德西特(Willem de Sitter)44岁,长着白色的山羊胡,具有一种过分担心自己健康的癖性,他是莱顿天文台的台长,比阿尔伯特年长7岁,也年长了一辈,比阿尔伯特更保守。他的宇宙知识是辛苦努力得来的。他在荷兰的一次银河测绘中测量恒星;他在开普顿和格罗宁根的皇家天文台观察木星的卫星。德西特是最先收到阿尔伯特的广义相对论论文复本的科学家之一。这不仅是因为他有与洛伦兹和埃伦费斯特在一起的荷兰背景,同时也因为他与英格兰有联系,而阿尔伯特渴望他的理论能在那里得到认可。德西特确实做了期盼他做的事,他把这篇论文寄给了皇家天文学会的秘书爱丁顿。爱丁顿被迷住了,他委托德西特为该学会的《每月通讯》写一篇文章。德西特在这里和在其他地方发表的论文就成了说英语的国家了解弯曲空间及其相关问题的一些入门读物。

德西特和爱因斯坦在1916年初开始通信,随后在他们互相交换的信件中,宇宙一再地被构造和改造。那年秋天——当时阿尔伯特在莱顿逗留了几个星期——他们第一次见面。这也是德西特第一次听到爱因斯坦关于宇宙论的一些想法。

德西特喜爱广义相对论,却又认为爱因斯坦近期的建议是具有偏见的。他认为,这些"超自然的质量"——他有时候把它们称为"世界物质"——正是牛顿原来的绝对空间观念,只不过换汤不换药而已。在定义上来说,它们永远不可能是可见的宇宙的一部分,因此当望远镜越来越强大、在空间中看得越来越远时,它们必须不断地向外移动。现在可以说,惯性的

源头是在银河系以外，但是如果有某种新的发明能和300年前的望远镜那样极大地超越已知宇宙的边界，他们的孙子们会说什么呢？

“我深信——但这当然只是一种无法证实的**信念**，”德西特在阿尔伯特莱顿之行后不久在一个典型的评论中写道，“这些质量会重蹈‘以太风’的覆辙。”*

如果阿尔伯特因被宣称为绝对空间的新化身而感到刺痛或者茫然的话，那么他并没有表现出来。他在回信给德西特试图澄清他的想法时解释说，虽然他提出的这个宇宙在空间上是有限的（虽然比天文学家们以前想象过的要大得不可思议），但它在时间上仍然是无限的。而且，阿尔伯特说，远处的质量完全不是什么超自然的或者奇异的东西，而是普通的恒星，就像我们在银河系中观察到的那些一样，散布在宇宙的远处。阿尔伯特承认，“只有当我们必须把宇宙中对我们可见的这一部分（就质量而言）看作相对于整个宇宙是极其小的，这才跟事实相一致。”

他接着对他沉迷于马赫主义的惯性起源道了歉，说这是一种品味问题。尽管如此，阿尔伯特说，德西特还是不应该责备他试图想象这样一个世界，在其中惯性是相对的。“我决不会要求你来分享这份好奇心。”**

德西特没有责备。虽然他于1916年12月在《每月通讯》发表的第一篇文章中批评了爱因斯坦的远处质量，但他的口气是亲切的。即使爱因斯坦没有令人信服地解释过惯性和引力的来源，德西特还是承认，他在物理学上迈出了巨大的步伐。“他察觉到我们的科学被覆盖其中的坐标所表现出来的细枝末节，从而洞察了藏在其后的更深层的事实……并因此向宇宙的统一迈出了重要的一步。”***

所有这一切都只是一个序幕。

---

* Willem de Sitter to Albert Einstein, Nov. 1, 1916, *CP*, vol. 8.

** Albert Einstein to Willem de Sitter, Nov. 4, 1916, *CP*, vol. 8.

*** “On Einstein’s Theory of Gravitation and Its Astronomical Consequences,” *Monthly Notices of the Royal Astronomical Society* 77 (December 1916), pp. 155—183, quoted in Pierre Kerszberg, “The Einstein—de Sitter Controversy of 1916—1917 and the Rise of Relativistic Cosmology,” in Howard and Stachel, pp. 325—366. See also the essay in *CP*, vol. 8, by Michel Janssen.

有一个方法可以“构建”一个没有边界但又是有限的宇宙，因此没有星星能够飘向没有惯性的无穷。事实上，我们就住在这样一个世界的类似物中。一个人可以在这个地球上航行几百万英里和几千年，但却永远不会遇到一条边缘，也不会离开热闹的文明社会中心超过几千英里。黎曼曾在1854年指出这种方法，当时他把宇宙想象成一个三维空间自身卷曲起来的超球面。早在1912年，埃伦费斯特曾想到，这也许就是描述宇宙的方法，但是他没有把这种想法继续深入下去。然而，在1916年至1917年的冬天，他又想起了它，并向德西特提起。他是否也曾对阿尔伯特讲过这种想法，我们不得而知，但是到1917年1月底，阿尔伯特把他以前艰辛的尝试扔在一边，开始努力重新创造一个不需要边界条件的宇宙。他渴望看到施瓦茨席尔德会如何看待它，同时还告诉埃伦费斯特：“我……再一次使某种关于引力理论的东西不朽，这有点使我受到了要被关进疯人院的威胁。”*

简而言之，阿尔伯特意识到，广义相对论指示他学黎曼的样，去构建一个球形的宇宙。如果宇宙中所有质量和能量产生的引力足以使空间弯向自身，那么结果将是一个有限无边的宇宙。向任何方向射出的一束光线将最终从相反的方向回来。在宇宙的“外面”将没有任何东西能支配里面的任何东西的状态或者性质。这个宇宙将只有它自己。

在一个数学上的朋友格勒默尔(Jakob Grommer)一点点的帮助下，阿尔伯特继续匆忙完成一篇名为“根据广义相对论对宇宙学所作的考察”的短论文。** 他在2月8日向科学院宣读了这篇论文，这时离马赫去世那天已经快一年了。可以这样说，自那以后宇宙再也不复相同了。

像他处理复杂问题时常常做的一样，阿尔伯特从按照熟悉的牛顿物理学来纵览一个无限宇宙的问题开始。有了牛顿的运动定律，加上足够的时

---

* Albert Einstein to Paul Ehrenfest, Feb. 4, 1917, quoted in Pais, "*Subtle is the Lord...*," p. 285.

** *CP*, vol. 6, p. 540。也可参见Jeremy Bernstein and Gerald Feinberg的*Cosmological Constants*中的讨论。

间，一片像银河系那样的恒星云最终会像香水瓶子里的分子一样挥发掉，光也会辐射到无穷远处然后消失。一个丢失在无穷远处的恒星将没有惯性。但是恒星仍然在那里，它们的密度不会缩小到零。

阿尔伯特发现，他只要在牛顿式的方程组中加上另外一个他称为λ（依照希腊字母）的项，就可以防止恒星蒸发。这样调整以后，这些方程产生了一个有恒定的平均恒星密度的宇宙。“这样建立的一个宇宙，”他解释道，“对于它的引力场将没有中心。”

当然，我们不是生活在牛顿的宇宙中，但是现在当阿尔伯特致力于创造一个弯曲空间的宇宙理论时，他就有了各种各样的路线图可以遵循了。这个路线图仅仅在他发现他所珍爱的场方程组的三个月以后，就导致了他所谓的一个“微小的修改”。这个改变将包括那个反常的λ项。

在创造一个有边界的宇宙或者一个恒星的惯性会在无限远处消失的宇宙失败了以后，正如阿尔伯特在他的论文中所说的，唯一的求助对象就是一个完全没有边界的宇宙，即一个球状的空间。然而，为了得到这个没有边界的情况，则必须满足另一个条件。在数学上，一个球的特征是具有一个常曲率。在广义相对论中，在空间中任意一点的“曲率”是由那里的物质和能量密度决定的。因此，为了球状地闭合，宇宙中的每一处平均起来必须具有相同的曲率，从而具有相同的物质密度。在一定的层面上，这是一个荒谬的命题。例如说，在局部，物质聚集成为巨大的聚集物，就像我们的太阳系那样，在中间有大块的虚空。然而，在整个宇宙的尺度上，只有在庞大的距离中平均起来的密度才对曲率有影响。阿尔伯特提出，可以合理地假设，在整个宇宙中物质的整体分布是均匀的。他指出，如果不是这样，那么这个密度差异将会产生一个异常的引力场，而这个引力场将转而在天空中导致大量的恒星流动。但是，就天文学家们所能确定的而言，银河中的这些恒星的速度是任意的，而且很小；平均来说，它们哪里也没去。于是得出不可避免的结论是，宇宙是稳定的；它现在看上去的样子跟它无数年以前看上去的样子非常相似，同今后的无数年以后也一样。恒星们的框架是新的以太。

然而,结果却证明这样的稳定性不是广义相对论的一个特征。为了保持其静态,宇宙要求具有原来的场方程组没有提供的某种东西,那就是一个能平衡引力吸引的力。否则的话,宇宙将缩小,而引力将使它卷成一个越来越紧的球。

幸运的是,这很容易补救,这是一个同以前一样的补救方法。阿尔伯特在场方程中加上了一个λ,现在他给它起了个"宇宙常量"的名称。λ没有改变这些方程中阿尔伯特早已知道并钟爱的那些性质;它们对光线弯曲和水星轨道的移动实际上仍然给出同样的答案,而且它们仍然与以前一样协变。它唯一的作用是对于作为一个整体的宇宙的,此时它提供了一种长程的宇宙排斥力,这个力平衡了宇宙中物质之间的相互引力。

"诚然,"像阿尔伯特在他的论文中所写的,增加λ这一项"并不能由我们对于引力的实际知识而得到合理的说明"。* 从技术上讲,λ可以被解释为代表了空的空间中的能量内容。因为马赫式的想法认为空间本身**没有**性质,因此这是一个离奇的概念。幸好这时马赫在他的坟墓里。阿尔伯特也许只是朦胧地意识到,他为了拯救马赫原理而正在破坏它们。在这项新工作的语境之中,原来的场方程组必须相当于一个心照不宣的假设,即空的空间中具有的能量为**零**。但是也许这是一个糟糕的假设,为什么空间**不应该**有能量呢？一旦引入了λ,即后来所谓的宇宙常量,结果表明它将有其难以对付的一生。**

这个花招和修补的最终结局是有时候所称的"圆柱体"宇宙。如果我们想象一个精简了的宇宙,它只有一维空间和时间,时间将沿着这个圆柱体的长轴流动,而空间将围绕着它流动。时间中的某个特定的时刻将是该圆柱体中的一个薄片——一个圆。另外一个经常使用的类比是把宇宙时间中的

---

* Quoted in Bernstein and Feinberg, p. 21.

** 在20世纪90年代末,天文学家们勉强地得出一个结论:某种力在推动这宇宙随着时间膨胀得越来越快。到写下本文时,这种力的最主要候选者是爱因斯坦的宇宙常量。参见丹尼斯·奥弗比的《环宇孤心》第二版中"黄金时代"(波士顿:利特尔,布朗,1999)。

任一既定时刻的空间想象成肥皂泡的膜或者气球的表面。人们总是问，在这个气球壁的里面或者外面是什么，然后总是令人感到灰心丧气的答案是，从住在气球上的二维平坦地带上的人的观点来看，此时的“里面”或者“外面”并不比欣顿的那个著名的第四维（艺术家和神秘主义者钟爱的空间）更加能够感知或可信。向任何方向射一根箭都不会刺穿任何东西，而是会沿着宇宙的曲线一周以后从相反方向飞回来。一束光线也会遵循相同的轨迹。事实上，爱因斯坦宇宙中的一个更加古怪离奇的方面是，远处的一颗恒星发出的光会有不止一条路径围绕着宇宙到达我们的眼睛。阿尔伯特不安地注意到，对于宇宙中处于与我们相对的那一边的一颗恒星而言，整个宇宙的行为好像一个巨大的放大镜，不管它的光线如何昏暗，都将充满整个天空。

这是一种奇怪的景象，但是以这种方法，再加上它自然的数学盛装作为掩饰，爱因斯坦的宇宙就像一个橡木桶一样坚固。这个世界终于讲得通了。就像每个人都认为的那样，这个世界是静态的，它的几何是由物质严格决定的。正如阿尔伯特后来向德西特解释的，后者是他对马赫的惯性相对性思想解释的核心。“对我来说，只要这个要求没有得到满足，广义相对论的目的就没有完全达到。这只在有了λ这一项才发生。”*

当然，正如詹森所指出的，可笑的是阿尔伯特不是为了有一个马赫式的宇宙才需要一个静态的宇宙的：“爱因斯坦需要这个不变的宇宙，并不是出于他的哲学偏爱，而是因为他偏爱静态的宇宙。”

“我在天空中已经自然地建造起了一座大城堡，”阿尔伯特向德西特宣告。** 就阿尔伯特而言，他对宇宙的思考与其说是一种在天文学上的运用，倒不如说更是逻辑和哲学上的一个练习，但是既然相对论在纸上有效，因此他就渴望看到它在真实世界中也有效。阿尔伯特虽然在他的论文中把宇宙模型建立成一个球体，但是他很快就意识到，其他的形状也有可能，甚至还

---

* Albert Einstein to Willem de Sitter, March 24, 1917, *CP*, vol. 8.

** Albert Einstein to Willem de Sitter, March 12, 1917, *CP*, vol. 8.

有可能像土豆一样凹凸不平。爱因斯坦的新理论在宇宙中的恒星密度、宇宙的半径和宇宙常量的值之间定义了一种关系，并且为了测量这些量，他已经催促弗罗因德利希开始研究恒星的统计学。

阿尔伯特基于银河系中的恒星密度已经计算出，这个所谓的宇宙半径大约是一千万光年。对比起来，我们所知道的最远的恒星仅仅在一万光年以外。阿尔伯特想，如果这个数字鸿沟可以沟通起来，那就意味着天文学上的一个新纪元。

“你可以通过一种美丽的比较来阐明我们的问题，”他告诉德西特，“我把空间比作一块静止地漂浮在空气中的布，我们可以感知到它的某一部分。这一部分就像一个球形表面的一小部分那样发生弯曲。我们从哲理方面予以推理，如何把这块布（在此处，通过布的切向压力或张力达到了平衡）外推出去，不管它是在边界上封闭的、无限扩张的还是有限大并自我闭合的。海涅（Heine）在他的一首诗中给出了答案：

“一个傻瓜在等着一个答案。”*

德西特惊闻阿尔伯特的新宇宙时，他正躺在疗养院里。同通常一样，他发现了许多值得怀疑的地方。

首先，他质疑了静态宇宙的假设。作为一名天文学家，德西特知道有一些暗示表明，实际情况比银河中的恒星缺乏骚乱所可能预示的要更复杂。1914年，一位在亚利桑那州的洛厄尔天文台工作的、名叫斯里弗（Vesto Slipher）的美国天文学家用分光镜观察了13个有争议的螺旋形星云，并发现它们的光谱中的特征线在波长上向红端移动，就好像是发生了多普勒效应那样。这个移动的量表明，这些星云都在以大于恒星运动的速度移动。而且，更奇怪的是，它们都在**远离**我们而去：如果星云运动和恒星运动一样是随意的，那么它们中的一些应该接近我们。但是13个样本也许还是太小了。斯里弗于1914年将这些结果在美国天文学会作了报告，但是没有将这

* Albert Einstein to Willem de Sitter, March 12, 1917, *CP*, vol. 8.

个问题进一步继续下去。* 他被洛厄尔(Percival Lowell)雇用,以寻找外星球生命。

另一个令德西特惊愕的因素是爱因斯坦宇宙的荒谬尺度。爱因斯坦所估计的宇宙质量相当于一万个银河系,这就意味着至今天文学家们发现的仅仅是宇宙物质中的一个极微小的部分。所有这些额外的星系在哪里?德西特总结说,爱因斯坦只是把世界物质从宇宙的边界拉回到里面,并使它均匀地分散在里面。在造成惯性的世界物质和造成引力的普通物质之间再也不必要有任何的差别。

德西特注意到,事实上根本再也不需要世界物质了。宇宙常量本身对空间的弯曲有作用。当它被添加到爱因斯坦的方程组中,所得到的空间即使根本没有物质存在也会发生弯曲。所有阿尔伯特强加上去的、用以保证惯性相对性的数学条件,在没有任何物质存在的情况下都能得到满足。依此,马赫自吹自擂的原理就会消失得无影无踪。

就好像是要说明本应该怎样做的,德西特在他发表在《每月通讯》上的三篇文章的最后一篇中,着手提出了他自己对爱因斯坦的宇宙方程组的几种解。其中的第一种他标记为类型A,与爱因斯坦的宇宙相似,有一个均匀的物质分布和一个宇宙常量。第二种解他称之为B型,其中根本没有物质——只有宇宙常量。鉴于阿尔伯特在他自己的计算中从本质上忽略了时间,因此德西特在他的宇宙计算中,通过假设宇宙作为一个整体是静态的,从而把时间包括在内,并得出一个四维的宇宙,其形状就像一个椭球体。

---

* 参见奥弗比的《环宇孤心》,pp. 45—47。此外,他用来收集和仔细研究这些星云的昏暗光线的望远镜也比斯里弗的大。它们被竖立在加利福尼亚的一些山顶上,这是已经被烟雾搞得疲惫不堪的欧洲天文学家们从未梦想过的。斯里弗曾在巨人的脚趾上绊倒。如果他坚持下去,他也许就能搞清楚天文学中最基本和最高深莫测的事实——这些情况直到今天仍然深不可测:星云、岛宇宙一般说来都在远离我们而去,它们飞离的速度可达光速,犹如黑夜里的帆一般滚滚向外。宇宙在膨胀。直到15年后,另一位被星云迷住的天文学家哈勃(Edwin Hubble)使用了这些巨大的望远镜,将这些点滴的知识拼凑了起来。其时,阿尔伯特真希望他从未发明过这个宇宙常量。

德西特使用了一种诡异的坐标系，其结果是一个空的以及据推测是不变的，并具有一些奇怪特征的宇宙。例如，钟表离你越远，就走得越慢。在最远处，即椭球体的另一端，时间将停滞不前，并且所有的运动和能量都将变成零。“所有这些结论听起来非常奇怪和自相矛盾，”德西特承认，但是它们并不像看上去那么糟糕，因为事实上一束光线或者一个粒子要到达那个停顿的点需要无限长的时间。*

奇怪的是，当德西特尝试将试验物体放入这个宇宙中时，他发现由于时间的膨胀，它们似乎会飞向远处；它们飞得越远，似乎就走得越快。“光振动的频率随着离坐标原点的距离的增大而变小，”他解释道，“因此很远处的恒星或者星云的谱线必须系统地向红端移动，造成一个虚假的速度。”事实上，他指出，斯里弗最近发现，一些星云似乎确实在向后退去。也许这个虚假的速度（很快它将被称为“德西特效应”）已经被探测到了。在这种情况下，如果有更多数据，也许有一天就有可能在宇宙A和宇宙B之间作出选择。**在几个星期的时间里，这个世界在大尺度上的形状从一个哲学上的抽象概念变成了对照相底片上的标记进行分析的有价值的材料。

就像前一年对施瓦茨席尔德的解一样，阿尔伯特对德西特已设法创造出了一个明显与马赫原理相反的空的宇宙感到惊恐。“依我看来，如果存在着一个可以想象的没有物质的世界，那是不能令人满意的，”他解释道，“[度规]应该相反地**由物质的情形决定**。这是我对惯性的相对性意义所理解的核心。”***

---

* “On Einstein's Theory of Gravitation and Its Astronomical Consequences. Third Paper,” in *MNRAS* 78 (1917), pp. 3—28, quoted in Bernstein and Feinberg, p. 47.

** 据推测，这里可能指的是斯里弗。在1929年的一篇具有历史意义的论文中，威尔逊山的天文学家哈勃将宣布，在星云的距离和红移之间有一种系统的联系，而他早已证明了这些星云就是遥远的星系：星云的距离越远，它看起来向后退去的速度也越快。哈勃满腹狐疑，是否这就是“德西特效应”。现在天文学家们一致认为这不是。将德西特最初的宇宙转移成适当的坐标，它实际上并未给出什么。然而，在1931年，他和爱因斯坦合作研究一个没有宇宙常数的扩展宇宙模型，即所谓的爱因斯坦—德西特宇宙，但它却是20世纪余下时间的宇宙学的基础。

*** Albert Einstein to Willem de Sitter, March 24, 1917, *CP*, vol. 8.

就发生红移的星云而言，根据恒星的低速度，阿尔伯特坚持他的宇宙是“准静态的”。

“这一连串推理是完全错误的。”德西特在阿尔伯特的信纸边上潦草地写着。*

“我们对于这个世界只有一个简单的印象，”他在回信中告诫阿尔伯特。他个人甚至对银河系是一个稳定系统也感到怀疑。“那么这个大的世界必须是稳定的吗？您默默作出的假定意味着世界上所有地方的恒星密度都是相同的……这毫无根据，而且我们所有的观察都提出了不同的看法。”**

阿尔伯特由于急于证明一个人不可能无中生有地制造出一个宇宙，因此在1917年的夏秋之际提出，德西特的宇宙根本不是空的，而是有一条物质带集中在这个世界的外围，在那里时间停止了，数学被摧毁成一派胡言——一个所谓的奇点。于是，正是这条带为宇宙提供了惯性，并满足了马赫的条件，实际上把德西特的世界又重新变成了爱因斯坦的世界。

“这又将是远处的质量，”德西特在纸边上冷冰冰地写道，“拯救马赫的教条是一种机械的物质论。”***

德西特怀疑，这个奇点可能只是他使用的奇怪坐标系产生的，但是他不肯表态。什么存在于这个外围并不重要，因为正如他在早先的一篇论文中所说的，从这里到那里需要无限长的时间。由此，宇宙中这两个相对的尽头彼此没有任何影响。

随着爱丁顿、来自格丁根的外尔（Hermann Weyl）和克莱因这样的数学家加入了这场争论，并且同意德西特的意见，至少在关于被信以为真的奇点上，阿尔伯特看到他的马赫宇宙的梦开始逝去了。1918年，他向普鲁士科学院公开指责德西特的宇宙，说它是反马赫的。他说，如果宇宙常量允许这种

---

* *CP*, vol. 8, footnote, p. 423.

** Albert Einstein to Willem de Sitter, April 1, 1917, *CP*, vol. 8.

*** Albert Einstein to Willem de Sitter, Aug. 8, 1917, *CP*, vol. 8, footnote, p. 502.

宇宙存在,那么也许就不应该**存在**一个宇宙常量。* 他在许多场合下表示了他后悔把这个特殊的妖魔从瓶中放了出来,而这是最早的一次。“如果不存在准静态的世界,”他在1923年向外尔发牢骚说,“那就把那宇宙项扔掉吧。”**

在1916年以前,宇宙作为一个连贯的数学实体的概念完全不存在。而现在,由于有了广义相对论,它存在了,即使在这个过程中,宇宙变得像某种缥缈的油灰球一样在战争的墙上被用力地打来打去,或者像一对骰子一样在装饰着神秘符号的绿色炫目毛毡上翻滚着。围绕着桌子,赌注被押在相对论、动量、因果关系、原子性和熵上,而骰子在参加者之间传递着,他们中的每一个都梦想着一种显著的成功。就这个世界上的其他人而言,爱因斯坦、德西特、爱丁顿、外尔、弗罗因德利希及其同人可能是在争论着大头针尖上舞蹈的天使们。而英格兰,麦克斯韦和法拉第的故乡,则满是老的以太力学,他们痛恨相对论,更痛恨德国人。英国的期刊中充满了对德国科学粗制滥造的谴责,在战后产生了一种联合抵制德国的呼声。除了具有先见的爱丁顿发表于1918年的一篇专论以外,没有任何关于广义相对论的其他英语文章发表。在西方世界,爱因斯坦只是一个传闻而已,他的理论为人所知主要是从德西特的奇怪的宇宙反映出来的,还有就是通过弗罗因德利希不断地游说某个天文学家去观察一次日食并测量光线弯曲。但是在加利福尼亚,有一些年轻的天文学家,他们工作在荒漠的山顶上,眼中注视的是星云,呼吸的是冰雪寒气。在那里,像威尔逊山和帕洛马山天文台的创建者海尔一样的梦想者刚刚建立了一些新的大型望远镜。他们完全没有意识到爱因斯坦的新宇宙将决定他们的命运。

---

* *CP*, vol. 8, p. 354.

** Pais, “*Subtle Is the Lord...*,” p. 288.

第二十三章　怪兽的腹部

如果1905年(那是阿尔伯特的奇迹年,在此期间他发现了相对论和**光量子**)的春天代表了物理学历史上最非凡的光辉爆发之一,那么从1915年到1917年这一段时间在阿尔伯特的生命中则有可能代表了作为物理学历史上的一位伟人要保持其光辉的最巨大的努力。经过这些年的战争和心碎、像马一样工作、像烟囱一样抽烟以及靠咖啡、廉价的香肠和小甜饼生活的日子以后,他最终完成了广义相对论,重新创造了引力、空间和时间,用相对论重新创造了宇宙本身,并将量子理论提升到奥秘和怪诞的另一种令人困惑的层次——而且这种努力造成了重大的伤害。1917年2月,当阿尔伯特在为他的新宇宙学理论润色加工时,他因为胃疼而病倒了。

这次崩溃潜伏已久了。早在1899年他就曾在从家里到米兰的火车上写信给米列娃,谈到他不舒服的胃——他的老诗人的疾病——是**如何用严酷的一丝痕迹提醒着他,我们的心理和生理生活是怎样紧密地编织在一起。**值得注意的是,在阿尔伯特前一年秋天访问莱顿期间,他看上去苍白而面有病容。

阿尔伯特告诉弗罗因德利希说他得了癌症,但是既然他已经完成了广义相对论,那么即使他死了也无关紧要。* 弗罗因德利希劝服他去看医生,

---

* Ronald Clark, *Einstein: The Life and Times*, p. 191.

这位医生诊断出了肝病，接下去又有一连串的诊断：胃溃疡、黄疸、胆石和全面的虚弱。

在两个月中，阿尔伯特瘦了56磅(约25千克)，医生要他喝矿泉水和吃严格规定的饮食。病情由于战时德国的条件更加恶化，那里食物缺乏，人的心情也不好。1917年春天的一系列罢工进一步破坏了经济。在柏林的爱因斯坦大家庭里的人，至少还能够用他们在南方乡下的堂兄妹们的农产品来补充他们不足的配给量。

尽管情况如此，阿尔伯特从未停止过工作。就在他卧病在床吃着他所谓的鸡食的时候，他还在继续跟德西特通信，斟酌着一个没有边界的宇宙的种种可能性。

他取消了去苏黎世的计划。"这个冬天我病得这么厉害，"他后来向汉斯·阿尔伯特解释，阿尔伯特利无论如何都不跟他说话，"我不能同你一起去徒步旅行，甚至不允许我在旅馆里吃东西。此外，我也想到我来与不来，你无论如何都不会介意。"*

同时，米列娃和泰特的情况又一次恶化了。米列娃必须回到医院，泰特也陪她一起去。不过，他的耳朵问题还是没有治疗的方法，仓格尔希望他去阿罗萨的一个疗养院，在库尔城外高高的阿尔卑斯山上。这个前景使得阿尔伯特早已破碎的灵魂更加灰暗了。"很明显他将永远不可能成为一个健康的人了。"他绝望地写信给贝索。

这是他生命中的第一次，他告诉贝索说，他对他的儿子的困境感到自责。** 通常他总是草率地对待事情，也没有责任感，但是他现在想起，泰特和米列娃的情况很可能与他有关。泰特遗传了他的疾病。看来阿尔伯特的罪孽似乎是与一个有病的女子结成了配偶：脚跛、甲状腺肿大、可能有结核病——脑中病菌的生长和蔓延、腺体问题，更不要说久治不愈的精神忧郁症了。

* Albert Einstein to Hans Albert, 1917, *CP*, vol. 8.

** Albert Einstein to Michele Besso, March 9, 1917, *CP*, vol. 8.

阿尔伯特和米列娃紧随安娜的插曲后，在恩加丁度假期间孕育了泰特，阿尔伯特解释道："我对淋巴结核一无所知，也不知道这种结核病会转移到孩子身上。"当他和米列娃躺在一起时，还以为她肿胀的腺体是正常的。

现在他必须忍受这一切了。

他同意把泰特送到阿罗萨去一年，但这又产生了另一个问题。"谁带他去那里？"阿尔伯特问道，"难道我不应该亲自去那里，并和这个孩子待上一段时间，这样他才不会觉得太失落？"* 仓格尔向他保证说，这是正确的而且是唯一的方法，以此来安慰他。虽然他自己现在也病了，并且需要做手术，但有仓格尔负责财务上和医药上的细节。不过由于疗养院里全是外国孩子，他能为泰特做的最好的事就是找一个每天10法郎的地方。

怎样处置汉斯·阿尔伯特是另一个问题。爱因斯坦继续向贝索和仓格尔嘀咕着要接这个孩子来柏林，在那里他可以教他成为一个亲密的同志。阿尔伯特相信，他有很多要给他，不仅仅是智力上的，但是接着他又发愁："你觉得我的妻子会理解吗？"**

4月份，米列娃在泰特的陪伴下回到了医院，而汉斯·阿尔伯特则暂时去和仓格尔一家住在一起。阿尔伯特仍然没有决定是否要冒险触怒米列娃让阿尔伯特利搬到柏林。因此他想，他可以把阿尔伯特利送到马亚和保罗那里。他请贝索就这件事试探一下他们。如果他们同意，阿尔伯特将每年付2000法郎作为阿尔伯特利的食宿费用。"不要告诉他们这是我的主意，"他提醒说，"这样他们回绝时就不会感到尴尬了。"***

温特勒同意了，但是这个计划再也没有进一步的进展。5月份，阿尔伯特收入的不足使他对于如何尽可能节俭地维持他自己和他的家庭有了新的想法。在每年大约13 000马克的收入中，他寄给米列娃7000马克，再加上另外定期地寄给他母亲（她也病了）的一笔钱。任何大笔的开支都可能使他无

* Albert Einstein to Heinrich Zangger, March 10, 1917, *CP*, vol. 8.

** Albert Einstein to Michele Besso, March 9, 1917, *CP*, vol. 8.

*** Albert Einstein to Michele Besso, May 8, 1917, *CP*, vol. 8.

法为孩子们的未来作任何储备。当他尽力应付米列娃和泰特的医疗账单时,他恳求仓格尔把这一点考虑在内。

阿尔伯特甚至考虑,如果需要的话,他就搬到苏黎世去。“由于我过去的动荡生活,对于这些事情我并不像你们可能想的那么不中用。”* 与此同时,阿尔伯特的医生先是恳求,然后是命令他在夏天自己去一个矿泉疗养地。建议他去的地方是深受欢迎的恩加丁的塔拉斯普城,但是阿尔伯特拒绝了,他想在夏天去看望他的孩子们,可是又负担不起把他们都带到塔拉斯普去。

阿尔伯特处于疾病和家庭问题中时,他对于战争和德国的态度变得更加厌烦了。在一种虚无主义的心境中,他下结论说,再多的言辞或理由都不能阻止冲突。正如他告诉仓格尔的:“我怀疑,如果堕落的欧洲没有完全毁掉自己,它是否对这个世界会有什么不好。无论何时当我听到这个新的令人作呕的词‘军训’,我的内脏就会翻腾。我们对技术上以及从总体上来看文明上的进步的所有赞颂,都像那个病态的罪犯手中的一把斧子。”**

尼古拉就是一个直接遭遇了这种苦难的人。在一系列不幸的遭遇以后,这位坦率直言的医生被征召入伍,并被送到了但泽,担任医院勤杂工的工作。他随身带着他的一系列被禁的演讲的手稿,把它们重写成一本名为《战争生物学》的书。就在他再次被捕前,他设法把这本书的一个副本偷带给了苏黎世的一个出版商,它将于1917年春天在那里得以出版,并在欧洲的德国控制区外得以流传。*** 然而,与此同时,尼古拉早已着手开始了另一次更加曲折的出版冒险:一本精选康德、费希特(Fichte)和其他优秀德国作家的作品的文集,他们在这些文章中拥护自由、和平与手足情谊这样的价值准则。于是,《杰作中的政治》将说明,现代的德国用战争背叛了自己的传统。

为了出版这本任何一个合法的出版商都不愿出版的书,尼古拉建议由

---

* Albert Einstein to Heinrich Zangger, March 10, 1917, *CP*, vol. 8.

** Albet Einstein to Heinrich Zangger, July 6, 1917, *CP*, vol. 8.

*** Wolf Zuelzer, *The Nicolai Case*, p. 211.

他自己、爱因斯坦以及他的朋友——作家布埃克(他也签署了“对欧洲人的呼吁”一文)组建一家公司。但是当他的主要支持者、埃尔莎的一个名叫穆斯(Moos)的富有堂兄临阵退缩了以后,应该作为这个联合组织的黏合剂的阿尔伯特也有了新的考虑。“我认为这件事是完全没有希望的,而且很可能会给你带来很多烦恼和失望,”他在病床上写信给尼古拉。* 那以后不久,阿尔伯特在没有告诉尼古拉的情况下就终止了这个计划。然后穆斯告诉埃尔莎和伊尔塞说,他也退缩了。尼古拉向阿尔伯特求助,结果无济于事。

“再也没有比拒绝尼古拉更困难的事了。这个人在其他的方面是如此敏感,连草生长的声音都能听见,而他对于意味着拒绝的喧闹声却几乎是个聋子,”阿尔伯特回答,“所以我用刚刚成年的小公牛般的力量提高我的嗓音,并且严肃地、充满热情地说——叫嚷:‘不!’(音乐停顿,两小节休止,然后紧跟着一阵挽歌般的**钢琴声**。)”**

他说,每个人都有权利有自己的癖好。“所以你有权利去种过季的卷心菜,用现代的肥料去给它们施肥,并亲自去市场上出售它们。而我有权利离开,完全醉心于我自己的癖好。事情就是这样,并且必定会那样继续下去。”

尽管阿尔伯特从未明确地说过他要退出(哪怕尼古拉直接问他),但尼古拉觉得自己被欺骗了。他同意阿尔伯特当然有权利退出,但是他抗议,阿尔伯特劝说穆斯也这样做从而破坏了整个计划,就不恰当了。

阿尔伯特为他的“不客气的比喻”道了歉,解释说他只想开个玩笑而已,并强调说他从来没有打算要破坏尼古拉的冒险计划。“我不会劝阻任何一个人,如果没有我他本来也会参与的。我只是不希望穆斯先生**特地为了我**而表示赞同。如果由我的一个亲戚和私人朋友作出这样的牺牲,那就会令我感到困窘。”***

尼古拉对他这位在柏林科学圈子中的同志和保护者的这种态度感到困

---

* 出处同上,p. 194。

** Albert Einstein to Georg Nicolai, Feb. 28, 1916, *CP*, vol. 8.

*** Albert Einstein to Georg Nicolai, March 17, 1917, *CP*, vol. 8.

惑和失望，但是他也无计可施，只能表现出彬彬有礼，因为此时他关注另一项军事审判。《杰作中的政治》安乐地死去了。阿尔伯特在个人自由和彻底叛国的边缘舞蹈时，又发出一次典型的狡猾的呼唤，他在瑞士境内给罗曼·罗兰和仓格尔写了煽动性的信，因为在那里检查员不会看到它们，同时科学院和富豪及战犯有亲切交往。

4月，尽管阿尔伯特还很虚弱，但是他还是鼓起勇气出去参加了德国和平社团的柏林分部在奥地利咖啡馆召开的一次会议。当警方侵入并驱散了集会时，大约有二十几个人在场，他们中有许多是目前已被取缔了的BNV成员。包括阿尔伯特在内的一些参加者分散到了附近的一间公寓里，他们在那里喝着茶，一直把会议开完。*

阿尔伯特的老朋友、物理学家、刺客阿德勒也许对政治热情的危险提供了一个最好的教训实例，他的审判定于那年夏天。他把辗转于各监狱和看守所中的漫长等待时间都消磨在撰写一篇冗长的、哲学意味很浓重的相对论论文《当地时间、系统时间、区域时间》上，他把这篇论文寄给了各种各样的物理学家，其中包括阿尔伯特，阿尔伯特虽对阿德勒的行为感到惊骇，但仍然同阿德勒的妻子卡蒂亚保持着联系，而且提供了他能做的一切帮助。“他是我所知道的最不同寻常的人之一。我不能对他的行动作出判断，因为我不知道他对此的动机是什么。”**

阿尔伯特提出要做品德信誉见证人，但是被拒绝了。然后他委托贝索以他的名字行动，动员瑞士物理学界对阿德勒予以支持。然而，在私下里，他又警告贝索，说阿德勒是“一个顽固的、缺乏想象与独创性的Rabbinerkopf［老夫子的头脑］，与现实是脱节的，无私又自我折磨。是一个真正的殉教者。”*** 他举了一个例子，就是很久以前阿德勒把苏黎世大学的位子让给他

---

* Hubert Gönner and Giuseppe Castagnetti, *Albert Einstein as a Pacifist and Democrat During the Fisrt World War*, p. 30.

** Albert Einstein to Katya Adler, Feb. 1917, *CP*, vol. 8.

*** Albert Einstein to Michele Besso, April 29, 1917, *CP*, vol. 8.

的事情。

贝索成功地促请苏黎世的《物理学杂志》考虑阿德勒的案子。他们同意发表一个声明,证实他令人钦佩的品质和他在科学事业中的重要作用。如果被告方希望的话就可以利用它。

然而,当阿尔伯特坐下来写这篇声明时,他发现自己处于很难对付的局面。阿德勒的家人们已经把他的手稿广泛地发送给了精神病学家和其他物理学家们,希望用它来说明阿德勒是精神错乱了,因此不能为他的行为负责。事实上,这些物理学家被邀请来救他们的朋友的方法是侮辱他和说他的工作是极愚蠢的,而实际情况是,它只不过是不好而已。"专家们,尤其是物理学家们,被置于一种非常困难的境地中。"在布拉格教书的弗兰克也收到了一个复本,他这样写道。* 没有人会比爱因斯坦处境更困难了,因为他是专家中的专家。

阿尔伯特确实为阿德勒的工作感到尴尬,他告诉贝索说,其中充满了"毫无价值的精妙论述",并告诉埃伦费斯特说它"基础薄弱"。阿德勒是马赫的虔诚信徒这一事实也于事无补。虽然他对于现在被阿尔伯特称为马赫原理的惯性的相对性很尊重,但是他现在不再需要马赫通往认识论的那种集邮式的方法了。广义相对论——如果曾经存在着这样一种理论,那么它是由纯思维激发出来的——由水星的轨道变化得到证实,这对他来说是一个启示,而随着时间的流逝将使他愈来愈通过数学来探索真理。理论不是从事实中来的,而是从他后来所谓的"思维的自由创造"来的。

"阿德勒把马赫的老马骑得筋疲力尽了。"阿尔伯特抱怨道。**

贝索反驳道,阿尔伯特自己以前在伯尔尼的日子里也相当成功地骑上了马赫的马,他还不应该对这匹矮小的老马不再抱任何希望。***

阿尔伯特最后总结说,阿德勒靠着他父亲的所有那些关系,不会有真正

---

* Philipp Frank, *Einstein: His Life and Times*, p. 174.

** Albert Einstein to Michele Besso, April 29, 1917, *CP*, vol. 8.

*** Michele Besso to Albert Einstein, May 5, 1917, *CP*, vol. 8.

的危险。并不需要用声称他疯了来侮辱他，他只是错了而已——就像大多数物理学家在大多数时候那样。阿尔伯特的声明"Friedrich Adler als Physiker"（"作为物理学家的阿德勒"）大部分是记叙性的，并且不带评判性："你可以在这短短的几句话中看出，阿德勒在被拘留等待着审判的那些日子里怀着巨大的兴趣和无法动摇的热情所做的工作，是想要巩固经典力学的认识论基础及其与现代相对论之间的联系。"*

阿德勒最终被宣判有罪，他要在一个相对来说还算舒适的监狱里关18个月。那是在多瑙河边的石狱(Stein am Donau)，他在那里和阿尔伯特进行了一场哲学对话。他开玩笑说，在战时失去自由倒也不错，他在监狱里也许比在外面的世界中会过得更好。

到7月时，阿尔伯特开始恢复体重了，这得感谢埃尔莎的烹饪，但是疾病已经造成了另一个严重的损失。紧接着他在宇宙论上的突破和新的量子计算之后，他感觉到他的科学工作陷入了停顿状态，他再一次准备声明他下金蛋的日子到头了。"确实，一个人发现新东西只能是在他年轻的时候，"他向仓格尔悲叹，"然后他就会变得更加富有经验，更加有名，也更加沉默寡言。"** 他在他的胃允许的情况下尽量多作旅行。阿尔伯特在谢绝了埃伦费斯特邀请他去莱顿以后，短暂地探访了他生病的母亲，然后去了苏黎世，又带上阿尔伯特利去阿罗萨看望泰特，泰特在他的"度假营地"里情况正在好转。那以后他又赶去了卢塞恩以及马亚和保罗的"疗养院"，延长了逗留的时间。在那里的治疗内容包括，阿尔伯特一有发作的预兆，就马上让他躺下来，并用热敷，这样可以减轻他腹部的压力。

他感觉到自己"被爱包围着"，因此他立誓，为了他的胃，他从现在起要遵照医生的指导，并过一种医学上恰当的生活。在这段时间里，可怜的汉斯·阿尔伯特离开了他患病且情绪低落的母亲，坐火车来到了卢塞恩，他发

---

* "Friedrich Adler als Physiker,"标记为*Vossische Zeitung*, Berlin, May 23, 1917, no. 259的打印草稿，初版，爱因斯坦档案中的阿德勒文件，藏于耶路撒冷的希伯来大学。

** Albert Einstein to Heinrich Zangger, July 6, 1917, *CP*, vol. 8.

现父亲痛苦地直挺挺地躺着,被喂食着像婴儿食品的东西。他的叔叔保罗设法在他母亲命令他回去以前带着他去徒步旅行了一次。“他长得很好,但是他在我身旁时有时出于老习惯而行为粗鲁。”阿尔伯特抱怨道。*

在此期间,疾病完成了无论欲望还是眼泪都不能做到的事:部分地征服了阿尔伯特固执的孤独隔绝的决心。他一回到柏林,就默然搬进了埃尔莎所住的哈柏尔兰德街5号的门厅对面的一间新近空出来的公寓里。现在埃尔莎可以冠冕堂皇地照料和喂养(如果不是指挥)他了。埃尔莎后来谈及,在屋子的旁边有一个物理学家是很方便的,因为他会设法打开任何罐头,无论它是多么不规则或者奇怪。有了从仓格尔那里零星运来的食物和药品,阿尔伯特慢慢地好转了。

然而,米列娃和泰特就没有这么幸运了。阿尔伯特的经济情况已经好到泰特的治疗不算什么负担,但是他强烈地想要在年底的时候把泰特弄回家来。他告诉仓格尔:“我反对像他这样的一个男孩要在一种消毒仪器中度过他的少年时期。我们的生活不仅受到科技污染,也受到医学污染——真的只是科技污染的一个翻版。”**

增加了这种紧张状态的是,究竟是什么折磨着米列娃还不确定。然而,阿尔伯特并不打算去看她,他问仓格尔:“你确实知道我妻子得的是什么病吗?”是脊髓中有脓肿,还是多发性硬化? 有任何康复的希望吗? 有一次医生们建议使用X光,但是阿尔伯特通过仓格尔拒绝了。

米列娃整个夏季都在她能够俯瞰城市的阳台和医院之间来回折腾。那一年较晚时来自仓格尔的一封信以他通常的风格简要地说了一下她的主要情况。“脊髓肯定还是健康的,炎症到处蔓延,这是不常见的,到了骨骼和其他地方……提供弹力的片状组织收缩了,现在任何一个完整的呼吸动作都会再次产生压力。已经很长时间没有发烧了,活动没有受到影响,但是**任何**

---

* Albert Einstein to Paul and Maja Winteler, Aug. 1, 1917, *CP*, vol. 8.

** Albert Einstein to Heinrich Zangger, July 6, 1917, *CP*, vol. 8.

压力对脊柱和管鞘的破裂都是危险的。”*

8月时，米列娃写信给她的母亲，请她来帮助她渡过难关，显然阿尔伯特也和米列娃的家人联系了。她的母亲不能来，因此他们让她的妹妹佐尔卡代替她来。她向阿尔伯特报告说，她到达了苏黎世，发现米列娃躺在阳光充足的阳台上。米列娃笑的时候，佐尔卡开始哭起来，直到在姐姐的激励下她也很快地笑了起来。**

根据利斯贝特·赫维茨的说法，佐尔卡和米列娃一样，也有一点跛，而且更厉害。她总是一个忠诚的来访者。佐尔卡将在那里待三年。一开始相当有帮助，但是最后她的行为开始古怪起来，无缘无故地唱歌，对外人表现出敌意和妄想狂症状。最后佐尔卡被疯人院收容了。***

期待已久的威廉皇帝物理研究所最后在1917年10月终于正式开张了，而根据柏林的《福斯日报》上的正式通告，它真正的大门开在哈柏尔兰德街5号。****能拥有他自己管理的物理研究所的承诺曾是吸引阿尔伯特来柏林的诱惑之一，但是由于战乱，它仍然没有自己的楼房。哈伯在他自己的研究所里提供了一个房间，但是阿尔伯特当然宁愿在家里工作。

一开始，这个机构是极为简单的。*****伊尔塞作为秘书。通告把这个研究所的目的描述为“引起和支持物理学中的一些重要和紧迫问题的系统研究”，以及征求提议，由爱因斯坦、普朗克(阿尔伯特忘了把他的名字写进通告里)、能斯特、瓦尔堡、哈伯和鲁本斯组成的一个“理事会”加以考虑。这个团体于1917年11月聚会过一次，其后两年内都没有再集中过。在此期间，阿尔伯特确切地说明了他的“紧迫问题”是什么：雇用弗罗因德利希作为

---

* Heinrich Zangger to Albert Einstein, Dec. 6, 1917, *CP*, vol. 8.

** Zorka to Albert Einstein, 1917, *CP*, vol. 8, trans. Valerie Tekavec.

*** Desanka Trbuhovic-Gjuric, *Im Schatten Albert Einsteins*, p. 141.

**** Dec. 16, 1917.

***** 所有这些细节来自一篇论文：Hubert Gönner and Giuseppe Castagnetti, *Directing a Kaiser Wilhelm Institute: Einstein, Organizer of Science?* (Berlin: Max Planck Institute for the History of Science, 1997)。

助手，签订三年合同，来研究验证广义相对论的问题。这对于阿尔伯特来说是一次非典型官僚政治特征的胜利，因为他多年以来都在尽力使弗罗因德利希能够脱开他在皇家天文台的职责。* 在第一批建议和许多想入非非的计划中，理事会只对其中一个批准了经费：德拜，他曾继任阿尔伯特在工学院的职位，他得到资金用来购买能产生高能X射线的仪器。不幸的是，几年以后，当他的制造者无法完成时，他归还了这笔钱。

在外面的世界中，风行的是政治革命而不是科学革命。为了设法利用俄罗斯出现的动荡局面，德国提出将流放的革命者列宁遣送回国。因此在4月，列宁和他的同志们离开了他们流放的避难地苏黎世，坐在一个密闭的货车车厢中越过德国到了俄罗斯边境。沙皇被打倒了，11月，列宁和他的共产主义者们最终夺得了对接下来的短命的共和国的控制。和平谈话终于开始了。战争的命运取决于是大西洋彼岸的美国人还是从东线的战斗中撤下来的德国人先到达西线并改变战争局势。卢森堡和李卜克内西作为一系列即将发生的事件的先兆，宣布了德国共产党的成立。阿尔伯特被秘密地列入了一张黑名单，上面是30个和平主义者，这些人如果没有军事高级司令部的正式批准，就不允许离开这个国家。

阿尔伯特的胃疼在年底又复发了。他又躺在了床上，瞪着泰特头三个月在佩多林(Pedolin)疗养院的账单：1200瑞士法郎。仓格尔为米列娃和男孩们在接下来一年中的护理做了一个推测性预算，但是阿尔伯特又觉得缺钱了，对此很恼怒。他觉得仓格尔是在对他发号施令，就好像他是一个学生。在过去的12个月，他寄了约12 000马克到苏黎世。他告诉贝索说，在接下来的一年中，他将寄给米列娃她能够合理要求的——6000马克，不能再多了。“这个问题有点像一个没有头的螺丝钉。”他抱怨道。**

* 作为弗罗因德利希的上司和庇护人，阿尔伯特的经历在亨切尔的《爱因斯坦塔》一书中有精彩的描述。

** Albert Einstein to Michele Besso, Jan. 5, 1918, *CP*, vol. 8.

至少他和汉斯·阿尔伯特又和睦相处了，阿尔伯特利给他寄来了一封信和一张明信片。“我能看出你不仅是我钟爱的儿子，而且我们之间有一种真正挚爱的关系正在成长，”他写道，并通知他的儿子，他因为胃病这一年不可能去苏黎世了，也许再也不能去了，“我的这个病痛多半在你出生以前就有了。”*

在隔壁的房间里，威廉皇帝物理研究所的秘书伊尔塞·爱因斯坦写了一封措辞谨慎的信给某个冯·坎彭（Fraulein von Kampen）小姐，谈到一位可能会收容某个小女孩的女士。“她尤其必须亲自见到那个女孩，如果这完全可能，请**立即**安排她到这里来。我希望这位女士能够和她达成协议。”** 这个被提到的“女孩”事实上就是尼古拉的反叛者宣言《战争生物学》经过修改后的手稿，尼古拉正安排把它偷带到瑞士出第二版。看起来令人惊异的是，不管阿尔伯特同不同意，他很可能不知道伊尔塞卷入了这件事。如果他们的所作所为被发现的话，很可能会使他受到犯罪指控。

可是，就这一次，尼古拉弄巧成拙了。在另一次军事审判后，出于目空一切，他不停地抱怨他在但泽的指挥官们，于是他在柏林的朋友们只得在暗中活动，把他调出来，调到了驻扎在艾伦堡这个小镇上的一支步兵连队中。这里是安全的，远离前线，但这是一个“穷乡僻壤”，在那里他无事可干。尼古拉本性难改地反对这次调动，但是失败了。唯一可以安慰的是，对他来说，艾伦堡离柏林足够近，可以常有来访者。他的妻子为了接近他很快就搬到了这个镇上，伊尔塞也来得很频繁。

随着战争痛苦地进入第四个年头，大大小小的包裹——从密封的铁路货车到一叠纸——在硝烟弥漫的、疲惫的欧洲各处以一种诡秘的紧张流动着——一包包的希望，集中在一起，用沾满了鲜血的火车运送出去，通过毁

* Albert Einstein to Hans Albert, Jan. 25, 1918, *CP*, vol. 8.

** Ilse Einstein to Fräulein von Kampen, Jan. 22, 1918, Nicolai archive, Institute for Contemporary History, Munich, trans. Valerie Tekavec.

坏了的或不知去向、仅存在于记忆中的车站，有些现在已经被遗弃了，还有一些永远不过是某个梦想者眼中瞬息即逝的一丝光线。广义相对论就是这样的一个包裹，一种通往未来的、用密码表示出来的信息，它像病毒一样费劲地进入了德西特、爱丁顿的骨头之中。量子理论也是一样。另一个包裹也被安全地送达了。仓格尔写信说，泰特已经从阿罗萨回家了，他在信中告诉阿尔伯特："你再也不需要抱怨身处异乡了。"泰特到夏天时会去上学。*

* Heinrich Zangger to Albert Einstein, Jan. 28, 1918, *CP*, vol. 8.

第二十四章　最后一个流氓

1918年春天——说得精确点是4月23日——普朗克60岁了。生日在经过这些风云变幻的时期以后到来，现在欧洲已经被战争和饥饿摧毁了，这对于普朗克本人来说是一个苦乐参半的时刻。他的大儿子已经在战争中被杀，就在一年前，他的两个女儿中的一个死于难产。到现在，这个沉着、坚贞不移的人已经得到了德国所颁发过的所有科学上的荣誉。再过几个月，他将赢得最高的认可：诺贝尔奖。他在爱因斯坦的光量子问题上仍然故意拖拉。这一年的早些时候，他曾告诉洛伦兹，光是作为微粒还是作为连续的波来传播的这一问题，是物理学中最重要的问题。* 眼下他坚持麦克斯韦的光线以波的形式传播的表述，因为它给出了明确的、可以计算的答案。

按照科学界的习俗，为了向普朗克表示祝贺，在德国物理学会的总部举行了一次专题报告，阿尔伯特是那次会上主要的演讲者。他的题为“研究的原则”的演讲此后经常被引用，在其中他第一次提出了一些他在余生中再会回来阐述的主题思想。** 阿尔伯特把普朗克作为一个表面上的例子，提出科学是情感上的而非逻辑上的一种感召，是一种情人般的追求。不过，把这说成是对他自己的写照倒更为恰当：

---

* John L. Heilbron, *The Dilemmas of an Upright Man*, p. 129.

** Reprinted in Carl Seelig, ed., *Ideas and Opinions*, p. 224.

“在科学的神殿中，”他开始说，“有许多大厦，居住在里面的人是各种各样的，而且引领他们居住到其中的动机也是各异的。”他继续说道，对于其中一些人来说，科学是一种娱乐；对另一些则是一种获得成功的手段。“假如有一天上帝的一个天使来了，把属于这两类的所有人都逐出这座神殿，那么这个集合在一起的人群将大大减少，但是还会有一些人留在里面，不管是现在还是过去。我们的普朗克就是其中之一，这也是我们喜爱他的原因。”

这些留下来的少数纯粹的精英是谁呢，又是什么在推动着他们呢？“他们中的大多数是有点古怪、沉默寡言、孤独，尽管有这些相同的特征，但是他们真的并不比那许多被驱逐出去的人更加彼此喜欢……我同意叔本华说的，引导人们通向艺术和科学的最强烈动机之一是摆脱日常生活及其中令人痛苦的粗糙状态和无望的枯燥乏味，摆脱一个人自身总是在变化着的欲望的羁绊。”一种敏感的本性会寻求逃避个人意愿的迷雾，进入客观性的王国，这就像一个城市的居民会向往逃出他那喧闹拥挤的环境，到高山的宁静中去，“在那里视野范围可以自由地穿过那寂静、纯净的空气，深情地勾画出显而易见是为永恒而建造的那些宁静的轮廓。”

爱因斯坦说，这种极力想摆脱的负面影响与一个积极的方面达到了平衡。就像画家、诗人或者哲学家一样，科学家努力要创造一个属于他自己的世界。“他们中的每个人都使这个宇宙及它的结构成为他的感情生活的支点，这是为了以这种方法去寻找到他在狭窄的个人经历的漩涡中无法找到的宁静与安全。”

如果物理学家想要住在一个理性的世界里，那么，他的工作就是要发现那些普适的定律，而由它们，在原则上，可以推出其他所有的一切。“不存在通向这些定律的逻辑道路，只有直觉——一种基于经验的同情理解——才能接触到它们。”他这样宣称，这样就在马赫新盖的坟上立了一根界桩。他承认，这种方法看上去也许像是一种无计划的事业，但是历史证明它取得了很多成功。没有人能够否认，物理学的定律是从经验中得到的，即使在现象和原理之间并没有逻辑桥梁——这是一个奇迹，它起因于思维和自然之间的一个关联，莱布尼兹曾把它称为一个“预先设定的协调”。

“渴望看到这种预先设定的协调，就是普朗克工作的源泉，因此，正如我们看到的，他以一种无穷无尽的锲而不舍和坚忍不拔把自己投入到我们的科学中的那些最普遍的问题之中去，不肯让自己转向那些更加愉快并容易达到的目标。”阿尔伯特宣称，不管是他所受的教育还是他的意志力——它们常常被错误地用到普朗克身上——都无法解释这种态度。“这种能够使一个人做出这样的工作的思维状态，类似于宗教信仰者或者是恋人。每天的努力不是来自深思熟虑的目的或计划，而是直接来自心中。”

既然阿尔伯特现在跟埃尔莎及女孩们一起住在哈柏尔兰德街5号，而且这个地址甚至作为威廉皇帝物理研究所的所在地出现在报纸上，他这种非传统的生活安排(或者说他对米列娃是这样讲的)就引起了注意。伊尔塞已经20岁了，到了适婚的年龄，这种情况就容易在社会上处于尴尬的境地。柏林又有人开始泪水泛滥了，因此他决定，该是重新尝试让米列娃同意离婚的时候了。

自从阿尔伯特第一次提出离婚而遭到拒绝的那个倒霉的星期以来，已经过去了近两年，1918年1月底，阿尔伯特写信给米列娃：“希望在我的私人事务中最终获得某种正常状态的愿望，促使我第二次向你提出离婚。”* 为了使这次提议更加具有吸引力，他又加上了很多保证。米列娃每年可以得到9000马克，其中2000马克指定用在孩子们身上，这比目前的6000马克有所增长。如果阿尔伯特能得到诺贝尔奖(当时这笔奖金值30 000马克到40 000马克)，那时候他将把这笔钱存入一个瑞士的账户，而得到的利息归她和孩子们。在这种情况下，先前提出的赡养费将作适当的调整。(提到诺贝尔奖可不能算是骄傲自大，因为自从1910年以来，阿尔伯特已经有7次获得诺贝尔物理学奖提名了。)最后，他保证将来米列娃能得到他的遗孀养老金。

“当然，我只是在没有异议离婚的情况下才会作出如此巨大的让步，”他

---

* Albert Einstein to Mileva Maric, Jan. 31, 1918, *CP*, vol. 8.

警告她，“如果你不同意离婚，那么除了6000马克以外，我一个子儿也不会多给。”

米列娃给仓格尔看了这封信，他觉得这封信是冷酷无情的。“总而言之，事先没有任何通告，刀就架在了脖子上，”他向贝索一家这样总结了这封信的内容，“爱因斯坦这位朋友使我感到忧伤。他甚至生气地写下了这些粗鲁的信给［汉斯·］阿尔伯特，说所有这一切［米列娃的病］都是胡说八道。”* 他在阿尔伯特刺耳的信件中察觉了以自我为中心的埃尔莎的参与。她不想寄钱到苏黎世去，而且在爱因斯坦仍然忠实于他的妻子并且还不是一个著名人物的时候，她没有屈尊邀请他去过她家，事实上几乎对他是不理不睬的。

仓格尔请安娜·贝索去跟米列娃谈，然后帮助她草拟一份适当的回复，然后仓格尔和贝索会把它拿给米列娃的律师和邻居齐歇尔（Emil Zürcher）看。

事实上，米列娃处于旧病复发的状况之中，几乎不能应付任何事情，一开始她粗鲁地拒绝了安娜建议他们试图建立一个预算来使她的开支处于控制之中。** 好像有一条灾难性的咒语降临在爱因斯坦家中，事情只是变得越来越糟。在佐尔卡不得不被送到一个精神病院以后，仓格尔雇用了一个临时护士来补缺，但是她的费用很贵。如果找不到便宜一点的帮手，米列娃将不得不回到医院里去。阿尔伯特利可以同仓格尔一家住在一起，但是泰特只能被放进儿童膳食公寓中。“因为你在远方不知道钱具体是如何花销的，你就会觉得这一切昂贵得令人发疯，”仓格尔写信给阿尔伯特，“但是不幸的是，在紧急的时候，除了我们现在给你所提出的以外，根本无计可施。”***

---

* Heinrich Zangger to Michele Besso, Feb. 6, 1918, quoted in Heinrich A. Medicus, “The Friendship Among Three Singular Men.”

** Anna Besso to Heinrich Zangger, March 4, 1918, *CP*, vol. 8, p. 1032, trans. Valerie Tekεvec.

*** Heinrich Zangger to Albert Einstein, March 4, 1918, *CP*, vol. 8.

在此期间，米列娃向安娜倾吐了心声。* 米列娃声称，阿尔伯特早在1912年就倾倒在他堂姐的魅力下，自那以后就一直在对她说谎。她预言，不管阿尔伯特存下多少钱，她的孩子们永远都不会看到其中的任何一个便士。"埃尔莎非常贪婪，"米列娃说，"她的两个姐姐非常富有，因此她总是很嫉妒她们。"她继续悲痛地说，阿尔伯特的堂姐对她自己的孩子们都很少关心，有一次甚至承认伊尔塞和玛戈跟她很疏远。但是这并不重要，因为有她们的外祖母——也就是阿尔伯特的婶婶范妮——会照顾她们。（事实上，后来发生的事情将说明，伊尔塞和埃尔莎根本不疏远。）

安娜寄了一份长长的备忘录给仓格尔，详细说明了这一切，同时也写了一封信给阿尔伯特，分析了米列娃的经济状况。除了别的以外，她还在信中指出，他给她6000法郎作为生活费实在是太少了。

"这又是我原来值得信赖的好安娜了。"阿尔伯特回信写道。** 他同意把他付的钱提高到8000法郎。然后他又简要叙述了他认为解决他们所有这些问题的最好方法，事实上这是一个可怕的解决方法。他说，汉斯·阿尔伯特应该永久地同马亚和保罗住在一起。"米扎在她余生是不能做一家之主了，如果她喜欢的话，可以在卢塞恩的一家疗养院里得到永久的照顾，这样她就可以天天看到汉斯·阿尔伯特了。"泰特将被遣送到一个有益健康的山区环境中，以避免过早夭折。

阿尔伯特反复诉说自己的悲哀故事——他的病痛和埃尔莎容易受到攻击的社会地位——由此请求安娜能从他的观点来看问题。他说，为了减少她的两个适婚年龄的女儿的尴尬，他别无选择，只能和埃尔莎结婚，但是他许诺，他不会让这个新的婚姻去伤害米列娃或者孩子们。"我有时觉得痛苦，并产生了这样一种印象，好像一切都联合起来要使我的生活不必要地困难，这是不是令人惊异？"

"如果埃尔莎不想要使自己如此容易受到攻击，她就不应该这么惹人注

* Anna Besso to Heinrich Zangger, March 4, 1918, *CP*, vol. 8.

** Albert Einstein to Anna Besso, after March 4, 1918, *CP*, vol. 8.

目地追求你，”安娜反驳道，这样就拒绝了担任这个逼米列娃就范的角色。* 她指出，生病不是什么结婚的大理由，接着又提醒他，仅仅在一年以前，他还向每个人保证说他不会再结婚了。“我只是告诉你这一点，好让你把你**现在**的立场和**那时**的立场作一个比较。”

阿尔伯特震惊了，竟有人——尤其是一个女人——会如此厚颜无耻地对待他。“她写了这样一封不知羞耻的信，于是我就不许自己再接收她的信了，”他向米列娃愤怒地说。** “但是你必须原谅她，因为她并不完全正常。”最后这句评论几乎肯定是暗示了温特勒家族本身有不稳定性和精神忧郁症的血缘——玛丽的消沉，尤利乌斯·温特勒杀害了他的母亲和妹夫两个人——这些事他是熟知的。

米列娃在向安娜吐露了实情以后，自己再也不能掩饰这件事了。这是尽头了，她再也无力对抗这股能摧毁一切的力量了。从米列娃到安娜到米凯莱再到仓格尔，使劲通过这一曲曲折折的忠告和谈判之路后得到的是，一份极为可怜的脆弱的白旗投降书草案。***

“你会明白，由于我现在的疾病，要我作出决定是困难的，”她开头写道，“我理解你对一个自由的未来的渴望，我不知道这是否对你的工作是必要的，但是我不希望挡了你的路或妨碍了你的幸福。但是在我看来，战争结束以后一切会变得容易得多，通讯，以及所有的一切。我已请了齐歇尔博士去弄清整个程序。这看来并不那么简单。我害怕会太激动，并且必须去做一切，这样我们就是安全可靠的，什么也不能从我这里拿走这种安全感，这是因为孩子们。让你的律师写信给齐歇尔博士，关于他认为一切应该如何安排，以及合同应该如何拟定。”

一切能使我心烦的事情，我都必须委托给那些客观的并对实际情

* Anna Besso to Albert Einstein, after March 4, 1918, *CP*, vol. 8.

** Albert Einstein to Mileva, June 4 ,1918, *CP*, vol. 8.

*** Michele Besso to Heinrich Zangger, March 12, 1918, quoted in Medicus.

况有见地的人。你明白，如果你抱定了决心，我将不会阻挡你的幸福之路，但是由于我的病，要作出最后正式的决定——尤其是今天——那会比你设想的更困难得多。

这封信的某种说法随后就传递到阿尔伯特那里，他感到宽慰了。他忍不住把他自己的症状对号入座，就好像他们之间还存在着某种奇特的共鸣。"我的健康状况尚可，但是我的平衡感仍然不稳定。我一天中的大部分时间都躺着，吃着就像一个刚刚断奶的小孩吃的东西。除此之外，有时候我还呕吐，任何刺激肯定会引起疼痛。"*

还有许多方面需要讨价还价——尤其是各种各样的资金的数额和来源，以及使用它们时可能发生的附带事件，还有要去看孩子们时谁得动身，什么时候，去什么地方。接下来的谈判是有条不紊的。阿尔伯特认为，由于他的暴躁和强硬，也许他把事情搞得比早先所必须做的要困难多了。

1918年的整个春天，在爱因斯坦和齐歇尔交换着离婚协议的各种草案时，德国发动了一次重要的进攻，为的是在美国到达前线并逆转战况之前赢得战争胜利的最后一次攻击。到初夏时，德国军队赢得了巨大的战略有利地位，以致平民政府有信心可以谈判得到一个有利的休战协定。但是陆军元帅冯·兴登堡(Paul von Hindenburg)和他的参谋长鲁登道夫(Erich Ludendorff)阻碍了这种努力。罢工和饥饿对国家造成了极大的破坏。阿尔伯特由于他的健康问题而取消了那年所有去瑞士的旅程。埃尔莎请仓格尔给他送去牛奶，当牛奶送到时，阿尔伯特不许他以后再这么做了。

"我很好奇，想知道哪个会维持更长的时间：是世界大战，还是我们的离婚，"阿尔伯特写信给米列娃，"它们基本上是同时开始的。在这两者之间，我们的情况仍然是比较好的。"**

正如指望的那样，泰特在那个春天越来越好转了，仓格尔描述他时说，

* Albert Einstein to Mileva, March 17, 1918, *CP*, vol. 8.

** Albert Einstein to Mileva, before April 15, 1918, *CP*, vol. 8.

他正在成长为一个很好的年轻人，一个行动有点女孩子气的羞涩小伙子，“一点也不像爱因斯坦家的孩子。”* 在此期间，汉斯·阿尔伯特设法找到了一种新的方法来让他的父亲失望。出自于他童年时长期对河流的着迷，他决定要学习土木工程。

这条消息引起了一次对往事的追忆。阿尔伯特自己最初也想成为一名工程师，就像他的叔叔雅各布一样。但是他发现，如果把他的智能用于这样单调乏味的目标，那么这种前景会使他无法忍受的。“为了思考而思考，像音乐一般！”这才是对他有吸引力的，他告诉仓格尔。** 显然，汉斯·阿尔伯特并不适合这种崇高的生活。

好吧，这个男孩能对一些东西感兴趣还是好的。“他对什么感兴趣并不是真正重要的，唉，哪怕是土木工程呢，”他告诉米列娃，“人们不能期待他们的孩子们能继承到一个头脑。”***

6月12日，阿尔伯特和米列娃签订了正式的离婚协议。它是两页手写的棕色纸，其中主要的条款是，阿尔伯特承诺为米列娃在一家瑞士银行存入一笔价值40 000马克的股票或公债，而其所产生的利息她可以随意花费，但是没有他的同意不能动用本金。**** 如果她去世或者再嫁，这笔钱就给孩子们；如果得到诺贝尔奖，阿尔伯特将把奖金给她，然后把40 000马克拿回来。为了避免不获奖而造成的损失，他同意在一家德国银行存入另一笔20 000马克，在他死后米列娃可以从这笔钱中获得利息。*****

协议还规定，米列娃必须让阿尔伯特在学校放假期间来瑞士时跟孩子们团聚。虽然这对她来说是一个胜利，但这也是阿尔伯特愿意让步的。如

---

* Heinrich Zangger to Albert Einstein, before Aug. 11, 1918, *CP*, vol. 8.

** Albert Einstein to Heinrich Zangger, before Aug. 11, 1918, *CP*, vol. 8.

*** Albert Einstein to Mileva, Nov. 9, 1918, *CP*, vol. 8.

**** Filed in Protocol 1386/1918 of the Zurich District Court, Department 2, and in *CP*, vol. 8, p. 794, trans. Valerie Tekavec.

***** 这个问题在1922年变得没有实际意义了，因为爱因斯坦对光电效应的研究已获得了前一年的诺贝尔奖。1923年，他适时地签署了来自瑞典科学院的一张121 572瑞典克朗(约合32 000美元)的支票，给了米列娃。

果米列娃满意了，他就不想擅自改动这份协议。

事实上，多少逾越了德国中央银行的阻碍，价值40 000马克的有价证券早已过户到了一家瑞士银行。除此之外，那年夏末，阿尔伯特提醒米列娃，她应该已经收到“关于20 000马克存款的”一份文件。* 另一笔更大的数目有没有存入不太清楚，但是米列娃似乎曾要求应以瑞士法郎来付给她利息，而不是他所安排的德国马克。然而，当时阿尔伯特不想改变这种安排，以免把银行搞糊涂了。在此期间，如果她希望的话，可以取出利息后去兑换。“我相信兑换不景气的时候又要到了！”他说，就好像他曾经在工学院做财务学生时一样。

阿尔伯特是从哪里弄到这笔钱用来离婚的，这至今仍然是个谜。这笔资金的一个来源可能是因为爱因斯坦一直在当安许茨-肯普费的顾问。到这时，他已不缺少有钱的朋友了。

“现在我请你马上同意离婚，这样一切事情可以渐渐得以解决。”当20 000马克叮当作响地落入可以比喻成是某种灵魂的收银机时，阿尔伯特这样写道。他已完全履行了这笔交易的他那一头。他的自由已被买到和偿付了。早在1913年，他在所有那些暧昧、情色的信中许诺给埃尔莎的未来似乎已经近在眼前了。

但是还存在着一个很小的问题，一个使他烦恼不已的不确定性需要解决。根据一份浮出水面的有许多争议的文件，阿尔伯特此时却不知道他想同谁结婚了。他爱上了另一个人，一个更加难办和尴尬的人。真想不到，她是伊尔塞。

当然，伊尔塞早就迷恋上了尼古拉，她把一年的相当一部分花在来回艾伦堡的路上，尼古拉在艾伦堡他那自称的战俘房间中筹划和踱步。在家的时候，她帮助阿尔伯特组织和管理新的物理研究所。跟她一起工作似乎激起了对旧事的一些渴念。这时是春天，他的感觉开始好了起来。

---

* Albert Einstein to Mileva, before July 9, 1918, *CP*, vol. 8.

从阿尔伯特那年早春与伊尔塞的通信中可以洞悉他卷入这件事的细微征兆。她从艾伦堡给阿尔伯特寄了一张画有一只鹅的明信片。他的反应有一种轻佻的孩子气的感觉,并激发起他收到他母亲的小甜饼或者说埃尔莎的烤鹅时所享有的欢乐。“行动的力量只是存在于我的头脑中,很少走入完全真正发生的歧途。但是我在你信中得到的快乐和美丽的画着鹅的卡片使它发生了。这只小家禽带给我的高兴和它的尺寸成反比例。小小的巢和周围的环境看来很不错,简直是没有被人类污染过的真正的大自然。”* 关于研究所有点新闻,但是他要等到她回来才告诉她,“这样你就会感觉到你完全在适宜的环境之中。”

具有讽刺意味的是,正是尼古拉察觉到了他们的关系在向哪里发展。当伊尔塞告诉他阿尔伯特计划在离婚后同她母亲结婚时,尼古拉大胆地提议,认为阿尔伯特跟**她**(伊尔塞)之间的婚姻会更般配。毕竟埃尔莎已经42岁了,在他们维持关系的6年中变老了。而伊尔塞20岁,能够为阿尔伯特生些孩子。(像他圈子中的许多柏林人一样,尼古拉很可能不知道阿尔伯特在苏黎世有孩子。)

虽然伊尔塞并没有把尼古拉的话当真,但是在爱因斯坦家的讨论中很快就出现了这个问题:阿尔伯特究竟应该跟谁结婚,是埃尔莎还是伊尔塞?令伊尔塞惊愕的是,原本开始时的一个玩笑很快就上升为一个严肃的建议,现在就必须完全地、深思熟虑地来考虑它了。正如她后来在给尼古拉的一封信中解释的,阿尔伯特只是宣布他可以同伊尔塞或者她母亲结婚,选择要由她们来作出。埃尔莎不确定应该如何严肃地对待这件事,也可能处于一种母亲的自我牺牲的本能,不想阻碍女儿的前程,把这个决定留给了伊尔塞。

伊尔塞感到困惑和惊慌,因此去求助于她最好也最老于世故的朋友和顾问尼古拉,在一封标注日期为1918年5月22日的长信中向他倾吐了心声。** 在信纸的上端,她用大写字母从左到右写着:“请您在读信后立即将

---

* Albert Einstein to Ilse Einstein, May 12, 1918, *CP*, vol. 8.

** Ilse to Georg Nicolai, May 22, 1918, *CP*, vol. 8, trans. Valerie Tekavec.

此信销毁。”*

“我知道阿尔伯特非常爱我，也许超过了一切可能爱我的男人，他昨天甚至自己也对我这样说了，”她透露道，说他曾经承认，他和她在一起时，他很难控制自己的性欲。但是他的这种感情并不完全是相互的。“如果两个不同类型的人之间确实存在着友谊和同志之情，他们之间当然应该是像我对A**的这种感觉。我从未感觉在肉体上有接近他的愿望或者最轻微的渴望。”没有激情，她无法维持一段婚姻，而且她也害怕会变得不再爱他，甚至怨恨他。“最后一点，但同样重要，我会感到有点像一个被出卖了的奴隶。”

她可以想象通过生活在一起逐渐喜欢上一个陌生人的那种情况（就像在非自由恋爱的那种婚姻中那样），“而同A在一起，我却想象不出来。”一则，她早已习惯了把他看成是一位父亲。“你会回答说，这是过去的事情了，但是每天我妈妈出现时都会提醒我这一点。”这看来不自然，而且“不完全清白”。她说，阿尔伯特却坚持认为这些只是社会偏见。

“A决不会企图说服我，”她又补充说，“因为他不想承担把我这样一个小东西跟他自己拴在一起的责任。”阿尔伯特告诉伊尔塞，只要她继续住在这所房子里，她是否嫁给他并不重要，因为她将永远是自由的自己，并且对他来说，她和她母亲一样重要。对此阿尔伯特在想什么并不十分清楚。他是不是在想有种三角式的家庭生活，他可以在其中同时享受两种世界中的最好东西——埃尔莎的烹饪和广泛愉快的社会关系，还有与伊尔塞的性关系？在讨论到这个问题时，伊尔塞说，她不会嫉妒在这样的安排下她母亲身上产生的“表面的光彩”。阿尔伯特还告诉她，如果她不想为他生小孩的话，

---

* 然而，尼古拉是一个自我中心的人，他保存一切东西，因此他留下了那封信。朱尔泽在撰写这位叛逆的和平主义者的一本传记时，在尼古拉的Nachlass（遗文）中找到了这封信。虽然朱尔泽没有在他的传记中发表这封信，但是他强烈地感觉到应该为子孙后代而将它保存下来，因此他紧紧地掌握着它，并且不顾来自玛戈·爱因斯坦、海伦·迪卡斯和代理爱因斯坦财产权的律师们要他交出或毁掉它的压力，最终将它归还到了慕尼黑当代历史学会的尼古拉档案中。这段叙述（学者们在讲述爱因斯坦的故事时所面临的一个困难的例子）被保存在怀俄明大学美国遗产档案馆的朱尔泽信件中。

** 这里的A指阿尔伯特，下同。——译者

她不嫁给他会更好些。“我也的确没有这种愿望。”她声称。

但是她确实希望某一天能结婚，这个事实是他痛苦的来源。“A对我说，那会给他的生活带来泪水，他会因为不得不想念我而感到痛苦。这是一个痛处。我感觉好像海涅笔下的驴子。一方面，我想我这一生都和阿尔伯特在一起，但是依我看来，嫁给他就需要一种不同的爱。”

还要考虑这样做对埃尔莎的影响。伊尔塞说，她的母亲如果认为伊尔塞只有和阿尔伯特在一起才会幸福，她就会退出。但这对她来说是困难的，而且她觉得侵占了她母亲这么多年耐心奋斗以后才最后得到的地位是不对的。她的母亲会觉得丢脸，那些平庸的亲戚们会惊骇的。

> 问题在于：什么对我们三个人的幸福、尤其是对阿尔伯特的幸福有益？

伊尔塞说，她所有的天性都在大声反对她嫁给阿尔伯特。如果阿尔伯特自己不得不看到他们之间一直以来只有快乐的关系对她来说已变成了一副枷锁，那么这对他本人来说也只能是最糟糕的事。

> 在祖先们看来这也将是不寻常的，因为我，一个傻乎乎的20岁的小女子，必须决定这样一件严重的事情。我自己都很难相信这一点，而且对此感到非常不快乐。帮帮我！

如果尼古拉曾经作出回答的话，那么他的回答没有保存下来。他也许是在监狱里把它递送出来的，因为他本人不久就恰好身处这烦恼的家庭之中了。

尽管一连串象征性的胜利使战争官僚机构感到挫败和窘迫，但是这位浑身是劲的和平主义者所有的时间已到尽头了。

5月份，军事当局最后受够了尼古拉的古怪行为，命令他报告兵器训练的情况。尼古拉声称,这是一个邪恶的命令,因为这违反了他作为一名医师在日内瓦公约和军事法规下应有的权力,这也破坏了国防部长曾作出的只把他用于医疗方面职位的承诺,因此他拒绝了这个命令,并写了一份正式的抗议给国防部长。伊尔塞誊写并递送了这份抗议。

当国防部长驳回了他的抗议以后,尼古拉擅离职守,坐火车来到了柏林。

他直接去了哈柏尔兰德街5号,伊尔塞以及爱因斯坦家的其他人收容了他。* 他在那儿草拟了一份给国防部长的最后通牒:如果对他所犯的错误在四个星期内没有得到纠正,那么他将离开这个国家。同时,一张被认为是属于威廉皇帝物理研究所的信纸上,伊尔塞执笔起草了一封信,强烈要求尼古拉不应该被当作逃兵对待,也不应该要求他服兵役。阿尔伯特是否签署过或者邮寄过这封信我们不得而知。

据推测尼古拉大概是在爱因斯坦家的庇护下,等待着允许他把自己看作一个自由人的刑罚撤销令。此后他跟斯巴达克思地下党的三个成员从柏林西北的一个飞机场偷了两架双翼飞机,飞到了丹麦,尼古拉在那里成了斯堪的纳维亚半岛受到高度尊敬的人。

回到哈柏尔兰德街5号后,爱因斯坦一家举行了庆祝。伊尔塞写了一首长长的歌谣,祝贺这次英勇的飞行,并在琉特琴的伴奏下演唱了它。** 我们只能想象阿尔伯特的反应,就像他在BNV的会议上,听到又一份小册子或者信件溜过了普鲁士的搜索网时常会有的那样,咯咯地笑着,注视着伊尔塞,仿佛她是月亮,宁静地悬挂在遥远的海洋上,既遥远又陌生,永远拒绝着他。

从一开始似乎就很明显的是,阿尔伯特对埃尔莎的迷恋出自于性的一面,也同样多地出自于母性的一方面。在多年的战争、疾病、张量分析、匀速运动

---

* 玛戈·爱因斯坦在1972年6月的一次面谈中告诉了朱尔泽这件事。

** 在朱尔泽与玛戈·爱因斯坦访谈的记录中说是伊尔塞劝玛戈写这首歌的,但是在他的书中,他却把其原作者说成是伊尔塞了。

和米列娃的冷漠以后，正如他提到过的，阿尔伯特自己所谓的“私生活”已经萎缩到了一个很低的程度。他有一次承认，弗洛伊德的理论在他身上失效了，因为他“在身边没有生活的材料可以用来一试身手”。* 阿尔伯特的酒肉朋友、医生普莱斯彻在他自己的回忆录中写道，阿尔伯特在他做半单身汉的那些年里在妓院里满足他的欲望，虽然他对这种说法没有提出特别具体的说明。

在这么多年以后，突然间，一个活泼的20岁少女如同四月的雪中盛开的一朵番红花一般出现，与玛丽·温特勒之间的那种关系的魅力似乎又重生了。不难想象，阿尔伯特坐在加有厚软垫的椅子上，在腓特烈大帝的肖像下，听着埃尔莎和伊尔塞争论着她们的未来，无疑希望最后的决定会顺着他的意愿，依靠着皱眉和沉默，替代花言巧语的身体语言，可以不必请求就能得到伊尔塞。在物理学方面，阿尔伯特是一个英雄，对于自己愿意正面解决当时最困难的问题而感到自豪。** 但是在他的私生活中，他奇特的被动风格是，暗示他自己随手可得，只是希望有人邀请。他几乎不需要寻觅得很远：温特勒家一个真正的妹妹，一个同学，一个堂姐，一个堂姐的女儿。当他陷入的情况变得太复杂时，他就只是退出。最深层次的亲密形式，不是对别人吐露你的恐惧，而是你的希望。在这方面，阿尔伯特缄默不语。对于一个无力维护自己的男人来说，唯一的避难所就是完全不承认有任何欲望。

如果考察爱因斯坦的爱情生活根本无法揭示相对论的起源或者量子之谜的含义，那么至少也能帮助我们感知他的绝望。他在这种绝望中探索着物理定律的清晰性、因和果以及数学上的美。抽象的天才在这个世界上需要有一个女人来支持他，这已经是陈词滥调了。但是玻尔有一句名言说，如果一条陈述是一条伟大的真理，那么它的对立面也是一条伟大的真理。与这句名言保持一致，在阿尔伯特的情况中，这条陈词滥调已被彻底翻过来。在欲望以及侵犯并威胁了他的自主权的胃和其他器官的超现实主义的迷雾

---

* Albert Einstein to Tete, April 10, 1936, quoted in Christie’s catalog.

** 他有一次曾如此令人难忘地讲述：“有些科学家拿着一块木板，寻找它最薄的部分，然后在这些钻孔容易的地方钻了大量的孔，我对这些人是没什么忍耐性的。”《爱因斯坦语录》，第185页。

中,他正需要物理学来支持他。是物理学提供了一个小小的、整齐的密室,他在一封给爱德华的信中说,在其中他可以逃避在他一生中举足轻重的女性心理环境,这是源于他母亲的感情。

当阿尔伯特受到挫折时,他总是可以去沉思量子的问题。尼古拉出逃后不久,爱因斯坦和这些女人们去了阿伦斯霍普,那是波罗的海的一个旅游村庄,当时他的胃病没有发作,他在那里度过了那年夏天剩下的时间。"无数的时间都花在对量子问题的一无所获的思考上,"他向贝索报告,"但是我不再怀疑光量子的存在了。"他又补充说,只要人们对量子现象没有得出适当的数学解释,他将会继续独立地坚持这个信念。*

他的镇定沉着也因仓格尔带给他的一件意想不到的差事而产生了动摇。以前的工学院和苏黎世大学通力合作,提供给他一个职位回苏黎世执教,那是他精神上的家乡。除了搬到一个离米列娃比较近的地方后他的私生活是否还能幸存下来这个问题以外,他还弄不清楚他们要他这样一个没用的老东西来做什么。** "不管我过去想出了些什么有用的东西,它们现在已经活跃在更年轻、更有生气的头脑中了,而我必须不停地被我的胃折磨着,它会反抗并恶狠狠地夺走我的一切激奋或努力。我的锐气不足了,精力消散了,但是名声像变成了化石似的贝壳一样留存下来。"他还是留在科学院比较好,他的精华更在于他仅仅存在而已,而不在于工作。他暗示,数学家外尔是一个更好的选择,因为他对广义相对论作出了重要贡献,并解开了德西特的复杂宇宙。***

但是,阿尔伯特深感内疚,不能立即拒绝他的老朋友们,因此他提出每年在苏黎世作两次演讲。但是他仍然感觉很不好。那天晚上他梦见自己在刮胡子的时候用剃刀切断了自己的喉咙。****

---

* Albert Einstein to Michele Besso, July 29, 1918, *CP*, vol. 8.

** Albert Einstein to Heinrich Zangger, before Aug. 11, 1918, *CP*, vol. 8.

*** 详见《对称》,外尔著,冯承天、陆继宗译,上海科技教育出版社,2002年。——译者

**** Albert Einstein to Michele Besso, Aug. 20, 1918, *CP*, vol. 8.

这时，米列娃旧病复发，于是在阿尔伯特的推荐下又回到了疗养院。这一次男孩子们被留给了一名护士照看。汉斯·阿尔伯特一连串友好的信件又停止了，他的父亲不得不重新开始唠唠叨叨。阿尔伯特对于人们的希望所采取的冷嘲热讽的态度，在他对玻恩的一次谈论中得到了显露。“最近我读到，欧洲的人口在上世纪从1.18亿增长到了近4亿……一个可怕的顾虑，这几乎会让你和战争交上朋友。”*

如果他能够看到不久的将来，也许他就不会作出这个评论了。秋天时，一种致命的流行性感冒传播起来，像镰刀般的风一样席卷整个世界的腐烂的战壕和破碎的城市。在军队的营帐中，死尸像成批出售的木头一样堆积起来。这是自中世纪的黑死病以来最恶劣的瘟疫，中世纪的那次瘟疫夺走了欧洲四分之一以上的人口。当这场爆发于1918年的流行性感冒结束之时，全世界有2000万人死亡。阿尔伯特尤其关心泰特的体弱，不过事实上，爱因斯坦一家都逃过了此劫。

回到柏林，阿尔伯特、埃尔莎和女孩们被卷入到大战的最后一场混乱之中。9月初，阿尔伯特受邀参加一次秘密会议，讨论建立一个知识分子联盟，把德国从它的军国主义路线中拯救出来。** 阿尔伯特拒绝了，他的理由是，这个团体的成员都是贵族而不是民主党人，“你将得到一个非政治家或者‘现实主义’政治家的集合，”他解释道，“……他们会同意的原则是，个人道德对国家和人民之间的关系来说是无关紧要的，只有比较强大的那一方的权力是决定性的，以及人类如果没有战争就会退化。”

到那个月底，美国军队也挤到了西线上，正在把这个怪兽赶回去。匈牙利、波兰和捷克斯洛伐克从哈布斯堡的代代统治下宣布独立，德国主要的同盟国奥匈帝国被粉碎了。事实上，一夜之间，奥地利成了失业的官僚们居住的一个国家碎片。鲁登道夫要求德国皇帝乞求和平，并催促他建立一个新

---

* Albert Einstein to Hedwig and Max Born, Aug. 2, 1918, *CP*, vol. 8.

** Hubert Gönner and Giuseppe Castagnetti, *Albert Einstein as a Pacifist and Democrat During the First World War*, p. 35.

的民主政府来进行谈判。用这种方式,军队可以保持它的荣誉,因为此时正式投降的将是一些平民。协约国的出头露面人物威尔逊(Woodrow Wilson)也要求与一个民主政府进行谈判。

一个以巴登的马克斯王子(一名自由主义者)为首的内阁组成了,改革开始了,但是进程缓慢。BNV又开始集会,鼓吹释放政治犯。德国皇帝现在被认为是一种阻碍,迫使他退位的压力越来越大。

11月4日,驻扎在安许茨-肯普费所在的基尔镇的水手们拒绝与他们的船一起再下海,遣散了他们的军官,并接管了城市。这次兵变蔓延到了其他城市的士兵和工人。他们号召11月9日进行一次全面的罢工。人们涌入街道,要求和平与民主。威廉二世逃到了荷兰。德意志帝国国会被解散,一个全新的社会主义共和国宣告成立。阿尔伯特的相对论班因为这场革命而被取消了。第二天,重新获得合法资格的BNV在国会大厦前举行的一次露天集会中复兴了;阿尔伯特被任命为十四人工作委员会中的一员。那以后的第二天,在第十一个月的第十一天的第十一个小时,枪声终于平息了。

阿尔伯特欢欣鼓舞地写信给他的妹妹和其他朋友们说,军事政治终于被推翻了。他不相信它会再复活。* 与此同时,他报告说,科学院中的那些老家伙对他们在新的民主德国中的命运感到绝望,并开始来访,同他闲聊起来。到这时,如他自己所说的,他已经有了"超级社会主义者"的名声。阿尔伯特说,当普鲁士的老英雄挺着他们古铜色的大肚子,摇头摆尾地向他走来,并希望他能阻止他们掉进深渊之中时,他就会想起来自俾斯麦冰河时代的猛犸。

但是革命很快就开始自相残杀。一个革命的学生委员会接管了大学,逮捕了守旧的校长西伯格(Reinhold Seeburg)。大学关闭了,阿尔伯特被请来与学生们斡旋。他、玻恩和一位心理学教授韦特海默(Max Wertheimer)乘坐一辆往市区的有轨电车到了国会大厦,学生委员会已经在那里得到了几

---

* Albert Einstein to Michele Besso, Dec. 4, 1918, *CP*, vol. 8。阿尔伯特在一张寄给母亲的明信片中也称自己为"超级社会主义者",quoted in Gönner and Castagnetti, p. 37。

司办公室，他们三个人被召见。在阿尔伯特的口袋里有一份简短的演讲稿，着重地提到了原来的阶级秩序的终结和人民的愿望，警告这些年轻的理想主义者不要用左翼的暴政来代替右翼的暴政。不过他最后还是作了一个赞同学术自由的鼓舞人心的演讲。“我总是认为，学术自由是德国大学最宝贵的财产……如果昔时的这种自由终结了的话，我会感到遗憾。”* 校长被释放了，大学也很快重新复课。

然而，在街上，骚乱仍在增加。正如阿尔伯特向汉斯·阿尔伯特报告的：“很多人企图从这种混乱中获利。国家的钱和财产被草率地处置。纸币大量印刷，因此它的价值一直在下跌。工人们想要巨额工资，尽管工厂里无事可干。所有的工厂都有破产的危险。今天士兵们到了。这是一个兴高采烈的时刻，许多像你这样的男孩骑在士兵们的马上或者跟在他们后面走过街道。每个人都出来向这些长时间面对这么多危险的战士致敬……但是泰特不应该玩士兵游戏。这不是我的意图。”**

士兵是回来了，但是两派间的紧张状态持续升温，一派是激进的左派，另一派是相信德国和它的军队被其文职领袖们出卖了的右派。在德国的国土上没有开过一枪，但他们还是失败了。很快，就轮到右派的学生们控制了大学，把教授们踢了出去。

新年后不久，德国共产党的创建人卢森堡和李卜克内西被一名右派民兵俘获并杀害了。据传闻，社会民主党的领袖诺斯克(Gustav Noske)为了把德国从布尔什维克主义中拯救出来，事先批准了这场屠杀。警方开始对卢森堡和李卜克内西在斯巴达克思党组织中的同志们穷追猛打，他们中一个叫做列齐耶斯卡的在爱因斯坦家避难。*** 就在警察按前门的门铃时，伊尔塞悄悄地把她从后门带了出去。

尼古拉作为一个英雄回到了家乡。

---

* 这是基于玻恩的说法，引自 Gönner and Castagnetti, p. 37。

** Albert Einstein to Hans Albert and Tete, Dec. 10, 1918, *CP*, vol. 8.

*** 玛戈对朱尔泽讲了这个故事。

最后,阿尔伯特和米列娃的离婚过程的确比战争拖得更长。齐歇尔于10月份代表米列娃开始办这项法律手续,向地方法院提出了诉状,为了尽快举行听证会,还特别提出被告身体状况不佳。在阿尔伯特自己应对这起诉讼的陈述中,他对性格不相容的这一争论提出了谴责。"在婚姻中,意见不同的结果会产生很多吵闹,由此在原告这方面,当我出于愤怒的情况下时,也会回报以诅咒和身体上的暴力。"*

11月20日,举行了一场听证会,阿尔伯特和米列娃都没有出席。齐歇尔告诉法庭,阿尔伯特承认与柏林的一位堂姐通奸,根据他所说,她是"更上层社会中的一员"。** 法庭传唤阿尔伯特接受柏林的一位法官的讯问。然而,当阿尔伯特收到这张传票时,上面标注的日期已经过了,而公文也已被寄回了苏黎世。"对每个知情的人来说,我的离婚都是一个笑话。"阿尔伯特对贝索这样评论。***

第二次开庭时间就安排在圣诞节前夕,在庭上阿尔伯特表明他确实有通奸行为。"我的妻子,即原告,自从1914年夏天就知道我和我的堂姐保持着亲密的关系。她向我显示了她对此的愤慨。"**** 阿尔伯特和米列娃在两个月以后正式离婚,那天是1919年2月14日,离阿尔伯特的40岁生日不到一个月。阿尔伯特除了支付法庭的费用以外又被罚了100法郎。他被宣布为通奸者,并禁止在两年内再婚——至少是在瑞士。*****

利用他在苏黎世之便,阿尔伯特履行了他的协议——举行了一年两次的系列演讲。因此他在瑞士逗留了一个多月,从1月直到3月,住在一家膳食公寓里,在一个有穿堂风的会堂里演讲。瑞士人说,在那里面讲学要花费

---

* Albert Einstein to Emil Zürcher, Nov. 18, 1918,苏黎世地区法庭二处议定书1386 / 1918。

** Abraham Pais, *Einstein Lived Here*, p. 19.

*** Albert Einstein to Michele Besso, Dec. 4, 1918, *CP*, vol. 8.

**** "Deposition in Divorce Proceedings," Feb. 23, 1918, *CP*, vol. 8, p. 974, trans. Valerie Tekavec.

***** 地区法庭判决记录,Feb. 14, 1919, trans. Valerie Tekavec。

的取暖费真是太贵了。

在此期间,他花了很多时间去看望米列娃和男孩子们。同大多数已婚夫妇一样,他们未来的最后解决对他们之间的紧张状态有所缓解,他们偶尔也能回忆起他们为什么曾经会相互爱慕。他与他的孩子们以及与利斯贝特·赫维茨一起演奏音乐。米列娃处于最佳状态时,也会变得柔和,呈现出一种阴郁、淡泊的状态,但是伊夫琳·爱因斯坦(她后来作为一个孩子来看望她)回忆起,即使在这时,米列娃也把她吓得要死。米列娃期盼着阿尔伯特的来访,缠着他要他的科学论文复本。“随着时光流逝,”有一次阿尔伯特说,“你会注意到,很难找到比我更好的前夫了。因为我是忠诚的,可能与一个年轻姑娘所梦想的那种方式不同,但毕竟是忠诚和可靠的。”*

回到柏林后,阿尔伯特最终从门厅那边搬了过来,过起了一种他整个一生都一直在诋毁的完全中产阶级的显赫生活。埃尔莎的起居室中主要装饰以必不可少的腓特烈大帝的肖像以及席勒和歌德的半身像,还有黄色的墙纸。常常有人说,阿尔伯特像一个反俗世陈规的客人一样在这些房间里漫步,维持着他一直珍视的孤独。他有自己的卧室,一间只有一张单人床的陈设简陋的房间。在一段楼梯的上面是一个阁楼,墙上刷着白色涂料,还有光秃秃的木地板。那是他自称的办公室,在里面有一个圆桌、一对椅子、几个用来放他的论文的架子,还有一幅牛顿的肖像。他以一种修道士般的欢乐沐浴在从一扇肮脏、倾斜的窗户里照进来的朦胧光线的温暖中,以及那从杂乱的方程中像烟雾一般升起来的弯曲宇宙的光芒之中,可以一连几个小时退避在那里,思维像音乐一般,而这乐曲仍然只为他的耳朵演奏着。

阿尔伯特和埃尔莎于1919年6月2日结婚。

那年春天,一个熟人——对他熟悉到足以能欣赏他写歪诗的嗜好——告诉阿尔伯特,他应该用诗的形式来作关于相对论的演讲。这大概不会有

* Albert Einstein to Mileva, 1926—1927, trans. Valerie Tekavec,引自藏于耶路撒冷希伯来大学的爱因斯坦档案中的爱因斯坦家庭信件。

损于在一般层次上对这个理论的理解。作为对他的建议的拒绝，阿尔伯特写了一首诗。其中的一部分如下：

我好像总是风琴演奏者，
能做的只是一遍一遍地弹奏，
直到麻雀在屋顶上把它唱出来，
最后一个流氓也能领会它。*

* Albert Einstein to his mother, May 1919, trans. Valerie Tekavec.

第二十五章　熔化了的世界

在那些最好是留给神学而不是科学去思索的奇怪的巧合中，有一条是，太阳和月亮看起来在天空中的大小是一样的，直径大约都是半弧度。这意味着，在无止境的、重复的和摇摆的天体的舞蹈中，大约平均每两年，月球就会赶到太阳前面，并刚好遮住它的影像。在某一片几乎永远是偏远的、人迹罕至且未被开发的地域，也许有几百千米宽、几千千米长，那里的居民们会发现自己正经历着一种奇怪的中午时分的黑暗，周围360度的地平线都发着红光，牲畜和鸟儿惊恐莫名，温度降低，一个巨大的阴影掠过大地，朱红色的天空闪烁着星星，看哪！太阳被一个漆黑的洞代替了，洞的周围是日冕那苍白的珍珠般的火焰。

在这一死亡之日中，从月球最初看来对太阳咬下第一口起，整个过程大约需要一个小时。在日全食发生以前的最后一分钟，这个世界就像一个在你迷蒙醒来时早已溜走的梦。每一根草的边缘的影子变得像鲨鱼的牙齿那么锐利和黑暗，而草本身就像黄油一样熔化了，景色在你的脚趾之间奔跑。当这些天体像一次优美的台球射击一样排成一线，而你又站在球杆的顶端处时，很难不去凝视这黑色的长影，这是月球的影子，并且感觉到这个宇宙机器正在抓住你的内脏。即使是经验丰富的天文学家，唯一的逻辑反应也常常似乎是尖叫或呼喊。

天文学家们自从意识到宇宙中的事件可以被可靠地预言以后，就一直追逐着日食和月食。天体之间的各种奇妙景象从只有几秒到(在很罕见的、宇宙学上最有利的情况下)7分钟——这是一个天文学家在他(或她)的整个一生中可能有的全部时间来审视太阳邻近的地方，或者对那个神秘的日冕进行精密的测量，以寻找通常由于太阳的光辉而无法看到的所谓的亚水星类行星。为了充分利用这珍贵的几分钟，就需要用几个月的时间来准备。钱需要筹集。望远镜需要运送，安装在新建的地基上，还要调准与天极之间的位置。还需要进行一些校准的观察。天文学家们必须要长途旅行，要有房子住，要有食物吃，要保护起来防御野兽，要治疗他们的丛林热、虫咬性皮疹，以及还要视环境而定的晒伤或冻伤。在这一切就绪以后，天还有可能下雨。

预言在1919年5月29日发生的日食，是比较有希望观察成功的一次。它将在太平洋东部开始，太阳将在那里升起，这时日食已经开始了，然后再掠过南美和南大西洋，并在非洲日落时结束，将这些陆地吞没在黑暗中的时间长达5分钟。那年3月，爱丁顿带着一船仓促集合起来的装备，从伦敦启航到非洲西部海岸以外的普林西比岛。当他们出发进入茫茫大海中去的时候，他和他的同事们希望看到的不是景色的熔化，而是牛顿式的世界本身以及它所有的确定性的熔化。牛顿式的世界跻身于莎士比亚和卡米洛*之列，为英国争光，这一霸权地位长达300年之久，但现在却受到了一个德国犹太人的挑战。

历史将记录下，爱丁顿是出现在最合适地方的最合适的人。他时年36岁，正处于可能成为继哈雷之后最重要、最有影响力的英国天文学家的路上，一帆风顺。爱丁顿是一个贵格会教徒，终身未婚，与他的姐姐和母亲一起住在剑桥，他在那里有普卢敏(Plumian)教授的头衔。他是一个缄默的人，爱好户外运动和玄想。他1882年生于萨默塞特的乡村，由他母亲抚养长大。年少时他就显示出了运动、历史、文学以及最重要的是数学方面的天

* 卡米洛，传说中英国亚瑟王宫廷所在地。——译者

赋。他毫不费力地完成了学校系统的教育以后，在曼彻斯特的欧文斯学院学习数学，后来又到了剑桥的三一学院，他在那里仅仅大学第二年，就在著名且繁重而累人的剑桥大学数学荣誉学位考试中赢得了“状元”的荣誉，这是第一次由一个二年级的学生赢得这一殊荣。

剑桥毕业以后，爱丁顿去格林尼治的皇家天文台工作，作为皇家天文学家戴森(Frank Dyson)的助手。他在实用天文学方面的亲身实践的训练包括在1912年领导一次远征，去多雨的巴西观察日食。天文学和高等数学的紧密结合是爱丁顿的著名特征。在搬到剑桥后不久，他出版了一本分析恒星的分布和运动以及宇宙结构的书，声称他相信漩涡星云实际上是遥远的星系。到1916年，他已经是皇家天文学会和皇家学会的会员之一了，他开始了一个雄心勃勃的计划，为了计算恒星的结构，他要解电磁学、流体力学、引力和热力学方面的方程。这项工作在他的《恒星内部结构》一书中达到了巅峰，直至今日，研究生还在读这本书，即使他从未听说过爱因斯坦，它也将确保爱丁顿在历史上的地位。爱丁顿晚年的大部分时间都在尝试从哲学上理解量子理论的含义，以及自然界中不同的力和现象彼此之间的关系。“我们已经在未知的沙滩上找到了一个奇怪的足迹，”他曾写道，“我们已经设计出了深刻的理论，一个接着一个，来说明它的来源。终于，我们成功地重建了留下这个足迹的动物。瞧啊！原来就是我们自己。”

当德西特把广义相对论展现在爱丁顿面前时，他立刻就被迷住了，而且很快就自封为爱因斯坦福音在英国的传道者。他曾经承认，如果由他决定的话，他不会费心去进行一次日食探险，因为他早已确定这个理论一定是正确的。有一件在剑桥广为流传的轶事是这样说的：在爱丁顿作了一次关于广义相对论的演讲以后，他的一个不接受这种理论的同事祝贺他，恭喜他成为这个世界上懂得这种理论的三个人之一。当时爱丁顿没有回答，于是这位同事就责备他的假谦虚。“相反，”爱丁顿说，“我正在努力地想，那第三个人会是谁。”*

---

* 见约翰·厄尔曼和克拉克·格列摩尔撰写的“相对论与食”中的描述。

爱丁顿的热情使他成为一个非常小的社团中的一员。在英国,爱因斯坦的理论受尊敬的程度甚至还不如在德国。除了牛顿的因素以外,还有一个非常重要的原因是,爱因斯坦是一个德国人。到战争结束时,德国人实际上从国际科学界中被驱逐出去了,甚至也不邀请他们参加科学会议。这种情况触怒了理想主义的爱丁顿。到他启航的那一天,除了德西特最初的那些综述文章和爱丁顿自己的报告以外,没有一篇关于相对论的论文是以英文发表的。幸运的是,爱因斯坦仅有的几个说英语的仰慕者中的一个是爱丁顿的朋友戴森,那个皇家天文学家。正是戴森在1917年第一次指出,即将到来的南大西洋日食将提供一个绝好的机会来检验爱因斯坦的光线弯曲理论,然后又组织了足够的制度上和经济上的支持来促成这次远征。事实证明,他这样做的理由还不止一个。

1917年,英国政府宣布征召所有身体健康的人入伍。爱丁顿放出消息说,作为一名贵格会教徒,他不能也不会去服役。剑桥的教师们为了避免他们自己的一员因为拒绝服兵役而被送进战俘集中营所带来的尴尬,设法为他弄到了由于科学而延期的理由。英国内政部寄来一封信要他签署,但是爱丁顿具有一点尼古拉的精神,又在上面加了一行说明,作为一个本着良心的反对者,如果他没有得到这个延期,他无论如何都会拒绝入伍,于是这条提议被撤回了。

戴森出面干涉,设法恢复了爱丁顿的延期,但是代价是允诺爱丁顿将承担一项重要的科学任务。所规定的这项任务就是领导一次观察1919年日食的远征,旨在验证爱因斯坦的理论,如果到那时战争已经结束了的话。

自从爱因斯坦和弗罗因德利希开始游说天文学家做日食的实验以来,已经近10年了,爱因斯坦的理论还是没有得到验证,这确实证明了战争和天气的变幻莫测。光线的弯曲是广义相对论中最具有戏剧性的效应,而弗罗因德利希事实上把他的传教士般的工作做得很好。远征队一队接着一队奔向世界各处的天涯海角,因为天文学家们渴望有机会去证明或者推翻这个

伟大的、几乎不能理解的关于宇宙的新理论。*

在精力充沛的台长坎贝尔的领导下，加利福尼亚北部的利克天文台成了日食研究的领导中心。这个天文台建立了一架特殊的“默丘利神”照相机，在20世纪的头10年中，在接二连三的日食过程中搜寻靠近太阳的行星。1912年，利克的一个校友、曾帮助运行过“火星神”规划的阿根廷国家天文台台长珀赖因(Charles Perrine)借了这架照相机，在巴西的一次日食期间寻找爱因斯坦效应。老天爷下雨了。

1914年，坎贝尔把这架照相机带到了克里米亚去观察日食，但是在最后一刻，云层阻断了要观察的现象。“我必须承认，我以前从没面临过一切都被云层破坏了的严重情况，”坎贝尔后来写道，“我们真希望能从后门溜回家，不要看到任何人。”** 更糟的是，由于战争中的紧急情况，利克远征队被迫留下他们的装备，以后才装船。两年以后在委内瑞拉有一次日食，珀赖因派遣了一队人去进行基本的观察，但是却没有仪器来检验爱因斯坦的理论。

剩下的1918年6月8日在华盛顿州发生的日食是检验爱因斯坦理论的一个极好的机会。战争仍在继续，但是华盛顿州实际上在利克的后院。坎贝尔计划了一次去哥伦比亚河谷盆地的戈尔登代尔远征。唯一的问题是，天文台的专用日食照相机仍然没有从克里米亚运回来，到3月份时它还只到了横滨。在还有可能的最后一刻，坎贝尔从奥克兰的一个学生天文台借来了一些透镜，并拙劣地组装成了一架照相机。

期望值是很高的，尽管利克的一位天文学家柯蒂斯(Heber Curtis)不禁注意到，他们动用了13部仪器，而且他们所住的房子里有3只黑色的猫，还有一只名叫阴影的狗。在一个多云的天空中，日食突然出现在一个不可思

* 如果他们证明爱因斯坦是正确的，有一件事他们就不需要劳神去梦想了，那就是诺贝尔奖。根据传说，诺贝尔的妻子曾和一位数学家睡过觉。由于天文学和数学之间有着漫长的历史联系，在诺贝尔看来，她的不忠行为同时玷污了天文学家和数学家。

** Jeffrey Crelinsten, “Campbell and the Theory of Relativity,” *Historical Studies in the Physical Sciences* 14 (1983), p. 1.

议的洞中。“**云层因为日食而消散了。**”《纽约时报》这样报道。*

不幸的是，临时凑成的光学仪器达不到精确测量所需的所谓天体照像质量的要求。而且，为了能稍稍提高它狭窄的视场，柯蒂斯将这架照相机调整得稍稍偏离了它的焦点。在得到的所有12张照相底片上，总共大约有50颗恒星的影像，它们看上去就像模糊的小哑铃。柯蒂斯后来在1920年著名的沙普利—柯蒂斯辩论中，为漩涡星云就是星系的概念辩护，因而出了名，他也曾为驱使利克参加爱因斯坦的赌博出了力。他并不特别倾心于广义相对论——他曾抱怨说它改变了这么多，所以最初的相对论现在应该被称为“老相对论”**——但是他意识到，光线弯曲的预言对天文学家们去帮助解决物理学中的一个重大问题来说是一个绝好的机会。柯蒂斯构思和设计了一个光线偏转的实验，但是同时由于战时工作而临时放弃了天文学。他获准离职参加日食的工作，然后又回到计量局，把这些可以使爱因斯坦毁灭或者更加增光的底片留在利克的保险柜中，既没有去进行测量，也没有去分析。

到为1919年的日食而组织的时候，通常会想到的几方——坎贝尔、珀赖因或弗罗因德利希——都无法筹集到远征的资金。戴森和爱丁顿却有一个很好的机遇。为了减小因坏天气受阻的可能性，他们计划派出两个远征队。爱丁顿和科廷汉姆(E. Cottingham)将去普林西比，而另两位天文学家克罗姆林(Andrew Crommelin)和戴维森(Charles Davison)将去索布拉尔，那是在巴西内陆离海岸大约50英里(约80千米)处的一个小镇。

同时，紧接着威尔逊山的天文学家圣约翰(Charles St. John)的新报告以后，广义相对论的前景变得不确定了。圣约翰通过测量来自太阳表面的谱线波长来寻找引力红移，但是他在实验室里找不到它们的波长发生了可以辨别的移动。爱丁顿也在担心，关于光线弯曲的情况可能在经过这些年以后变得更加复杂了。他和其他一些人开始意识到，普通的牛顿引力论也预言了光线的弯曲，如果你考虑了质量和能量等效的相对性原理——光具有

* *New York Times*, June 10, 1918, quoted in Crelinsten, “Campbell.”

** Crelinsten, “Campbell.”

能量,于是也具有质量,因此就要受到引力的作用。事实上,牛顿引力论和相对论的这种混合就是爱因斯坦在1911年第一次计算太阳附近的光线弯曲时所做过的。他曾断言,一颗靠近太阳的恒星看上去将好像从它通常的坐标向外偏离了一个0.86弧秒的角。如果阿尔伯特没有在1915年修改了他的理论,并把这个数字扩大成原来的两倍,变成1.74弧秒,那么要把他的预言与牛顿的区别开来将是不可能的。

正如爱丁顿所看到的,日食实验可能会产生3种结果:完全按照爱因斯坦的光线偏转量,这个量的一半,或者根本不发生偏转。在他的宇宙中只能容纳两个相互竞争的引力理论,即使亚伯拉罕、米和努德斯特伦等人也曾提出过一个有些变异的小星系。

"如果我们得到这个偏转量的两倍那又意味着什么呢?"科廷汉姆在皇家天文学会一次关于所有这一切的基本情况介绍会上提出了疑问。"那么,"戴森说,"爱丁顿就会疯掉,你将不得不独自回家。"*

事实上,任何结果都会是一个小小的奇迹。一弧秒——满月直径的二千分之一——就像在最好、最稳定的山顶观察条件下,用眼睛看恒星时那么明显。大气的湍流通常会使它们变得比这更大更模糊,而在照相底片上留下的影像总是更加大。因此天文学家们的工作就是要测量一个系统的移动,这比他们所研究的暗淡的点的宽度要小。原则上,这可以通过将两张反映同一恒星区域的照相底片重叠起来而得到——一张中心处有发生日食的太阳,而另一张没有——由此确定前者中的恒星与后者相比向外弥漫了多少。实际上,仅仅是白天和黑夜之间的温度差就会改变望远镜的焦点,从而将影像移动一毫米的一百分之一,这就足以使结果毫无价值。为了确定这个偏转,至少要测量原来的与用来作比较的底片上的6对不同的恒星,总共需要考虑12个不同的参数。这样做的积极的一面是,发生日食的太阳将直接出现在海斯(Haydes)星团的中间,这就意味着有一大批潜在的恒星需要测量。

* Eddington, quoted by Earman and Glymour, p. 49.

事实上,这些只有在有照片的情况下才成立。

但是几乎没有。在索布拉尔,雨林中的云层到日食前晚才散开。克罗姆林和戴维森有两台仪器,一架来自格林尼治的天文照相机和一架装有一片4英寸(约10厘米)直径透镜的大型爱尔兰望远镜,他们总共得到大约两打底片,每张显示7到12颗恒星。在普林西比,爱丁顿和科廷汉姆拥有另一架格林尼治的天文照相机。虽然在日全食发生的一个半小时前,雨停了,但是天空一直不放晴。爱丁顿阴沉地一直拍着照,只抬头看过一次,希望会有光线透过云层射出来。

爱丁顿的诚意在(16张中的)两张底片上得到了回报,上面显示了5颗模糊不清的恒星。他发电报给戴森,说他很失望,但是无论如何他还是希望能测量出这个位移。在经过一天对这些影像的测量以后,他认为他至少能断定在一张底片上记录了移动。后来他回忆时说这是他一生中最伟大的时刻。他转而又对科廷汉姆说:"科廷汉姆,你不必独自回家了。"*

后来,他在皇家天文学会为了庆贺他归来而举行的宴会上,借用《欧玛尔·海亚姆的鲁拜集》中的诗句描述了他的经历:

钟无疑走得有**快**有慢,
但是它走的**速率**却平稳而恒定。
看哪! 云层在散开,还有太阳
一轮新月在屏幕上闪烁着——它出现了! ——它出现了!!

五分钟,一刻都不容浪费,
五分钟,要追踪的美景——
星星在闪耀,还有日冕之光
从**黑暗的球体**上流出来——哦,赶快!

* Ronald Clark , *Einstein: The Life and Times*, p. 229.

里面和外面、上面、周围、下面
除了一个不可思议的**阴影**什么都没有
它出现在一个**盒子**中，它的**蜡烛**就是**太阳**
在它周围，我们幽灵般的人影来来去去。

哦，把我们的测量留给**聪明的人**去测量，
至少有一件事是确定的。**光**有**重力**
一件事是确定的，其余的都需要争论——
光线，当它接近太阳时，**不再直行**。*

然而与此同时，从利克传来了消息。一直在焦躁地旁观的坎贝尔终于设法把柯蒂斯从华盛顿特区弄了回来，并让他进行测量戈尔登代尔的底片的工作。他想在英国人报告他们自己的发现以前得到一个结果。由于时间、金钱所限，以及最重要的是因为他得到的影像模糊，因此柯蒂斯设计了一个新颖的分析计划。他把底片上的恒星分成两个同心的区域，并测量每个区域中的恒星位置的平均"扩张"。根据广义相对论，这两个群体之间应该有0.18弧秒的差异，但是柯蒂斯只测到了0.05。他在1919年6月威尔逊山举行的会议上正式宣布了爱因斯坦效应不存在。

"我确信不存在什么爱因斯坦效应；我再一次仔细检查了这些结果，你[把这个结论]说得多强硬都行，"他打电报给坎贝尔。坎贝尔当时正和其他美国天文学家在去欧洲参加国际天文学联合会的一次会议的路上。坎贝尔于7月11日在皇家天文学会的一次特别会议上报告了柯蒂斯的结论。"我的看法是，柯蒂斯博士的结论排除了比较大的爱因斯坦效应，但并不排除根据爱因斯坦最初的假设所预期的那个较小的量。"**

* 出处同上。

** Crelinsten, "Campbell."

至少在表面上，阿尔伯特从未退缩过。仓格尔后来写信给他，谈到他在他的理论中所表现出来的那种极度的自信："你的坚定不移，你在认为光线必须围绕太阳走一条曲线时的坚定不移……对我来说是一种了不起的心理感受。你是如此确信，这种确信产生了一个强烈的效果。"*

那年夏天，当天文学家们谋求在一些模糊的恒星中读出阿尔伯特的命运时，他自己却和他的孩子们去扬帆了，在瑞士周围闲逛，在他失去的生活的回音中弥补他失去的时光。例如，他在康斯坦茨湖畔想不到竟会偶然遇到利斯贝特·赫维茨，她耐心地听着他解释整个沉闷的离婚剧情，包括他对米列娃的结核病的恐惧。然后她陪着这些人去了阿罗莎，在那里泰特几乎又要死过去了。在沙夫豪森，他和奥林匹亚科学院的老朋友哈比克特重聚了。在苏黎世附近，米列娃正又一次濒临崩溃边缘，而他的母亲正同保罗和马亚在一起，遭受着后来被诊断为胃癌的病痛的折磨。

阿尔伯特在8月中旬回到柏林时，发现德国经济乱成一团。汇率已经飞涨到了5马克兑换1瑞士法郎，这使得阿尔伯特仅仅为了付给米列娃的钱就每年大约要挣40 000马克。他和埃尔莎决定找一个寄宿者来帮助分担房租。事实上，他正在思考把全家搬到波茨坦那些比较便宜的地区去，还命令米列娃和男孩们搬到德国，这样他就可以支付给他们马克了。食物最后又在市场上供应了，但是价钱高得惊人。他们那所房子里的电梯再也不工作了，每出去一趟都好像是一次爬山探险。在街上和大学里，左派和右派之间的冲突仍然没有减弱。罢工和停工是最风行的事情，就像天气一样可以预报。"生活并非易事，"他写信给他的母亲，"但是我们这些日子过得挺好。"**

荷兰人认为，他们也许可以利用这场骚乱，在阿尔伯特回来后不久，埃伦费斯特写信给他，给他提供了莱顿的一个职位。阿尔伯特谢绝了。在经过所有这些时间以后，他开始把自己同柏林物理学界视为一体，尤其是普朗克，既然现在他们遭到世界其余部分的回避和抵制。他不能抛弃普朗克，他

---

* Heinrich Zangger to Albert Einstein, Oct. 22, 1919, trans. Valerie Tekavec.

** Albert Einstein to Pauline Einstein, Sept. 5, 1919, trans. Valerie Tekavec.

也知道普朗克绝对不会离开。事实上，德国民族作为一个整体，现在在他看起来也不再那么讨厌了。“自从这里的人们落难以后，我就无比地喜欢他们。看来不幸比成功对人们更好。”他告诉仓格尔。*

虽然阿尔伯特表面上显得很冷淡，但是他其实十分渴望获得关于日食的报道。荷兰人仍然是他与英国人之间的中介途径，在他给埃伦费斯特的回信中，他询问了爱丁顿那里有没有什么消息。

确实有消息。到9月份，爱丁顿已经完成了他的底片测量的工作。他向在伯恩茅斯举行的一次天文学会议报告说，初步的分析显示，光线的弯曲量在十分之九弧秒和这个数值的两倍之间——如果这些结果经受得住考验，将最终证实广义相对论。

“亲爱的母亲，今天有高兴的消息，”阿尔伯特马上告诉了保利娜。她正暂住在卢塞恩的一家疗养院中，的确能够从中得到一些鼓励。**

他也和他的同僚们分享了这些研究结果。他沉着自若地向一位研究生罗森塔尔-施奈德尔(Ilse Rosenthal-Schneider)炫耀这份电报。罗森塔尔-施奈德尔问他，如果得出的结果不是这样，他会怎么办。“那么我会对亲爱的上帝感到遗憾，”他回答，“因为这个理论是正确的。”***

但是有一篇文章很快出现在《柏林人日报》上，它大声宣告证实了爱因斯坦理论是“宇宙的真正构造”。**** 这时阿尔伯特清醒过来了，他给《自然科学》写了一张短笺，指出任何事情都还没有真正定局：数据显示的是0.9到1.8，但是理论要求的是1.7。

确实如此。1919年5月29日光线擦过太阳时偏离直线的精确数字究竟是多少，这对于其他的一些从南大西洋回到英国并开始测量他们的底片以及作出比较的天文学家来说，确实成了一个棘手的问题。爱丁顿解决这个

---

* Albert Einstein to Heinrich Zangger, Dec. 25, 1919, trans. Valerie Tekavec.

** Abraham Pais, “*Subtle Is the Lord...*,” p. 303.

*** Clark, p. 230.

**** *Berliner Tageblatt*, Oct. 8, 1919.

无法比较的结果的问题时，或许靠的是直觉的灵感的一次撞击，如果你是一位爱因斯坦的传记作者或者相对论爱好者，你会这样说；或许是一种尴尬，如果你是一位历史学家或者某个对科学过程的严谨的精密性具有先入之见的人，你会那样说。

最后，爱丁顿和他的全体工作人员从他们带去的三架望远镜中所拍摄的日食照片中得到了三组数据。最好的一组底片是索布拉尔的那架4英寸的爱尔兰望远镜拍摄的，它们远远超过其他的。测量这7张底片上的7颗恒星得到的偏转量是1.98弧秒，其中不确定度大约是0.12弧秒。这比爱因斯坦预言的要高，单单取它们就确实会对广义相对论产生严重的怀疑。仅次于它们的最好底片来自索布拉尔的那一台天体摄影望远镜。它们显示了更多的恒星，但是来自太阳的热量影响了反光镜，使影像模糊了，甚至还可能影响了焦点。对这些底片所做的同样的分析得出的偏转值是0.86，几乎与牛顿的预言完全一致，但是不确定度更大。*

最后，还有来自普林西比天体摄影望远镜的两张底片，是穿过云层拍摄的，每张底片上有5颗模糊不清的哑铃状恒星。它们是这些照片中质量最差的。由于只有5颗恒星，爱丁顿无法简单地测量这些影像并去解一个偏转方程。他不得不设法进行一系列迂回曲折的计算：假设某个引力偏转量，计算其他对这些恒星的位移有作用的成分，然后用它们来重新计算引力偏转量，将以上步骤一再重复，直到所用的数字都相互调和。用这样一种方法，他最后将引力偏转量聚集到1.61弧秒这样一个值上——与爱因斯坦的预言非常接近，尤其是当考虑到其相当大的不确定度时。

那么，正确的答案是什么呢？1.98，太高了；0.86，又太低了；还是1.61，这正好，可是又不可靠？是这三者的平均数吗？传统和思维的王国被挂在了天平上。各种结论散得这么开，应该会产生一个大大的黄色警告标志，说明这个实验是有缺陷的。可以推测只存在一个正确的答案。哲学家和历史学家厄尔曼(John Earmann)和格列摩尔(Clark Glymour)在一篇以史料为佐

* Earman and Glymour.

证的短文中指出，如果把来自所有这三个仪器的数据进行平均，将会产生一个偏转量的估计值，这个值将处于牛顿的值和爱因斯坦的值之间的某处，而这恰好就是9月份爱丁顿向洛伦兹报告的。如果爱丁顿想要行使某种判断并只保留最好的数据——也就是说从索布拉尔的4英寸相机中得到的那组数据——那么答案将会把广义相对论摒弃掉。

美国宇宙学家桑德奇(Allan Sandage)常常津津乐道的一件事是，据说爱丁顿有一次曾说过，任何实验在被理论确证以前，都不能相信。爱丁顿在1919年就知道了这个真理：真理就是广义相对论。爱丁顿窥视了这些结论的模糊森林，看到了里面的树木东倒西歪，他知道——或者说他认为他知道——对这种倾斜量只能有三种选择。他扔掉了给出最低值的索布拉尔天体摄影望远镜拍摄的照片，保留了其余两个。它们的平均值是1.75，恰好在相对论的标志上。广义相对论得到了证实。*

支持爱因斯坦理论的非正式的传闻开始传播开来，很快就传到了阿尔伯特自己的耳朵里。碰巧的是，埃伦费斯特邀请阿尔伯特去莱顿，这是他3年中第一次去那里。对阿尔伯特来说，埃伦费斯特的房子几乎成了远离自己家的一个象征性的家，那是一个不拘礼节的去处，那里的气候能够容纳广义相对论，那里的桌子上总是有点心可吃，有音乐，有孩子们可以一起玩耍，可以在运河边漫步，如果他光着身子在后阳台晒日光浴，也不会有人抱怨。阿尔伯特在那儿待了两天以后，天文学家赫茨普龙(Ejnar Hertzsprung)把他拉到一边，给他看了一封爱丁顿的信，其中引用了他的1.75弧秒光线弯曲的结论。爱因斯坦随即写信给普朗克："我能被允许经历到这一点，这真是命运给我的一件礼物。"**

两个晚上以后，荷兰皇家科学院在阿姆斯特丹开会。阿尔伯特坐在1000名学生面前的讲台上，洛伦兹讲述了爱丁顿从日食探险中得到的最终结论。听众们像对待一位英雄那样向阿尔伯特欢呼，但是当时没有记者尾

---

* 参见《日全食》，杰克·B·齐克尔著，傅承启译，上海科技教育出版社，2002年。——译者

** Albert Einstein to Max Planck, Oct. 23, 1919, quoted in Clark.

随他的足迹,欢呼声只是消散在了夜空中。阿尔伯特容光焕发地回到了家,就好像是一个书还没有出版但已经看到了评论的作者。至少他的一个同行祝贺他为德国科学赢得了一个伟大而必需的胜利。

"因此对你来说,一切都在逐渐好转,甚至光线也在几百万年以后为你而弯曲了,"仓格尔说,同时报告说,米列娃的情况也在改善,她再一次离开了疗养院。"恒星在改变着它们的近日点——也许你会要求它们表演出别的芭蕾舞动作。如果环境允许的话,可以理解,你会情愿给牛顿写信而不是给我。"*

1919年11月6日,一场恐惧和期待的迷雾笼罩着英国皇家学会和皇家天文学会在伯灵顿大厦联合举行的会议。帝国所有的老狮子都出席了,在房间里排成一行,就像活着的半身雕像注视着世界的转折:J·J·汤姆孙、怀特海(Alfred North Whitehead)、洛奇(Oliver Lodge)爵士、金斯。在怀特海为伦敦《泰晤士报》所写的报道中,他将这次会议比作一出希腊的戏剧:

> 我们是歌舞队,评论着一个最重要事件的发展揭晓的命运的判决。这场演出有着戏剧般的特征——传统的仪式,以牛顿图景为背景,它提醒着我们在两个多世纪以后,现在最伟大的科学概括就要接受它的第一次修正。这不是个人利益的需要:思想上的一次伟大冒险终于安全抵岸了。**

皇家学会会长、这次会议的主席汤姆孙首先把广义相对论描述为人类思想的最高成就之一,由此开始了这次加冕典礼。"这不是发现了一个偏僻的小岛,而是发现了新科学观念的整个大陆。"

皇家天文学家戴森、克罗姆林和爱丁顿轮流受邀上台。他们从各自的

* Heinrich Zangger to Albert Einstein, Oct. 22, 1919, trans. Valerie Tekavec.

** 例如见Clark, p. 232。

观点出发，描述了日食及其数据，听上去有点像谚语中的盲人在描述一头大象。戴森强调了4英寸的索布拉尔相机的1.98的光线弯曲结论，由此他愿意宣告爱因斯坦是正确的。克罗姆林则倾向于重视光线弯曲比较小的照相数据。只有爱丁顿提到了普林西比的数据。他置索布拉尔的天体摄影望远镜于不顾，就像他在最近的著作中所做的一样，引用了来自索布拉尔的1.98和普林西比的1.61作为远征的结论。索布拉尔的天体摄影望远镜实际上从历史上消失了。这个事实将特别使坎贝尔感到惶惑，他没有参加11月的会议。爱丁顿怎么能扔掉由索布拉尔天体摄影望远镜得到的数据，而保留下质量甚至更差的普林西比的底片呢？正如坎贝尔后来评论的："这种情况的逻辑性看上去并不完全清楚。"*

对于这些或那些批评，爱丁顿辩解说，虽然由索布拉尔天体摄影望远镜所得到的照相底片也许比较清楚，包含的恒星也多得多，但是它们受到了**系统误差**的困扰，也就是太阳引起了反射镜受热。根据厄尔曼和格列摩尔所说，这种争辩有一点诡辩性，他们指出，镜子受热的主要影响是焦点的改变，对影像造成模糊。虽然这些影像确实模糊了，但是它们还没有普林西比的底片模糊得那么厉害。

爱丁顿和戴森那一天胜利了，这部分是由于没有其他人掌握了充分的数据来构成一个独立的结论，部分也是由于他们俩自己正在增长的显赫威信。洛奇当时仍然在研究以太物理学，而且曾公开预言过光线不能发生弯曲，他一言不发地走了出去。在接下来的讨论中，最强硬的反对是由一个名叫西贝尔施泰因(Ludwig Siberstein)的人提出的。他抱怨说，在威尔逊山的天文学家圣约翰探测引力红移没有获得成功的情况下(这是广义相对论3个最重要的虚构的预言中的第三个)，他们还很难说爱因斯坦的理论得到了确证。他说，红移的测量比日食的测量要精确得多，因此也就更加值得重视。"甚至在这个国家里，一年之中也能很多次观察到太阳的光谱，"他指出，"如果红移至今还没有被证明，那么整个理论就崩溃了，而天文学家们刚刚观察

* Earman and Glymour.

到的现象只能是一个有待于用其他方式来说明的事实。”*

爱丁顿回避了这个批评，他声称得到确证的并不是爱因斯坦的理论，而是描述光线轨道的“爱因斯坦引力**定律**”。这就好像如果没有一个理论中的所有这些形式上的张量工具，光线也会有一条轨道存在。正如今后将证明的那样，爱丁顿得到了自然规律的支持。

回到柏林后，阿尔伯特感到非常迫切地要和他的儿子们交流。“我渴望收到阿尔伯特和泰特的来信。告诉他们！”他命令米列娃。**

科学中的革命

关于宇宙的新理论？

牛顿观念被颠覆

第二天早上，这样的大标题出现在伦敦的《泰晤士报》上。在这些标题的下面是一篇分成两栏的文章，其中重复了汤姆孙关于爱因斯坦的重大成就的惊叹，并宣称“我们关于宇宙构造的观念必须得到根本的改变”。在概述了日食的故事以后，文章写道：“但是最伟大的那些专家们深信，对于颠覆多年来的确定性以及要求一种新的宇宙哲学，所做的已经够多了。这种哲学将把迄今为止几乎所有已被当作思维的公理性基础接受下来的一切一扫而空。”在一个星期以后的另一篇文章声称，“如果没有贝克莱(Berkeley)的主要前提(它本身也是一个对亚里士多德的无限概念的抽象)把观察科学从混乱中拉出来”，它将被带回到“最纯粹的主观唯心主义”。***

《泰晤士报》没有指出这个“爱因斯坦”是谁，只是说他是一个犹太复国运动者，而且在战争初始没有签署那份由93位科学家签名的著名宣言。其中没有提到他的名，只有姓，没有国籍，甚至没有提到他住在柏林这个事实。

接下来一天，即11月8日，《纽约时报》在第6版的一篇新闻中称这个结果是“开创新纪元的”。第二天又用层层叠叠的标题说明了整个故事来与之

---

* Earman and Glymour.

** Albert Einstein to Mileva, Nov. 6, 1919, trans. Valerie Tekavec.

*** November 15, 1919, quoted in Clark.

呼应，而且还不止这些：“**光在天堂里都歪斜了/科学伟人们或多或少兴奋地期待着对日食观测的结果/爱因斯坦理论的大胜利/恒星不在它们看上去或计算出来的地方，但是任何人都不需要为之忧虑/一本给12个智者的书/当他的大胆的出版商接受这本书时，爱因斯坦说，整个世界上再也没有更多人能理解它了。**”* 在第一天以后，几乎每一篇新闻的内容提要和社论似乎都对这个理论表示了不可思议。“要想把由日食的远征所证明了的、关于光的爱因斯坦理论，用可以理解的话向科学公众解释，迄今为止还不很成功，”11月9日的新闻开头这样写道。

曾经有一段时间，据称世界上另外只有一个人能够理解广义相对论——希尔伯特，他曾试图在阿尔伯特之前捷足先登。到了日食的热潮掀起的时候，这一圣贤的魔圈已经膨胀到了三个人，其中包括爱丁顿。这时《纽约时报》援引一位权威（这已经永远无历史记载可查对了）的说法，宣称爱因斯坦说过，世界上只有12个人能理解它。这样就把这个故事扩大成了圣经故事所特有的范围。这使我们联想起门徒、光照派和秘密的无政府主义集团支配了报纸的头版。他们从下面控制着政府，而教皇的同谋者则在上面掌着舵。

在紧接下来的一次会见中，当阿尔伯特被问及这12个智者时，他只是用他洪亮的男中音咯咯地笑着，并试图去讲他如何发明这个理论的故事——一个正在掉进椅子里的人感觉不到其自身的重量。在报纸的叙述中，这一点结果变成了对牛顿的苹果故事的歪曲：取代苹果的是，一个人从屋顶上掉到了垃圾堆上，九死一生后讲述了他的经历。

如果启蒙运动的尸体还未在法国和俄国安静的泥泞旷野中发出熏天臭气的话，那么梦想着理智和科学能够理解和改善这个世界的这一运动可能就在那一天死去了。所有的科学、遍布水晶般的摩天大楼的城市、机器、电网、时间的合理使用、军队、官僚机构、计划、殖民地和商业都如此巧妙地运作着，传教士、探险家、革命、宣言和世界体系，所有的方案和所有的理想，所

* *New York Times*, Nov. 9, 1919, p. 17.

有穿着硬质皮靴的工程师和所有的盟约，所有最好的意图和学识都相当于胸膛里的一颗炮弹。这是战争的生物学，是粘在社会的齿轮之间的柔软组织。

再也不可能有任何自命能探究这个世界、理解这种技艺的人了。弗洛伊德说过，甚至心灵也不能被理解。那么，为什么竟然还有人期待着能够理解科学？确实，困惑不解是诱惑之一。一百年以来，自然哲学作为受过广泛教育的绅士们的一种消遣，已经发展成了物理学，并安营扎寨在数学专门化和深不可测的事物的角落之中。这个世界正在从常人的身边滑开。正是爱因斯坦，这个屈尊对上帝感到遗憾的犹太人，他是拥有跟自然界用一根电报线路相联系的那个人，从报纸上的那些照片上用那一双充满热情的、性感的眼睛向外凝视着，他所看到的比你能想象的更深刻。又是那个第四维——在这个神秘的王国中一切都变得可能，一切都被超越了，在那里精神层面被显露无遗而且封闭。当从沉闷的合理性中解脱——逃脱——出来并且死亡最终出现时，看来正如艺术神秘主义的追随者洛巴切夫斯基、黎曼和欣顿曾说过的那样——它就在弯曲的、更高维度的几何的奥秘中出现了。中产阶级早已知道，没有人指望他们会**理解**第四维，他们只能对它表示赞美。但是爱因斯坦已经直接达到的东西，其他所有的人都只能隐喻般地从侧面匆匆一瞥。这双眼睛后面的这个人触碰到了宇宙的秘密，那个使光线弯曲使恒星舞蹈的奥秘。

至少在柏林，他们知道爱因斯坦是谁。虽然当地的报纸从一开始就报道了日食和相对论的传奇故事，但是阿尔伯特被看作是一位当地的人物、具有和平主义精神的教授、左翼的民族英雄。他在11月7日的早上醒来时，没有听到任何特别的小号吹奏乐声。这是俄国革命的第二个周年纪念日，街道上设了路障，军队准备着迎接通常都会发生的工人和前士兵之间的战斗。然而，随着这一天过去，一队记者开始找到了通往哈柏尔兰德街的路，从那以后他们再也没有停止过到这里来。

12月14日，一幅阿尔伯特脸部的巨大特写照片——他的手指托着下颚，勾勒出他在沉思，稍微有些阴暗的眼睛向下看着——从《柏林人画报》的封面上向外凝视着，上面写着“世界历史上的一个新的巨擘”。

阿尔伯特就像一个演员，20年来他一直在跑龙套和伺候别人，现在一夜之间取得了成功。“这件事提醒我想起‘皇帝的新衣’这个童话，但这是一种无害的白痴样的行为。”他告诉仓格尔。* 他太喜欢同记者和摄影师们能开的那种善意的玩笑了，以致他不能任凭自己沉湎其中，更不用说他希望能避免不得体的表现，以免看上去好像是在哗众取宠。他很快就学会了让埃尔莎去开门迎客、接电话、收邮件，而他则退却到一种完美的自由状态中，表面看起来却好像被囚禁了一般。这只是令他看上去更加令人满意。

“根据读者们的口味来应用一下相对论，”阿尔伯特在伦敦《泰晤士报》的一篇（有点感谢信性质也有点表现得胜后的那种洋洋得意的）文章中开玩笑说，“今天我在德国被称为德国的科学家，而在英国我代表了一个瑞士籍的犹太人。如果我变成一个**令人厌恶**的人，那么这两种描述就会颠倒过来，我将变成德国人眼中的瑞士籍犹太人和英国人眼中的德国科学家。”**

这是科学上的一个光荣时刻。爱丁顿和爱因斯坦，这对张量双胞胎、贵格会教徒和犹太人，他们把科学的概念作为一种国际的手足情谊保全了下来。由于一个国家的著名教授把他们学术上的外国同僚称为说谎者和谋杀幼儿的人，这种兄弟关系已经变成了碎片，这时英国人冒险到了公海上，也就是仅仅一年前爱因斯坦的同胞们曾用潜水艇攻击他们的那片海域上，他们去那里验证将会颠覆牛顿本身的那个理论。这是一种美妙友谊的开始。阿尔伯特一直在学英语，他在这种语言方面最早的大胆实践便是写给爱丁顿的那些信，当然，爱丁顿以完美的德文回了信。

在他们第一次正式交换意见时，爱丁顿承认，他对弗罗因德利希感到过意不去。阿尔伯特强调，广义相对论还没有脱离险境。现在弗罗因德利希

---

* Albert Einstein to Heinrich Zangger, Dec. 25, 1919, trans. Valerie Tekavec.

** Nov. 28, 1919, quoted in Clark.

正在潜心寻求的引力红移比任何时候都更重要。“如果证明了在自然界不存在这种效应，那么这整个理论都将不得不被抛弃。”*

然后他为自己定购了一把新的小提琴。

保利娜·爱因斯坦在12月搬回了柏林。自从1901年阿尔伯特为了他的第一份工作出发去科莫湖并翻越了阿尔卑斯山以来，这是母子俩第一次重聚在同一屋檐下。她的胃癌这时已经到了晚期。“还有半年就将有悲剧发生。”阿尔伯特这样告诉贝索。**

他们把她安顿在排列着书的一间书房里，除了家属的陪伴以外，还有吗啡，这是她唯一的治疗，尽管如此，阿尔伯特在那里还是能听到她痛苦的呻吟。“她抓住生命的每一线希望，”阿尔伯特报告说，“看来她的痛苦还要维持很长时间，因为她看上去仍然很好。”***

而在苏黎世，这位人类的新天才的另一个家庭正在思考他们要去哪里生活。“看来一种吉普赛式的生活已经垂青我们了，”阿尔伯特说。****通货膨胀使马克贬值到了他再也不能维持瑞士的家庭的程度。阿尔伯特提议把他们全都搬到德国的巴登来。正在这时他得到了一笔价值几千马克的小小的意外之财，这笔数目足够维持他们在匈牙利生活一段时间。于是他对米列娃的恳求变得宽厚了，把任何将他们重新安置在德国的决定推迟了6个月。大概时间会产生智慧。在此期间，汉斯·阿尔伯特得了腮腺炎。

1920年1月，米列娃被叫回了诺维萨德，在那里，她的家庭正处于危机之中。阿尔伯特建议她带一只可拆卸的凳子上路，这样她就可以在不可避免的耽搁期间坐下来休息，这段日子中，外出旅行极为艰难和费力。在处理他

---

* Albet Einstein to Arthur Stanley Eddington, Dec. 19, 1919.

** Albert Einstein to Michele Besso, Dec. 12, 1919, trans. Valerie Tekavec.

*** Albert Einstein to Heinrich Zangger, Jan. 1920, trans. Valerie Tekavec.

**** Albert Einstein to Mileva, Dec. 5, 1919, trans. Valerie Tekavec.

应该从他正在令人难以置信地萎缩着的银行账户中拿出多少来寄去填补他那飘忽不定的家庭开销时，他向仓格尔吐露，他认为她的身体会垮掉。泰特匆忙地移居到了另一所疗养院；汉斯·阿尔伯特再一次被送去跟仓格尔住在一起。

米列娃发现诺维萨德的情况非常可怕。佐尔卡早先已经搬回塞尔维亚，在这期间她只是变得更糟。她变得很粗暴，除了她心爱的那些猫外，任何人都无法接近她。佃户们都怕她。佐尔卡对她的父亲米洛斯特别粗暴无礼，他自己本身也很沮丧，很少离开屋子。他穿着他的旧制服在咖啡屋里谈论着他过去故事的那些日子已经一去不复返了。佐尔卡尊敬她的姐姐，她是匈牙利的玫瑰，米列娃待在她身边的三个月是一剂良药。米洛斯于1922年由于中风去世，但是在此以前佐尔卡就不小心烧光了米洛斯藏在一个烧木柴的火炉里的财产，这就使得这个家庭更加陷入了低谷。*

回到苏黎世后，米列娃重又开始了她不断去医院检查的生活模式，而孩子们尽心尽责地紧跟着她，拒绝了阿尔伯特要求她和孩子们搬去德国的要求：巴登、弗赖堡、杜拉赫——他笔下常常写到的条顿人的噩梦可能降临的那些地方。她和利斯贝特·赫维茨之间的友谊是一条生命线。她们一起去散步、听音乐会和演讲。

利斯贝特的日记中记录了她们于1921年参加了一次由一位名叫尼古拉的有名的生物学家兼和平主义者所作的演讲。这次演讲引起了雷鸣般的掌声，但是米列娃和利斯贝特却感到失望，她们希望更多——那是关于什么的，利斯贝特没有说明。** 看起来米列娃似乎全神贯注，而利斯贝特却怀疑她是不是在思考她妹妹对待人们的可怕态度。但是米列娃最好还是想想她的弟弟，他就是这场战争所创造的那种血统移植的一个例子，他被清扫到了俄罗斯，并在那里留了下来，他的余生都要在异国的土地上度过。战争生物学。

* Desanka Trbuhovic-Gjuric, *Im Schatten Albert Einsteins*, p. 152.

** Desanka Trbuhovic-Gjuric, *Im Schatten Albert Einsteins*, p. 150.

泰特长胖了，也变得安静了，而且看上去似乎继承了他父亲的孩子气意识和对显而易见的事情的好奇心的某些诀窍。他10岁的时候，米列娃为他缝制了一套新衣服。泰特告诉利斯贝特说，这套衣服上的某些部分在他看起来总是新的——例如这套水手装的领子。* 他的耳朵的奇怪病痛还在继续。他当然是这个家庭中的天才，但也是最柔弱的。从几年以后在阳台上同他哥哥一起照的一张相片看来，他穿着一套套装，头发凌乱，看上去有一种纨绔习气和傲慢无礼的感觉。

他还在不断地去疗养院，这使阿尔伯特越来越失望和厌恶。他认为，泰特被剥夺了童年，这是不对的。他有一次写信请求泰特，如果这一年还不必要回学校去的话，就跟他一起去海边。"不要去询问任何一个医生。他们是牧师(贬义)的继任者，他们以我们的尸体的名义统治着我们。"**

现在已经对着爱因斯坦的宣传探照灯，从来没有照耀到米列娃和孩子们的身上。米列娃从未谈起过离婚的事或者是她和阿尔伯特在一起的那些岁月，看来似乎也没有人曾经问起过她。有一次，一张德国报纸刊登了一幅阿尔伯特与伊尔塞、玛戈在一起的照片，把她们称为是他的女儿。*** 米列娃狂怒不已，而汉斯·阿尔伯特和他父亲之间发生了被描述为"令人不快而难以处置的一幕"。跟通常一样，阿尔伯特责备米列娃把阿尔伯特利夹在中间。他说，他自己对这份报纸没有施加任何影响。"我不可能在这么小的琐事上浪费时间，更不用说它显而易见的荒唐之处——甚至对我自己来说也是这样。"年少时，他常常用他那种中产阶级传统的超然态度使他的母亲屈服在眼泪之下；成年以后，阿尔伯特成为人类的一个伟人，他再也不会被这个社会试图塑造的那些规则像套索一样束缚住他的灵魂。现在他属于他自己了。

在接下来的那些年中，他和汉斯·阿尔伯特之间将有更多争斗，这是由

---

* 出处同上，p. 149。

** Albert Einstein to Tete，Aug. 10，1922，trans. Valerie Tekavec.

*** Albert Einstein to Mileva，Aug. 15，1922，trans. Valerie Tekavec.

于阿尔伯特利想要成为一名工程师，而他对此仍然感到恼怒。但是就他来说，他和米列娃之间的战斗已经结束了，一切都得到了宽恕，他们可以再次成为朋友。在一段典型的宣布即将来访的文字中，他和蔼地责怪米列娃：“我们应该忘记过去，至少是那些不好的事情。你不必这样总是满腹牢骚，而要在生活带给你的那些好的事物中寻找乐趣。例如孩子、房子，还有你不再是我的妻子这个事实。”*

1919年12月，米凯莱·贝索搬回了伯尔尼，并且重新回到专利局工作，在那里他和阿尔伯特曾经一起度过了一段如此美妙的时光，而阿尔伯特也有了他的一些最为奇妙的想法。岁月没有改变他，他仍然犀利而且十分优柔寡断。

就在那个月，皇家天文学会中压倒性多数的成员投票同意将学会的年度金奖奖励给阿尔伯特。阿尔伯特在春天按时安排了行程，去英国领取这个奖，近距离看到了这个改变了他的生活的所有这些无聊举动的源头。但是国际间友好的光芒是短暂的，因为学会的董事会上有一小派守旧的人设法阻碍授奖。爱丁顿不得不回信给阿尔伯特，为30年以来第一次不能颁出这一年的金奖而作解释。爱丁顿希望阿尔伯特不要从个人出发来看待这项否决，也不要失望，他相信，“较好的精神”正在发展。**

在德国，与天体物理有关的人们感到一种羞愧，德国人自己对于确证他们的同僚的理论几乎无所事事。但是难以捉摸却又至关紧要的引力红移仍然需要弄清楚。因此弗罗因德利希走出了他一生中最伟大的一步，也即起草了一份“呼吁建立爱因斯坦捐赠基金”，他把它寄给了商业和工业方面通常有可能捐赠的人。这份信函强调说：“这对于那些关心德国的文化名望的人来说，为了使德国至少有一家天文台能够直接跟这个理论的创造者一起

* Albert Einstein to Mileva, May 12, 1924, quoted in Christie's catalog.

** Arthur Stanley Eddington to Albert Einstein, 1920, in Clark, p. 246.

来验证它，不管他们能够负担什么资金，都是他们光荣的义务。”* 其目的是要筹集300 000马克在波茨坦天文台建造一架望远镜，其设计用于检验太阳光谱并获得引力红移的证据。到这封信的最后一稿印刷完成时，其中提出的金额涨到了500 000马克，后来又涨到了1 500 000马克，由此可以看出当时马克贬值有多快。

所谓的爱因斯坦塔最后终于建成了，至今它仍然矗立着。由于是建筑师门德尔松(Erich Mendelsohn)设计的，它看上去有一点像一座熔化以后又重新凝结起来的灯塔，它的一边全是像阳台一样向外推出的弯曲水平窗户带——它的创建者说，这是对爱因斯坦宇宙的弯曲性质的一项献礼。阿尔伯特称它是“浑厚朴实的”。当然，它是一座纪念碑——尤其对他来说是这样的——而且它也适时地占据了《柏林人画报》的封面位置。这项伟大的工作还得继续下去。

对这种名声和过度崇拜的普遍倾向，并非人人都感到狂喜。如果你是一个保守派，或者是一位曾经得过诺贝尔奖的德国物理学家(爱因斯坦还没有做到这一点)，却还没有在杂志的封面上露过脸，而且也未被盛赞为新的哥白尼，那么出现在报纸和杂志封面上的这张长着棕色眼睛的脸就有些表达不清的恶兆了。毕竟，这是一张**犹太人**的脸。而且这些日子以来，“相对地”这个词在文章中出现得实在是太频繁了，而这些文章与运动的火车以及光速都毫无关系。这是一个笑话，这是一种密码，是对某种反常状态的速记，是道德的沦丧，用伦敦《泰晤士报》的话来说是“最纯粹的主观唯心主义”，它代替了文化和知识中原来的支柱。**

1919年后期，阿尔伯特告诉埃伦费斯特说，柏林到处都是反犹太者，又补充说，“政治上的反动是暴力的，至少是在知识分子阶层中。”不久他就在

---

* Klaus Hentschel, *The Einstein Tower*, p. 49.

** Frank, p. 139.

所有地方都能看到这种情况了。*

阿尔伯特在柏林大学所作的相对论演讲变成了一项吸引游客的热点。2月份,他的学生们开始向校级官员抱怨这些未经注册的、"想吃白食"的游客以及他们所引起的喧闹。阿尔伯特觉得,他的班级应该对任何人都是开放的,但是校方却坚持自己的原则。学生委员会的代表们在2月12日使这个班级中断了,问题在经过长时间的讨论后得到了解决,结果是阿尔伯特同意放弃所有的酬金,把这门课程重新安排成一组公开演讲。在有关这个事件的报道中有一些令人作呕的东西,其中包括一份纳粹报纸上对爱因斯坦的反犹太攻击。想象起来,阿尔伯特也许把这些反对者称为"人渣",还有一份左翼的学生报纸《前进》暗示了一群"反犹太的乌合之众"。

教育部长发表了一个声明,向人们保证这些抗议在本质上既不是政治性的,也不是反犹太的。一切都是误会。阿尔伯特或多或少赞同这一看法,他自己发表在《前进》上的声明说:"可以很肯定地说,昨天发生了一件丑事。不过,有些评论被证实是出于对我的某种敌意。虽然并不存在这样的反犹太言论,但是他们言行的含义却可能作这样的解释。"** 阿尔伯特静静地取消了在夏天再次讲授这门课的计划。

他并不是唯一受到正在改变的政治气候影响的人。在整个德国,事情都在失控之中。1920年3月初,《前进》的一篇文章总结了最近两个星期以来发生的暴行所付出的代价:一名共和党教师在格尼斯堡被军官用马鞭抽打;一位名叫卡恩(Kahn)的犹太人学生在巴登被枪杀;爱因斯坦成为反犹太暴乱的目标;军队在鲁尔砸烂了一个业余爱好者工会剧院;在奥斯纳布吕克举行的一次和平主义者集会被来自臭名昭著的自由军队(Frei Korps Lichtchlag)的暴徒侵袭,他们对犹太人和"寄生虫"大声叫嚣侮辱,并且杀害了一名试图阻止他们的年轻人;还有海军陆战队士兵将在柏林举行的一次和平

---

* Clark, p. 255.

** Hubert Gönner, "The Anti-Einstein Campaign in Germany in 1920," in Mara Beller, Jürgen Renn, and Robert S. Cohen, *Einstein in Context*, p. 107.

主义者集会上的那位演讲者几乎殴打致死。

这篇文章登出两天后，一群右翼军官在一位名叫卡普(Wolfgang Kapp)的反动政治家的领导下强行通过了勃兰登堡的大门，夺取了政权。这次史称的卡普政变在4天后发动的一次总罢工中垮台了，不过就在这以前，柏林大学的校长本人刚宣誓效忠于“卡普总理”。这次政变的领导者和支持者们撤回阴暗处，等待着一个更加有利的时机。*

在这次骚乱过程中，一位真正的革命者来到了柏林，他的名字叫尼尔斯·玻尔。阿尔伯特以前从未遇到过这个采取步骤来重新创造了原子的人。而这一步，他阿尔伯特曾公开表示拒绝，因为这意味着物理学彻底完蛋了。

依靠这一步，年轻的玻尔于1913年作为用量子方法去研究物质和辐射的护卫者，继承了阿尔伯特在过去的10年中如此间歇地穿着的那件斗篷，而变成了微观世界中的另一个爱因斯坦，一个有巨大成就的丹麦年轻人。嘉士伯酿酒集团刚刚给了他资金，用来在哥本哈根建立一个理论物理研究所。普朗克邀请他在4月份来为柏林物理学会演讲，但是他来访的大事还是同爱因斯坦会面。阿尔伯特对玻尔的了解几乎与玻尔对自己的了解一样多，毕竟，玻尔代表了他自己的另一面，也即他没有走的路。近来，玻尔一直在捍卫物理学中的一种“互补”方法。在这种处理问题的方法中，光可以是波也可以是粒子，取决于如何看待它——这个观念令人模糊地想起爱因斯坦早在1909年在萨尔茨堡的那次预言性谈话。不过，阿尔伯特不喜欢它，他所促成的量子革命从未停止过对他的困扰。就在一个月以前，他还写信给他的朋友玻恩：“关于因果律的问题非常令我烦恼。光的量子化吸收和发射什么时候会在完全因果律的意义上被把握，还是将保持一种统计学上的残余？要抛弃完全的因果律，将会是我非常非常不情愿的。”**

就个人而言，这两位科学家很容易合得来。“我就和你一样喜爱他，”阿

* 出处同上。

** Albert Einstein to Max Born, quoted in Clark, p. 334.

尔伯特后来告诉埃伦费斯特，“他是一个极其敏感的小伙子，仿佛被施了催眠术那样神魂颠倒地研究着这个世界。”*

他们的谈话很快就集中到了量子和因果律的问题上。你想要什么？玻尔问他。爱因斯坦是创造了光是粒子概念的人。**现在**他却认为理所当然要关心物理学中允许光具有二象性这一情况。玻尔这样怂恿他：如果他认为光应该是波，那就应向德国政府请求禁止使用光电管；如果他相信光只能是粒子性的，就请求禁止使用衍射光栅。

阿尔伯特灰心丧气地回答说，像他们这样两个志同道合的人不可能对一种共同的语言达成一致。也许他们应该开始在某种基本原则或者普遍的命题上取得一致。这就是阿尔伯特，他总是在寻找一种原理，有一次他把它们称为**建设性原理**——光的速度总是保持不变，或者引力与加速度等价——某种他可以用来掌握和翻转这个世界而同时又保持合情合理的标准。

玻尔立即拒绝了这种想法。不，决不。他说，以任何以往的真理结论来进入一个新的知识领域，将是最大的背叛。** 请回想一下前面提到过的，玻尔就是那个后来把一个伟大的真理定义成其对立面也是一个伟大的真理的人。他的指导原则不是原则，而是悖论。阿尔伯特聆听着上帝的低语，他最想要的是保持一种秩序。尼尔斯宣称，他愿意凭着本能做事，没有什么是神圣不可侵犯的。自然界必须在这两种想象力和这两个年轻人之间作出选择。对阿尔伯特和尼尔斯来说，这初看起来是某一种爱。在阿尔伯特的整个一生中，总是需要有某个人来同他争论和战斗，从而使他的思想澄清。米列娃是第一个，然后是贝索、索洛文、埃伦费斯特、亚伯拉罕以及德西特，但是在玻尔这里，他找到了最大的对手。他们那天开始的争论将延续他们的整个余生。

玻尔回到哥本哈根后，阿尔伯特又退回到他隐秘的阁楼小书房里。他细心研读着玻尔的那些论文，试图理解物理学已预示会变成的伟大二象性

---

* Albert Einstein to Paul Ehrenfest, quoted in Clark, p. 252.

** 会谈被详细描述于Abraham Pais, *Niels Bohr's Times*，以及Clark, p. 253。

和佯谬。当他被卡住的时候，正如他后来告诉玻尔的，他就想象玻尔友好而年轻的脸就出现在他的桌子对面，一边微笑一边解释，永远地解释着。

在这个楼上的堡垒中，有一种不自然的平静。牛顿仍然在那里，在试图突破进来的春日倾斜的光线下安详地向下凝视着。保利娜在经历了看上去似乎没完没了的、毫无用处的折磨以后，她的尽头在3月到来，就在阿尔伯特的生日前后。她猛烈地、妒忌地、大声地与生命抗争和坚持着，就像她对孩子们的依赖和支配一样。这是一种毁灭性的磨难。“我们都对这种没有遮掩的、直接的经历感到筋疲力尽了，”阿尔伯特对仓格尔报告说，“你会从骨子里体会到血脉联系意味着什么。”* 她曾是他最初的爱、最初的吸引力，是将一切星星都遮蔽得微不足道的太阳。在随之而来的这个寂静的、突然失去了重力的空间中，阿尔伯特感到似乎自己正站在一块空白的屏幕前面。没有人能描绘出未来的图景。

* Albert Einstein to Heinrich Zangger, March 1920, trans. Valerie Tekavec.

尾　　声

阿尔伯特·爱因斯坦于1922年被授予1921年的诺贝尔物理学奖。根据他的离婚协议中的条款,他把121 572瑞典克朗的奖金给了米列娃。虽然其他地方有各种各样的工作邀请,但是阿尔伯特坚持待在柏林,一直到1933年。当时他和他的随从人员正巧从美国归来,在获悉希特勒当权以后,他开始了背井离乡的生活。他最终成功到达了美国的普林斯顿,在那里受聘加入新建立的普林斯顿高等研究院。在那里,他穿着宽松的无领长袖运动衫,不穿袜子步行在街道上,他的头包裹在越来越乱的白发形成的王冠中。他进一步退缩到使他在第一次世界大战时能在柏林生存下来的那种慎重的漠不关心之中,并逐渐成为一座活的神殿,一个宇宙的奥秘、谦逊和原子的罪过的活化身。在科学上,他在新泽西的那些年都在摸索一种将把电磁学和广义相对论统一起来的所谓的统一场论,但最终没有取得成功,同时他对新建立的量子力学以偶然性作为其基本组成部分这一点还满腹牢骚地抱怨着。

阿尔伯特维持着和埃尔莎的婚姻,直到她1936年去世,但是这种结合在他这方面来说,标志着数不清的不贞行为和风流韵事,尤其是在20世纪的20年代,当时他在柏林是受到高度敬仰的人,事实上在整个欧洲也是这样。这些关系中最严重的、也是记录得最详细的一次是跟诺伊曼(Betty Neumann),

他的好朋友汉斯·穆森的外甥女。阿尔伯特和她于1923年坠入爱河，当时诺伊曼23岁，从奥地利来访。为了把她留在柏林，他安排雇用她在物理研究所做他的秘书，并且在大约一年的时间里，他在埃尔莎的允许下每周见她两次，交换条件是不能鬼鬼祟祟。阿尔伯特最后在1924年中断了这种关系，他说他要在恒星中寻找这个世界上曾拒绝他的东西。诺伊曼回到了她土生土长的奥地利，最后搬到了纽约，于1972年在那里去世。

后来与他在柏林厮混的人中，有伦巴赫(Margarete Lenbach)，阿尔伯特的一个同时代的人称她为"奥地利女子"，还有孟德尔(Toni Mendel)，她有时派她的司机晚上接阿尔伯特去剧院。1982年的一次拍卖会上出现的、由拉斯维加斯历史档案博物馆收藏的一封他写的信中所提到的，也许就是孟德尔："亲爱的……我努力地工作着，同时也快乐地想到你……这封信是在巨大的困难下写成的，因为埃尔莎随时有可能回来，因此我真的必须注意着……昨天是如此美好，我现在仍然充满着喜悦……我会在5点钟出现在老地方，或者可以更好，如果你能安排好的话，就定在4点50分……吻你，我亲爱的，来自你的AE。"

埃尔莎去世以后，爱因斯坦一直没有再婚。阿尔伯特和埃尔莎买下了坐落在普林斯顿的默塞尔街112号的房子。他们同玛戈、马亚和他的秘书杜卡斯(Helen Dukas)住在一起。这在某种意义上好像是回到了他年轻时的环境中，当时他总是处于他家里的那些女子的包围之中。不过他还是不断有风流韵事发生。根据1998年在索斯比拍卖会上的拍品中出现的那些信来看，阿尔伯特在普林斯顿与一个住在格林尼治村的俄国移民科年科娃(Margarita Konenkova)保持了若干年的关系。这些信件得到了特别的恶名，因为在一位名叫苏多普拉托夫(Pavel Sudoplatov)的苏联间谍组织首脑的回忆录中，将科年科娃列为他的特务之一，此外还有玻尔这样的科学家。他们中的哪一个真的是间谍，尚无任何证据。

1939年，在匈牙利物理学家西拉德(Leo Szilard)的迫切要求下，阿尔伯特写了一封信给罗斯福(Franklin Roosevelt)总统，提醒他注意研制原子弹的可能性，并提出美国应该在德国首先制成原子弹以前尽力先造出一个来。另一封信在罗斯福去世的时候还搁在他的桌子上，其中介绍了西拉德。西拉德想要表达他对于真正使用原子弹的明智性的关切。当冷战开始进行时，阿尔伯特的和平主义、社会主义倾向引来了右翼的尖酸讽刺和猜疑。他的FBI* 档案，后来揭示出来竟然超过了1000多页。

阿尔伯特于1955年4月18日去世，当时他腹部主动脉上的一个动脉瘤——伴随他一生的胃病的根源——爆裂了。1948年，布鲁克林犹太人医院的一组由尼森（Rudolph Nissen）领导的医生为阿尔伯特做了手术，用胶膜把他的动脉瘤包了起来，试图使它变得坚韧。当这个动脉瘤再次产生危险时，爱因斯坦拒绝了手术，他说他宁可在属于他的时代死去。他死后被火化，骨灰被撒在附近的河中。爱因斯坦的大脑在普林斯顿医院一次尸体解剖中被病理学家哈维（Thomas Harvey）取了出来。哈维后来在爱因斯坦家人的允许下，对它进行了科学研究。哈维搬到了堪萨斯州，这个大脑在他那里的办公室的一个罐子里放了几十年。1999年，加拿大安大略省的麦克马斯特大学的一些研究人员宣布，爱因斯坦的大脑顶叶，也就是与数学和空间关系相联系的那个区域，要比普通人的大15%。

根据1994年《卫报周末》上的一篇文章所说，爱因斯坦的眼睛在那次解剖手术中被他的眼科医师艾布拉姆斯（Henry Abrams）摘除了。它们目前被存放在新泽西银行保险库的一个胶质罐之中。

爱德华·“泰特”·爱因斯坦长成了一位敏感、有才智的年轻人，也是一位天才的钢琴家。他和他的父亲交换有思想性的信件。在苏黎世的大学预科时，他以其文学和音乐技能给他的同学们留下了深刻的印象。1929年，他开始在苏黎世大学学习医学，但是他的雄心在从1930年开始的一系列精神分裂症的打击下粉碎了，那是跟一个比他年长的女子的恋爱失败以后。1932年，他被送到布勒尔齐精神病医院（荣格曾在那里工作过）。他的余生都将在那个医疗机构进进出出，接受胰岛素治疗和休克疗法。他在1934年最后

* FBI是美国Federal Bureau of Investigation（联邦调查局）的首字母缩拼词。——译者

一次见到了他的父亲，然后就逐渐开始感觉自己被抛弃了。“最糟的命运就是没有命运，”他在早期的一首诗中这样写道，“还有就是经受别人所没有的命运。”他于1965年去世。

汉斯·阿尔伯特·爱因斯坦从（他父亲的母校）联邦工学院毕业，在1927年得到了土木工程学士学位，并在1936年得到了博士学位。他进而成了世界上关于泥沙和沉积物运输方面的专家之一。1927年，他与苏黎世格洛里亚街（他母亲住的地方）的一个邻居弗里达·克内希特（Frieda Knecht）结婚，这忤逆了他父亲的意愿。他父亲认为弗里达比阿尔伯特利大9岁，太老了，而且她的矮个子[她身高4英尺11英寸（约1米5）]是她家庭遗传有侏儒症的一个标志。阿尔伯特请仓格尔来劝服汉斯·阿尔伯特永远不要和弗里达生孩子，但是他们的一个儿子伯恩哈德·希泽（Bernhard Caesar）于1930年出生。第二个儿子克劳斯（Klaus）于1932年出生，但是6岁时死于白喉。3年后，即1942年，汉斯·阿尔伯特和弗里达在芝加哥收养了一个女儿伊夫琳。

1948年米列娃去世时，大约有430封阿尔伯特和她及孩子们的信转到了汉斯·阿尔伯特手里。据“爱因斯坦文稿计划”的舒尔曼所说，直到读了这些信，阿尔伯特利终于知悉他有过一个失散的姐姐丽莎尔，尽管他没有尝试去找她。弗里达在1958年试图以这些信为根据出版一本关于阿尔伯特和米列娃的书，但是被爱因斯坦指定的遗嘱执行人内森（Otto Nathan）以及杜卡斯、玛戈·爱因斯坦给推翻了。

1958年弗里达去世以后，汉斯·阿尔伯特娶了一位神经科学家伊丽莎白·罗博茨（Elizabeth Roboz）。汉斯·阿尔伯特于1973年在玛莎的葡萄园去世。

同祖父及父亲一样，伯恩哈德在联邦工学院学习，随后在美国和瑞士的一些防卫公司做物理研究，以此作为自己的职业。他娶了一个学医的学生奥德·阿舍尔（Aude Ascher），同她生了5个孩子——托马斯（Thomas）、爱德华（Eduard）和保罗（Paul）（他们现在住在加利福尼亚）；米拉（Mira）（住在以色列）；还有查利（Charlie）（住在伯尔尼）。伯恩哈德和奥德现已离婚。伊夫琳进入了加利福尼亚大学伯克利分校，是伯克利的一位女警，以她的工作去消除受邪教的思想毒害而变得广为人知。她一直做到病痛迫使她退休。她现在住在加利福尼亚的奥尔巴尼，而且必须坐在轮椅里。

1984年，伊丽莎白·罗博茨·爱因斯坦为了伯恩哈德和伊夫琳的利益而将所谓的家庭信件和爱因斯坦的档案放于一个信托机构之中，今后将由她的孙子托马斯（现在是圣莫尼卡的一位麻醉学家）管理。1995年，伊夫琳控告托马斯和草拟这项信托的律师，指控这项信托是瞒着她进行的，并要求出售这些信件，这样她就可以分得其收入用于医疗费用。该案解决的一部分是，爱因斯坦的家庭信件于1996年11月在克利斯蒂拍卖行被提交拍卖。阿尔伯特和米列娃之间在求爱时期互通的430封情书卖得了400 000美元。其余的很多东西没有被卖掉，而由家庭成员分掉了。

伊尔塞·爱因斯坦和她的丈夫凯泽（Rudolf Kayser）逃到巴黎。1934年她在那里死于癌症。

马亚·温特勒·爱因斯坦1939年被迫离开意大利后，搬入她哥哥在普林斯顿默塞尔街的房子里。她的丈夫保罗·温特勒遭拒签，不能进入美国，仍然留在日内瓦。一次中风使马亚在美国的流亡变成了永久。她的健康状况衰退以后，阿尔伯特每天为她朗读，直到她于1951年去世。

米列娃·爱因斯坦·马里奇用阿尔伯特的诺贝尔奖奖金在苏黎世买了三幢公寓楼，其中一幢在哈腾街62号，尽管阿尔伯特时而会恳求她和孩子们去德国或者别的什么地方。她还是过着安静、坚忍克己的生活，做数学家教，照顾爱德华，偶尔跟阿尔伯特谈到她的生活。她最后一次见到他是在1934年，当时他特地来看望泰特。阿尔伯特和米列娃自始至终都在通信。米列娃晚年患有轻微中风、硬化症和越来越厉害的偏执狂。1948年5月，她由于一次中风被送进了医院，结果半身瘫痪。她于当年8月去世。此后，在她的床垫里找到了80 000瑞士法郎。她现在被埋葬在苏黎世的一个没有任何记号的坟墓里。

安内利·迈耶施密德唯一的孩子——一个名叫埃丽卡（Erika）的女

儿——出生于1910年3月10日，就在安内利跟爱因斯坦约会的大约9个月后。根据埃丽卡死后她的丈夫谢勒(Charles Schaerer)所说，看来这个女孩似乎从小就相信自己是爱因斯坦的女儿。根据家庭传说，阿尔伯特和安内利的确于1909年春天在巴塞尔见了面，那是米列娃中途拦截了安内利写给他的信并导致了一场大爆发以后。1985年埃丽卡去世前，曾经在伯尔尼建立了阿尔伯特·爱因斯坦学会的一名教师弗吕克基尔(Max Fluckiger)与她面谈了4个小时，留下了一堆文档、信件和照片。随后，安内利和圆圆胖胖的小埃丽卡的照片，以及阿尔伯特1899年在她的日记里的题字，都显著地出现在该学会的档案文件中。现在它们被收藏在伯尔尼的瑞士国家图书馆中。

根据爱因斯坦档案中的那些信件，安内利对她和爱因斯坦之间的关系的小心谨慎，至少有一次痛苦地得到了验证。1926年，一个未提及名字的美国出版商提出给她钱来说出她的故事，阿尔伯特对此表示怀疑。*“美国的这些家伙们怎么会知道我们互相认识?”他询问道。**“他们怎么会干涉这样一件私人事件? Besser weiss es nicht[最好它不为人知]。”

安内利向他保证，她什么也没告诉他们。“来自那里的那张丰厚的支票绝对没有一点吸引力，现在我非常肯定我不会用它来交换你的一点点信件。”她写道。唯一的问题是阿尔伯特用了亲密的称呼“你”来写信的，因此她不敢把它给她的丈夫看。

阿尔伯特在1933年搬到美国后，就与安内利失去了联系。他曾向他的妹妹询问她的地址，提到了“das ganz lustige Anneli und die schöne Zeiten [非常令人快乐的安内利和那些美好的时光]”。“当我想到你时，岁月消逝了，”1939年，他在60岁生日时这样写道，“我在梅特门施泰滕的那些日子是多么地快乐。”

米凯莱·贝索在伯尔尼的专利局一直工作到他1938年退休，然后搬到了日内瓦。他于1955年去世，只比阿尔伯特早一个月。阿尔伯特写信给米凯

* Anneli Meyer-Schmid to Albert Einstein, Dec. 23, 1926, trans. Valerie Tekavec.

** Albert Einstein to Anneli Meyer-Schmid, Dec. 26, 1926, trans. Valerie Tekavec.

莱的儿子韦罗和他的妻子说，“我最钦佩米凯莱的地方是，他能这么多年一直和一个女人在一起，不仅平静，而且一直团结，这方面我糟糕地失败了两次。”在这封信结尾处写道：“因此在离开这个奇怪的世界时，他又一次领先了我一点点。这并没有任何意义。对于我们这些信仰物理学的人来说，这个过去、现在和未来之间的分离只是一种幻想，不管你有多固执。”

马克斯·亚伯拉罕曾在重力和相对论的问题上与阿尔伯特针锋相对，他在战争期间一直在为长途无线电通讯公司研究无线电发射理论。战后，他先后在斯图加特的技术学校和亚琛大学任教授。1921年，他罹患脑瘤，6个月以后在慕尼黑医院极度痛苦地死去。

弗里茨·阿德勒在战争结束后从牢里被释放了出来，并很快被选入奥地利国民议会。他关于相对论的那些想法结果出了一本书。他父亲曾想利用这些想法来使陪审团相信他患有精神病，而阿尔伯特只是认为它们是错误的。最后出版的书篇幅很长，但几乎无人问津。

尼尔斯·玻尔继续着他对量子的研究。20世纪20年代，在所谓的“第二次科学革命”中，玻尔同海森伯(Werner Heisenberg)、薛定谔(Erwin Schrödinger)、泡利(Wolfgang Pauli)、玻恩以及其他人一起，对于亚原子行为表述了一个在数学上相容的理论，称为量子力学，其代价是牺牲了因果律和可预言性这样一些常识性概念。在它的指导性戒律中有一条是海森伯不确定性原理：一个粒子的位置和速度不可能同时被测知。爱因斯坦在1942年写给兰措什(Cornelius Lanczos)的一封信中对此作出了一个著名的回答。他用了一个短语总结道：“要偷看上帝手里的牌是困难的，”阿尔伯特写道，“但是说他将愿意跟这个世界掷骰子……这是我一刻也无法相信的。”据说玻尔对此曾有评论：“不要再告诉上帝该做什么。”在玻尔和爱因斯坦的余生中，他们虽然还是好朋友，但是一直为量子力学而争论不休，除了广义相对论以外，量子力学现在已经成为物理学中每一种现代理论的基础。

1939年，在去普林斯顿访问期间，玻尔和年轻的物理学家惠勒写了一篇论文，奠定了核裂变的理论基础。4年后，就在纳粹党人准备把丹麦的犹太人驱逐到集中营时，也是犹太人的玻尔由一艘渔船偷运出被占领的丹麦，然后被送到了美国，在那里他承担了建造第一颗原子弹的“曼哈顿计划”的顾问。他于1962年在哥本哈根去世。

保罗·埃伦费斯特于1933年自杀身亡。

埃尔文·弗罗因德利希管理着爱因斯坦塔。1922年到1933年，他一直在寻找广义相对论的进一步实验证据，但是没有成功。1933年纳粹夺权，迫使他流亡到伊斯坦布尔大学。1939年，他加入了苏格兰的圣安德鲁斯大学，在那里成为天文学的内皮尔教授，并一直工作到1959年。他直到1954年还希望能测量恒星光线的弯曲，当时他前往瑞典观看日食，但是天空云层密布。他于1964年在德国的美因茨去世。

弗里茨·哈伯尽管一直领导着秘密的化学武器项目，但是在1933年还是被流放了。他潦倒而痛苦地死在巴塞尔，但是最糟的还在后头。第二次世界大战期间，哈伯的研究所曾在研究中处于领先地位的氢氰酸B被用来在奥斯威辛杀害哈伯自己的家庭成员，还有数以千计的其他民众。

保罗·哈比克特曾在“小机器”上与阿尔伯特合作过，后来成了沙夫豪森的电气设计师。虽然他在电学设备方面获得了许多专利，商业上的成功却一直躲避着他，就好像爱因斯坦的父亲当初那样。他于1948年去世。

马克斯·冯·劳厄是普朗克的研究生，也是最早将爱因斯坦当作朋友并去伯尔尼拜访他的德国物理学家之一。他由于对X射线在晶体中的衍射的研究而获得了1914年的诺贝尔奖。他甚至在相对论变得不受欢迎以后还在继续提倡它。当爱因斯坦从普鲁士科学院辞职，而该学院的副院长说这并没有什么损失时，冯·劳厄是唯一提出反对的成员。1960年，一个骑摩托车的人撞上了他的汽车，结果他重伤不治而去世。

亨德里克·洛伦兹在广义相对论出现以后，继续坚持他所钟爱的以太。阿尔伯特迁就他的程度可以在他1920年在莱顿的演讲题目“以太与相对论”中看出来。在战后的几年中，洛伦兹开展了种种活动想让德国科学家重新被国际科学组织所接纳。当他在1928年去世时，荷兰电报和电话机构暂停二作3分钟对他表示纪念。来自全世界的政府和科学界的显要人物都来参加了他的葬礼，其中包括爱因斯坦，他称洛伦兹是“我们这个时代最伟大、最高尚的人”。

格奥尔格·尼古拉在1920年由于右翼的学生抗议而被取缔了大学讲师职位。为了重新得到他的职位，他告上了法庭，但败诉了。此后他接受了任命成为科多巴大学的生理学系主任，并在1922年移民到了阿根廷。1936年，他去了智利大学，1964年在圣地亚哥去世。

马克斯·普朗克1928年从柏林大学退休。像爱因斯坦一样，他从未让自己接受体现在量子力学中的对自然的新的统计观点。虽然普朗克反对希特勒的政策，但是他觉得，为了尽他的能力保存德国的科学，他有责任在纳粹掌权的时候留在德国。他继续做普鲁士科学院的数学和物理学部门的秘书以及威廉皇帝学会的主席，直到20世纪30年代后期。当1933年犹太人从大学教员中被“清除”的时候，他却没有大声疾呼，爱因斯坦对此从未原谅过他。

普朗克的房子和他的财产，包括他的论文在内，都在1944年的同盟国军的轰炸中被摧毁了。就在那一年，他的小儿子埃尔文(Erwin)卷入了一次暗杀希特勒的行动，被判处死刑。据称官方提出，如果普朗克加入纳粹党，就可以饶了埃尔文一命。普朗克拒绝了，他的儿子一年后被处死。普朗克在战争中剩下的那些日子里，由于他脊椎的剧烈疼痛而一直睡在稻草堆上。他于1947年在格丁根中风去世。

亨利·庞加莱在1912年一次应该成功的手术后出乎意料地去世了。他从未接受过爱因斯坦对相对论的看法。“在这些新概念的看法中，我们的位置会在哪里？我们将不得不修改我们的结论吗？”他在生命快要结束时的一次讲演中矫饰地问道。“当然不是……”他总结道，“今天，有些物理学家想要采用一种新的约定。这倒并不是他们被迫要这样做，而是他们认为这种新的约定更加方便，仅此而已。不同意这种观点的人为了使他们的老习惯不被打乱，可以正当地保持原来的约定。我相信，我们私下说说，这是他们在接下来很长的一段时间里肯定会做的事情。”

威廉·德西特1931年在伦敦被授予皇家天文学会的金奖。同年，他和爱因斯坦合作研究广义相对论的一个宇宙学解，描述了一个没有宇宙常量的膨胀宇宙，而宇宙常量一直以来都是宇宙理论化的基础。虽然病痛一再复发，德西特还是莱顿天文台的台长，他对它进行了重新组织，使其现代化，并在南非的约翰内斯堡筹划了一个南半球天文台。他于1934年在莱顿去世。

莫里斯·索洛文是阿尔伯特以前的奥林匹亚科学院的朋友，他后来成为了巴黎的一位编辑和出版商，他在那里出版了爱因斯坦的许多著作的法语译本，还有其他的经典哲学和科学著作。1952年，他策划和出版了一套丛书，名为《科学与文明》以及《科学思想的大师》。战后，他在普林斯顿拜访了爱因斯坦。他于1958年在巴黎去世。

奥托·斯特恩是阿尔伯特的研究生。阿尔伯特也许曾和他一起在布拉格和苏黎世寻欢作乐，他在1943年由于研究分子和质子的磁性质而被授予诺贝尔奖。他于1962年在加利福尼亚的伯克利去世。

玛丽·温特勒在1911年嫁给了伯尔尼附近的一家手表厂经理阿尔伯特·米勒，栽培了两个孩子，同时还兼职教音乐课。1927年，她和米勒离了婚，搬到苏黎世，她在那里写诗并继续上音乐课。1950年，她写信给阿尔伯特，请他帮助她移民到美国，但是她一直没有离开瑞士。她于1957年在迈林根去世。

海因里希·仓格尔在1920年出版了他最重要的著作《医学与法律》（Medizin und Recht）。在20世纪30年代和40年代，他和国际红十字会一起工作，与饥饿和疾病作斗争。他久病后于1957年去世。

参 考 文 献

第一手资料

Albert Einstein, Mileva Maric: The Love Letters. Edited by Jürgen Renn and Robert Schulmann. Translated by Shawn Smith. Princeton, N. J.: Princeton University Press, 1992.

"Autobiographical Notes." In *Albert Einstein: Philosopher-Scientist*. Edited and translated by Paul Arthur Schilpp. LaSall, Ill.: Open Court, 1982.

The Collected Papers of Albert Einstein, volumes 1 and 2. Edited by John Stachel. Princeton, N. J.: Princeton University Press, 1987, 1989.

The Collected Papers of Albert Einstein, volumes 3 and 4. Edited by Martin J. Klein, A. J. Kox, Jürgen Renn, and Robert Schulmann. Princeton, N. J.: Princeton University Press, 1993, 1995.

The Collected Papers of Albert Einstein, volumes 5 and 6. Edited by Martin J. Klein, A. J. Kox, and Robert Schulmann. Princeton, N. J.: Princeton University Press, 1993, 1996.

The Collected Papers of Albert Einstein, volume 8. Edited by Robert Schulmann, A. J. Kox, Michel Janssen, and Jozsef Illy. Princeton, N. J.: Princeton University Press, 1998. [A note on *The Collected Papers*: Anna Beck provided translations for paperback versions of volumes 1 through 5. Volume 6 was translated by Alfred Engel. Volume 8 was translated by Ann M. Hentschel. In the citations for Einstein's letters, these translations are used unless otherwise noted.]

Einstein's Miraculous Year: Five Papers That Changed the Face of Physics. Edited by John Stachel. Princeton, N. J.: Princeton University Press, 1998.

Ideas and Opinions. Edited by Carl Seelig. Translated by Sonja Bargmann. New York: Wings Books, 1954.

The Quotable Einstein. Edited by Alice Calaprice. Princeton, N. J.: Princeton University Press, 1996.

Relativity: The Special and General Theory. Albert Einstein. Translated by Robert Lawson. New York: Crown Publisher, 1961.

Unpublished manuscript by Frieda Einstein-Knecht.

Winteler-Einstein, Maja. "Albert Einstein: Beitrag für sein Lebensbild." 1924. Einstein Archives, Hebrew University of Jerusalem.

档案

The Albert Einstein Archives, The Jewish National and University Library, The Hebrew University of Jerusalem, Israel.

Mugar Library, Special Collections Department, Boston University, Boston, Massachusetts.

Firestone Library, Department of Rare Books and Special Collections, Princeton University, Princeton, New Jersey.

Institut für Zeitgeschichte, Munich, Germany.

Staatsarchiv des Kantons, Zurich, Switzerland.

Schweizerisches Literarchiv, Schweizerisches Landesbibliothek, Bern, Switzerland.

Neils Bohr Library, American Institute of Physics, College Park, Maryland.

第二手资料

Beller, Mara, Jürgen Renn, and Robert S. Cohen, eds. *Einstein in Context*. Special issue of *Science in Context* 6, no. 1 (Spring 1993). Cambridge, Eng.: Cambridge University Press.

Bernstein, Jeremy, and Gerald Feinberg. *Cosmological Constant: Papers in Modern Cosmology*. New York: Columbia University Press, 1986.

Bucky, Peter. *The Private Albert Einstein*. Kansas City, Mo. : Andrews and McMeel, 1992.

Clark, Ronald. *Einstein: The Life and Times*. New York: Avon, 1971.

Earman, John, and Clark Glymour, "Relativity and Eclipses: The British Eclipse Expeditions of 1919 and Their Predecssors." *Historical Studies in the Physical Sciences* 11, no. 1 (1980), pp. 49—85.

Earman, John, Michel Janssen, and J. D. Norton, eds. *The Attration of Gravitation: New Studies in the History of General Relativity*. Einstein Studies, volume 5. Boston: Birkhäuser, 1993.

Einstein, Elizabeth Roboz. *Hans Albert Einstein: Reminiscences of Our Life Together*. Iowa City: Iowa Institute of Hydraulic Research, 1991.

Eisenstaedt, Jean, and A. J. Kox, eds. *Studies in the History of General Relativity*. Einstein Studies, volume 3. Boston: Birkhäuser, 1992.

Folsing, Albrecht. *Albert Einstein: A Biography*. New York: Viking, 1997.

Frank, Philipp. *Einstein: His Life and Times*. New York: Da Capo Press, 1953.

Goenner, Hubert, and Giuseppe Castapnetti. "Albert Einstein as a Pacifcist and Democrat During the First World War." Berlin: Max Planck Institute for the History of Science. Preprint 35, 1996.

Grüning, Michael. *Ein Haus für Albert Einstein: Erinnerungen—Briefe—Dokumente*. Berlin: Verlag der Nation, 1990.

Heilbron, John L. *The Dilemmas of an Upright Man: Max Planck as Spokesman for German Science*. Berkeley: University of California Press, 1986.

Henderson, Linda Dalrymple. *The Fourth Dimension and Non-Euclidean Geometry in Modern Art*. Princeton, N. J.: Princeton University Press, 1983.

Hentschel, Klaus. *The Einstein Tower: An Intertexture of Dynamic Constuction, Relativity Theory, and Astronomy*. Stanford: Stanford University Press, 1997.

Highfield, Roger, and Paul Carter. *The Private Lives of Albert Einstein*. London: Faber and Faber, 1993.

Hoffman, Banesh. *Albert Einstein: Creator and Rebel*. New York: New American Library, 1972.

——. *Relativity and Its Roots*. New York: W. H. Freeman, 1983.

Holton, Gerald. *Thematic Origins of Scientific Thought: Kepler to Einstein*. Cambridge, Mass.: Harvard University Press, 1973.

——. *Science and Anti-Science*. Cambridge, Mass.: Harvard University Press, 1993.

Howard, Don, and John Stachel, eds. *Einstein and the History of General Relativity*. Einstein Studies, volume 1. Boston: Birkhäuser, 1989.

Illy, Jozsef. "Albert Einstein in Prague." *Isis* 70, no. 251 (1979), pp. 76—84.

Jung, C. G. *Memories, Dreams, Reflections*. New York: Vintage, 1989.

Klein, Martin J., *Paul Ehrenfest: The Making of a Theoretical Physicist*. New York: American-Elsevier, 1970.

Marianoff, Dimitri, and Palma Wayne. *Einstein: An Intimate Study of a Great Man*. New York: Doubleday, Doran, 1944.

McEvoy, J. P., and Oscar Zarate. *Introducing Quantum Theory*. New York: Totem Books, 1996.

Medicus, Heinrich A. "The Friendship Among Three Singular Men: Einstein and His Swiss Friends Besso and Zangger." *Isis* 85, no. 3 (Sept. 1994), pp. 456—478.

Michelmore, Peter. *Einstein: Profile of the Man*. New York: Dodd, Mead, 1962.

Miller, Arthur I. *Albert Einstein's Special Theory of Relativity*. Reading, Mass.: Addison-Wesley, 1981.

——. *Imagery in Scientific Thought: Creating 20th-Century Physics*. Boston: Birkhäuser, 1984.

Misner, Charles W., Kip S. Thorne, and John Archibald Wheeler. *Gravitation*. New York: W. H. Freeman, 1973.

Moszkowski, Alexander. *Einstein the Searcher: His Work Explained from Dialogues with Einstein*. Berlin: Fontane, 1921.

Osserman, Robert. *Poetry of the Universe: A Mathematical Exploration of the Cosmos.* New York: Anchor Books, 1995.

Pais, Abraham. *"Subtle Is the Lord. . . ,": The Science and the Life of Albert Einstein.* New York: Oxford University Press, 1982.

——. *Niels Bohr's Times.* New York: Oxford University Press, 1991.

——. *Einstein Lived Here.* New York: Oxford University Press, 1994.

Poincaré, Henri. *Science and Hypothesis.* New York: Dover, 1952.

Pyenson, Lewis. *The Young Einstein: The Advent of Relativity.* Bristol and Boston: Adam Hilger, 1985.

——. "Einstein's Natural Daughter." *History of Science* 28, no. 4 (1990).

Quinn, Susan. *Marie Curie: A Life.* New York: Simon and Schuster, 1995.

Reichinstein, David. *Albert Einstein: A Picture of His Life and His Conception of the World.* Prague: Stella Publishing House, 1934.

Reiser, Anton (pseudonym of Rudolf Kayser). *Albert Einstein: A Biographical Portrait.* New York: Albert and Charles Boni, 1930.

Renn, Jürgen, "The Third Way to General Relativity: Einstein and Mach in Context." Berlin: Max Planck Institute for the History of Science. Preprint 8, 1994.

Renn, Jürgen, and Tilman Sauer. "Heuristics and Mathematical Representation in Einstein's Search for a Gravitational Field Equation." Berlin: Max Planck Institute for the History of Science. Preprint 62, 1997.

Schwartz, Joseph, and Michael McGuinness. *Einstein for Beginners.* New York: Pantheon, 1979.

Seelig, Carl. *Albert Einstein: A Documentary Biography.* Originally published as *Albert Einstein und die Schweiz.* Translated by Mervyn Savill. London: Staples Press, 1956.

Speziali, Pierre, ed. *Albert Einstein-Michele Besso Correspondence*, 1903—1995. Paris: Hermann, 1972.

Stachel, John. "Einstein and Maric: A Failed Collaboration." Unpublished manuscript.

Trbuhovic-Gjuric, Desanka. *Im Schatten Albert Einsteins: Das tragische Leben der Mileva Einstein-Maric.* Bern: Verlag Paul Haupt, 1993. Translated for the author by Valerie Tekavec.

Vallentin, Antonia. *The Drama of Albert Einstein.* New York: Doubleday, 1954.

von Baeyer, Hans Christian. *Taming the Atom: The Emergence of the Visible Microworld.* New York: Random House, 1992.

Zuelzer, Wolf. *The Nicolai Case: A Biography.* Detroit: Wayne State University Press, 1982.

图书在版编目(CIP)数据

恋爱中的爱因斯坦：科学罗曼史/(美)奥弗比(Overbye, D.)著；冯承天，涂泓译.—上海：上海科技教育出版社，2016.6

(爱因斯坦书系)

书名原文：Einstein in Love: A Scientific Romance

ISBN 978-7-5428-6145-0

Ⅰ.①恋… Ⅱ.①奥… ②冯… ③涂… Ⅲ.①爱因斯坦，A.(1879~1955)—生平事迹 Ⅳ.①K837.126.11

中国版本图书馆CIP数据核字(2016)第058911号

责任编辑 姚 宁 王乔琦

装帧设计 杨 静

爱因斯坦书系

恋爱中的爱因斯坦——科学罗曼史

[美]丹尼斯·奥弗比 著

冯承天 涂 泓 译

出 版 上海世纪出版股份有限公司
上海科技教育出版社
(上海冠生园路393号 邮政编码200235)

发 行 上海世纪出版股份有限公司发行中心

网 址 www.ewen.co www.sste.com

印 刷 常熟文化印刷有限公司

开 本 720×1000 1/16

印 张 32.25

版 次 2016年6月第1版

印 次 2016年6月第1次印刷

书 号 ISBN 978-7-5428-6145-0/N·973

图 字 09-2014-857号

定 价 74.00元

Einstein in Love:
A Scientific Romance
by
Dennis Overbye
First published in the United States
under the title EINSTEIN IN LOVE by Dennis Overbye.

Published by arrangement with
Viking Penguin, a division of Penguin Putnam Inc.